# 中世纪欧洲

MEDIEVAL
EUROPE

CHRIS
WICKHAM

［英］克里斯·威克姆 |著| 李 腾 |译|

民主与建设出版社
·北京·

# 目　录

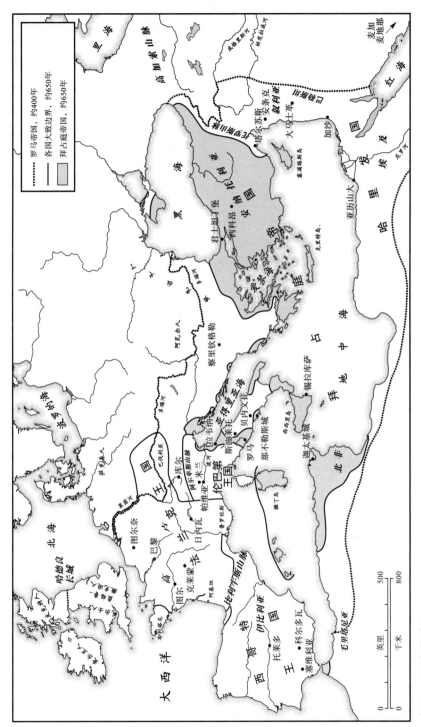

地图1 550年的欧洲

地图2　850年的欧洲西部

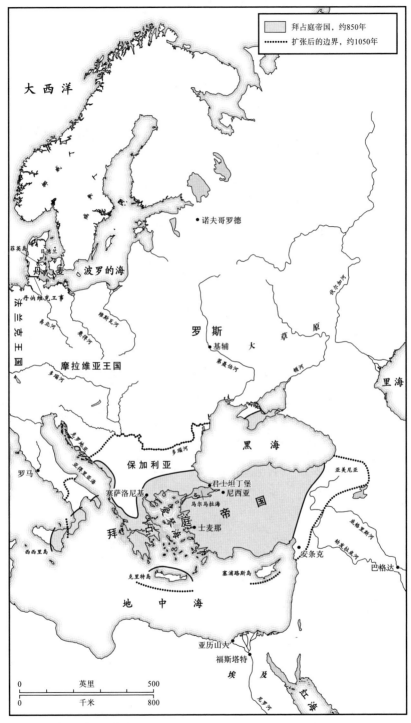

大西洋

诺夫哥罗德

菲英岛
日德兰
丹麦
波罗的海
维斯瓦河
丹讷维克工事
易北河
奥得河
法兰克王国
摩拉维亚王国
多瑙河

罗斯
基辅
第聂伯河
伏尔加河
大    草    原
顿河

里海

保加利亚
多瑙河
黑海
亚美尼亚
罗马
塞萨洛尼基
君士坦丁堡
尼西亚
马尔马拉海
幼发拉底河
拜    庭    帝    国
士麦那
安条克
底格里斯河
西西里岛
克里特岛
塞浦路斯岛
巴格达
地    中    海

亚历山大
福斯塔特
埃    及
尼罗河
红海

| 0 | 英里 | 500 |
| 0 | 千米 | 800 |

**地图3  850年的欧洲东部**

冰岛

奥克尼
伯爵领

苏格兰

爱尔兰王国

都柏林

威尔士王国

英格兰

约克

斯特拉特福
温切斯特    伦敦    坎特伯雷
伊珀廷斯    布鲁日
黑斯廷斯    阿拉斯    根特
兰斯
欧特维尔    梅斯    马尔萨勒
贝克    香槟    穆瓦廷穆捷
沙特尔    图勒    哲林根
昂古莱姆    奥尔良    克莱尔沃    勃艮第    莱尼亚诺
昂古莱姆    普瓦图    里昂    伦巴第    米兰
克莱蒙    克吕尼    蒙福特    博洛尼亚
阿当    朗格多克    普罗旺斯    比萨    佛罗伦萨    锡耶纳
图卢兹    比利牛斯山脉    苏特里    廷廷纳诺
莱昂    纳瓦拉    阿拉贡    托斯卡纳    阿纳尼    贝内文托
葡萄牙    卡斯蒂利亚    加泰罗尼亚    罗马    那不勒斯城    萨莱诺
托莱多    萨拉戈萨    巴塞罗那    教宗领    卡普阿    阿韦尔萨
安达卢斯    德尼亚    巴伦西亚    马略卡岛帕尔马    诺曼王国
科尔多瓦    拉斯纳瓦斯-德-托洛萨    巴勒莫
塞维利亚    格拉纳达    西西里岛
阿尔梅里亚

北海

挪威

瑞典

波罗的海

丹麦

吕讷堡
不伦瑞克    戈斯拉尔    迈森
蒂勒达
萨克森
乌得勒支    科隆    德意志
佛兰德    波希米亚
瓦廷斯    多瑙河    巴伐利亚
奥地利    威尼斯
共和国    匈牙利
亚得里亚海

大西洋

地中海

凯鲁万

突尼斯城

—— 各国大致边界，约1150年

0    英里    500
0    千米    800

地图4    1150年的欧洲西部

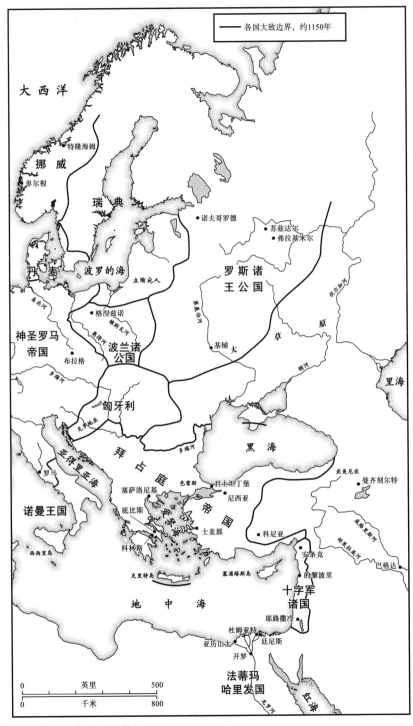

**地图5　1150年的欧洲东部**

冰岛

挪威

瑞典

北海

波罗的海

苏格兰

丹麦

爱尔兰王国

哥本哈根

威尔士

达勒姆

约克

韦克菲尔德

切斯特

莱斯特

英格兰

金斯林

迪特马申

吕贝克

勒兰登堡

牛津

考文垂

伦敦

罗切斯特

加来

安特卫普

根特

科隆

波希米亚

布拉格

库特纳霍拉

伊赫拉瓦

奥索布雷

布尔日

佛兰德

纽伦堡

奥格斯堡

塔博尔

布列塔尼

巴黎

兰斯

弗赖堡

乌尔姆

巴伐利亚

多瑙河

奥地利

大西洋

安茹

普瓦捷

瑞士

哈布斯堡

康斯坦茨

弗里萨赫

苏黎世

伯尔尼

卢塞恩

帕多瓦

匈牙利

波尔多

加斯科涅

米兰

维罗纳

威尼斯共和国

拉古萨

图卢兹

阿维尼翁

热那亚

威尼斯

费拉拉

蒙彼利埃

蒙塔尤

普罗旺斯

博洛尼亚

卢卡

亚得里亚海

圣地亚哥-德孔波斯特拉

莱昂

纳瓦拉

朗格多克

比萨

佛罗伦萨

锡耶纳

皮恩扎

阿雷佐

奥尔维耶托

罗马

葡萄牙

萨拉曼卡

加泰罗尼亚

阿

拉

贡

里斯本

托莱多

巴塞罗那

那不勒斯城

那不勒斯

卡斯蒂利亚

巴伦西亚

伊格莱西亚斯

撒丁岛

地中海

巴勒莫

西西里

塞维利亚

格拉纳达

突尼斯城

——— 各国大致边界，约1500年

• 费拉拉　独立国家

0　　　英里　　500

0　　　千米　　800

地图6　1500年的欧洲西部

地图7　1500年的欧洲东部

# 第一章

# 观察中世纪的新视角

　　这是一本关于变化的书。我们所说的中世纪（medieval period 或 middle ages）从公元 500 年到公元 1500 年延续了 1000 年；而作为本书主题的欧洲，在这一时期结束时与刚开始相比已经大不相同了。罗马帝国主宰着这段时期的开始，它统一了半个欧洲，却与另一半泾渭分明；而在 1000 年后，欧洲则形成了延续至今的复杂形态，现在大多数的独立国家都曾经以某种形式出现在那个时期。本书的目的就是要展现这些变化还有其他诸多变化是如何发生的，以及它们究竟有多么重要。但是，本书并不聚焦于结果。许多中世纪研究者都全神贯注于那些"民族"国家的起源，或者其他被他们视为具有"现代性"的方面，对于他们来说，正是这些结果为那个时期赋予了意义。而在我看来，这却是大错特错。历史并非目的论的：也就是说，历史的发展并非"去往"，而是"来自"。此外，对我而言，充满勃勃生机的中世纪时期本身就非常有趣，没有必要以任何后来的发展为其正名。我希望本书能够清晰地呈现这种旨趣。

　　然而，这并不意味着中世纪欧洲历史是纷乱事件的简单堆积，仿佛除了作为某个随机选择的 1000 年的一部分之外，就完全没有结构可言。事实远非如此。中世纪有一些清晰标志着变革的时刻，也正是这些节点塑造了这个时期。5 世纪时罗马帝国在西部的覆灭，7 世纪时帝国东部在面对伊斯兰教兴起时遭遇的危机，8 世纪后期到 9 世纪时加洛林实验在政府大规模道德化方面的强大，10 世纪时（特别是在这一时期）基督教在北欧和东欧的扩展，11 世纪时政治权力在欧洲西部的迅速分权化，10—13 世纪时的人口和经济增长，12 和 13 世纪时政治和宗教权力在欧洲西部的重建与同时期拜占庭帝国的衰落，14 世纪时的黑死病和国家结构的发展，以及 14 世纪后期和 15 世纪时更广泛大众对公共领域参与的出现 —— 这些是我眼中的重要变革时刻，它们在本书中都各自有着对应章节。将所有这些转折点联系在一起的是一组结构性的发展，其中包括：公共权力概念的消逝和再发明；政治体系的资源平衡从依靠税收转向土地占有然后再度变回依靠税收；政治文化上使用文字书写导致的充满变化性的影响；以及中世纪后半叶时，改变了统治者及其统治的民众彼此相处方式的，地方权力和地方认同正式化和边界化程度的提高。这些也会成为本书的核心内容。以本书的篇幅，自然无法深入探究社会和文化的微观历史，也无法详尽叙述各个国家的历史事件。本书是对中世纪的一种阐释，而非一本教科书式的叙述 —— 在后一方面反正已经有许多优秀的作品了，也无需我再去写这样一本书。[1]当然，我在每一章中都对政治活动进行了简要概述，从而为我的论点提供历史背景，这将尤其有助于那些初涉中世纪领域的读者。但是，我的目的是要专注于那些变革时刻及总体结构，从而展现出在我眼中最具有中世纪特征且能让这个时代显得有趣的事件；而这些时刻和结构也是后文内容的基础支撑。

我这份变革时刻的列表所体现出的故事线索，也与其他很多欧洲中世纪叙述中或明确或暗示的有所不同。一种直到今天也依然十分常见的叙事是，欧洲从衰落（尽管有"格里高利改革"）、愚昧（尽管有"12 世纪文艺复兴"）、贫困［尽管有佛兰德（Flanders）的纺织业和威尼斯（Venice）的航运业］和政治孱弱［尽管有英格兰的亨利二世（Henry Ⅱ）和爱德华一世（Edward Ⅰ）、法兰西的腓力二世（Philippe Ⅱ）和路易九世（Louis Ⅸ）、卡斯蒂利亚的阿方索六世（Alfonso Ⅵ）和费尔南多三世（Fernando Ⅲ）的（民族）国家建设］中走出，在有着十字军、骑士精神、哥特式主教座堂、教宗君主制、巴黎大学和香槟（Champagne）集市的 12—13 世纪"中世纪盛期"达到鼎盛；与之相对，1350 年之后则被视为一个有着瘟疫、战争、分裂和文化不安的"衰落"时期，直到人文主义和激进的教会改革出现才再次解决这些问题。这种叙述将不会在本书中出现，因为它歪曲了中世纪晚期的面貌，并将中世纪早期和拜占庭完全排除在外；此外，其中包含了太多渴望将中世纪时期（至少在 1050 年之后）视为现代性"真正的"一部分而创造出的产物，而这正是我在上文已经批判过的。这种叙述还隐秘地继承了人们长久以来对历史的期望：它要提供道德教训、值得赞美的时代、英雄与恶人。历史学家们说他们已经超脱了这一点，但事实却时常并非如此。

对很多人来说，中世纪这一时期的道德属性就源于"中世纪的"（medieval）这个词本身。这个词有一段非常奇怪的历史。它在最开始时就具有负面意义，并且现在也常常如此。从罗马共和国以来，人们就常常称自己的时代为"现代的"——拉丁文里的 moderni——而将他们祖先的时代称为"古代的"（antiqui）。然而在 14、15 世纪的时候，少数被我们称为人文主义者（humanist）的知识分子开始将"古代的"这个词严格地限定于罗马帝国时期及更早以前的古典作家身上，他们将这些人视为自己真正的祖先，而那些所谓在这 1000 年间稍逊一筹的作家则被"贬"入了自 17 世纪起逐渐被称为"中世纪"（medium aevum，因此有了 medieval 一词）的时期。这种用法首先在 19 世纪被接受，随后又传播到了各个领域："中世纪的"政府、经济、教会等，进而与同样是在 19 世纪时被视为"现代"历史开端的文艺复兴这一概念相对。[2] 因此，中世纪时期可以被视为一种偶然的发明，是少数几个学者对未来设下的大胆把戏。但是，随着这个概念"现代性"的层累叠加，成了一个深刻的形象。

随着 19 世纪 80 年代以来历史写作变得更加专业化，以及断代史研究的发展，中世纪的过去也开始赢得更为正面的形象。其中一部分带有些许防御性质，比如学者们就宣称中世纪在不同的世纪里也有属于其自身的"文艺复兴"——比如"12 世纪文艺复兴"或者"加洛林文艺复兴"——这或许能使它们所属的这个时期在轻蔑的现代人那里获得合法性。另一部分则非常热诚，有时还很狂热，比如天主教历史学家们颂扬中世纪的宗教虔诚，民族主义史学家把重点放在了他们自己的国家那始终来源于中世纪的总是优越的身份。距今时代遥远而且在许多领域文献匮乏的中世纪时期此刻成了各种 20 世纪欲望想象中的根源，并且和许多人文主义者的话语一样，是虚构的。不过，我们也有一个多世纪艰辛的实证研究，让中世纪这 1000 年的复杂性和魅力能被越来越清晰地认识到。中世纪历史学家们的民族主义史学倾向时常比他们所意识到的更为强烈。直到现在，英国历史学家仍然更倾向于将英国的国家发展视为核心主题——欧洲第一个民族国家，即英国例外论（English exceptionalism）的标志；德国历史学家则担心"德意志特殊道路"（Sonderweg）阻碍了他们的祖国出现这样一种国家形成的过程；而意大利历史学家则沉着地看待着意大利王国的分崩离析，因为这对意大利城市来说意味着自治，以及由此产生的带来了（对他们而言非常意大利的）文艺复兴的市民文化。[3] 但是，当下中世纪学术的研究深度和复杂程度足以提供有别于上述观点的选择，使我们能更容易地避开它们。

那么，这样就解决了一个问题；但却出现了另一个问题。如果我们不再将中世纪视为充满无端的暴力、无知和迷信的漫长黑暗时代，那么这个时代与此前和此后的时代有什么区别呢？这个时代的起点相对比较容易确定，因为它被约定俗成地与 5 世纪时随着西罗马帝国覆灭一起产生的政治危机绑定在了一起，因此公元 500 年被视为古代与中世纪的分界线：无论是否认为罗马帝国在某种程度上"优于"西部后继诸国，后者确实更加碎片化，在结构上更弱，经济上也更简单。这种分界因东罗马帝国——我们现在称之为拜占庭（Byzantium）——的长期存在而变得复杂；结果就是，对欧洲东南部来说，公元 500 年并不意味着任何分界线。事实上，即使仅就西部而言，这种分界也只是影响了今天欧洲的少数几个国家。受影响最大的是法国、西班牙、意大利和英国南部，因为罗马帝国从未扩张到爱尔兰、斯堪的纳维亚、德国的大多数领土或大部分使用斯拉夫语的国家。这一划分也因上一代历史学家们的成就而显得十分复杂，因为他们成功地表明在 500 年之后仍旧有非常强的延续性，尤其是在文化实践——宗教预设、

公共权力的意象——方面，它们可能致使"后古代晚期"（late
late antiquity）持续了很长时间，有的人认为是到公元800年，有
的人则认为是到11世纪。在这里，变化与稳定之间的关系以微妙
的方式改变了帝国崩溃时的断裂的尖锐性。但是至少对我而言，
公元500年的前后半个世纪仍然是一个方便的起点，它在许多层
面都标志了无法忽视的强烈变化。

公元1500年（或者，再一次地，前后半个世纪）则是更难
确定的时间节点：那个时候的变化更少，或者至少我们假设的
"现代"时期开始的标志并不都特别明显。1453年拜占庭最终陷
落于奥斯曼土耳其之手并没有那么令世界震惊，因为那个曾经庞
大的帝国在那时的领土只剩下了在今天的希腊和土耳其境内的一
些分散的小省份，而且，不管怎么说，奥斯曼人非常有效地延续
了拜占庭的政治结构。哥伦布"发现"美洲——或者更明确地
说，西班牙探险者在16世纪20年代和30年代对美洲主要国家的
征服——对美洲原住民无疑意味着一场灾难，但这对（西班牙之
外的）欧洲的影响还需要很长一段时间才能变得明显。作为文艺
复兴在智识方面核心的人文主义运动在风格上似乎也越来越显得
是中世纪式的。我们现在只剩下了新教改革，最首要的是它也发
生在16世纪二三十年代（这个世纪的稍后时间里还有天主教的反
宗教改革）。作为一场宗教和文化上的转变，这场运动将欧洲西
部和中部一分为二，并创造出了两个时常对立的区块，这两个区
块逐步发展出了有分歧的政治和文化实践，而这种实践至今仍然
存在。即使宗教改革对欧洲东部的东正教影响甚微，但它仍旧是
重大且相对突然的断裂。然而，如果我们将宗教改革视为中世纪
欧洲结束的标志，那么我们就会以一场发生在文化和宗教具有连

续性环境下的政治和经济危机作为中世纪的开始，而以一场发生在政治和经济大体维持不变环境下的文化和宗教危机作为中世纪的结束。在这整个定义中世纪的过程中，有着一种我们无法摆脱的人为性。

然而，这种认知可以让我们再度审视如何将中世纪看作一个单一的有界限单元来处理的问题。作为一项研究的结尾，当然有可能找到一个比 1500 年更好的时间节点：可能是有着科学和金融革命的 1700 年，又可能是有着政治和工业革命的 1800 年。这些时间节点此前已经经过了充分的探讨。但这相当于是宣称了某种变化最为重要，而忽视了其他变化的重要性；这同样会创造出新的边界，而非使原有的边界变得更相对化。坚持我们习惯上的分界的吸引力恰恰在于，500—1500 年是一种人为的时间跨度，在这段时间内，各种变化可以在不同地方以不同方式被追踪，而不会有这些变化以一种带有目的的方式最终导致某些主要事件 —— 无论是宗教改革、革命、工业化还是其他"现代性"的标志 —— 发生的感觉。在这里还必须多说的一点是，虽然我在本书中并不试图完成这项任务，但是这种视角也有助于我们进行更广泛的比较。在我们这个新的千年里，研究非洲、印度或中国的历史学家们经常批评"中世纪"这个标签，因为它似乎有着欧洲的因素。而且，最为严重的是，它假定了欧洲霸权不可避免这样一种目的论，而当今大多数历史学家都反对这种目的论。但是，如果我们认识到了它的人造性，中世纪欧洲的经验就可以被用于比较研究，以一种更为中立，并因此更为有效的方式与其他地区的经验做比较。[4]

事实上，"欧洲"本身也并非一个简单的概念。它仅仅是欧亚大陆的一个半岛，如同东南亚一样。[5] 在东北方，俄罗斯的森林和空旷的西伯利亚将欧洲与亚洲各大国隔开。但是这一地区南方的欧亚大草原走廊却在各个时代中为活跃的骑手们——比如前后相继的匈人、保加尔突厥人和蒙古人——连通了欧亚，而草原继续向西延伸经乌克兰进入位于欧洲核心地带的匈牙利。同时，最重要的是，南欧与地中海地区是紧密相连的，虽然与邻近的西亚、北非地区没有什么政治和文化联系，但它在各个时期与这些地区都有经济往来。罗马帝国尚存时，地中海作为一个统一的内海是远远比"欧洲"更为重要的研究主题，因为后者为南部的罗马国家和北部不断变迁的"蛮族"（罗马人这样称呼他们）诸民族所分割。这种情形并没有很快发生变化；直到 950 年后，基督教和后罗马时代的政府管理技术才刚刚跨越古罗马的北部边境。而到了那时候，作为一个商贸中心的地中海地区无论如何已经开始复兴，并在中世纪剩下的时间段里同北方的交换网络同样重要。[6]欧洲从来就不是一个单一的政治单元，从那以后也一直不是。

当然，中世纪时期的人们确实谈论过欧洲。9 世纪加洛林的廷臣们有时候会将他们的恩主（patron）——统治着今天法国、德国、低地国家和意大利的国王们——称为"欧洲"之主。10世纪时奥托王朝治下德意志地区的后继者们也是如此：他们把自己的恩主说成是一片特征非常模糊但幅员辽阔的土地上的潜在最高君主，而"欧洲"就是非常适用于这片土地的一个词。这个词在修辞层面上，连同继承自古代的基本地理框架，一直贯穿着整个中世纪，但它很少——并非从未有过，但确实很少——被用来当作某种所宣称身份的基础。[7]诚然，在中世纪中期，基督教确实逐步传播到了现在被称为欧洲的全部地区（当时面积比现在大得多的立陶宛是欧洲最后一个皈依的政治体，其统治者在 14 世纪后期才皈依）。然而，这并没有创造出一种共通的欧洲宗教文化，因为基于拉丁文化和基于希腊文化的两派基督教在向北扩张时是两个彼此独立的过程。此外，基督徒和穆斯林所统治土地之间的边界也在不断变化——基督教统治者在 13 世纪于伊比利亚向南推进了边界，而穆斯林统治者（奥斯曼人）则在 14—15 世纪向北推进到巴尔干地区——这意味着，一个完全"基督教的欧洲"（Christian Europe，而且不管怎么说，它还总是将欧洲为数众多的犹太人排除在外）从未真正成为现实，一如今日。如同我们将要看到的，在非常普遍的意义上，欧洲看上去确实在我们所讨论的这个时期的后半段于各种制度和政治实践的框架内获得了某种程度的共同发展，比如教区网络，或者书写在政府管理中的使用——这种使用把从俄罗斯到葡萄牙的地区联系了起来。尽管如此，这还不足以让我们将这个大陆视为单一整体。欧洲太多样化了。即使在今天，任何宣称存在着一个"本质性欧洲的"或"纯欧洲的"统一体的说法都是虚构的，而在中世纪这种想法简直是荒诞不经的。因此，中世纪的欧洲仅仅是一大堆跨越了一段漫长时期，充满差异性的空间。同时，它也有足够的记录允许我们做一些相当细微的研究。中世纪欧洲根本就不是一幅浪漫的图景，我也不想如此描述它。然而，在这一时空中有着一些迷人的材料，而我的目的就是勾画出它的轮廓。

下面是最后一个警告。在中世纪研究中有两种普遍的方法：一种是视中世纪人"就和我们一样"，只不过他们活动在一个科技更简单，有着刀剑、马匹和羊皮纸，又没有中央供暖系统的世界里；另一种就是认为中世纪人与我们有着天壤之别，他们的价值体系和对世界的理解对我们而言根本难以把握，常常令我们不悦，并且需要我们进行复杂的重构才能以中世纪人自己的方式为他们建立起逻辑和合理性。这两种方法在某些方面是准确的，但单独来看，它们都是陷阱。当中世纪的行动者看上去无法理解对我们来说显而易见的东西时，第一种方法就有流于平庸或者由于失望而沦为道德说教的危险。第二种方法也有沦为道德说教的危险，但它另一种可能的危险是会导致那些只关注奇怪事物迷人之处，有时实际上仅限于很小范围内的作为人类学家的历史学家过于频繁甚至是精明地与中世纪人"串供"。我更愿意同时囊括这两种方法，从更广泛的历史化尝试中去观察中世纪人如何在他们真实的政治和经济环境下以他们真正拥有的价值观做出选择，以撰写"人们自己创造自己的历史，但是他们并不是随心所欲地创造，并不是在他们自己选定的条件下创造，而是在直接碰到的、既定的、从过去承继下来的条件下创造"。[8]写下这些话的马克思并不认为这样的分析涉及"串供"，我也不这么认为；不过我们确实需要对处于一个非常不同，但并非无法认知的世界中的各种行动者的理解。所有的历史都需要这种理解；尽管认识到有着我们不得不做出富有想象力的努力才能重建其价值观念和政治逻辑的 10 世纪 80 年代对我们来说非常陌生这一点很重要；但要记住这种努力对理解 20 世纪 80 年代也同等重要。

在导论的剩余部分，我想对中世纪社会如何运作的一些基本要素做出说明，这些要素将有助于我们理解本书其他部分涉及的不同行为模式和政治取向。第一部分主要聚焦于政治方面，尤其是中世纪中期；而之后我会更为简要地讨论中世纪经济和文化的某些基本方面。并非所有中世纪人都有着一样的想法和行为；就像前面提到的，中世纪人存在着巨大的差异；但是我们会看到，也有很大比例的人存在着一些共同特征，其中一些特征仅仅就是整个时期普遍存在的基本社会经济模式的结果。

中世纪的欧洲不易于到处走动。这个时代的欧洲有着罗马帝国留下的道路网络，但该网络并未超越罗马沿莱茵河（Rhine）和多瑙河（Danube）的边界；在德意志地区的其他地方，尤其是北部和东部，道路状况在很长一段时期内都很一般，旅行者们尽可能地沿着水路和河谷行进。在一个没有地图的世界，只有专业人士才能冒险寻找道路。除了阿尔卑斯（Alps）地区，欧洲大陆没有多少高山；更大的障碍是覆盖着欧洲大陆大部分地区的森林，只有不列颠和部分地中海地区例外——在那个时候，今天德国所在的地区有一半被森林覆盖，今天的法国地区是 30%，而欧洲东部的比例则更高。至少从这个方面来看，《格林童话》中勇敢的年轻裁缝在森林里迷路的故事并非虚构。1073 年，在规模甚大的萨克森叛乱开始时迅速撤退的神圣罗马帝国皇帝亨利四世（Heinrich Ⅳ），由于道路被萨克森人（Saxons）把守，不得不在没有食物的情况下于森林里跋涉了 3 天，才最终到达驻扎地。然而即使有道路，旅行也非常缓慢。1075—1076 年，还是这个亨利，当时已经取得了对萨克森（Saxony）胜利的他，与教宗格里高利七世（Gregory Ⅶ）的政治斗争来到了最后时刻。他们两人之间的通信迅速发展成彼此威胁要废黜对方的恐吓信件，在亨利所处的萨克森南部（后来是现代荷兰的乌得勒支）和罗马之间传信，单程就需要花费将近一个月的时间——而且这还是用快马传信，直到 19 世纪铁路出现之前，这都是最快的通信方式。[9] 地理景观非常危险且不便；几乎没有人会欣赏绵延山脉的浪漫与壮美——这里更像是魔鬼和食人巨魔（在斯堪的纳维亚地区）出没的地方。

然而，也不能过分夸大这种荒凉。虽然它在这里是一个背景般的存在，并且有时候会被迫走上前台；但这并没有阻止一些欧洲政治体成为往往相当庞大且稳定的存在。如我们已经提到的加洛林帝国，就几乎跨越了半个西欧；11世纪时，在今天俄罗斯和乌克兰所处的地方，基辅王公的势力几乎达到了相同的范围，而在开阔草原以北的土地几乎完全被森林覆盖。但人们确实在四处走动。国王时常在他们的整个统治区域内巡回迁移——英格兰的约翰王（John，1199—1216年在位）平均每日行程20千米，很少在任何地方停留超过几个晚上。[10]大规模军队经常移动超过1000千米，比如10—13世纪时神圣罗马帝国的各个皇帝在意大利的作战，还有十字军以攻击巴勒斯坦或埃及为目的的陆上行军或海上航行，不管这些行军作战在其他方面取得了什么成就，它们至少在后勤方面取得了胜利。人口也会大规模地迁移，并且更为缓慢，比如1150年后德意志移民就进入了欧洲东部的大片地区。所以，我们要认识到，中世纪欧洲的世界在总体上必然是非常地方化的。大多数人事实上只知道周边的几个村庄，一般最远也就到最近的市场。处于王国边缘的伯爵，即国王的地方代表，时常可以在一段时期内为所欲为，而国王也无法阻止他，有时候国王甚至都不知道他在做什么。这一直都是因为交流困难导致的。但是，如果国王们效率够高的话，他们最终还是会带着军队赶到那里（或派遣其他伯爵接管），而伯爵也知道国王会这样做：这至少减少了公开反叛的可能。此外，还有其他的统治技术能够使统治者的权力延伸得很远，并且非常稳固，我们将在之后的章节中看到这些。然而，在这里，让我们看看我们要讨论的这个时期内大部分时间里政治权力运作的基本程序。我将聚焦于一个单一的事例，然后再来讨论其产生的影响。

1159 年夏天，英格兰国王亨利二世对法兰西南部的图卢兹（Toulouse）伯国提出了主张。亨利几乎已经拥有了半个法兰西，其中包括从他父母和妻子埃莉诺（Eleanor）——她是法兰西南部阿基坦（Aquitaine）公国的女继承人——那里继承来的北到诺曼底（Normandy）、南到比利牛斯山（Pyrenees）的若干公国和伯国。尽管存在争议，但如果亨利能够迫使图卢兹伯爵屈服的话，这片地区也可以被视为埃莉诺继承的遗产。亨利持有的全部法兰西土地都来自法兰西国王路易七世（Louis Ⅶ，1137—1180年在位），他已经向路易国王进行过臣服仪式并宣誓效忠，承诺将捍卫路易的生命和个人荣誉，而这就发生在 1158 年。可是，直接控制的领土仅有巴黎地区的路易并没有在军事力量上与亨利抗衡的可能。在 1159 年的那个夏天，亨利率领了一支大军入侵图卢兹，而这可能是亨利一生中召集过规模最大的，其中包括他在英格兰和法兰西领地中的大部分主要贵族，甚至苏格兰国王马尔科姆四世（Malcolm Ⅳ）也向亨利进行了臣服仪式。路易不能允许亨利进一步扩大威权，而且不管怎么说，图卢兹伯爵雷蒙五世（Raymond Ⅴ）是他的妹夫，因此他不得不试着帮助后者。但是他又能做什么呢？路易所能做的就是带着少数随从（也因此很快地）奔驰到图卢兹，这样一来，当亨利和他的军队抵达图卢兹时，法兰西国王已经在这座城中组织防御了。尽管图卢兹的防御工事很坚固，亨利仍有很大可能拿下图卢兹，至少这显然是他的计划。

但是现在，他曾宣誓效忠的领主此刻就在城墙之内。一份当时的记录说："出于对正在保卫这座城镇，对抗亨利国王的法兰西人之国王路易的尊重，他不希望再围攻图卢兹城。"另一份记录（作者认为亨利国王这么做是错的）则说，亨利国王出于"空洞的迷信和崇敬"而听取了不进攻图卢兹城的建议。也就是说，亨利陷入了僵局。如果他去攻击自己曾经宣誓效忠的领主，那他的贵族们对自己的效忠誓言又有何价值呢？如果他俘虏了这位曾是自己领主的国王，他应该如何处置呢？所以，他最终没有进攻，在仅仅经过了一个夏天的掠夺之后就撤退了。亨利，作为欧洲西部最有权势的两个君主之一，不能承担被别人视为破坏誓言者的风险，因而宁愿被当作一个失败的战略家丧失声望——很大的声望。[11]

这里重要的是亨利和路易之间的个人关系。这种关系被一些仪式——宣誓、臣服仪式（正式承认的个人依附）等加以限制，而且与名誉紧密相连。它同时也与人们对领主权（lordship）的设想有关：这种仪式是亨利作为领主领有法兰西国王的十几个伯国与公国及这些土地上资源之条件的一部分，与他最富有、最完整的领土，即他享有绝对主权的英格兰本身形成了鲜明的对比。在这里，我们正处于通常所说的军事封建制（military feudalism）世界的中心：大量的大贵族和骑士精英履行军役，并显示出政治忠诚，以换取国王或更低级领主赐予的官职或土地，而如果他们有不忠行为，则会失去所有这些被赐予的东西。这些人时常被称为领主的宣誓封臣（vassi），而这块有条件持有的领地则被称为封地（feoda），因此在现代历史学术语中才有了"封建"（feudal）和"采邑封臣"（feudo-vassalic）这些词语。亨利的法兰西领地在当时的文献中时常被称为封地；随同亨利一起远征图卢兹的贵族们也都是向亨利宣誓效忠并受封土地的人。碰巧，近来"封建制度"（feudalism）这个词时常受到质疑。苏珊·雷诺兹（Susan Reynolds）指出，这种军事和政治义务或者"领地"这种词的意义，很少像我们上面描述的那样清晰明确，自然在 12 世纪的法兰西也是如此。很多学者也强调，并非中世纪时期词语的"封建制度"，在不同的现代学者笔下也常常有着许多不同的含义，并因此认为这个词已经模糊到了毫无用处的程度。我自己却认为这个词在经过谨慎定义的情况下仍是有用的。[12] 如果我在本书中极少用到它，那只是因为我在尝试尽量避免使用太多的专业词汇，而不是因为这个词在本质上比历史学家们所使用的其他词汇更具争议性。然而，无论如何，路易是亨利在法兰西领地上的封君，而亨利自己的贵族也与他有着同样关系的事实，显然对亨利在图卢兹城外会做何反应至关重要。无论你是否愿意把领主权称为"封建"，这种关系肯定决定了这次遭遇的结果。

　　导致这种现象的一个主要原因是，大多数情况下，这些精英提供军事服务并不是为了薪水。雇佣兵被应用于 12 世纪，并且构成了步兵的主体（1159 年亨利军队中的情况亦是如此），但骑兵和将领——虽然其中也有一部分会领取薪水——大体上都是由与王国或国王个人（又或两者兼具）负有个人义务之人组成的。[13] 罗马帝国曾经有一支完全受薪的军队，规模也比中世纪的军队大得多，并且还是常备的，而为了维持这样一支军队，罗马帝国也要对土地持有征收重税——我们将会看到，土地是当时主要的财富来源。因此，罗马帝国的模式是一套非常连贯的政治结构，而帝国财政体系在西方的消亡（见第二章）就是导致中世纪早期的后继国家实力更为弱小的主要原因。拜占庭帝国和奥斯曼帝国则以相似的方式运作，使罗马模式在整个中世纪时期的欧洲东南部地区保持了延续，这一点会在第三章和第九章中加以讨论。欧洲西部的普遍税收在中世纪晚期也恢复了，尽管其规模较小且效率也低得多；税收的重新恢复既改变了统治者手中的资源，又带来了新的问题——最明显的就是统治者需要取得不得不承担军队开支（或者至少是要把负担转嫁给他们自己手下农民）的贵族和城镇居民之同意。我们将在第十一章和第十二章看到税收的恢复是如何改变中世纪晚期欧洲西部的政治动态的。但是，在12世纪的法兰西以及中世纪大部分时间里的欧洲大多数地区，没有任何人在超越小规模的程度上征收过土地税。作为结果，军队不得不建立在土地所有者提供公共服务或是给军事人员分配足以维持生计之土地的基础之上；又或者，当使用雇佣兵时，就用国王和伯爵领地上的资源和那些从不愿履行军事义务的土地所有者手中征收的钱款来支付。在中世纪世界里，很大一部分军役以及由此导致的军队构成都取决于与土地占有相关的个人关系。

伟大的法国历史学家马克·布洛赫（Marc Bloch）在1940年仔细分析了这种土地政治，其精致程度迄今无人能比。（他把这种以土地为基础的社会称为"封建"，这一定义比仅限于封地和封臣的定义要更为宽泛。）他认为，一个以土地为基础的社会暗含着"权力的分散"：也就是说，这往往会产生分权化的政治结构，而这仅仅是因为（此处的表述远比布洛赫的要粗略），在零和博弈中，你所授予的土地越多，你自己手中的土地就越少，而随着你在未来所能给予的土地越来越少，那些土地精英可能就越不会服从你。[14] 我们将会看到，这种说法并不完全正确，尤其是在中世纪早期；最典型的就是没有征税还统治着以任何后世标准来看都着实疆域广阔的加洛林王朝。但不能否认的是，征税的国家总是要比那些以土地换取军事或政治忠诚的国家稳固得多。受薪的士兵和官员也比那些要赐予土地作为报酬的人更安全，因为对任何不忠诚和不称职者都可以直接停止授薪。如果一个所有资源都来自所持土地的统治者想要取得政治成功，那么他（更罕见的情况下也可能是她）就不得不更为谨慎了，尤其是在与那些手中土地资源难以被收回的贵族军事领袖打交道时。这勾勒出了中世纪政治体系的主要特征。

在这部分的讨论中，我们似乎已经从讨论政治活动默默地转移到讨论兵役问题。然而，在我们所讨论的这个时代里，二者其实没有太大的不同。整个中世纪时代的政府主要与两个主要结构有关，即法律和司法的组织，以及战争的组织。与政治上的忠诚密不可分的就是对战斗的意愿；结果，中世纪的土地贵族也几乎都受过军事训练并有着对军事身份的认同，我们在本书中会看到对这一点的反映。当统治者因他们的军事和司法成功而受到赞扬时（包括他们让失败者认输的能力，这同时涵盖了军事和司法成功两方面内容），他们常常被视为其王国经济繁荣的根源 —— 相反，气候上的灾害也时常被视为不公正统治者的过错；—— 但是，经济发展很少被视为他们的职责；济贫工作被留给了地方共同体和教会慈善机构；教育和医疗则是私人支付的。欧洲西部政府有限的责任，以及这一点与个人隶属关系的紧密联系，确实导致一些有影响力的历史学家认为，在讨论中世纪的政治体时，"国家"（state）这个词是无益的。[15] 如同后面几章将要表明的，我并不认同这种观点；我想要论证的是，无论是中世纪早期国王的公共权威，还是 13 世纪和之后逐渐复杂的行政体系，都可以从国家权力的角度进行有效的描述。因此，除了欧洲北半部分那些相当简单的政治体系，这个词将被用于本书中涉及的大多数欧洲政治体系。但无论如何描述这些政治体系，它们的职权范围都是有限的。

让我们回到亨利二世和路易七世的故事：无论如何，土地政治在1159年都完全占据了主导地位。亨利甚至试图在英格兰废除土地税的最后一点残余，而英格兰国王征收土地税的时间已经超过一个世纪了，这在这一时期的拉丁欧洲是独一无二的。[16] 他这样做可能是为了避免引起反对；相对地，他显然认为，在这场土地授予的零和博弈中，自己有足够充足的资源能够让他依赖自己的主要贵族——英格兰的和法兰西的——的忠诚和感激。这些贵族还是他复活节和圣诞节的宫廷聚会，以及围绕他和其他统治者建立起来的有着自己礼仪和博弈，有助于保持忠诚的仪式文化的参与者。[17] 在很大的程度上，亨利的想法是对的。但是，即使是他也不能冒险违背自己对路易的誓言，来破坏使他的慷慨得到回报的根本因素，也就是宣誓效忠的原则。这本身就表明，土地政治并不一定会注定导致恰好正等待着机会摆脱弱小统治者的领主们采取从私利立场出发的行动。与获得土地相关的义务以及与忠诚相关的荣誉也很重要。不名誉确实难以恢复；必须要非常小心地处理与之相关的事务，而中世纪的许多政治交易都取决于一个人能在被认为做出了致命的不名誉行为前带着多大好处全身而退——我稍后会回到这一点。此外，12世纪时，领主的权利以及与宣誓效忠相关的责任也在一直强化，路易和亨利都非常清楚这一点，并在其他情景下利用了他们的优势。这一时期的其他领主或许可能冒违背誓言和丧失名誉之险，但亨利作为一个老练的政治家是不会这么做的。尽管如此，这些忠诚博弈中的权力关系完全是围绕着土地政治构建的。如果我们理解了这是如何运作的，我们就可以在理解欧洲中世纪政治实践方面取得很大进展；只有像拜占庭和奥斯曼还有安达卢斯，即伊斯兰西班牙这种更为强大的国家系统才在上述情况之外。

　　至于经济，我想在这里提出的主要观点，同时也是本书其他部分的支撑，很快就会得到阐释。正如我们刚才看到的，中世纪的政治共同体将自身的凝聚性和成功建立在对土地的控制之上。原因非常简单：所有前工业化社会都首先是以农业财富为基础的。在中世纪乃至之后的很长一段时间里，都不存在任何我们可以称之为工厂的东西。在 10 世纪的埃及或 13 世纪的佛兰德和意大利北部的城镇中，存在着手工业者（craftsmen），或者说工匠（artisans），有时数量还很多。这些工匠为整个欧洲的市场大量生产织物和金属制品，但是他们使用的技术比后来的工业化生产所使用的要简单得多，而且，最重要的是，他们在总人口中所占比例有限；在 1200 年后，欧洲大约有五分之一的人口生活在城镇——往往都非常小——当中，而在以前这一比例更低。（具体的数字只能猜测，因为我们并没有相关数据，但可以作为一种大致的参考；进一步的讨论参见第七章。）采矿业也同样存在，人们会对铁矿进行开采，在 950 年之后还有对欧洲用于铸币的银矿的开采，但是从事采矿业的人数就更少了。大多数人都是农民，在中世纪早期，他们超过了人口的五分之四，之后也没有减少。也就是说，他们在或多或少固定持有的土地上和稳定的定居点中（通常是村庄，有时是分散的农庄），作为自给自足的耕种者直接在土地上劳作。在中世纪时期，人类劳动生产所得的大部分产品都是农产品，因此，对这些产品的控制，以及进一步说，对产出农产品土地的控制就是中心问题。

但是，谁是控制着这些土地和土地上产出的人呢？在农民大量持有土地的欧洲部分地区，某些情况下是他们自己——尽管在欧洲南部，包括伊比利亚、意大利和拜占庭也有一些自有土地耕种者，但这主要是在欧洲北部和东部，特别是在中世纪这一千年中的前半段时间里。在那些国家征税的地方，如拜占庭和阿拉伯，以及中世纪晚期的许多欧洲西部王国和城市国家，或者在统治者——如欧洲东部许多地区早期的王公和公爵——不那么系统地从自治的农民那里收取贡赋的地方，即使统治者并不是土地实际上的所有者，他们还是对土地实行了部分控制，而这仅仅是因为他们拿走了土地的一些产品。但是，欧洲的大部分土地一直都是由非农民拥有的：即那些由于从佃农耕种者那里收取地租而得以维持生活并变得富有的土地所有者。（在 1200 年之前，土地上的雇佣劳动非常罕见。）这些土地所有者构成了欧洲的贵族精英，即我们前面刚刚讨论过的忠于（或不忠于）国王的军事化领主以及众多的地方教会——教会拥有的土地甚至可以占到王国总土地面积的三分之一。国王本身也是土地所有者，并且除非他们征税，否则他们的资源也基本上都来自他们直接拥有的土地。因此领主——无论是王室、教会还是贵族——的财富都来自他们能够从农民身上榨取到的东西。他们通过直接暴力以及武力威胁实现这一点。

当然，并非每一蒲式耳（约 36.37 升）的粮食都是通过暴力榨取走的。介于农民在数量上处于巨大多数，领主们并没有人力去完成这样的工作。事实上，农民经常会同意领主提出的地租，而领主们也时常相信这种约定会稳定地转化为惯例，并且很难再改变。但是，地租收取的背后一直都存在来自所有领主都可以命令的武装人员提供的潜在武力支持；收租也时常是伴随着武装人员对整个过程的监视完成的（征税的时候更是如此，因为这往往不太能得到民众的认同）。而农民的反抗——有时本身就很暴力，比如在领主随意增加地租和款项时——必然会经常遭到武力镇压。我们有大量的档案记录了领主们对那些顽抗不从的农民所做的往往令人厌恶的事——毁坏和没收他们的财物，殴打他们、砍去四肢和以酷刑折磨——关于酷刑的案例，我们的资料一般是以厌恶的语气在进行描述，但关于殴打和肢解的记录通常则更不具情感色彩。（这些资料大多由教士写成，他们不喜欢贵族的恶劣行为，但是他们更不喜欢那些自以为是的农民。）[18] 再次重申，这些事并没有发生在大多数人身上；但它具有发生的可能性，而且农民们也知道它发生的可能性。也就是说，暴力隐含在了整个中世纪农业社会之中。虽然农民有时也会反抗，甚至有时能反抗成功，但大多数时候，他们还是臣服于领主的。

一些农民在法律上是自由民，另一些则不是。自由在每个社会中带来的东西都不尽相同，无论是在法律还是实践上（两者是不同的），但它无疑应当会允许自由的农民充分参与公共世界的活动，比如中世纪早期政治中重要的集会，并有机会诉诸法庭。如果这些自由农民是佃农，他们享有的自由时常也会带来更低的地租。那些没有自由的人（拉丁语称 servi 或者 mancipia）的情况更是多种多样。"servus"在古代世界指的是作为动产的奴隶：许多奴隶在奴隶种植园的土地上劳作，尽管这在罗马帝国晚期时就已经相对罕见了，而在整个中世纪，许多社会中都有奴隶家仆。然而，在整个中世纪时期，大多数农奴都是佃户。他们没有法律权利，因为根据定义，这些权利仅限自由民拥有，并且这些奴隶不仅要支付更高的地租，还时常要提供一些被视为有辱人格的无偿劳役服务；但是他们也和自由民一样拥有持有土地的权利，因此我们的"奴隶"一词并不能完全适用于他们——我在本书中将会简单地称他们为"非自由民"。在村庄里，自由的和非自由的佃户之间存在着相当复杂的等级关系，特别是在中世纪早期。随着时间推移，这种等级关系在欧洲大部分地区变得没那么复杂；经济从属的共同经验变得比严格的法律区别更为重要，而且自由民和非自由民时常通婚（尽管严格来说，在很长一段时期内，这都是非法行为）。随着大约公元 1000 年之后领主对自由民也施加了更大的压力，两者最终成了相似的常常被称为"农奴身份"（serfdom，来自法语的 serf，这个词本身来自拉丁语的 servus）的实际法律从属地位。中世纪早期的农民反抗常常是因为自由佃户被向下推到自由-非自由的边界上；到了 11 世纪或 12 世纪，农民的反抗则更多的是针对当时更普遍的规定了实际从属的法律条款（见本书第七章），而自由民和非自由民之间的划分也变得不再那么关键了。但是，自由民和非自由民的划分仍然很重要；比如，1200 年后的英格兰和加泰罗尼亚（Catalonia）都有非"农奴"的自由佃户，而法律上非自由民农奴身份在 15 世纪时的终结也是一个重大变化。[19]

领主-农民之间关系的动态不仅构成了整个中世纪经济史的基础，同时也构成了社会-政治史的基础；这一关系加强了社会阶层分界的明确性（见第十章），并使我们上面讨论的整个土地政治成为可能。在本书余下的部分中，我们将看到这种动态是如何在不同时代和环境中变化的：自治的农民是如何在中世纪后半段退出欧洲北部的（第五章）；领主权的性质是如何在 11 世纪的欧洲西部发生变化，并带来了许多从那个时候开始强加在当地农民身上的额外款项的（第六章）；中世纪中期的经济增长对于农民和领主的繁荣有什么影响，他们又是如何协调两者间关系的（第七章）；以及中世纪晚期的农民针对领主和国家进行的抵抗是如何运作并最终成功或失败的（第十二章）。但整本书中我们需要时刻牢记的一个最基本事实就是，所有财富和政治权力都是建立在对大多数农民的剥削之上的。中世纪社会体系的整个经济动态，包括我们倾向于称为经济"发展"的每一次变化 —— 无论是市场数量的增加和规模的扩大，还是城镇和主要针对贵族买家的工匠手工制造业的发展 —— 都基于领主和农民的不平等关系，以及前者设法从后者那里榨取的剩余价值。不管怎么说，农民不会出现在本书的每一页上；但几乎所有我们要讨论的事务都确实是以他们或多或少不情愿地通过地租形式交出的剩余价值为基础的，而忘记这一点是错误的。

　　当我们谈论中世纪文化的基本框架时，就更难进行一般性概括，也更难进行取舍了。我在这里只想阐述中世纪文化的三方面内容，这三方面内容在欧洲可能比其他方面都更具普遍性一些，这就是对于名誉、性别和宗教的态度。上述各方面内容也都会出现在本书的后续部分中，并会根据不同的地区和时代进行更详细的描述；但在此处有必要对它们进行一些介绍。如同我们在前面所看到的，中世纪中期——这一时期之前和之后很久也是同样——政治关系的很大一部分力量都是建立在名誉的基础上的。毫不夸张地说，被视为名誉的对欧洲中世纪社会各个时期和地区的所有阶层来说都很重要；这包括农民，虽然其他人时常认为农民没有办法获得名誉；也包括妇女，尽管其他人往往认为女性的名誉事实上是属于她们男性家庭成员的名誉。任何不忠诚、怯懦、偷窃、（女性）进行非法性关系或（男性）被戴绿帽子的指控都是对名誉的威胁。如果一个人被认为是窃贼，那他就有可能被处死（因为偷窃是一种秘密行为，在中世纪欧洲的大部分地区都被视为一种比公开杀人更严重的罪行）；即使没有被处死，他也要面临丧失名誉，乃至失去法律信誉（legal reputation）——这在中世纪后期被称为 fama，可能意味着这个人无法在法庭上做证，甚至在某些情况下不能进行宣誓——的风险。这本身就是一个非常不利的社会劣势，因为不仅所有政治活动，就连所有司法程序都围绕宣誓展开；因此，如果一个人失去了法律信誉，那么他在很多方面都不再为法律所保护了。[20]

面对这类指控或其他或大或小的侮辱，男性会通过正式宣誓捍卫名誉；但也会更直接地使用暴力来捍卫自己的名誉。暴力本身确实受到了足够的尊重，使之足以成为司法程序中的一种策略：攻击他人的财产是一种显示事态严重性的方式，这可能更容易迫使对方走上法庭；而如果你不保护自己的财产免受攻击，你可能会被视为对它没有什么权利。农民们携带刀具，并会使用它们；中世纪英格兰村庄的凶杀率水平几乎与 20 世纪美国暴力犯罪最频繁的城市相当。[21] 在中世纪中期和晚期，被侮辱的贵族们会彼此攻击对方的领地和城堡（决斗直到中世纪快结束时及之后才流行开来）。报复性杀戮很正常，并且本身被视为一种光荣的行为。将大部分中世纪文化说成是血亲复仇文化（feuding cultures）并不正确；除了一些明显的例外（冰岛算一个，中世纪晚期意大利城市精英社会也算一个），大部分暴力活动都是一次性的，并通过补偿或司法干预来处理，又或者二者兼而有之。然而，如果一个人接受以金钱或者礼物来结束被我们称为血亲复仇的一系列暴力活动的话，这本身可能又会被视为不名誉的做法——一个人在开始或结束这种暴力循环的时候都必须非常小心，以免使自己的名誉受损。甚至连那些自身的职责就是终结暴力活动的教士（并且我们有很多事例表明他们在这方面付出过努力）也明白这一逻辑。比如写下过一部非常详细地记录自己那个时代的《法兰克人史》的图尔的格里高利（Gregory of Tours）主教，就记录过一个名叫克拉姆奈森德（Chramnesind）的贵族曾从另一个叫斯查尔（Sichar）的贵族那里接受了一笔作为对自己亲属死亡进行赔偿的钱，他在数年后和自己过去的仇敌喝酒，当时已经喝醉了的斯查尔谈及往事，说克拉姆奈森德做了一笔好买卖。克拉姆奈森德当时就想（格里高利在书中告诉我们）："如果我不为我死去的亲属复仇，那么我就有失男人之名，还会被人说成是一个软弱的女人。"然后他就当场把斯查尔杀了。很明显，格里高利完全认同这种情感，即使正是他本人在数年前的调停才使他们用赔偿达成和解。像斯查尔这种说克拉姆奈森德实际上是在以一种懦弱的方式从亲属的死亡中牟利的羞辱，在许多中世纪社会中都会引来杀身之祸；13 世纪布隆戴蒙提家族与阿里吉家族之间（Buondelmonti-Arrighi）著名的血亲复仇据说也是以类似方式开始的。[22]

　　让我再重复一遍：并非所有中世纪社会的价值观都一样。有太多的书都被"中世纪思维"（medieval mind）这一概念束缚住了，尤其是那些试图论证中世纪人不会对社会或宗教的某些方面进行"理性"思考的书；这也是另一个在本书中不会看到的论点。名誉当然有着各种变体形式。一个男性如果有私生子一般来说并不是什么不光彩的事（尽管在某些地方——并非所有的地方——这种出身会对孩子本人造成一些法律上的障碍）；但像中世纪后期的爱尔兰那样，把不承认任何上门声称是私生子的人视作不名誉的——尤其是在爱尔兰的领主，他们时常根据相当随便的宣称就对私生子予以承认，可能会有许多这样的孩子——完全是个例外了。[23] 不过至少我们可以说通过使用暴力来维护名誉的方式相当普遍。如同前面克拉姆奈森德的话直接告诉我们的，这也是非常有男子气概的；它与作为男性而非女性有关。当男人喝醉时，（他们经常这样做）他们甚至更有男子气概——事实上，许多导致暴力行为的侮辱最初都发生在人们喝酒的时候。[查理曼的传记作者艾因哈德（Einhard，840 年去世）声称这位皇帝不爱饮酒；事实上，这一说法相当令人难以置信，但这肯定是为了让查理曼显得与众不同。] 相反，豪饮啤酒、蜂蜜酒或葡萄酒不仅是一种风险，也是建立忠诚本身的标准要素：如果你们在一起喝酒，你们就对彼此有了义务（在一起吃饭也是如此）；如果你在一位领主的大厅中饮酒，你就有为这位领主作战的义务，如果不这么做的话就会失去名誉。中世纪有一种常见的文学桥段，也有一些真实的事件，即邀请敌人赴宴进行和谈，然后在他们吃喝的时候将其杀死；这可能是一个明智的策略，因为此时人们的护卫减少了，但这种行为实际上是非常不光彩的。[24] 聚众喝酒本身就是非常男性化的行为；在许多中世纪社会中，受尊敬的妇女很少会出席这种场合，唯一的例外就是领主或家主的妻子，她们是特殊的。

　　这样的社会似乎没有给妇女留出多少空间。事实上，性别角色可能被严格地限制了；在农耕社会，只有男性被认为应该耕种，而只有女性被认为应该织布，这是一种普遍存在于各个时间和空间的规范（"男耕女织"在中国也是一个老话题了）。在大多数中世纪社会中，女性无法获得哪怕一点那种异性恋男性所拥有的性自由；这个充斥着暴力的世界也不属于她们——尽管男性为她们而发生争斗。女性有时根本没有公共的社会身份；比如在中世纪早期的意大利和爱尔兰，女性就是法律层面上的未成年人，一生由男性替她们处理法律上的事务，并且她们也无法轻易继承土地。然而，对女性的这些限制也是一种例外，许多中世纪社会也允许女性享有和男性同样的继承权或是出庭，甚至允许女性参加公共集会（这更为罕见）。[25] 我们还能看到女性行使政治权力，要么是在她们的丈夫去世后替子女行使权力，要么就是更为罕见的——通常是在中世纪晚期的几个世纪中——在没有兄弟的情况下以继承人身份行使权力。一些女性统治者确实非常成功，比如 15 世纪时丹麦的玛格丽特（Margrete af Danmark）和卡斯蒂利亚的伊莎贝拉（Isabel I de Castilla）。在后面关于中世纪早期的章节中，我们也会看到一些颇具权势的王太后。

　　我将会在第十章回到中世纪晚期的语境更详细地讨论性别角色问题，在那个时期，我们终于能够对更广大而非仅限于女王和高级贵族的女性进行更实质的描述。但是，提前说明一下，我认为至少在欧洲大部分地区，中世纪早期和晚期的主要区别是，随着社会慢慢变得更为复杂，女性身份的模糊性也随之增加。即使对女性继承权的约束从来都不宽松（实际上某些方面在许多地方都变得更加严苛），而女性的身份在所有时期都受到了限制，有时在中世纪早期看来非常严格的法律约束，时常还是在晚期变得更具可调解性了。必须补充的一点是，这对男性来说也是如此；举例来说，如果真正害怕暴力的男性 —— 可能包括我们今天的许多人 —— 要承担军事义务的话，他们就很没有机会活得长久，同时也没有机会在普通村庄里获得多少社会尊重，除非他们有幸成为神职人员，并由此可以在一定程度上免于暴力行为。（但是，应当补充的是，许多神职人员在战争中都表现出了一定的热情；相反，事实上应当是非暴力的，或者说那些独身的神职人员，时常会因为他们矛盾的性别地位而受到一定程度的鄙视。）正如我们在审视名誉问题时看到的那样，尽管具体内容有所不同，但针对男性公共行为的规则可以和针对女性的规则一样具有强制性。[26] 但是，女性一直都是最受限制的角色。中世纪的 —— 当然也不仅仅是中世纪的 —— 标准规范是属于男性的。

关于宗教：说中世纪人都信仰宗教是陈词滥调，但他们确实都是如此，无论他们是犹太教徒、穆斯林、异教徒还是在中世纪后期欧洲占压倒性多数的基督徒。（即使那时候有无神论者，他们也几乎从未表达过自己的观点。[27]）这种陈词滥调时常与"教会的力量"，布道人员以地狱之火的惩罚威胁平信徒使其行为符合自己的预期之类联系在一起。事实上，这种布道更多出现在早期近代时期新教和天主教间带有竞争性的忏悔或者告解中；在更早以前，教士们往往对自己能向听众提出多少要求相当现实，那毕竟是他们布道的时候 —— 因为布道虽然一直存在，而且从 12 世纪末开始进一步发展，但在实践中绝不是自己就发生了的。[28] 然而同样存在的情况是，尽管教士们每个世纪都在抱怨平信徒有多么不遵从教会的教义，但他们可以对自己的信众都完全接受了基督教信仰的基本观念这一事实有信心。诚然，平信徒理解的基本观念并不总和教士所想的完全一致。教士们在不同时期对此也有不同形式的反应；在中世纪早期，他们旗帜鲜明地批判那些"异教"遗存，尤其是似乎与基督教教义不相容的仪式；而在之后的几个世纪里，他们的不满则更可能是关于"不道德"行为的标准形式的，或者在公元1000年左右之后可以说，是关于异端的——换句话说，即那些无论是拉丁教会还是希腊教会都认为违背了教会教义的，特别是还涉及否定教阶制度的神学信仰。必须要强调的是，平信徒的苦修从始至终都不比身为教士的卫道士要少；整个修道运动实际上是一个平信徒运动，而随之产生的修士也同样是平信徒的产物（在修道院中经过祝圣的神职人员通常是少数，并且因为他们必须是男性，所以也绝不会存在于修女院中）。这些运动中的男女时常会自发地选择一种更为极端的基督教实践。尽管这种实践常常通过以同样极端的方式服从修道院长或修女院长，并通过他们遵守更广泛的教会秩序来获得合法性；但是这种实践并不涉及，至少不应该涉及自主的信仰形式。我们将在之后的第八章、第十章和第十二章中看到，当平信徒团体确实开始发展他们自己的神学和灵修观点时——尤其是从大约1150年开始——到底会发生什么。但是显而易见的一点是，无论这些基督教平信徒是否很好地掌握了教义的细节，又是否确实准备遵从神职人员的劝诫，尤其是在涉及诸如令人尊敬的暴力和性这类有着根深蒂固态度的方面，这些平信徒确实接受了宗教非常重要且无处不在的事实。

　　我之所以强调这一点并不是因为有人对此表示质疑，而是因为其中的一些内涵没能被贯彻始终。历史学家们经常将世俗的和宗教的动机分离，并将两者置于一种潜在，甚至有时是实际的对立当中。当贵族建立修道院或者捐赠给修道院大量土地，使他们的家族成员成为修道院长或修女院长时，他们这样做是因为捐赠特许状中援引的宗教动机（以地上的财富换取天国的财富等），还是因为这样做的话，即使在家族变得过于庞大而分裂时，也能确保这些修道院被自己的家族控制，并成为一种长期持有的土地资源？当国王将自己的宫廷司铎或其他行政管理者安排到主教职务时，是因为他已经知道这些人的品行足以成为道德高尚的主教，还是因为他试图通过将可靠而忠诚的人安插到富裕的地方权力中心，以巩固国王在王国不同地区的权威？当法兰克皇帝"虔诚者"路易（Louis 'the Pious'）的儿子们在 833 年强迫他进行公开忏悔时（见第四章），是因为法兰克政治阶层中的相当一部分人认为路易的罪恶已经大到足以威胁帝国的道德秩序，还是因为他的儿子们想要让路易彻底丧失统治的可能，使路易不得不永久地放弃自己的政治权力并交给他们？当十字军战士在 1096 年领取十字去出征巴勒斯坦时（见第六章），是因为他们作为心怀坚定信仰的武装朝圣者，都想从穆斯林异教徒手中夺回耶路撒冷及其周边的圣地，还是因为他们要以一套新的正当宗教理由，来掩盖自己对夺取他人土地已经昭然若揭的欲望？当我们面临这些问题时，我们几乎要对每个事例的两种可能都给予肯定的回答；但更为重要的是，我们还必须意识到这些事情其实并非两面性的：这两种动机是密不可分的，也不会在人们的头脑中被认为是可以分离的。当然，就像一些人比其他人更为笃信宗教一样，一些政治行动者比其他人更为寡廉鲜耻；但是除了极少数宗教强硬派，很少会有人将这两种动机像我们时常看到的那样分开。大多数中世纪宗教言辞中的利己性对于我们来说时常过于明显，尤其是在这些话是当权者说出来的时候，但这些言辞并不虚伪。有时，如果这些言辞是虚伪的（对我们而言）可能更容易接受；但在几乎上述每一个事例中，这些人都确实真的相信自己所说的话。因此，无论他们多么谨慎和狡诈地设定目标，我们都不得不在每次评估中世纪政治活动时把对真正信仰的考量纳入其中。

这些初步的观察只是理解后续内容的起点。本书的余下部分将关注那些变革时刻，以及我在本章开头提到的包罗万象的解释性结构。通过本书，我们还将看到这些最初的框架是如何在每一阶段都通过真正的不同而能够且必然变得有所差异：中世纪早期与中世纪晚期的实践大不相同，法兰克与拜占庭的实践也大相径庭，等等。正是这些差异构成了中世纪这 1000 年中大部分有趣的地方，而这些部分又构成了中世纪这一整体。中世纪社会确实有相互平行的经济、社会、政治和文化模式，值得进行比较和解释。虽然受限于不得不用仅仅 250 页（指原书）分析 1000 年的历史，但我会在本书余下的部分竭尽所能去做到这一点。

# 第二章

# 罗马及其在欧洲西部的后继者

500—750

罗马帝国为什么覆灭了？简短回答的话，它其实没有灭亡。由君士坦丁堡统治的罗马帝国东半部分（包括今天的巴尔干地区、土耳其、黎凡特地区和埃及），在帝国崩溃与5世纪时西半部分（包括今天的法国、西班牙、意大利、北非和不列颠）被外族征服期间依然没有出现任何问题，像过去一样平稳运行着。我们将在下一章中看到，事实上帝国东部甚至在7世纪的大规模入侵下也存活了下来。东罗马——从这时开始我们称之为拜占庭帝国，虽然那里的居民直到灭亡前都称自己为罗马人——又延续了1000年，一直到15世纪被奥斯曼土耳其人攻占了余下领土之时；而之后，奥斯曼人又以他们的新都君士坦丁堡，即今天的伊斯坦布尔为中心，将某些罗马/拜占庭过去的基本财政和行政管理结构运用到了他们自己国家的建设之中。也就是说，罗马帝国在某种意义上一直延续到了第一次世界大战奥斯曼解体之时。

我指出这一点并不是为了让人联想到一个未曾改变过的旧日形象；当下总是存在着过去的一些元素，但这并不意味着巨变就不曾发生——比如，在拜占庭帝国肯定就发生过巨变。问题在于别处。当我们面对真正重大的事件，比如 1914 年欧洲和平的终结、1991 年苏联的解体时，历史学家往往会分为两派。一派认为这些灾难是不可避免的，它们时常有着长期存在的结构性原因，这些原因又碰巧在剧烈的转变中结合在了一起；另一派则将灾难视为偶发事件，是几乎偶然的短期政治决策的产物；或者说，当两派历史学家更为细致地研究混杂有结构性和政治性原因的事件时，他们产生了更倾向于结构性原因的一派和更倾向于强调政治性原因的另一派。在大多数情况下，我更倾向于结构性原因那一派。但是，当我们着眼于 5 世纪的罗马帝国时，长期性的解释对帝国在西部的崩溃就不那么有效了，因为结构性原因显然不能只适用于半个罗马世界。不过，还是有一些结构性答案可能可以提出：西部也许已经变得，又或者是正在变得比东部更为脆弱或更容易遭受入侵；出于后勤方面的方便而将帝国分为两个单独部分进行统治的倾向——这一倾向从 3 世纪时就已经开始，而到 5 世纪时就完全确立了——本身可能就已经损害了帝国的凝聚性和应对威胁的能力。事实上，在写下了数百个关于罗马"覆灭"的互相竞争之解释的书中，每一种论点都已经有人提出，并且都有一定的说服力。[1]尽管如此，在罗马这个特殊的例子中，还是偶然的选择，有时是简单的人为失误，更具有说服力。我们在本书中的起点是公元 500 年，即中世纪大致开始的时间，所以原则上我们可以略过因为太早而不好处理的 5 世纪时仍属罗马时期的西部；但我们必须要先退一步，至少简单地看看这些选择，因为它们对后来发生的历史有着重大影响。同样地，从这一讨论中我们也可以得出一个重要结论：如果公元 400 年时的帝国西部不存在严重的结构性缺陷，那么帝国结构中的许多要素都有可能从 5 世纪的危机中幸存了下来。事实确实如此，我们将在本章的余下部分讨论这一问题。

罗马帝国的北部边界沿着莱茵河和多瑙河（再加上不列颠的哈德良长城）恰好穿越了今日的欧洲，南北之间不仅在政治效忠上，还在文化和经济上形成了一种鲜明的对比，而这种对比存续的时间比帝国西部的终结还要长几个世纪。罗马世界内部有许多差异，但在拥有通过道路连接起来的城市网，且城市内往往都有着相似的、主要是石质的标志性公共建筑这方面却有着惊人的一致性。"城市化"（civilitas）以及这个拉丁语词今天依旧向我们暗暗表达出的教养（civility）与文明（civilisation）意蕴，界定了罗马精英的自我认知。古典拉丁文学的教育（在帝国东部的希腊语地区则是希腊文学）和进行典雅写作的能力，都是贵族身份的组成部分。某种程度上，罗马社会是极度不平等的；罗马世界中仍然有许多的奴隶，并且贫富差距和基于这种差距的趋炎附势现象也非常严重。所有这些在各个时期构成了罗马帝国的复杂性。由于4世纪时帝国，至少就治理帝国的精英阶层而言，已经信仰了基督教，基督教文学加入了文学教育之列，主教们开始在影响力上与元老院贵族相抗衡，但在社会不平等方面尚未有很大的改变（比如说，虽然《新约》中构建了一幅社会平等的图景，但很少有基督教理论家认为奴隶制是错误的）。[2]

北方被罗马人称为"蛮族的"世界与罗马人的世界截然不同。在那里，经济和物质文化都要原始得多。政治群体也更小更简单，并且伴随着不同的统治者家族兴起和衰落，他们的地位也确实时常充满流动性。紧靠着莱茵河与多瑙河北岸的大多数族群都使用日耳曼语，然而无论是他们还是罗马人都没有将这一点视为他们之间具有根本上同质性的标志。（我在后文中使用"蛮族"和"日耳曼人"只是出于行文方便的考虑。）毫不奇怪，"蛮族"人，尤其是他们的领袖，对于罗马的财富兴趣浓厚并且他们还试图获得其中的一些，无论是通过劫掠，甚至入侵，还是通过在罗马军队中有偿服役。结果在边境地区就形成了一条中间地带，它在罗马一侧更加军事化，而在"蛮族"一侧则更受罗马风格的影响。[3] 但是从总体上来说，由欧洲的两条大河所划分的边界是一条相当清晰的界线。

简单来说，5 世纪发生在西罗马帝国的情况是，来自北方的"蛮族"入侵了帝国，虽然这种入侵已经是帝国历史大部分时期的一个特征了，但是这次入侵却导致了政治的崩溃：那些不称自己是罗马人的军队占据了不同的西部行省，并建立起他们自己的王国。在 400 年时，除了因受到被罗马人称为匈人的草原游牧民族攻击而逃入帝国的哥特人族群，于 370 年试图在巴尔干地区定居下来 —— 并试图融入罗马军队中 —— 这一切都尚未开始。到 500 年时，在帝国东部，巴尔干地区再度回到了罗马人控制之下，但在西部，情况却大相径庭。在那里，被我们称为西哥特人（Visigoths）的哥特人分支控制了卢瓦尔河（Loire）以南的高卢（Gaul，今天的法国）和伊比利亚的大部分地区；被我们称为东哥特人（Ostrogoths）的另一个分支控制了意大利和阿尔卑斯地区；勃艮第人（Burgundians）控制了罗讷（Rhône）河谷；汪达尔人（Vandals）控制了北非（今天的突尼斯和阿尔及利亚）；一小群法兰克首领控制了高卢北部的大部分地区；实际上在 5 世纪早期就已被罗马人放弃的不列颠东南部行省，则掌握在一些被我们笼统地称为盎格鲁人和撒克逊人（他们可能也这样称呼自己）的小部落手中。在更小的地区内也存在着其他蛮族。没有被来自境外的军事精英所控制的前帝国西部领地非常少且分散，包括：毛里塔尼亚（Mauretania，大致相当于今天的摩洛哥）、库尔（Chur）周围的阿尔卑斯中部地区，以及不列颠岛西部，特别是威尔士，再加上布列塔尼（Brittany）；这些地区之间没有任何联系，更不用说和东方的罗马帝国联系了。除了库尔周边地区，这些地区的人也很快就失去了作为罗马人的身份认同。[4]

此前罗马帝国曾融合过入侵者；他们有一种传统，就是将这些入侵者安置在罗马世界的各个角落，最好是在击败他们之后，然后至少到他们丧失非罗马人特性之前都将这些地方作为兵源募集地。在经过 5 世纪那十年令人震惊的大规模无组织入侵后，罗马统治集团再度占得上风并故技重施：西哥特人原先于 418 年被安置在图卢兹周围，勃艮第人于 442 年被安置在日内瓦（Geneva）附近，汪达尔人于 435 年被安置在今天的阿尔及利亚。其中特别是西哥特人，他们也曾被用作雇佣军，并取得了一定战果：比如在伊比利亚地区，他们于 417 年与汪达尔人，于 456 年与苏维汇人（Suevi）作战，还于 451 年在高卢与匈人作战（匈人也被用来攻击哥特人）。489—494 年东哥特人对意大利的征服也可以算作是帝国实施的举措，因为他们是被帝国东部皇帝芝诺（Zeno）从他们在巴尔干的定居地派出去平息自 476 年就开始在当地自立统治的罗马叛军领袖奥多亚塞（Odoacer）的；而哥特人的国王狄奥多里克（Theodoric）已经是一位小有威信的帝国将军了。尽管我们已经可以看出此时有着比过去几个世纪多到令人目眩的"蛮族"族群，但只要罗马统治集团能够控制整个进程，这本身绝不是一个危险的策略。这个世纪初，罗马在大多数地方都做到了。

但是问题在于汪达尔人，他们的部落联盟在 407 年从北方跨过莱茵河进入了帝国境内，并在此后的十年里穿越了高卢进入伊比利亚；尽管在 417 年汪达尔人遭遇了局部失败，但他们没有被制服，并于 429 年在新国王盖塞里克（Geiseric，477 年去世）的率领下入侵了北非。他们在 435 年的定居绝非军事失败的结果，而且他们的新领地尽管本身并不肥沃，但却恰好在帝国西部的粮食和橄榄油主产区——即位于今天突尼斯境内、宏伟的罗马迦太基城（Carthage）周围富饶的土地——边缘。汪达尔人怎么会不想控制这片土地，而罗马人又为什么会意识不到这一点，并更好地防卫迦太基呢？无论为什么，但当时掌握帝国西部军政大权的埃提乌斯（Aetius，454 年去世）确实并未这样做，于是 439 年，迦太基城顺理成章地陷落了。这一选择，或者说错误，是罗马在西部地区丧失掌控政治变化条件能力的主要转折点之一。没有了阿非利加的财富，帝国西部的税收收入就开始枯竭；而没有了税收收入，就难以维持在那种政治复杂时期更加需要的常备军；而没有了常备军，罗马就越发有必要将"蛮族"军队作为同盟，但是也越发难以控制他们。[5]

5 世纪帝国西部皇帝无能，军阀当政以及依靠暴力实现大多数皇位传承的不稳定政局，使得依靠"蛮族"但又维持战略先机的制衡方法备受掣肘。政治领袖似乎常常落后于形势，用解决此前十年问题的措施并不能解决当下的问题。当帝国的金钱开始用尽时，高卢和意大利这两个仍然大致由罗马军队控制的主要西部行省间日益增长的政治分离与对立也使情况变得复杂。457—472 年间主导帝国政治的军阀李希梅尔（Ricimer），只对意大利行省真正感兴趣。在他掌权的这一时期，勃艮第人（李希梅尔的盟友）

和西哥特人［确切地说，是在 466—484 年尤里克（Euric）统治时期，他们处于一种自主行动的状态］瓜分了高卢中南部。李希梅尔此处的选择是具有决定性的。等到下一个世代的奥多亚塞于 476 年在意大利发动叛乱时，那里已经没有什么可值得一战的了。奥多亚塞没有再扶持一位傀儡皇帝，而是直接称自己为国王，在名义上承认帝国东部而非帝国西部的皇帝。[6]

　　在这里，我更多强调的是罗马的选择而非"蛮族的"征服。事实上，前一代学者已经就不同的日耳曼部落有多"野蛮"进行过非常激烈的争论。[7] 这些蛮族中的大多数（主要的例外就是法兰克人）在建立独立王国之前都曾在罗马行省内居住过一段时间；他们时常穿着罗马军队式的服装，也吸收了其他的罗马特点。尤为与众不同的是哥特人，他们大概可以被视为劣化的罗马军团，其中许多成员都是非哥特人，毫无疑问包括许多罗马人的后裔。几乎所有的"蛮族"领袖都会与罗马皇族通婚；罗马的军阀（包括李希梅尔和奥多亚塞）自身也往往是"蛮族"出身。[8]"蛮族"国王大多是双语使用者，甚至有些人可能只会讲拉丁语。他们都尽其所能地采用罗马行政体系中能用的所有要素。甚至可以说，除了名字之外，他们完全就是罗马统治者，如同来自高卢中部的罗马贵族学者希多尼乌斯·阿波黎纳里斯（Sidonius Apollinaris，约 485 年去世）对图卢兹的西哥特王狄奥多里克二世（Theodoric Ⅱ，453—466 年在位）所做的评价：虔诚（但不过分），在行政管理上小心谨慎，一个严肃认真的交流对象，精致宴会的主人，"希腊式的优雅、高卢式的富足、意大利式的敏捷……皇族式的教养"。[9] 除了在最北部的一些行省，这些蛮族基本上都是基督徒，或者至少基督徒数量同帝国内其他地方的数量相当（在 400 年的时候，罗马帝国内仍有大量异教徒）。诚然，成为基督徒本身并不是同质性的标志——公元 4、5 世纪是一个宗教分歧的主要时期，不同的派别在上帝的本质这一问题上争论不休，彼此指控对方为异端，比如阿里乌派（Arians）对尼西亚派（Nicaenas），基督一性论（Monophysites）对卡尔西顿派（Chalcedonians）［尼西亚派和卡尔西顿派是在罗马心脏地带最后的胜利者，自那以后他们在西方通常被称为天主教（Catholic），在东方被称为东正教（Orthodox）。］——但是，"蛮族人"此时也仅仅是选了一边站队。尤其是信奉阿里乌派的汪达尔人，时不时地发起对"异端"——在罗马北非占多数的尼西亚派——的迫害，就如同狂热的尼西亚派皇帝一样，并且使用同样的法律来进行。[10] 这种罗马化进程使同化变得更加容易。在各个行省中，罗马的当地精英在外来军事支持越来越少的情况下，开始直接同他们即将成为统治者的"蛮族"邻居达成妥协，进入这些当地国王的宫廷当中（正如希多尼乌斯在狄奥多里克二世时期所做的，虽然他反对尤里克），提出为这些国王进行政治治理——自然，是以尽可能罗马的方式。因此几乎在所有地区都从一开始就出现了这种和解，包括由于刚刚我们说过的宗教原因而比其他地区关系更加紧张的汪达尔阿非利加。[11] 自公元 1 世纪以来，罗马帝国就总是被占领军队掠夺；那些有着很强的来自边境行省特征的罗马军队，长期存在着民族成分多元的情况；至少到这个时候为止，最主要的变化就是来自边境地区或境外的军事领袖开始自称国王了。

　　因此，似乎可以说在公元 400—500 年间发生的变化并没有那么剧烈。东哥特国王狄奥多里克（476—526 年在位）统治着意大利，并向北一直延伸到多瑙河畔的旧罗马边境；他还在伊比利亚取得了对西哥特人的霸权，同时对汪达尔人和勃艮第人的王国有强大的影响力；同时他的行政体系与过去的罗马也相差无几。人们可能认为，他可以轻而易举地将自己称为罗马皇帝，而且有时文献也确实是这样看待他的，仿佛他真的已经称帝了。[12] 在他死后，帝国东部的皇帝查士丁尼（Justinian，公元 527—565 年在位）自然没有将西部行省视为已经无法挽回的损失，他发动了收复失地的一系列战争——首先是在 533—534 年针对汪达尔阿非利加，然后是在 534—540 年对意大利的战争。一场在意大利的叛乱恢复了东哥特国王的统治，查士丁尼直到 554 年才完全征服亚平宁半岛，但是那个时候他也已经占领了伊比利亚大部分的海岸地区；此时几乎整个地中海都重新回到了罗马人手中，主要的行省只剩高卢和伊比利亚内陆处于罗马的直接统治之外了。[13]

但是，无论最初一个世纪的这些"蛮族"王国多么罗马化，一些重要的事情确实改变了，并且，如结果所见，再也不会变回来了。第一，日耳曼人并不称自己为罗马人。他们明确地将自己与他们所征服和统治的罗马人区分开来，这与包括李希梅尔和其他 5 世纪时期能追溯"蛮族"血缘的将领在内的任何军阀或政变领袖都不相同。东哥特人和汪达尔人被击败后看上去确实被吸收回了罗马行省的社会之中，因为他们再也没有出现在我们的文献中——几乎所有被其他"蛮族"征服的"蛮族"也几近如此——但是，没有任何成功的日耳曼精英会把自己视为罗马人；事实上，在像是伊比利亚的西哥特王国和高卢的法兰克王国这种长期存续的王国，罗马人反而开始将自己视为哥特人和法兰克人。这也就是说，身份认同改变了，而"身为罗马人"不再像数个世纪以来的那样是地位和文化的稳固象征。[14] 第二个变化是过去西部从哈德良长城到撒哈拉的统一，已经永远地消失了。甚至查士丁尼都没能征服整个地中海地区（他没有攻击高卢的海岸，在毛里塔尼亚也只断断续续地维持了统治），此后就更没有人能实现了。有着不同政治中心的独立政治体系出现了，早期法兰克人是在巴黎地区（确切来说，这一中心在约 500 年时出现以后，就再也没有消失过），西哥特人则是在伊比利亚中部的托莱多（Toledo），而帕维亚-米兰（Pavia-Milan）地区则是在 568—569 年的查士丁尼再征服之后出现的下一个入侵者，意大利的伦巴第人的中心。[15]这三个中心区域对于罗马人来说都处在边缘地带；虽然米兰至少在 4 世纪时还成为过首都，但是罗马和拉韦纳（Ravenna）才是后期罗马在意大利统治的中心。

　　第三个变化可以说是最为重要的。罗马帝国以一种复杂的官僚结构进行统治，并由一个同样复杂的财政体系支撑，这个体系包括多种税收，但其中最为复杂和重要的就是土地税，尽管这个体系相当腐败，不受欢迎且容易产生弊端，但它确实起到了作用。我们有大量立法来自担心传统税务官，即城市议员没有做好自己工作的皇帝，这可能意味着当时的税金并没有被有效地征收，但肯定被仔细地控制和监管着——比如，我们有来自意大利和埃及系统地记载了关于土地转让的记录，国家就能据此精准地向新的土地所有者征税，而埃及的档案同样表明，即使富有且颇有权势的土地所有者也确实得交税。这一财政体系主要用来维持军队，这是罗马政权毫无疑问最大的支出（位居第二的民政官僚支出远低于这一项），这也就意味着资金和物资周期性地从像阿非利加和埃及这样富饶的南部行省向北跨越地中海，被运到北方驻扎着大部分军队的边境地区以及因象征性原因而保持庞大规模，且需要国家供给的首都罗马和君士坦丁堡。受薪军队同其他的主要精英阶层，包括帝国（元老院）贵族和帝国各行省与城市的长官——重要的是这些人是土地所有者，也是非军事人员——是分离的。

这个财政体系由此支撑起整个罗马政权，而且在 5 世纪开始时也没有任何风险。然而，当帝国西部被瓜分为若干王国后，税收收入突然消失不再流动，严重影响了罗马城和许多北部的军队。此外，新的日耳曼精英也与以往叛乱的罗马官员目的不同。后者大多只是追求更高的报酬以符合他们对政治权力的要求，而他们的日耳曼后继者则想要一些不同的东西：成为如同他们现在所统治着且一同生活的行省精英们一样的土地所有者。这一非常罗马的需求产生了一个非常不罗马的影响：现在，越来越没必要给拥有土地的军队发饷了。结果税收体系本身也变得越来越没必要，并且它们因为本身就受人厌恶且征收过程复杂，最终也会消失。"蛮族"国王们只要有可能，确实也在尽其所能地继续征税。这些可以从长期为哥特国王服务的一位元老级官员，卡西奥多罗斯·塞纳托尔（Cassiodorus Senator，约 580 年去世）流传至今的书信集《信札》（Variae）中有关东哥特政府的记录，以及同时期编年史学家留下的大量非正式评论与抱怨中看出。但是当查士丁尼征服汪达尔王国，甚至是东哥特王国时，他发现重建税收体系非常困难且不受欢迎。6 世纪 80 年代，当图尔的格里高利撰写《法兰克人史》时，法兰克人治下高卢的税收水平已经陡然下降，那时的国王将授予免除税收的权利视为一种标准的政治特权；而到 7 世纪 40 年代时，土地税除了在卢瓦尔河谷地区还有零星的存在以外，在高卢其他地区几乎完全绝迹。除了征收商业通行税，国王们开始依赖他们自己土地上的收入（就像帝国的土地所有者一直以来做的那样）而非财政收入，这在各地都非常普遍。整个政治活动的经济基础从税收转移到了土地占有上。[16] 这种变化标志着一种断裂，不仅是同过去，也是与同时代地中海东部和南部国家，即东罗马／拜占庭和阿拉伯的断裂，我们将在下一章关注这些国家。正如我们在上一章中所看到的，由于基于土地的政治通常较基于税收的政治而言更加不稳定且收入低，这种断裂也将成为本书大部分余下内容的基础。我们还将在第十一章中看到，即使中世纪晚期的欧洲西部复兴了税收体制，也未能完全扭转这种变化。事实上，直到工业革命让西方处于一种非常不同的经济世界之中，这种变化才完全转变回来。

这种变化带来的一个重要结果就是西部诸省的经济复杂度降低了。除了部分法兰克人，即使是国王们也不富裕（虽然他们的支出也更低了）。中世纪早期任何地方的贵族都没有原先罗马世界那种地产遍布整个地中海地区的（这一点由于政治的分裂，此时已经不再可能了）最富有元老院贵族那么富裕；并且，又一次，除了高卢以外，我们可以发现大多数地方很少有土地所有者可以在超出几个城市地区的程度之上拥有地产。税收体系在罗马帝国晚期一定程度上承担起了商业贸易的交易成本；然而税收体系消失了，这意味着区域间的贸易在逐步减少，到了700年前后，地中海西部地区的贸易就仅限于奢侈品了。与此同时，由于贵族们变得更为贫穷，也由于推动了大部分的区域内部商品交换的，以及所有奢侈品贸易的是这些贵族的需求，几乎所有地区各个等级的商业贸易都有所下降。考古学清晰地表明，每个西方行省中的货物流通都变得更少了，精英阶层在物质文化层面的欲望也变小了。这同样也发生在遭受了被查士丁尼再征服毁灭性打击的意大利，即使东哥特人已经采取了与其他蛮族国家不同的罗马形式进行统治。在军事供给网络尤为重要的不列颠行省，当 5 世纪早期军队离开时，严重的经济危机就立刻出现；也就是说，甚至在盎格鲁-撒克逊人到来之前，大部分城市就已经被废弃，乡野别墅也是如此，乡村层面以上的手工业生产几乎完全停止。虽然在高卢、伊比利亚或意大利没有发生如此严重的危机，但是这些地区也都出现了不那么极端的经济简化。贵族财富减少的影响也绝不都是负面的。如果贵族拥有的土地和财富变少了，即使他们仍然拥有大量的佃户（如第一章所示，其中许多人都是非自由民），对于贵族依附更少乃至没有依附关系的有地农民必然会变得更多，也应该会更为富庶。然而，他们购买的商品更少，并且也无法阻止经济的简化。任何想要论证罗马和后罗马世界间延续性的人都必须承认这些已经被考古学证据清晰揭示了的剧烈经济变化。无论这些延续性包括什么（确实有很多），更不复杂的生产和交易体系都替代了之前的，而这种复杂度的降低也是帝国西部政治分裂与军队转向依靠土地的直接结果。这些并非西方帝国终结的结构性原因，但它们确实是结构性结果。[17]

因此，西方帝国的终结体现了危机以及剧烈的社会和经济变化。但不仅限于此。在本章剩下的部分，我们将转向 6 世纪早期在东哥特狄奥多里克的非正式统治失败后发展起来的罗马帝国的三个主要后继国家：法兰克人的高卢 —— 从这时起，越来越经常地被人称作法兰克（Francia），这在当时和今天都是如此 —— 西哥特人的伊比利亚和伦巴第人的意大利。（不列颠将留到第五章进行讨论。）通过对每个国家进行讨论，我们将关注罗马世界遗留下来的以及新产生的东西。[18]但让我们先从过去延续到此时几乎未曾中断过，同时也有助于我们明确中世纪早期西方的政治体系是如何运作的一些一般性文化和社会政治结构开始：罗马行省社会与基督教会，以及公共权力的文化和价值。

罗马帝国始于一个主要由自治城市组成的网络，并通过军队连接起来。在帝国晚期时这一点无疑改变了。5世纪和6世纪，无论是在东部还是西部，各地的城市议会都衰弱与没落了；反直觉的是，在大约公元500年之后，不仅是帝国东部的政府变得更加中央集权化，而且更弱小的西部各王国政府也是如此。但是，在城市还存在的地方，仍然保存着对于以城市为基础的社会的忠诚，这些地区遍布整个西部，除了不列颠、伊比利亚西北部，以及高卢与德意志南部的旧边境一带。[19]一脉相承的地方精英群体仍然存在于高卢南部、伊比利亚东部和南部，以及意大利的城市当中；他们在新到来的日耳曼人统治之下构成了幸存的罗马世界，并且如我们所见，双方都能够非常迅速地使自己融入对方。这些城市社会无论在内部政治还是在与王权的关系上，从这时起都越来越经常地由主教代表。整个原帝国西部的基督教化在500年时就有效地完成了；主要的例外是部分高卢，意大利，还有尤其是伊比利亚的犹太人共同体。而当地人实际认为基督教是什么，实际上就是另一回事了；如前文所述，在其观点上几乎都很死板的教会作家们日常控诉当地仪式中的"异教"行为——也就是说，那些在他们看来是异教行为的仪式，对于大众而言却被毫无疑问地视为基督崇拜的一个标准部分。比如在新年庆典或教会节日中喝得酩酊大醉。[20]但可以确定的是，大众普遍接受的教会领袖是罗马人此前在帝国的每一个城市按等级建立起来的主教（bishop）系统网，每个省都有都主教（metropolitan）[后来称为大主教（archbishop）]作为主教的首脑，并遵从帝国内五个宗主教（patriarch）的领导；其中罗马的教宗就掌管了整个帝国西部。这个系统网在帝国西部终结时幸存了下来，除了教宗在此后若干个世纪里都不曾在意大利之外的地方有较大影响力之外，它和之前相比也没有什么变化。

主教们在罗马帝国后期时很重要，但在中世纪早期，他们才真正成为主要的政治人物。主教座堂通过信众的捐献获得了大量土地，这就使任何一个主教在任职之后，都会立刻变得更有权势。5世纪及以后，主教们还通过发展起来的圣人圣髑敬礼进一步获得了属灵权威，因为他们往往都掌管着那些拥有圣髑的教堂。他们不仅控制着城市中的宗教仪式，而且日益被接受为当地的政治领袖（在大多数情况下，他们都出身于当地的显赫家庭）；对于主教的任命也时常是竞争的焦点。[21]他们在国王和其他王室官员那里代表自己的社区共同体，国王也非常严肃地将他们视为这些共同体的领导者，并且随时准备聆听他们的宗教指导，而作为主教，这也是他们的职责所在。主教在政治上新获得的显著地位，一方面是由于世俗城市结构的消解，另一方面也是因为作为一个组织良好的压力集团，他们能够让自己的声音在后罗马时期更为羸弱的王国里比在创造了他们的帝国政治体系里被更好地听到。

关于主教活动和角色的一个典型例子就是图尔的格里高利（594年去世），他出身于高卢中部克莱蒙（Clermont）的一个精英家庭，但也有血亲在卢瓦尔河畔的图尔，这里是他在573年任职主教的地方（当地的竞争对手将他视为外来者；他愤怒地否定了这一点）。格里高利留给我们的作品几乎超过任何中世纪早期作家，其中包括历史作品和圣人传记（hagiography），且多数事件都是他亲身经历的：他为我们提供了大量 6 世纪 70 年代和 80 年代独特而繁多的有关王室与地方政治、社会和文化的图景，即使这高度片面。虽然从出身来说格里高利是罗马人，但作为法兰克王国的主教，他忠于法兰克国王（在他的作品中没有对罗马帝国的怀念，并且他将自己的国王们视为罗马的合法继承者）。然而，那时的法兰克由三个国王分治，起先是由兄弟分治，后来变成了由叔侄分治；任命格里高利为主教的是兄弟中的西吉贝尔特（Sigibert，561—575 年在位），而格里高利同兄弟中的贡特拉姆（Guntram，561—593 年在位）关系密切，却与兄弟中的希尔佩里克（Chilperic，561—584 年在位）敌对。作为一个政治人物格里高利很难保持中立。毫不意外，希尔佩里克同样也不喜欢他，并且还威胁他 —— 这在这个时期的法兰克是极为危险的信号，因为国王常常会以一种充满想象力的方式杀掉自己的反对者。格里高利描述了 577 年时他们两人间冲突的一个重要瞬间，还对当时的场景进行了异常细致的描述：希尔佩里克站在一个由树枝搭建起来的小帐篷旁，旁边站着两位主教，在他们面前有一张摆满食物的桌子，而他们正在互相咆哮；这份栩栩如生的回忆向我们很好地传达了格里高利当时有多么害怕。他更喜欢乐于在餐桌上听自己讲话的贡特拉姆。格里高利是个势利的人,（他自己告诉我们）他的敌人常常是有权势但出身卑微的人，比如希尔佩里克颇有魅力的妻子弗雷德贡德（Fredegund），她后来成为他们的儿子克洛泰尔二世（Chlotar II，584—629 年在位）的摄政。然而，格里高利也是他所在城市的伟大守护者，包括对税收豁免权的守护；格里高利也是当地圣人同时也是前任主教马丁（Martin，397年去世）一贯的支持者，他详细描述了马丁在罗马城外圣墓引发的神迹；如同我们在上一章中所见的，他还是当地冲突的调停者。如果其他主教陷入了与国王的冲突之中，他也会支持那些主教，包括他并不喜欢的主教，他甚至还能与希尔佩里克当面对质为他们说话（这也是他在577年所做的）。格里高利也是一位道德主义者；这是他的工作，国王和其他政治人物知道他们至少要聆听他的教诲。虽然格里高利没有军事力量可以作为依靠（尽管之后很普遍，但军事随从对这一时期的主教而言很少见），但他确实是国王们需要认真对待的权力中间人，因为图尔在战略上非常重要，并且在这些国王们进行的领土争夺中常常易手。他同时是一个优秀的观察者（他的《法兰克人史》中充满了令人着迷的细节）的事实可能也是他作为一个政治人物能生存下来的指南；尽管我们不得不在阅读他的作品时经常校正他的一些成见，而国王们也往往得这么做，但他显然能有效处理这些。这就是主教们的作用；而且他设法在往往很困难的环境下这样做了20年，这在法兰克人的政治生涯里是相当长的一段时间。[22]

另一个需要强调的罗马遗产就是可以被称作"公共"文化的一整套有关政治合法性的观念。在帝国时期，公共事务（publicum）是指税收、帝国财产、官僚系统、集体利益，就如同今天的"公共部门"一样。在公共事务没有税收体系的财富支撑后，这一概念也并未消失。后罗马时代整个西部地区的国王们经常使用这个词，以指代属于他们的权力以及他们的官僚、法庭、道路系统等。公共和私人（另一个在罗马和后罗马时代都存在的词）之间的区别如此清晰地维持着，使我们有理由认为即便是弱小的后罗马时期王国也是国家。这一时期的国王在立法时并不经常援引共同利益的意象；我们将在第四章中看到，上述情况更适用于 8 世纪和 9 世纪的加洛林王朝。但是，王权建立公共领域的想法依然很强；而且，这也可以是空间上的意味——比如审判是公开（publice）进行的，所有人都能亲眼看见。

事实上，在后罗马时代的世界，集体的见证具有非常重要的意义。作为前罗马国家特征的公共事务，与一个显然是所有中世纪早期王国都有的非罗马特征，即公共集会（public assembly）结合了。在整个后罗马时代的欧洲，无论是罗马边境以北还是以南，不管是国家还是地方层面的整个政治共同体的集会，对于王权、国王的行动以及法庭审判的合法性都至关重要：他们被称作不同的名称，比如集会（conventus）或者全体集会（placitum），在盎格鲁-撒克逊英格兰称为会议（gemot），在斯堪的纳维亚称为庭（thing），并且这一概念也能在使用凯尔特语与斯拉夫语的共同体中找到，数量就和使用日耳曼语与拉丁语的共同体中一样多。这些概念可能都衍生自边境以北的一种早期观念，即国王对其共同体内的全体自由民（不包括妇女）负责，并通过全体自由民实现合法化，并且政治实践是基于集体的。在一个庞大的后罗马时代王国里，这种做法是不切实际的（毫无疑问，这在一定程度上一直以来都是一种借口），但至少名义上，国王还是会"在全体人民的出席见证下，在我们普遍协商的基础上"［如 713 年伦巴第国王利乌特普兰德（Liutprand）所说的那样］制定法律，而从 500 年起，全体自由民广泛参与共同体立法、进行集体讨论的情况就变得非常普遍。[23] 公共集会本身并不是一个罗马人的概念，但罗马人对公共事务的概念却非常自然地依附在其上，同时彼此间相互强化。后罗马时代的国王有时在实际权力方面可能受到很大限制，但他们统治着公共领域，这就从根本上将统治者与王国中的其他权力区分开来。一直到加洛林时期及其之后，我们都能在西部的各个地方看到这种模式；而从10世纪开始，当公共文化随着合法的公共集会本身一起衰弱时，政治权力的本质也会发生剧烈的变化，我们会在后面的章节中看到这一点。

公共文化、集会政治、基督教和主教网络、消失的税收体系和土地政治的开始、财富更少的贵族和更为独立的农民，以及一个更简单化的经济体系——所有这些特征都是后罗马时代王国的标志。类似的，拥有土地的军队由不再是非军事人员的贵族掌控，意味着贵族价值观自此开始变得高度军事化，并在中世纪的余下时间乃至之后一直保持如此。相对地，罗马非军事精英的文学教育也就变得不再重要了。尽管许多特征都是帝国分裂和财政体系崩溃的产物，但其中只有集会不是起源于罗马的：也就是说，无论这些特征在多大程度上是从罗马的过去发展而来的，它们已经与之前大不相同了。但不管怎么说，这些都是后罗马世界的政治领袖必须要面对的要素，也是他们所处世界的特征。现在让我们来看一下在不同的后罗马时期王国中这些是如何运作的。

法兰克人是5世纪征服罗马世界的日耳曼族群中罗马化程度最低的一支，他们占据了帝国在这一时期备受苦难的北高卢。起初他们并不是统一的，并且直到5世纪后期，这里仍然有着若干个法兰克人王国，还夹杂着遵循罗马传统的独立军事领袖。然而，图尔奈（Tournai）的国王克洛维（Clovis，481—511年在位）征服了其他法兰克人还有莱茵河谷中部的阿勒曼尼人（Alemans）；然后在 507 年，他又挥师南下击败并杀死了尤里克之子，西哥特国王阿拉里克二世（Alaric Ⅱ），征服了西南高卢。到克洛维去世时，他统治的疆域从莱茵河一直延伸到了比利牛斯山。克洛维的儿子们征服了勃艮第人的王国［在整个高卢地区，只有布列塔尼和仍然属于西哥特的地中海沿岸的朗格多克（Languedoc）不在法兰克人手中］，并且他们还在从未被纳入罗马帝国的德意志中部广阔土地上建立了霸权。到 6 世纪 30 年代，得益于罗马-哥特战争，法兰克人也入侵了意大利，他们在半岛北部的部分地区断断续续地维持了一个世纪某种程度的权威。这一跨越两代人的征服之纪录是惊人的，并且这一征服使法兰克人在西部建立了自后罗马时代以来最为强大的势力。这还使他们迅速地接触了原帝国内更为罗马化的地区；克洛维在去世前就成了天主教徒（而不像哥特人，他没有成为阿里乌派），并开始用拉丁语立法。到 6 世纪中期，法兰克人跟之前那些成功的日耳曼族群已经区别不大了，现在他们之间主要的不同很可能就在于，唯有他们控制的土地和人口地跨旧罗马边境两侧。克洛维在把自己的家族，即墨洛温王朝（Merovingian），建成法兰克人唯一合法的国王这一方面也非常成功。墨洛温王朝的统治持续了 250 年，一直到 751 年，而其中只有一次短暂的中断；即使从 7 世纪 70 年代之后，墨洛温的国王相较那些被称为宫相（maiores）的权势强大的贵族掌权者而言，通常不过是一个让统治合法化的象征，但他们仍然是政治合法化的关键。克洛维将他的庞大王国分给了自己的儿子，而这种分割领土的做法（这在后罗马时代的世界并不常见）也在延续；在墨洛温王朝权力强势的这 150 年里，只有 613—639 年，克洛泰尔二世和他的儿子达戈贝尔特（Dagobert）统治时期，才有一段长期的统一，而加洛林王朝在751年取代了墨洛温王朝后，仍然延续了这种分割领土的做法。尽管如此，法兰克王国通常可以说是一个由兄弟和堂亲在政治和军事上互相支持，作为一个整体进行运作的政权，并且在大多数情况下也被外界视为一个整体。直到后来的分裂在10世纪末成为永久性的以前，它一直是欧洲西部最重要的政治力量。[24]

我们已经了解了6世纪晚期的国王，虽然是图尔的格里高利眼中的。无论他们多么好战和暴力，他们都非常富裕和强大，他们的敌人没有一个能长久地存在：所有的贵族政治，事实上还有主教政治都围绕着他们的宫廷展开。墨洛温王朝合法性的力量意味着儿童也可以继位成为国王，而在6世纪80年代的时候就有两位未成年国王，分别由他们的母亲作为摄政太后统治着国家：格里高利的敌人弗雷德贡德，以及格里高利的恩主，统治着西吉贝尔特之王国的他的遗孀布伦希尔德（Brunhild）。在布伦希尔德的儿子年纪轻轻就去世之后，她继续在她的孙子乃至曾孙在位时期摄政，直到弗雷德贡德的儿子克洛泰尔二世——当时墨洛温王朝仅存的另一个男性继承人——在613年将她杀死并重新统一了法兰克的领土。克洛泰尔的孙子们和曾孙们在7世纪四五十年代也经历了类似的太后摄政。由太后摄政的强大王朝在中世纪欧洲随处可见，但这个时期的西部只有法兰克这样一个强大的王朝，因此在这里也最为显眼。如同女性权力一直以来遭遇的那样，这也是有潜在争议的。比如说，格里高利就确实对此感到不安，因此对他的恩主布伦希尔德的记录就相对较少——换句话说，如果你说不出好话，那就安静一点（这可能是格里高利唯一一次遵守这条箴言）——尽管他确实对她进行了描述，说她"以一种男性的（viriliter）方式"进行统治，这一点很重要。[25]

法兰克非常庞大，所以不仅国王们富有而强大，那些主要贵族也是如此。他们中最富裕的人拥有的土地要远多于同时期欧洲其他地方精英所拥有的，甚至比东罗马 / 拜占庭帝国贵族的还要多。法兰克的贵族理所当然地认为他们不仅比其他人更有权势，也更具有德性；墨洛温时期的圣人往往出身于贵族家庭且越来越多的主教也来自地方贵族的事实，加强了这种神圣性的意象。主要的贵族家族还建立了富裕的修道院，以强化家族势力并吸引其他人的捐赠，但也正因为贵族家族的美德使这样的赞助成了合理的选择。举例来说，在 7 世纪 40 年代，伊塔（Itta）和格特鲁德（Gertrude）于今天的比利时建立了尼韦勒（Nivelles）修女院，前者是这座修女院的创建者，而后者则是这座修女院的第一位院长，她们分别是丕平一世（Pippin I）的遗孀和女儿，来自我们称为丕平家族（Pippinids）的法兰克主要家族之一。7 世纪墨洛温王朝的修道院网络——由国王和贵族所赞助——构成了法兰克世界的乡村政治格局，直到中世纪中期才出现新的基础。[26] 贵族们也基于自己的利益成了政治参与者。当克洛泰尔重建法兰克的统一时，他只是统一了王国而非三个宫廷；并且每一个宫廷，尤其是在此时称奥斯特拉西亚（Austrasia）的东北部王国和此时称纽斯特利亚（Neustria）的西北部王国内的，都成了围绕着一个作为宫相（maior domus 或仅称 maior）的主要贵族展开贵族政治行动的中心——事实上，丕平一世就曾经是一个宫相。

当 639 年后，达戈贝尔特的儿子们再次分割了王国时，宫相获得了更多的权力。到 7 世纪中期，他们正在争夺为尚处幼年的国王进行摄政的太后之权威，甚至在这一时期，他们有时还能选择哪一个墨洛温王朝的继承人可以成为国王。只有一小部分真正有权势的主教可以与他们的权力相媲美，这些主教中的很多人本身就是贵族，比如达戈贝尔特的门客之一的鲁昂的奥多因（Audoin of Rouen，约684年去世），以及受宫相埃布罗恩（Ebroin）打压并终遭杀害的欧坦的莱奥德加尔（Leudegar of Autun，678年去世）。675年，作为真正主人公的最后一位墨洛温王朝国王希尔德里克二世（Childeric Ⅱ）惨遭谋杀，成了一系列事件中的低谷，而在这之后，这些贵族家族除了进行战争，没有其他选择能解决问题。687年，丕平家族在泰尔特里（Tertry）之战中获胜，从此来自丕平家族的宫相一直在法兰克扮演着重要角色。这标志着这个世纪中期最终仅持续了一代人时间的不稳定局面的结束。但是，泰尔特里之战的胜利者丕平二世（Pippin Ⅱ，714年去世）在权力方面要逊于他的前任们。在这个动荡的时期，法兰克人丧失了对德意志境内各民族，包括对巴伐利亚人、阿勒曼尼人和图林根人，以及对高卢西南的阿基坦公爵的霸权。甚至一些主教都开始为他们自己建立半自治领地。丕平死后，他的家族也在715—719年陷入内战，当时丕平的遗孀普雷科特鲁德（Plectrude）代她的孙子作为宫相摄政，对抗丕平的私生子查理·马特（Charles Martel）；这一度看上去就像7世纪70年代的战乱又要重演。但查理的胜利证明情况并非如此；此时只剩下了一个宫廷，而他作为唯一的宫相（717—741年任职），重新征服了直至普罗旺斯（Provence）的许多新近独立的领地；他的儿子丕平三世（Pippin Ⅲ）和卡洛曼一世（Carloman Ⅰ）——后人以他们父亲查理的名字称之为"加洛林家族（Carolingian）"——

同样收复了阿勒曼尼亚和阿基坦。由此，即便经过了前一时期所有的风波，法兰克人的土地和更为广泛的霸权也得以再度统一，这表明法兰克政治体的根基非常稳固。[27]

这种稳固部分归因于法兰克统治机构的复杂程度。相较于其他后罗马时代的政治体系，我们有更多关于法兰克政治体系的材料，尤其是 7 世纪时的，并且从这些材料中可以清晰地看到，国王在整个法兰克都非常活跃，经常从他们的政治中心进行远程干涉，并且四处调动贵族官员。比如说，南部的大贵族卡奥尔的狄西德里乌斯（Desiderius of Cahors，650 年去世），在 630 年回到故乡城市成为主教之前，曾北上担任克洛泰尔二世的财务总管，之后又被派去管理普罗旺斯。墨洛温王朝的统治机构非常复杂并且以文件为基础，这是一种非常罗马的方式；奥多因也曾经担任过达戈贝尔特的大臣（referendarius），负责为国王起草正式文件。在丕平二世时期，甚至是查理·马特时期，这种方式有一定程度的衰退；但是，丕平三世能够开始重建这种统治方式的进程，而到 800 年他的儿子查理曼（Charlemagne）统治时，政府的复杂程度远超以往。这无疑是一个非常重要的特征，而且需要再次强调的是，这种特征背后具有非常深厚的罗马（公共）传统。[28] 但是，法兰克政治体系能保持强大也是限制贵族选择的结果。无论是多么充满行动性与自私自利的贵族政治策略，首先都是围绕着比其他贵族都要富裕的，且至少能给成功者提供庇护（土地与金钱）与合法性的国王（后来是宫相）展开的。想长期脱离国王是不可能的，即便是在 7 世纪 70 年代之后，也只有享有正式区域指挥权的大贵族，通常是公爵，才能做到。当然，这些贵族也有各自的地方基地，我们也可以在很多事例中发现那些在区域内对立的竞争者。但是在大多数地区，除了有正式官职的公爵和主教，他们一般不会关注地方政治。事实上，他们可以在整个法兰克王国内转移他们的土地；在政治成功方面，土地的数量在一些时候比其位置更为重要。[29] 如同我们将在第四章看到的，这一点在加洛林王朝统治时期也没有改变，但是当它确实发生变化时，整个政治权力结构也会随之发生剧变。

在我看来这才是关键所在。法兰克政治体系是后罗马时代西部最为强大的，虽然有时看上去摇摇欲坠并且时常发生暴力冲突，但它依旧保持了强大。如前所述，这种力量大部分源自罗马的行政传统。尽管以后罗马时代世界的标准来看，这些国王异常富有，但法兰克却不是一个基于税收的政治系统；它的军队也越发依赖贵族的军事扈从。国王需要得到这些贵族的认可才能进行统治，而那些罔顾这一点的统治者，比如675年的希尔德里克二世，甚至晚年的布伦希尔德，就可能被杀死。通常要获得这种认可是很简单的，因为贵族没有别的可以一展身手的政治场合，而不管怎么说宫廷都十分富裕且具有吸引力。也就是说，天平是偏向中央权力一侧的。但是，寻求认可仍然是必要的；基于土地的政治已经开始运作，即使这时权威还没有变得脆弱，但确实存在变弱的可能。集会也是如此，因为它们同样是法兰克世界贵族和王权合法性的来源。国王和其他统治者通常要寻求集会的全体同意，比如585年，就有三百多位贵族受弗雷德贡德召集向她的儿子克洛泰尔宣誓承认他的合法性；相反，673年，纽斯特利亚的精英们未被他们的宫相埃布罗恩邀请参加提乌德里克三世（Theuderic Ⅲ）的加冕礼，反而被告知不要前来，这些精英们认为，埃布罗恩正在计划在没有他们参与的情况下进行统治，于是就转为支持提乌德里克三世的哥哥希尔德里克二世。[30] 这仍然是中世纪早期西部地区的一个特点。

西哥特统治下的伊比利亚也面临着同样的问题，但他们的处理方法却有所不同。当克洛维夺取了西哥特人在高卢的大部分领土时，西哥特人尚未完全控制伊比利亚，而接下来的半个世纪对于他们来说非常艰难，继承非常不稳定，而南部大城市科尔多瓦（Córdoba），之后还有塞维利亚（Seville），甚至是一些乡村地区都发生了分离主义叛乱，此外东罗马还征服了地中海沿岸。尽管如此，莱奥维希尔德（Leovigild，569—586 年在位）还是通过武力统一了几乎整个伊比利亚——除了直到 7 世纪 20 年代才收复的沿海狭长地区，以及比利牛斯山西部的巴斯克（Basque）地区。莱奥维希尔德在各方面都将自己视为一个统一者：他颁布了一部所有"蛮族"王国中有着最受罗马影响法条的法典，并通过间歇性地迫害天主教徒（尤其是信奉天主教的西哥特人）与尽可能温和对待阿里乌派的方法，试图让阿里乌派更能为天主教徒所接受，以此解决天主教徒与阿里乌派信徒的宗教对立——尽管在伊比利亚，这种对立不像在汪达尔阿非利加那样紧张，但也很严峻了。他解决宗教对立的手段同东罗马试图弥合卡尔西顿派与基督一性论（Monophysite）对立的方法十分类似（他很有可能效仿了东罗马），但同样不成功：关于上帝本质的宗教分歧从来都无法通过妥协折中解决。莱奥维希尔德的儿子雷卡雷德（Reccared，586—601 年在位）则通过立即成为天主教徒，并在 589 年的第三次托莱多宗教会议上彻底取缔阿里乌派信仰，宣布以后所有的哥特人都必须成为天主教徒（罗马人几乎没有出现在会议记录中；事实上，当时几乎所有在伊比利亚的人都从政治意义上成了哥特人）来解决这个问题。因此，伊比利亚的统一动力具有很强的宗教因素，这在法兰克或意大利是从未出现过的，而且托莱多的宗教会议贯穿了接下来一个世纪甚至更长时间里的每一个重要政治事件——到 702 年时，这已经是第十八次托莱多宗教会议了。而这次会议的一个结果就是，国王开始颁布法律迫害犹太人这一仅存的宗教少数群体，在接下来的一个世纪中这变得愈发使人不愉快——直到中世纪的最后一刻，这些法律都是整个欧洲最为极端的反犹法律，但是他们设想的强制皈依或奴役似乎失败了，因为在接下来的几个世纪里伊比利亚还有大量犹太人。然而日益增加的王室立法采用了和反犹法律同样刻薄的论调；比如赫尔维希（Ervig，680—687 年在位）在 683 年就认为，此时尚未缴纳的税款是如此之多，以至于能导致世界的毁灭；而 702 年，埃吉卡（Egica，687—702 年在位）则认为在每一个城市、乡村和庄园里都隐藏着逃亡的奴隶，而每一个有责任举报他们却没有这样做的自由民都应该挨两百下鞭子。对西哥特人而言，一切看起来都是如此沉重；任何统一或服从上的失败都有可能带来潜在的致命后果。[31]

这种在 7 世纪后期于哥特人立法中表现得尤为明显的注定毁灭感，已经被历史学家们看得太重了。他们知道，当 711 年西哥特国王罗德里克（Roderic）在战斗中被杀之后（见下一章），伊比利亚大部分地区都将被阿拉伯人和柏柏尔人（Berbers）占领，半岛的各个部分也会随即分崩离析。对他们来说，伊比利亚在这一时间点之前就已经分裂了。在伊比利亚的考古发现也表明，当时的经济已经变得非常地方化与不稳定，而且在很多地方都相当简单；我们仅有的一些非王室材料也表明，在高度城市化的罗马式南方和确实没有复杂社会的北方农村间存在着非常巨大的社会差异。[32] 结果就是，国王无法在托莱多的首都维系其想象的同质性，而他们刻薄的法律似乎也反映出他们对此情况心知肚明。最后一点可能是真的，但至少也可能，国王们只是简单地在这个非常道德化的世界中为教会的话术所影响——就像他们也受到了罗马帝国法律的话术影响一样，因为即使在现实政治已经十分混乱的情况下，西哥特人仍然谨慎地关注着法律的形式，一直到最后都保持着罗马的统治方式。事实上，7 世纪后期的伊比利亚十分稳定。和其他所有 507 年以后没能成功建立起长期存续王朝的西哥特国王一样，在雷卡雷德死后，伊比利亚再度发生了政变，却最终由一个阴谋家——处决了所有潜在竞争者的年迈的辛达斯文特（Chindaswinth）终结。在这之后的继承虽然依旧非常紧张，但至少没有暴力了；因此直到王国覆灭之前，国王都能活到自然死亡，而反叛也都没有成功。跟法兰克一样，贵族围绕着王室宫廷，当然这里的宫廷比其他地方更为复杂且更仪式化，并且如同赫尔维希的法律所表明的，这里仍然征税；虽然我们不知道具体的征税规模——可能很小——但是这样一份税收终究还是能够增加国王的财富，因为这里也和西部的其他地方一样，不再需要支付军队的薪资了。[33] 然而，仅就我们所能见到的而言，这里的贵族却远不如法兰克贵族富有，考古学家发现的越来越简单的物质文化也反映了这一点。因此，富裕的王室宫廷也就对贵族更有吸引力，尤其是考虑到王位继承很少是世袭的，因此一个贵族甚至可能选择自己成为国王。因此，我们 7 世纪后期的文献显示，一个王国在没有帝国曾经享有的那种稳定财政基础的情况下，仍旧可以维持一种罗马式而非孱弱无力的管理，这就和法兰克一样，尽管法兰克表现得更为明显。这些管理行为甚至还有进一步发展，因为西哥特人借鉴了同时代帝国东部的一些做法。

最后，是位于中间位置的伦巴第人治下的意大利。伦巴第人入侵了被568—569年罗马-哥特战争打乱，而之后东罗马人也没能进行良好防御的意大利，但由于伦巴第人的入侵军队过于缺少组织，因此当572—574年两任继位国王被刺杀后，伦巴第人分裂成了若干不同的、由公爵领导的政治集团。584年，他们由一个统治者重新统一，这也是他们第一位真正强势的国王，阿吉洛夫（Agilulf，590—616年在位），他击败了大多数竞争者，并定都帕维亚；但当他们在605年与东罗马人最终达成和平协议时，东罗马人仍然维系着他们过去在意大利的首都拉韦纳，意大利依旧被分割成不同的几个部分。罗马人控制着绝大多数沿海地区，以及拉韦纳、罗马和那不勒斯（Naples）这些主要城市，但三大块伦巴第人控制的地区——位于波河（Po）平原和托斯卡纳（Tuscany）的中北部王国，以及在罗马以北的斯波莱托（Spoleto）和那不勒斯以北的贝内文托（Benevento）周围的两个位于半岛中南部的独立公国——将罗马人的土地互相分割开来。这对于伦巴第人和罗马人来说很明显都是一个失败的标志，并且它一直延续了下去；意大利直到1870年才得以再次统一。尽管此后的150年间伦巴第人慢慢地扩大了自己的领地，但即使是在最为雄心勃勃和精明强干，吞并了斯波莱托且短暂控制过拉韦纳的利乌特普兰德（712—744年在位）国王和埃斯托夫（Aistulf，749—756年在位）国王的统治下，伦巴第人也从未设法占领过罗马或那不勒斯，也没有将这些自视为伦巴第人的分散政治体统一起来。因此，伦巴第人从来没有过像克洛维那样的军事动力，或雷卡雷德那样对统一的渴望。尽管他们能够应付罗马人，但在面对法兰克人时却遇到了麻烦，法兰克人在 6 世纪晚期和 7 世纪早期曾断断续续地保持过对伦巴第人的霸权，并曾在 8 世纪 50 年代和 70 年代三次击败伦巴第军队，并最终在 773—774 年查理曼对伦巴第王国（尽管不包括贝内文托）的征服中取得了最后的胜利。[34]

这似乎并没什么令人印象深刻的，可事实上，伦巴第王国也是三个主要后继国中管理最为严密的。它比法兰克王国要小得多，因此更容易建立起帕维亚与当地基于城市的社会之间的联系。伦巴第的区域差异也比伊比利亚要小；虽然经济方面确实比帝国统治时期更为区域化和简单化，但我们在伦巴第人统治的地区没有看到像伊比利亚某些地方出现的那种经济复杂性上的急剧变化，即使在物质上很朴实，但城市化的生活方式仍然在半岛的大部分地区保存了下来。意大利由一系列规模较小但稳定的行省社会组成，其中的精英几乎全部居住在城市中。如同在伊比利亚一样，这里没有任何贵族阶层的人能富裕到使国王在体系层面畏惧他们的反对（唯一的例外就是一些成功的个人，这些人往往是某个城市的公爵，他们通过政变取得权力，这再次和伊比利亚的情况一样），同时，考虑到每个城市内可能存在的互相竞争者的数量，贵族阶层的成员也没有能力建立强大的地方权力基础。伦巴第王国同法兰克一样都非常依赖于集会政治，但王室和地方集会在这里似乎更多地体现了立法和司法功能，而非政治协商功能——至少从我们所拥有的比前一个时期要丰富得多的 8 世纪文献来看是这样。正如我们从败诉方服从判决结果的记录，以及从利乌特普兰德那大量详尽而一次性的王室法律（他的王室法律尤其如此）

中看到的，人们到帕维亚上诉，然后得到国王的判决。在利乌特普兰德的一些问题解决方案中存在着一种同时期其他法律制定过程中所不具有的热情——比如说，如果一个女人在河里沐浴时，一个男人偷走了她的衣服，迫使她赤裸地走回家里，那么这个男人应该受到什么样的惩罚？［答案是：这个男人应当赔偿全部的血钱（wirigild），就像他杀死了某个人一样，因为这种行为必然会导致另一方的血亲复仇。］这是一种非常实用、低调和低成本的统治方式，但似乎非常有效。774 年以后，伦巴第政府的运作模式确实为法兰克人所借鉴了。[35]

此时我们看到的已经和罗马帝国晚期的复杂、一致与富足状态有了很大区别。到 700 年时，前文所述的国家没有一个还在严格地征税，政府模式也因此简单得多。经济也更为简单（尽管高卢北部比其他地区维持了更多与更富有精英阶层相符的生产和交换网络）；地中海各王国的经济可能在 8 世纪时才达到最低点。然而这里并非一个封闭的世界，各个王国之间一直存在着相互间的联系和流动。伦巴第国王甚至在与法兰克人政治关系紧张时，发展出一套供旅行者穿越阿尔卑斯地区的通行证系统。[36]最重要的是，这是一个受治理的世界。这三个后罗马时代王国都在使用基于文字书写的治理技术，虽然种类有所不同，却都承自罗马世界，并且都有一种罗马所没有的集会政治传统——这主要体现在法兰克和意大利，在伊比利亚较少。他们同时也发展出了自身特有的实践：法兰克有着真正用来协商的集会，以及一台高效而日常使用的"战争机器"；伊比利亚则有着一种具有强烈道德性和仪式性传统的政治；而在意大利，那里有着毛细血管式的政府，积极主动而反应迅速。所有这些大体上是中世纪在最早几个世纪里种种变化的实践，之后都会被加洛林王朝使用，正如我们将在第四章看到的一样。

# 第三章

# 东方的危机与转型

500—850/1000

当 6 世纪早期原西罗马帝国的区域面临着尚不明朗的前景时，帝国东部正处于经济繁荣之中。大量精心建造的石制教堂出现在遍布橄榄树的叙利亚北部的富裕村庄中；灌溉系统将农业推进到了黎凡特的沙漠边缘；在查士丁尼皇帝（527—565 年在位）的出生地第一查士丁尼［Iustiniana Prima，位于今天塞尔维亚南部山区的察里钦格勒（Caričin Grad）］，一座庞大的新城建立了起来，而最近的考古发掘表明，尽管这里在当时就和今天一样远离繁忙的大道，但此处不仅有大量运用了当时顶尖技术的公共建筑，而且拥有大量人口和一系列手工业产业。532—537 年，查士丁尼在君士坦丁堡建造了到 13 世纪为止都是欧洲最大有顶建筑的"大教堂"，即圣索菲亚大教堂（Hagia Sophia）。[1] 东地中海和爱琴海（Aegean）纵横交错的商业路线网将加沙（Gaza）的酒、叙利亚和安纳托利亚的油、埃及的粮食和莎草纸、埃及和叙利亚的亚麻布、爱琴海地区和塞浦路斯的精致陶器，运往了君士坦丁堡和其他主要中心。这些商品交换得到了税收体系的支撑，它将粮食和其他物资向北运往君士坦丁堡和巴尔干地区的军事边境，同时也向东运到与波斯的幼发拉底河（Euphlates）边界，但这些商品交换也远远超过了税收路线的范围。[2] 帝国东部最大的财富毫无疑问位于非欧洲地区，尤其是埃及和黎凡特，但东南欧也在帝国之内，并且，在查士丁尼的西方再征服之后，包括北非、西西里（Sicily）和意大利南部（尽管并不包括罗马－哥特战争中大部分战斗发生的意大利中北部地区）也接入其中。这个 6 世纪的交换系统在欧洲历史上，到 13 世纪佛兰德和意大利在一个相当不同的经济环境下达到中世纪生产和交换的高潮时为止，都没有可以与之媲美的（见第七章）。541—543 年，黑死病来临前最严重的一场瘟疫——可能也是腺鼠疫，就像造成巨大破坏的下一场瘟疫一样——袭击了欧洲和地中海地区，影响到君士坦丁堡和其他东部地区，但这似乎并没有给这个系统造成哪怕是超过"轻微"这种程度的影响。[3]

从君士坦丁堡的角度来看，中世纪这一千年是以繁荣开始的；也无怪乎它会被视作政治上的主角。得益于前任皇帝阿纳斯塔修斯（Anastasius，491—518 年在位）建立的稳固财政体系，在 528—533 年查士丁尼重修了全部法典，创造了自此以后一直是罗马法基础的法典合集；他还改革了帝国官僚制度，通过立法限制了权力滥用；而且不仅同汪达尔人和东哥特人，也在北部边境进行战争，同时还特别致力于对抗波斯人。他也无情地镇压任何造成麻烦以及许多根本没有造成麻烦的宗教少数派。从当时到现在，查士丁尼都是一个颇具争议性的人物；他决不妥协的强硬态度和十分巨大的雄心经常以一种十分独特的形式表达——无论是圣索菲亚大教堂还是他在法律上的改革，在规模上都是空前的——这招致了批评者和声势浩大的敌人。愤愤不平的退休官员吕底亚的约翰（John Lydos）以令人震惊的言辞攻击皇帝的首席改革大臣卡帕多西亚的约翰（John the Cappadocian），说他不仅仅是行政体系的破坏者，而且非常臃肿、腐败、贪吃贪喝［他把黑海和马尔马拉海（Sea of Marmara）的鱼都吃光了］，是一个极端残忍、有施虐倾向的双性恋，在卧室中赤身裸体地躺着，身上盖着粪便——所有古典修辞家能用的比喻都堆上了。虽然吕底亚的约翰没有直接攻击皇帝本人，但其他人确实这么做了，尤其是当时的历史学家普罗科匹厄斯（Prokopios），他认为查士丁尼是一个恶魔，而他强大的妻子狄奥多拉（Theodora）则是个妓女。并且事实上，当时的财政体系很难说健全到足以同时维持这么多场战争，再加上如此大规模的建筑营造，而查士丁尼的行政改革也并没有达到他所期望的彻底的精简；结果毫无疑问，他的继任者就远没有那么雄心勃勃了。但是，他的统治确实也表明了一个坚定的皇帝能够深思熟虑地做出计划并且至少部分实现它们的可能性。[4]

　　然而，我们也要认识到，宗教冲突可能是查士丁尼不得不面对的最重要的问题，或者至少是跟他的其他政治活动不可分割的。5 世纪时关于基督神性本质的基督论分歧导致了一个与首都观点不同，但是在东部行省深得人心的一性论共同体产生（他们认为在基督的本质中，人性和神性没有分离）；查士丁尼将自己视为杰出基督教皇帝的自我认知，意味着实现宗教团结对他而言就像对后来的西哥特人一样重要。他完全准备通过镇压实现这一目标，但同时也进行了协商（狄奥多拉自己就是基督一性论者），553 年，他在君士坦丁堡举行的一次重要公会议上，试图创造一种双方都能支持的中间路线教义。然而这次尝试失败了，并且，在查士丁尼统治时期，基督一性论者获得了组织上的统一，这也造成了未来类似尝试的失败；直到今天，亚美尼亚、黎巴嫩和埃及的基督教会仍然秉持着基督一性论。[5]

基督一性论者的分离比 4 世纪的阿里乌–尼西亚派之争更为重要，根本原因在于此时帝国东部已经和西部一样，高效地完成了基督教化——当然，同样也不包括犹太人共同体。但东部的基督教与西部的并不完全相同。东部的主教阶层和西部一样都非常活跃，而且在东部地区也有越来越多的主教成为城市的领导者。但是在更广泛的政治层面上，除了那些大城市的主教，其他人并没有那么突出的地位；主教座堂的地产可能也更少，而皇帝在教会事务上也比西部的统治者更有权势。教阶制度也并非宗教行动的唯一基础。自治的修道院在数量上不断增长，且并不总像西部那样与贵族势力密切相关；这些修道院也是一些未经雕琢但备受欢迎的宗教狂热思想的中心，而在像耶路撒冷周围或埃及南部这种僧侣众多的地方，僧侣们也更可能成为狂热的宗教警察。禁欲的"灵修健将"（spiritual athletes）即使人数不多，也都很杰出，比如小西默益（Simeon the Younger，592 年去世）在他靠近宏伟的安条克城（Antioch）的柱子上坐了 44 年，这在当地非常有影响力，同时也是一个神迹，他甚至向皇帝讲解圣经，并提出宗教上的建议。这样的苦行僧也同样是卓有成效的驱魔师，比如在安纳托利亚中部的西科昂的狄奥多尔（Theodore of Sykeon，613 年去世）在他的《生平》（Life）中就列举了他的驱魔成就。对当地圣人的礼拜——包括早期教会的殉道者、主教和苦行僧——也得到了发展；同西部一样，这种礼拜聚焦在他们的圣髑上。圣髑往往都在教会阶层的控制下，但是在 6 世纪帝国中，有一种从下到上的，脱离了所有主教甚至是皇帝控制的宗教狂热。[6]

当 6 世纪，萨珊王朝（Sassanian）的沙阿（shah）实力复兴，尤其是霍斯劳一世（Khusrau Ⅰ，531—579 年在位）时期，罗马与波斯之间的战争在沉寂已久之后终于再度爆发。由于波斯也是一个军队经验丰富的强大帝国，而且波斯的边境非常接近罗马帝国最为富庶的一些地区，因此一直以来都极具威胁性。在 6 世纪 70 年代和 80 年代，查士丁尼进行了若干场战争，而这之后双方的冲突几乎一直在持续；直到波斯出现了两个对立的沙阿，而皇帝莫里斯（Maurice，582—602 年在位）支持了胜者霍斯劳二世（Khusrau Ⅱ），才最终在 591 年实现和平。莫里斯利用这次和平的时机在巴尔干地区作战，那里在查士丁尼时期及之后出现了一系列新入侵者，部分是使用斯拉夫语的部落［拜占庭人将他们笼统地称为 Sklavenoi，在这里我将称他们为斯克拉文人（Sclavenians）］，这些人定期得到前游牧突厥族群阿瓦尔人（Avars）的协调和后勤支持，从 6 世纪 60 年代就以多瑙河以北为基地。602 年，莫里斯的军队厌倦了冬季战争，向他发起叛乱，并向首都进军，他们最终杀死了皇帝并以一名军官，即福卡斯（Phocas）取而代之。福卡斯是帝国东部近 250 年时间里第一个成功的政变者，但绝非最后一个。霍斯劳以其恩主莫里斯之死为由重启战端，且战争规模更大。当福卡斯在另一场由阿非利加总督之子希拉克略（Heraclius，610—641 年在位）发动的政变中被杀死时，罗马一方的内战使波斯人得以长驱直入；他们在 611—619 年间占领了作为帝国东部经济"引擎"的叙利亚、巴勒斯坦和埃及。626年，在一次著名的军事战役中，波斯人从一侧，阿瓦尔人和斯克拉文人从另一侧进攻君士坦丁堡；但最终并未攻陷这座城市。此时他们已是强弩之末。627—628年，希拉克略则率领他的军队在波斯阵线后方，协同从北高加索草原来的突厥人攻入了沙阿在美索不达米亚平原的政治核心地区，也就是今天的伊拉克；霍斯劳被杀，波斯的力量也急剧衰弱，到630年，希拉克略收复了此前所有被占领的土地。然而这次惊人的军事成功甚至只维持了不到五年。罗马和波斯帝国在之后都遭受了来自阿拉伯这一新方向上的攻击，634—642年，阿拉伯穆斯林军队迅速行动并通过成功的战斗与围城，征服了所有霍斯劳从罗马手里夺取的行省，不仅如此，在同样短的时间里，他们从波斯人手中夺取了伊拉克，并在640年占据了整个伊朗，而651年，最后一任萨珊王朝沙阿伊嗣俟三世（Yazdagird Ⅲ）被杀死，在那之后他的整个帝国都落入了阿拉伯人手中。这些征服从此以后再也没有被逆转，而它们自那以后就影响了欧洲和亚洲的整个地缘政治。[7]

这里发生了什么，而这又意味着什么？让我们先从罗马人的角度，再从阿拉伯人的角度来看这个问题。对于罗马人而言，这是帝国存在600多年来面临的最大的，也是几乎难以理解的一次军事灾难；因为在此之前，阿拉伯人一直以来都是一个边缘化的边境族群，最多不过被当作雇佣兵，从未被视为真正的威胁——在大致都是沙漠的阿拉伯边境上几乎没有部署一支武装的防御部队。罗马人曾寄希望于656—661年的第一次阿拉伯内战能使局面反转，但内战并没有导致新近出现的哈里发国凝聚性崩溃，反倒是阿拉伯人对安纳托利亚的袭击更多了，新的政治秩序正在这里出现的情形越发明显。罗马人此时还没理解伊斯兰教究竟是什么——最初它被视为一种简化的基督教，而非一种新宗教——但无论如何，鉴于现在已经在发挥作用的东罗马政治想象，这场军事灾难同样被视为宗教灾难，因为胜利的阿拉伯人必然不是东正教基督徒。所以其中一种反应就是加强东正教，因为这种灾难的原因无疑是内部敌人的道德问题。7世纪四五十年代的一个显著特征就是对所有不接受希拉克略时代最新妥协——即基督一志论（Monotheletism）的人都加强了迫害；这一次，基督一性论信徒和西方的天主教徒都遭受了迫害（也包括犹太人），653年，教宗马丁一世（Martin I，649—655年在位）在罗马被囚禁，一番审讯之后因为拒绝帝国的宗教路线而被流放克里米亚。另一种反应是认为在经过许多次错误的警示之后，这次世界末日真的近在咫尺了；一部称为《伪梅笃丢斯启示录》（Apocalypse of pseudo-Methodios）的叙利亚文献被迅速翻译为希腊语甚至拉丁语，这本书写于7世纪80年代第二次阿拉伯内战时期那段崭新的充满希望的时代，且流传甚广。但最终末日并没有到来，对有关天启的意象再次退去，然而，有趣的是，在这个世纪中期的道德恐慌之后，关于基督论的争论也同样退去。680年，君士坦丁四世（Constantine IV，668—685年在位）正式废除了人造的基督一志论，而基督论问题也几乎再没有出现。这个各处都需要防御的新世界看上去使争论上帝本质这一高阶问题的意义减小了，并且我们将在后文看到，等到威胁更小的8世纪宗教分歧再度出现时，这些问题也已经泾渭分明了。[8]

在军事方面，情况依旧紧迫。罗马帝国在8年的时间里失去了三分之二的土地和四分之三的资源，并且不得不为了捍卫余下的领土和资源对抗一个富裕而充满活力的敌人。如果想要生存下去，罗马就不得不改变，而它也这样做了。[从这里开始，为了凸显这种变化，我将使用拜占庭（Byzantine）这个被历史学家赋予仍旧是罗马帝国的国家的新名字。拜占庭这个词来源于君士坦丁堡的旧名 Byzantion，在我们讨论的这个时代只用来指都城的居民。][9] 帝国通过在安纳托利亚中部的托罗斯山脉（Tauros）后方纵深布防，将地方军分队沿对角线部署在跨越今天土耳其的西安纳托利亚各军区（themata），并依靠土地产出补充他们减少的军饷——军饷的支付从未停止过，但此时几乎全部以实物支付，因为铸币系统在帝国心脏地带的爱琴海和安纳托利亚已经几近崩溃——实现了改变。由于这些分队的抵抗，阿拉伯人持续了一个世纪的入侵，除了偶尔几次有组织的进攻之外，其余的都消散在了安纳托利亚高原的贫瘠土地上；然而，即使是有组织的进攻也无法攻陷君士坦丁堡，因为这座城市的西面防御坚固，东面也被将君士坦丁堡与安纳托利亚分隔开的博斯普鲁斯海峡从除了海上入侵的进攻中全面地保护着。最后一次大规模的进攻是 717—718 年阿拉伯人从海上与陆地上同时发起的大围城，在围城开始前阿拉伯人就宣布了这个消息，而拜占庭人也做好了准备，但就和 626 年的那次围城一样，它也失败了。[10]

之后，帝国度过了最困难的时期。最为惊人也最为重要的是，两个世纪前，帝国西部在军事上败给了更小的威胁，而帝国东部面对如此猛烈的攻势却得以幸存。导致这一结果的原因并非坚定的领导阶层；在 7 世纪 40—60 年代，军事和政治领袖们非常优柔寡断且并不可靠，君士坦丁四世去世后的那一代也是如此。因此，其成功的原因一定程度上是基于 6 世纪早期丰盈时期发展起来的帝国的组织基础结构强大到足以维系帝国且能够很快调整自身（8 世纪的官僚阶层已经和 6 世纪时结构迥异了，就仿佛完全没有经历过查士丁尼时代一样，此时已经全部是希腊语使用者了）。此时已经不再富有的土地贵族被吸纳进了国家等级阶层中，并且直到 9 世纪，关于贵族家族的记录才再次出现在我们的文献中。[11] 然而，最主要的原因在于，过于迅速和大规模的灾难使得帝国无法像在西部很普遍地那样实现地方上的协调；在东部不存在一个关系和平的时期，使边境的地方军事领袖或行省精英能够习惯当地的阿拉伯人，就像西罗马人接纳日耳曼军事族群一样。每个人都知道，不采取激进措施的话唯一的结果就是战败。但很重要的一点是，那些激进的措施中并不包括对土地税的放弃和依靠完全基于土地产出的军队。罗马帝国的财政体系以一种简单的方式存续了下来。事实上，在帝国的一些地方——比如君士坦丁堡及其周边地区还有西西里——其运行更为接近传统的基于货币系统的方式。这种体系足以维持下去并且当帝国的状况有所好转时还能再度恢复，事实上也确实如此。

因此，700 年时的拜占庭帝国与 600 年时看上去已经大不相同了。它的重心已经向西转移。政治心脏地带此时已经是爱琴海地区了，而君士坦丁堡本身虽然在规模上大大缩小（不再由国家提供食物），但仍然是座相当庞大且经济活跃的城市。然而这个心脏地带也已经备受蹂躏。在危机年代，北部的边防被整体废弃了，而巴尔干半岛则被斯克拉文部落牢牢地占据，其中一些部落甚至一直南下到了今天的希腊南部；拜占庭人实际上只真正控制着希腊海岸的东侧边缘，再加上希腊海岸西侧和亚得里亚海沿岸的一些受海洋保护的孤立城市。680—681 年，由斯克拉文人的小共同体和拜占庭飞地构成的网络因为新突厥游牧族群——626 年后对阿瓦尔人发动叛乱的保加尔人——的出现而进一步被打乱；拜占庭人则为了至少给巴尔干部分地区带来一些稳定而准备（在击败他们之后）接纳他们进来，而他们就定居在今天保加利亚的北半部分，并最终摆脱了拜占庭名义上的统治。希腊和西安纳托利亚的经济也大为简单化，尽管不是全部的城市，但除了一些有驻军的要塞，大部分城市都被废弃了，但即使是在爱琴海地区的内陆部分，一定程度的商业贸易也从未完全绝迹。[12]

所有这些都使帝国的西部领土，包括拉韦纳-罗马-那不勒斯轴线、西西里和北非，有了更为突出的地位。除北非外，这些地方受到阿拉伯威胁的影响要小得多。事实上，到公元 700 年时，西西里必定已经成为帝国最为繁荣的行省了（阿非利加最终在 7 世纪 90 年代被征服）。意大利沿海的商业交换网络足以与爱琴海地区的网络相媲美：也就是说，虽然远不如查士丁尼统治时复杂，但仍相当活跃。[13] 因此，当君士坦斯二世（Constans II，641—668 年在位）在统治末期决定于西西里的主要城市锡拉库萨（Syracuse）建立他的都城也就不那么让人惊讶了，虽然这一举动和其他主要政治参与者相比还是过于激进，而且他不久后就被暗杀了。罗马也长期保持着与东部的联系。此时还不是这座城市正式统治者但也非常有权势的教宗仍然是帝国教会中的一个宗主教，对于宗教纷争问题的意见也举足轻重；教宗同时也是意大利南部和西西里的领地所有者，十分富有，因而拥有大量的资源。事实上，这一时期教宗对于皇帝的重要性有所增加。大格里高利（Gregory the Great，590—604 年在位）在现代人眼中是中世纪早期最为重要的教宗，也是一位重要的神学家和积极的政治参与者，却对莫里斯的君士坦丁堡没有什么影响；而马丁一世则对君士坦斯二世意义重大（对马丁来说很不幸）。罗马的声音对君士坦丁四世放弃基督一志论也很重要，而在此后超过半个世纪的时间里，教宗基本上都以希腊语使用者为主，这也反映出在罗马城中有大量南意大利和东部的司铎与僧侣。[14] 此后，拜占庭帝国建立在君士坦丁堡-西西里这个轴心上，而非像 6 世纪前任在位时那样以君士坦丁堡-埃及为轴心。毫不意外，拜占庭对地中海北部海路的控制尽可能地抵御了阿拉伯人。[15]

　　这就是罗马面对 7 世纪中期危机的反应。当然，阿拉伯人的反应与此非常不同，因为他们是胜利者。我们不可能在这部专注于欧洲的书中给予阿拉伯人所创造的新世界中所有值得描述的细节以应得的关注；但是我们需要将之与罗马人的回应进行平衡，以凸显这个时代的大环境；而且无论如何，阿拉伯哈里发国都是此后 500 年中地中海世界最为富裕和强大的政治体，并因此对地中海的欧洲一侧产生了重大影响，因此值得我们关注。首先是阿拉伯人的成功：这是阿拉伯半岛众多部落统一的产物，由穆罕默德（632 年去世）及其后继者以伊斯兰教之名完成。尽管在公元 650 年左右，伊斯兰教的主要宗教经典《古兰经》就变得越来越有可能接近它的最终形式，就像穆斯林们传统上一直认为的那样，但伊斯兰教最早采取了什么样的形式可能永远无法得知。当然，这也就并不意味着其内容被广泛地接受，甚至仅仅是为人知晓了，就如同基督教一样，早期穆斯林对他们宗教的想法可能和现在所认为的非常不同。[16] 但最为重要的是，阿拉伯军队认为他们统一在一个共同的宗教信仰之下，至少在足够长的时间内使他们赢得了最初的胜利，并因为共同的旨趣而团结一致。这种宗教委身（religious commitment）还不足以解释他们的成功；如果将领们缺乏经验而军队纪律涣散，他们也无法赢得战争，并且，阿拉伯军队最初也并不庞大。[17] 然而，军队确实得到了良好的指挥；同时，就和两个世纪前的日耳曼人一样，可能许多阿拉伯人都有在罗马和波斯军队服役的经验［尽管主要的罗马联盟部落伽珊尼德（Ghassanids）在为希拉克略而战］。毫无疑问，当时罗马与波斯战争造成的负担，尤其是双方军队的覆灭和纳税人的疲惫，对两个帝国的快速恢复没有好处。然而，我们能解释的也就到此为止了；尽管我们有许多阿拉伯方面的文献，但是绝大部分的时代都较晚，并没有告诉我们更多的信息。

　　阿拉伯人在他们胜利后做了什么有着更好的记录。穆罕默德的继承者，哈里发（khalifa，意为"继承者"——也就是神选定的继承者）统治着印度和中国以西世界上最富饶的地区；他们拥有大量的潜在资源。如我们所见，他们利用了这些资源。早自 7 世纪 40 年代起，哈里发似乎就决定，阿拉伯军队不会像之前日耳曼人做的一样，在土地上定居，而是会在城市中定居并直接通过税收维持军队——也就是说，早就存在于罗马帝国和波斯的税收体系，在此后很长一段时间中，仍会继续由传统的罗马和波斯精英征收与管理。由一个复杂的税收体系供养军队、统治阶层和国家的做法从未在阿拉伯世界没落过。[18] 将阿拉伯人同人口远远超过他们的非阿拉伯人与非穆斯林的当地社会区分开来最初有非常明显的好处，而且事实上阿拉伯人也从未被他们吸收过；除了伊朗之外，在所有哈里发国统治的地区，都是阿拉伯语和伊斯兰教赢到了最后。（这也使他们与西部的大多数日耳曼人区分开来；在高卢、伊比利亚和意大利，基于拉丁语而非日耳曼语的语言得以幸存。）直到大约 10 世纪之前，可能除了伊拉克，伊斯兰教在其征服的地区都是宗教上的少数；尽管如此，至少从 8 世纪后期开始，一种新的阿拉伯-穆斯林精英文化就开始主导伊斯兰世界的主要中心。这与更早的文学和哲学（尤其是古典希腊哲学和科学）有一定联系，但此时是基于一种新的历史、神学、诗歌、地理、指导手册、纯粹文学写作形式，这些与早前的传统几乎没有关系。这些体裁在 9—10 世纪产生了大量的文本（可能远远超过中世纪任意一个时期中欧洲任何地方的数量），并从这时起构建起了伊斯兰文化。[19] 到 12 世纪和 13 世纪，其中的一些文化成就，尤其是在医学和哲学方面的，也被翻译成拉丁语从而进入欧洲西部。

在很长的一段时间里，哈里发国也因此保持了政治的高效运行，并凭借有效的财政和行政体系维持着巨大的财富。其财政结构脱离罗马（和波斯）根源的速度，不仅比西欧诸王国，甚至比拜占庭帝国都更慢。在前罗马帝国的领土中，阿拉伯人统治的埃及和黎凡特在经济上也比其他地区的变化更小；从考古学层面来说，确实完全难以指出阿拉伯征服的时间点，并且拜占庭行省消失的 6 世纪的繁荣，在这里没有什么变化地延续着。[20] 新的伊斯兰教城市，比如福斯塔特（Fustat，今天开罗的一部分）和 762 年之后的巴格达（Baghdad）的规模可能都非常庞大。当 11—13 世纪地中海区域的商品交换再度发展起来时，埃及作为生产和交换中心，甚至比在罗马治下时都更有优势。也就是说，在哈里发国，长期的文化和宗教巨变是由程度小得多的经济和政治结构变化平衡与代偿的：这几乎与欧洲的情况完全相反，无论是东部还是西部。

　　哈里发国的实际政治并不像国家结构那样稳定。穆罕默德的直接继承者维持了对军队战略和资源的集权控制，这很有效，但却招致了取得胜利与财富的军队的厌恶。当656年，奥斯曼（'Uthman）哈里发被持不同政见的军队杀害后，内战随之而来，而阿拉伯的扩张也由此中断。661年，穆罕穆德的远亲、奥斯曼的堂侄、来自倭马亚家族的穆阿维叶（Mu'awiya）赢得了内战并成为哈里发（661—680年在位）；以叙利亚的大马士革（Damascus）为中心的倭马亚王朝继续统治了将近一个世纪。然而，当穆阿维叶去世时，他和他的继承者明显想以王朝世袭的形式进行统治，这引发了叛乱，随之而来的是第二次内战，而直到692年阿卜杜勒-马利克（'Abd al-Malik，685—705年在位）攻占圣城麦加后，倭马亚家族才取得胜利。阿卜杜勒-马利克为哈里发国增加了更多公共宗教的标记；他建立了一座宏伟的清真寺——就跟他的儿子瓦利德一世（al-Walid I，705—715年在位）一样——并且以引自《古兰经》的经文替代了自己的头像印在硬币上。倭马亚王朝控制着叙利亚和巴勒斯坦，并且直至灭亡也从未失去埃及军队的效忠，但是，其统治在伊拉克地区却往往遭到反对，在伊朗有时也是如此。当747年，以伊朗为根据地的"救世主义者叛乱"（salvationist revolt）爆发时，其他地区也纷纷予以支持；750年倭马亚王朝最终被推翻，并且几乎整个家族都被消灭，而一个新的家族夺取了哈里发的位置，这就是穆罕默德叔叔的后裔，同时也是被认为更接近穆斯林宗教法统的阿拔斯家族（Abbasids）。［因穆罕默德女儿法蒂玛（Fatima）的关系而作为穆罕默德后裔的阿里家族（'Alids），本来被认为应当是这场叛乱的受益人，但却不是，而且在此后的时代里也没有实现这一点，这就给这个尽管已经享有了很多宗教与社会声望的家族留下了永久的遗憾。] 阿拔斯家族在此后的几个世纪里将一直掌握哈里发的头衔，直到 1517 年被奥斯曼人夺走，然而，他们实际上只掌握了到 10 世纪 40 年代之前的这 200 多年的实权。他们以伊拉克而非叙利亚为中心，叙利亚则直到 12 世纪才再次成为主要的权力中心；阿拔斯家族的第二任哈里发曼苏尔（al-Mansur，754—775 年在位）是巴格达的建立者，而他的继承者则是接下来几个世纪里阿拉伯文学繁荣的赞助者。[21]

我无法在这里继续深入讲述哈里发或是阿拔斯家族丧失权力后数量众多的后续王朝的历史。但至少有一点值得强调的是，到 10 世纪 40 年代，哈里发所统治的土地就已经分裂成若干不同的国家，分布于埃及、伊拉克、伊朗等地，而且再也没有成为同一个政治体的一部分——只有到 16 世纪，在奥斯曼人的统治下，穆斯林统治的地中海地区加上伊拉克才被重新统一在一起，而他们也从未控制过伊朗。在奥斯曼以前，地中海地区最强大的后继国家是独立的法蒂玛哈里发国（Fatimid caliphate，存在于 969—1171 年），他们以埃及为中心，但其威权一直延伸至叙利亚，并且至少在名义上还包括突尼斯和西西里。不寻常的是，法蒂玛家族是阿里的后裔，至少他们宣称是；他们是中世纪时期最为成功的采用什叶派（shi'a）而非逊尼派（Sunni）穆斯林传统进行统治的政治体。[22]

阿拉伯内战使哈里发国的扩张戛然而止，但内战结束后，作为重新团结和彼此决心的标志，哈里发国又对他们周边的地区发动了新的攻击；结果哈里发国稳步地扩张到北非和中亚。到 7 世纪末，哈里发国取得了对阿尔及利亚和摩洛哥海岸柏柏尔王国的宗主权，同时也占领了拜占庭的北非地区。711 年，一支由柏柏尔人和阿拉伯人组成的军队从这里入侵了西哥特人的伊比利亚，到 718 年，就几乎完全征服了伊比利亚。这是他们在欧洲所能攻下的最远的地方（尽管约一个世纪后，西西里岛也被征服）；他们之后入侵了高卢，但没能占领多少领土。事实上，这个时候的哈里发国已经尽可能达到，甚至超过了它所能达到的预期合理疆域，领土从大西洋一直延伸到中国边境；哈里发国无法真正长期地作为一个单一的整体延续下去，而就如后阿拔斯时期所展现的，就算控制从埃及到撒马尔罕（Samarkand）这一大片区域长达 300 年，也已经是后勤和组织上的重大胜利了。如果说公元 700 年后，哈里发们还有什么确实想征服的新地方，那就是君士坦丁堡了；但就在 717—718 年，他们于伊比利亚取得胜利的同一年，在君士坦丁堡的围城失败了。换句话说，伊比利亚是额外之物；那里和北非的很多地区在 740 年时就已经开始了叛乱，而在 755—756 年之后，伊比利亚很高兴地以一位独立埃米尔（amir）的身份接纳了倭马亚王朝最后的幸存者阿卜杜-拉赫曼一世（'Abd al-Rahman I，756—788 年在位）。[23] 但是，安达卢斯埃米尔国（amirate of al-Andalus）是阿拉伯人征服后直接进行了改造的欧洲的一个部分，我们将在本章最后再回到这一点上。

　　同西罗马帝国的终结一样，阿拉伯人的征服也被许多西方学者透过一种道德化的面纱 —— 文明和帝国事业的失败，以及野蛮的胜利 —— 加以审视。在这两个事件中，这种看法都是无稽之谈，然而，考虑到哈里发国的复杂精妙程度，这种看法甚至让人觉得离谱。也有从东方主义视角加以思考的：这是地中海东部与南部同地中海北岸地区不再是一个共同文明中的一部分，而是成为一个他者（Other），在烈日下，充满了难以揣摩的阴谋诡计和严酷而又重复的——事实上，本质上来说是无意义的——政权更替的时刻。这种解读同样是无稽之谈，但是更为阴险，因为其中也包含了很少一点事实：除了在安达卢斯和稍后的西西里以及更晚的那些需要知道如何与地中海的富裕地区打交道的意大利贸易大城市等少数几个接触点外，一个阿拉伯语使用者的文化对于使用拉丁语和希腊语的欧洲而言确实是不透明的。基督教国家也很容易将伊斯兰国家视为一种生存威胁，并且有时他们会基于这种臆想行动，最明显的就是十字军东征时的情形；而尽管基督教政治体有很多需要向伊斯兰政治体学习的东西，但让前者向后者学习确实更难。我们不得不既要认识到这种差别，又不能被这种差别蒙蔽。

然而，这种意象的一个变体确实需要进行更多诠释：阿拉伯人是否真的通过打破罗马和后罗马时代地中海地区的统一，并将欧洲的海岸与亚洲、非洲的海岸分割开来（即使还有些边缘模糊不清，这个时代最为清晰的边缘是安达卢斯的阿拉伯边界和安纳托利亚的拜占庭边界），从而实际上创造了欧洲？20 世纪早期比利时的伟大经济史学家亨利·皮雷纳（Henri Pirenne）确实是这样认为的；在他看来，直到阿拉伯人的征服打破罗马帝国的贸易连接之前，地中海都是一个经济整体，而只有那时欧洲的商业才被迫向北转移至皮雷纳眼中的天然中心，也就是比利时。[24] 然而，这并非事实；早在 7 世纪前西地中海地区就已经失去了经济上的统一；反而是到 10 世纪，来自伊斯兰国家的商人正在重建从安达卢斯到埃及和叙利亚的地中海商业网络，而拜占庭和意大利的各个城市后来只是直接加入了其中。[25] 但不可否认的是，从这时起，基督教统治下的世界之南部边界已经是地中海，而非公元 500 年时的撒哈拉了。这个迷人的理论真正难以回避的问题恰恰在于提出了"欧洲"这个概念，如同我们在第一章中看到的，当时这个词还是个没有意义的概念，而且在整个中世纪时期也从未成为一个强有力的概念；此外，欧洲北部与南部之间的巨大政治和文化差异甚至要远远大于 8 世纪欧亚大陆西部的三个主要国家 —— 法兰克、拜占庭和哈里发国 —— 之间的差异。这种情况一直持续到中世纪的最后，而那时候这种边缘甚至更加模糊：奥斯曼人此时已经到了匈牙利边境，而罗斯王公也在有条不紊地进入西伯利亚。我宁愿放弃这些简单而往往自负的关于世界历史的冥思，而只是普通地说：阿拉伯征服创造了欧亚大陆西部的第三个主要国家，它比此前主导这一区域的（东）罗马帝国更为强大，而且此后所有国家都不得不同他们打交道。这些就足以让我们继续下去了。

在 717—718 年的君士坦丁堡大围城之后，拜占庭人不再需要以危机模式管理国家了，而他们很快就意识到了这一点。当时执政的皇帝利奥三世（Leo III，717—741 年在位），是前一个世代军队政变"旋转门"中最后的幸存者，他在自己的胜利基础上建立了稳固的权力结构，这个结构由他的儿子君士坦丁五世（Constantine V，741—775 年在位）继承和发扬光大。利奥制定了法律；而君士坦丁则重建了君士坦丁堡主要的引水渠系统，这是一项非常巨大的工程，同时也对城市的供水至关重要。君士坦丁还改组了军队，建立了一支由冲击部队组成的专业军团，并且在一个世纪的时间里首次发起了军事进攻，频繁地同保加尔人和斯克拉文人进行作战，恢复了对今天的希腊和更北部地区的统治，甚至还向阿拉伯人发起过进攻。君士坦丁对帝国西部没有多少兴趣，对阻止拉韦纳和中意大利的其他领土丢失也所做甚少——包括罗马，教宗在他任内对这里建立了有效的独立统治。尽管如此，他的一系列军事胜利此后在东部产生了强烈的影响。利奥和君士坦丁一同为中世纪中期以爱琴海为中心的强大拜占庭帝国奠定了基础。虽然帝国在规模上仍然有限，但在财政和军事方面却是一致的；其规模要小于欧洲的另一个主要政治体，即法兰克，但帝国围绕着一个巨大且此时开始再次扩大的首都，内部组织得更为紧密，而它无疑会持续更久。后来的一位皇帝尼基弗鲁斯一世（Nikephoros I，802—811 年在位）也调整了税收体系，而从他的统治开始，出现了更多关于货币使用复苏的证据，并且不久之后，关于更为复杂的经济交换和手工业生产的证据也有所增加。[26]

我们在这里看到了一种自 6 世纪以来都没有恰如其分地出现过的政治自信，然而至少此时出现这种自信并非完全合理。保加尔人在克鲁姆（Krum，800—814 年在位）可汗的领导下重新组织了起来，击败并杀死了尼基弗鲁斯；在拜占庭经历了两次政变和一场内战后，阿拉伯军队于 828 年占领了具有重要战略意义的克里特岛（Crete），并且从 827 年就开始了对西西里的漫长征服，而西西里也在 902 年被完全从拜占庭手中夺走。但是，在和君士坦丁五世一样的另一位君士坦丁堡主要建设者狄奥斐卢斯（Theophilos，829—842 年在位）在位时期，帝国保持了团结，而之后阿拉伯人的进攻也减弱了。在 9 世纪 60 年代阿拔斯王朝的第一次重大危机时期，以及后来 10 世纪开始的更长一次危机时期中，拜占庭帝国都处于一个从中牟利的有利位置，正如我们在第九章将会看到的。[27]

　　这就是中世纪最有趣的基督教冲突之一，即关于宗教图像的力量之冲突的大背景，除了 9 世纪一二十年代，这是一段可以适度乐观的时期。伴随着长期以来存在的圣髑敬礼，7 世纪 80 年代以后开始出现了对宗教图像的崇拜；虽然这些图像也早已存在，但从这时起，许多人开始以一种新的方式来看待它们，将这些图像视为同其上所绘圣人（或者基督）这一神圣存在保持联系的途径。这是一种富有争议的信念，并不为所有人接受，因为其他人相信崇奉那些不过是由人创作在木头上的图画是错误的；但是这种信念传播甚广，以至于 691/692 年在特鲁洛（Trullo）召开的大公会议上专门对这种信念的某些内容进行了规范。这种现象出现——而且只出现在拜占庭，没有出现在西部——的原因首先可能是 7 世纪后期是拜占庭人适应战败冲击的时期；有一个能够尽可能直接与神接触的途径吸引了很多人。然而，这种信念立刻与教会阶层所需要的控制宗教实践细节的感觉混合起来，而事实上这才是特鲁洛大公会议的主要关注点——不洁仪式的威胁实际上已经取代了关于基督本质之错误信念的威胁——而且对于许多人来说，宗教图像崇奉不仅仅是需要控制的事情，其本身就相当不纯洁。宗教图像崇拜究竟是好是坏也与对一般形象表现这一问题的跨文化不安有关，因为在这个时期，哈里发已经开始禁止至少是在公共和宗教场所使用任何人像了。我们没有理由在这里论证是伊斯兰教影响了拜占庭的基督教，还是恰好相反，但很明显，人像究竟是好是坏，是神圣还是不洁的问题在政治和宗教两界产生了共鸣。[28]

　　这类问题有助于解释最早记录于 8 世纪二三十年代两位安纳

托利亚主教活动中的 8 世纪对图像崇拜的强烈反对。在 750 年左右，君士坦丁五世开始亲自着手解决这个情况，他撰写了两篇被合称为《问询》（Peuseis）的小册子反对宗教图像，而在 754 年，他召集了海尔里亚（Hiereia）宗教会议谴责图像崇拜。教堂中的此类圣像似乎已经被破坏并由十字架取代，这对君士坦丁而言是完全可以接受的崇拜对象，因为这是象征性的符号。（然而，就我们今天所知，大多数圣人图像并未被破坏。）更重要的是，通过宗教图像获得的直接而无法被管理的同神圣之接触为教士的中介与关注圣餐礼的教会仪式所取代。这构成了君士坦丁的"圣像破坏运动"（iconoclasm，应当注意的是这个词是现代人的创造，而当时的拜占庭人并不知道这个词）。我们很难知道这究竟有多大程度的争议性。君士坦丁自然有反对者，尽管我们唯一能确认的就是罗马的教宗；另一方面，军队似乎站在皇帝这边，可能还包括首都的市民，还有一些法兰克神学家在得知此事时也支持皇帝——在身处法兰克这样一个图像并没有什么宗教影响的世界中的神学家看来，君士坦丁的裁量也相当正常。另一方面，还有一件我们很清楚的事就是，当君士坦丁和他的儿子利奥四世（Leo IV）去世之后，利奥的遗孀，作为女皇替她的儿子君士坦丁六世（Constantine VI，780—797 年在位）统治的伊琳娜（Eirene）推翻了这一政策，并在 787 年的第二次尼西亚公会议上重新确立了对圣像的崇拜，全方位谴责了君士坦丁五世及其宗教观点。[29] 伊琳娜是一个强势的女人；她后来废黜并弄瞎了自己的儿子，而她也几乎是欧洲中世纪史上唯一一位通过暴力夺取权力的女人，并且独自统治到 802 年，直到在支持尼基弗鲁斯一世成为皇帝的政变中失利才结束。第二次尼西亚公会议也许单纯是她以自己的支持者取代其公公君士坦丁的支持者掌握权力位置的方式，同时也使拜占庭的宗教实践重新回到和罗马一致的路线上。她的成功也标志着帝国的女性有能力在拜占庭世界中行使真正的权力——她是从狄奥多拉开始，经过6世纪的皇帝制造者索菲亚［Sophia，查士丁二世（Justin Ⅱ）的遗孀］和7世纪的玛蒂娜（Martina，希拉克略的遗孀），再到11世纪40年代和50年代的女皇佐伊（Zoe）和狄奥多拉（Theodora）这些主要成功人物中的一位——尽管她最终被推翻也表明了女性权力的脆弱。[30]但是，802年的政变并没有恢复圣像破坏运动，这可能表明，与我们早前所有的资料相比，当时的人们对于君士坦丁五世的宗教观点更为不满或者说漠不关心。

然而这还没有结束。尼基弗鲁斯的战死警醒了帝国，而对君士坦丁五世胜利的记忆开始产生巨大共鸣，尤其是在军队中；815年，新皇帝利奥五世（Leo Ⅴ）怀着对重获军事胜利的希望恢复了圣像破坏运动。但是，这一人们时常所说的第二次圣像破坏运动（Second Iconoclasm）看起来更像是9世纪30年代仅由狄奥斐卢斯热情地推动的一种对国家和军队的崇拜，然而无论如何，军事胜利都没有实现。他去世后，其子米海尔三世（Micheal Ⅲ）的摄政议会在一年内就废止了这一政策，并在843年正式恢复了比过去更为彻底的图像崇拜，因为同8世纪中期相比，此时对图像的崇拜在神学合理性方面已经有了大量的细节。对于神圣肖像——圣像——的崇拜从那时开始就成了东正教的一个基本要素，并成为拜占庭宗教文化的标志直至帝国覆灭。此后，一些拜占庭宗教作家的独立思想因此再次在某种程度上萌发。中世纪中期的拜占庭这一国家是君士坦丁五世的杰作，并由尼基弗鲁斯一世和狄奥斐卢斯进一步发展，但是拜占庭的宗教正统却建立在否定这三人之上（甚至同样反对破坏圣像的尼基弗鲁斯，只是因为推翻了尼西亚的女英雄伊琳娜而被否定）。未来拜占庭的世俗世界不得不需要寻找更新的英雄。

让我们重返安达卢斯来结束这一章：它不能算是一个"东方"国家——事实上，它（和爱尔兰）位于欧洲的最西端——但至少深受正成功运作在埃及和伊拉克的政治模式影响。安达卢斯并不包括整个伊利亚；阿拉伯人并未占领在 8—9 世纪时由小而不统一的基督教各王国固守着的半岛北部边缘的山区，而在 10 世纪这些基督教王国变得更为统一。[31] 阿拉伯人也同样以南部为基地，不过是在罗马城市科尔多瓦，而不是在被中央高原包围的旧都托莱多。尽管在托莱多和其他北方重镇，比如萨拉戈萨（Zaragoza），维持统治无疑很重要，但这些地方更多地被视为广阔的边疆地区，而且中央的控制也不完整。倭马亚埃米尔国的开始并不轻松；伊比利亚在被征服之后非常碎片化，半岛上的不同地区同中央政权存在着不尽相同的关系。这是阿拉伯人的占领地区中为数不多的原先没有强大财政体系的地区之一，并且，尽管阿拉伯统治者试图尽快建立这一体系，但直到 10 世纪这个体系都没有像中东地区那样有效运行。尽管如此，科尔多瓦作为一个首都仍然发展迅速；在 10 世纪的鼎盛时期，科尔多瓦可能短暂地成为过欧洲最大的城市。756 年阿卜杜-拉赫曼一世建立的倭马亚王朝一直统治到 1031 年都未曾中断，而且鲜有继位问题。这至少成了埃米尔政权实力稳步发展的牢固基础，尽管安达卢斯是独立的，但它的发展在很大程度上要归功于从阿拔斯王朝借鉴的管理技术。

这与统治阶层的伊斯兰化以及之后相对更缓慢的伊比利亚一般民众的伊斯兰化是同步的，这在 9 世纪的科尔多瓦很明显，并且可能在 10 世纪早期于埃米尔国的所有地区达到了顶峰。[32]

这一政治系统在 9 世纪 80 年代到 10 世纪 20 年代之间的第一次大内战期间几乎崩盘，当时地方政治领袖在安达卢斯的大部分地区都发起了叛乱——其中一个叫作奥马尔·伊本·哈夫孙（Umar ibn Hafsun，917 年去世）的人宣称自己是西哥特人后裔，甚至皈依了基督教，这对倭马亚的统治而言显然是个分裂的标志。但是阿卜杜-拉赫曼三世（'Abd al-Rahman Ⅲ，912—961 年在位）迅速扭转了局面，几乎击溃了所有新自立的地方统治者，并首次将他的国家在财政方面完全地集权化。随着他的扩张以及法蒂玛家族对哈里发的宣称，他也在 929 年自称哈里发，并在科尔多瓦外的阿尔扎哈拉城（Madinat al-Zahra'）建立了一座野心勃勃的新宫殿，以便给来访者留下深刻印象，而他确实做到了。这是安达卢斯进入鼎盛的世纪，而随着作为地中海港口的阿尔梅里亚（Almería）的发展，更为复杂的经济和物质文化也在首都之外得到了良好的发展。在这个世纪的最后几年里，曼苏尔（al-Mansur）这位在 981—1002 年间掌管着国家运转的哈里发最有权势的宫廷大臣，对在第一次内战时期扩张了的北方王国发动了战争，并洗劫了北方王国的重要城镇莱昂（León）和圣地亚哥-德孔波斯特拉（Santiago de Compostela）。安达卢斯看起来似乎还会继续扩张，直至控制整个半岛。[33]

然而这并没有发生。1009 年之后，曼苏尔无能的继承人让整个国家因继承权问题陷入内战；科尔多瓦在 1013 年遭到洗劫，哈里发也在 1031 年遭到罢黜，整个国家最终分裂成了大约三十个泰法（taifa，字面意思是"帮派"）王国，分布于托莱多、塞维利亚、巴伦西亚（Valencia）、格拉纳达（Granada）等地。我们将在第八章中看到，这使得基督教王国能够进一步扩张，并且第一次拥有了比当时四分五裂的伊斯兰政治体更强的军事实力，后者在 1085 年卡斯蒂利亚国王阿方索六世夺取托莱多时发现，这是安达卢斯第一次失去核心领土。然而这绝不意味着伊斯兰伊比利亚的终结。虽然这些泰法长期以来都因为分裂而被视为失败的产物，但事实上却往往是非常成功和高效的小王国。它们保持着阿卜杜-拉赫曼三世时期建立的政治和财政结构，并发展出了先进而复杂的政治文化。他们在财富和知识活动方面使人联想到中世纪后期的意大利城市国家；如果说他们在抵御基督教卡斯蒂利亚和之后（在 11 世纪 80 年代后期以保卫他们为借口入侵的）伊斯兰摩洛哥穆拉比特王朝（Almoravids）方面十分无力，那从 15 世纪 90 年代开始意大利城市在面临法兰西人和德意志人的入侵时也可以说是如此。事实上，在泰法中确实诞生了中世纪欧洲最为有趣的实用政治论述之一，由格拉纳达的统治者阿卜杜拉·齐里（'Abd Allah al-Ziri，1073—1090 年在位）撰写的《评注》（*The Tibyan*），他在被穆拉比特夺取王国后流亡摩洛哥，并在那时写下了他的著作。阿卜杜拉的这本书可以说是马基雅维利（Nicccolo Machiavelli）的《君主论》（*The Prince*）和罗伯特·格雷夫斯（Robert Graves）的《我，克劳狄》（*I, Claudius*）的混合物：这是一个失败统治者的自传，他一生中最主要的政治成就仅仅是继承了王位，但同时，他也是一个足够智慧的统治者，足以看出他自己在哪一步走错了，并对自己的错误进行反思。他记录的有关于阿方索分而治之的技巧，从相互竞争的泰法们那里收取保护费以同时削弱他们的策略非常有名（阿卜杜拉以一种苦涩的方式学会了这一点：他拒绝了阿方索的第一次要求，但是当阿方索得到了塞维利亚交付的更多保护费时，他最终不得不比原来支付得更多）；他对治国理政方面的普遍话题——何时该听取意见而何时则不也有与众不同的绝佳评论（"我会用耳朵听人们不得不对我说的话，但不会用脑子"）；他对自己亡国的记述（包括对为什么格拉纳达的每一个社会阶层都放弃他的原因分析）也是事后进行反思的智慧典范。就如我们将在第十二章看到的，直到 15 世纪，我们才会在欧洲的文本中再次发现一个这样具有实用精神的政治参与者。[34]

在托莱多陷落之后，安达卢斯又在柏柏尔人的王朝下重新统一起来。事实上，他们统一了两次：首先是我们刚刚看到的穆拉比特王朝（存在于 1086—1147 年），而之后则是从 12 世纪 40 年代后期开始的穆瓦希德王朝（Almohads）。直到 1212 年穆瓦希德王朝被卡斯蒂利亚人击败，安达卢斯的存在才受到了严重的威胁，即便如此，它之后还是又坚持了将近 300 年才完全消失。事实上到 12 世纪时，倭马亚哈里发国的大部分复杂特性都已恢复；穆瓦希德王朝担负起的知识和教育环境孕育了诸如伊本·鲁世德［Ibn Rushd，1198 年去世，其名字拉丁化后写作阿威罗伊（Averroes）］那关于亚里士多德哲学和科学的论著，极大地吸引了 13 世纪巴黎大学中的学者。[35] 这在之后的格拉纳达埃米尔国也得以延续，整个中世纪时期质量最高的一些建筑至今仍耸立在 14 世纪建成的阿尔罕布拉宫（Alhambra palace）中。

总之，我们有关安达卢斯要说的最后一点不是它最终的命运——无论它曾经经历过什么样的辉煌。这里要强调的反而是，

10 世纪的科尔多瓦哈里发国和拜占庭是欧洲最为高效的两个政治系统，二者都以其他地方所没有的财政结构为基础。在那个世纪里，大陆的财富和权力位于欧洲西南角和东南角。而处于中间的拉丁基督徒对此也有充分的认识。他们仰慕拜占庭，有时候又带着怨恨；他们畏惧安达卢斯；但总之他们承认二者的力量。而当安达卢斯最终分崩离析时，每个处于战争中的小王国又维持着哈里发国的政治结构——这多亏了 7 世纪时就已经在东方奠定，并且之后由阿拔斯王朝和法蒂玛王朝进一步发展的模式。当卡斯蒂利亚、阿拉贡和葡萄牙最终瓜分"战利品"时，这里仍是一片富庶地区。

# 第四章

# 加洛林实验

750—1000

加洛林王朝以他们的勃勃雄心迷住了一代又一代历史学家：他们主持了整个中世纪时期最大规模的政治再思考尝试。某种意义上，这种"规模最大"确实显而易见：查理"大帝"［Charles 'the Great'，即查理曼（768—814年在位）］和他儿子"虔诚者"路易（814—840年在位）的法兰克帝国比中世纪欧洲的任何其他政治系统都庞大，涵盖了今天的法国、德国和低地国家，并延伸到意大利北部、加泰罗尼亚和奥地利（Austria）。我们可以发现，在1200年之后的一些西欧政治体中，政治举措也并不总是缺少激进要素，比如13世纪意大利北部城市的政治体制创新或者15世纪波希米亚（Bohemia）的胡斯派（Hussites）；但是这些或者是零星发生的，或者是只在很小的地理范围内发生，又或者兼而有之。加洛林王朝的国王和精英们并没有完全意识到他们正在做什么；他们的使命在很大程度上被视为道德性的，甚至是神学的，带有古老根源（他们以《圣经》中的以色列和基督教的罗马帝国为自己的榜样），同时其政治程序也往往同样古老——他们只是试图去把事情做正确。但其实，他们通常都失败了，因为太多的

参与者 —— 包括那些道德主义者 —— 的政治野心和预设都太过自私、暴力和腐败：日常生活的普通政治需要经常会排挤掉宏大的理论，就和它们在其他大多数社会中往往会发生的一样。但是，理解加洛林王朝对这一切都非常关键，因为他们确实在试图做一些新的事情，即使他们自己都没有意识到，而且他们做这些的基础与后来那些政治系统都截然不同。他们作为一个和欧洲西部之后历史比较的节点将会经常在本书的后续部分出现，因此我们需要把这些弄清楚。有关他们的材料也非常丰富；如果说我们对墨洛温王朝的了解超过任何其他后罗马时代的西部王国，那么我们对加洛林王朝的了解则比对墨洛温王朝的还多。因此，这些也有理由引起我们的注意；我们将在此回溯法兰克到 887 年为止的这段由加洛林王朝统治的主要时期，同时由此进入法兰克 10 世纪的各个继承国。

让我们以 8 世纪和 9 世纪的政治速览作为开始；之后我们会关注加洛林王朝的统治方式，最后是试图支撑其统治的意识形态工程。[1] 就如我们在第二章看到的那样，在 8 世纪的第二个十年，作为宫相的查理·马特掌控了法兰克，并开始了作为 8 世纪加洛林世界重要标志的一连串征服运动。加洛林家族就是他的后裔，而后来的中世纪作家也以他的名字来命名这个家族。查理·马特名义上还是在代表墨洛温王朝的国王进行统治，但是到这个时候国王已经根本没有任何权力了，从 737 年到 741 年查理·马特去世，他甚至无意新立一个国王。他的两个儿子，即丕平三世和卡洛曼一世在继承其父之后也是如此，但是到了 751 年，此时已经是唯一统治者的丕平觉得自己可以直接掌权成为国王了。然而，无论当时墨洛温家族的力量多么羸弱，他们的统治传统毕竟已经有 250 年之久，而且，这个家族具有一种既难以描述又无法置之不理的神圣性；这就是一场政变。丕平和他的继承者们用时间隐瞒了这些，这样做的也包括他们的历史学家们；也许教宗本人在行动之前已经认可了这场政变；可能贵族们也同意丕平接受美因茨大主教卜尼法斯（Archbishop Boniface of Mainz）的膏立。但可以肯定的是，754 年，教宗斯蒂芬二世（Stephen Ⅱ，752—757 年在位）来到法兰克寻求丕平的帮助，以对抗伦巴第人的攻击（这是历史上教宗首次踏足阿尔卑斯山以北的地方），他亲自为丕平进行受膏礼，加冕其为国王，尽管西哥特人之前就曾使用过受膏礼，但这一做法在以往的法兰克世界中并无先例。[2] 这就为此后加洛林王朝的政治行动定下了基调，因为，没有教会的支持，即便他们是法兰克最为显赫的家族，也只不过是又一个贵族家族罢了。对教会政治愿景的承诺随之落实；丕平和卡洛曼于 8 世纪 40 年代就已经组织了宗教会议，在 8 世纪 50 年代则组织了更多次，而这之后的世纪里还会继续有更多宗教会议。

查理·马特时期几乎每一年都有一支军队在战场上战斗；他儿子们掌权时也是如此，而到丕平去世时，他们几乎征服了所有墨洛温王朝曾经统治过的主要独立区域。771 年，丕平的儿子，法兰克唯一的统治者查理曼以更大的规模继续着战事。773—774 年，他迅速地占领了意大利的伦巴第王国；他在北部边境与萨克森人的战争却并未立刻取得胜利，因为这场战争从 772 年一直持续到 804 年才最终使萨克森人屈服并强迫他们皈依了基督教，但总之他在之后成功了。（萨克森人之所以难以战胜，恰恰是因为他们并非一个统一的民族，数个世纪前的罗马皇帝们在北方作战时就发现了这个问题；不过他们确实也给这个时期的法兰克人提供了一段持续的军事训练。）787 年，查理曼入侵了最后一片曾经属于墨洛温王朝的土地，巴伐利亚（Bavaria），兵不血刃地占领了这里；之后，法兰克人的劫掠部队向更远的东方进发，在 795—796 年攻击了位于今天匈牙利境内的阿瓦尔首都，虽然这场突袭未能征服阿瓦尔人，但确实为法兰克人带来了前所未有的战利品——这些财富很可能是更早以前阿瓦尔人进攻拜占庭的成果。查理曼也曾进入伊比利亚，但那场与安达卢斯对抗的战争是一个更为艰巨的任务；不过，到 801 年左右，巴塞罗那（Barcelona）周边的地区还是稳定地处在了法兰克人的统治之下。总之，随着804 年大规模的进攻战结束，法兰克国王现在所统治土地的规模是查理·马特时期的两倍，而在这之后边境仍然十分稳固。现在它已经不再是一个王国，而是一个帝国了，因此对于当代历史学家而言很重要的一点就是 800 年时查理曼在罗马被教宗加冕为皇帝（imperator）；虽然这实际上看起来并不算什么重要的转折点，但这个头衔确实一直受到查理曼和他的继承者欢迎。[3]

8 世纪 90 年代，查理曼在亚琛（Aachen）建立了一座新宫殿，而到 814 年，当他唯一健在的儿子"虔诚者"路易继承王位时，那里已经是真正的首都了。路易将亚琛作为自己的主要基地，在那里制定政策和策划战争；现在，边境战争的目标主要是维持秩序，但路易在从波罗的海到亚得里亚海的边境与东方部落族群——主要是使用斯拉夫语的族群——间建立了一片充足的缓冲区，以便他能够迅速调集军队，就像在 817 年他迅速击败意大利从属国王，他的侄子伯尔纳德（Bernard）领导的叛乱那样。[4]
9 世纪 20 年代作为路易的全盛时期相对安定，但是 30 年代就不同了：830 年和 833—834 年，路易两度面临由他的三个最年长的儿子——洛泰尔（Lothar）、丕平（Pippin）和（在833年还有）"日耳曼人"路易（Louis "the German"）所领导的大起义，而在第二次起义中，"虔诚者"路易甚至暂时失去了权力。路易所面临的这场危机是研究加洛林政治意识形态如何在实践中运作的经典案例，我们也会在后文回到这一点。不过，在9世纪30年代末，路易夺回了他的权力，并顺利地将他的权力传给了仅剩的三个儿子——已经去世的丕平由路易最年幼的儿子"秃头"查理（Charles "the Bald"）所取代——这三个儿子在841—842年又进行了短暂的内战，而后在843年于《凡尔登条约》（Treaty of Verdun）中正式地分割了法兰克的土地。

加洛林王朝同之前的墨洛温王朝一样，也认为分裂王国是正常的，并且已经在741年和768年这样做过了；如果路易的兄弟没有早逝的话，同样的事也会在814年发生。843年，洛泰尔（840—855年在位）作为长子和曾经的共治皇帝（co-emperor），取得了亚琛周围的中心地区，以及一条同他在意大利的政治基地相连的狭长地带；路易（840—876年在位）获得了东法兰克，大致相当于莱茵河以东的土地；查理（840—877年在位）则取得了西法兰克，大致相当于今天法国西部三分之二的土地。这三个王国之后也在子嗣继承中继续分割。这里存在着太多的分裂，而加洛林家族也一直担心存在太多的继承者；他们将女性后裔继承人和私生子排除于继承之外，并给予私生子们一个听上去更没有王室感觉的名字，比如休（Hugh）和阿努尔夫（Arnulf）等来强调这一事实。（加洛林家族的成员绝大部分都有当时人或后人给予的绰号就是因为王室的名字只有寥寥可数的几个。）但是，这样做了之后，当很多加洛林家族的族兄弟在没有合法继承人的情况下过世时，他们就遇到了麻烦。到了 9 世纪 70 年代晚期，加洛林家族的人数其实是变得太少而非太多了，唯一的国王-皇帝，"胖子"查理（Charles 'the Fat'），是家族仅存的成年男性继承人，在 876—884 年间继承了所有王国的土地。然而，"胖子"查理无法轻易回到"虔诚者"路易时代的集权统治了。在 843 年之后的世代里，彼此分离的政治网络就出现在主要的王国当中了（这种情况其实早有发生，意大利自查理曼征服以来就几乎从未中断地有着自己的国王），而要想有效地进行统治，分别解决每个王国的问题就变得很有必要了。但是查理并没有时间去完成这件事；887 年，他被侄子阿努尔夫所发动的政变推翻——讽刺的是，这个侄子就是一个私生子。[5] 由此，各个王国随后就走上了彼此独立的道路，就像我们将在本章后面看到的。

　　但其实他们早已开始这样做了。意大利的运转最为稳定，尤其是在洛泰尔的儿子路易二世（Louis II，840—875 年在位）的统治下；这个地方的规模相对较小，而且可以使用过去伦巴第人建立的毛细血管式政府。东法兰克最难管理，因为这一地区几乎从未属于过罗马，且交通不便——这里还包括整个法兰克中加洛林意识形态工程吸引力最小的地区——但是这一地区在军事上是最为强大的，因为"日耳曼人"路易一直让他的军队活跃在边境战争，尤其是对新兴强权、位于今天捷克共和国境内的摩拉维亚（Moravia）王国的战争中。"秃头"查理的西法兰克吸引了最多关注，因为它的文献记录最完备，同时查理在政治计划方面又尤为野心勃勃；但它却是三者当中军事上最不成功的，因为它最容易受到从 9 世纪 30 年代就开始，几乎一直持续到 9 世纪 80 年代的斯堪的纳维亚维京人的攻击，即来自海上的海盗劫掠（见第五章）。[6] 路易二世可能在一封写给拜占庭皇帝巴西尔一世（Basil I）的信中宣称帝国仍然是统一的，因为加洛林家族是一个家族，[7] 而从很多方面来说，路易二世是正确的；《凡尔登条约》并不比此前任何的分裂更具永久性，"胖子"查理的继位就证明了这一点。但是，加洛林家族内部的兄弟或族兄弟之间合作很少（比如对抗维京人）；相反，并且毫不惊奇的是，他们之间至少还会有不时发生的战争，比如 858 年，"日耳曼人"路易就试图夺取西法兰克，而"秃头"查理也在 876 年攻击了东法兰克。在 887 年之后，大多数后继的王国不再由加洛林家族的人出任国王，分裂也因此更具永久性了。

有观点认为加洛林王朝在他们的帝国停止扩张之后很快就陷入了来自贵族的麻烦之中，因为缺乏持续军事胜利贵族对国王的忠诚度就会降低。事实却并非如此。贵族对查理曼的反抗是 8 世纪 80 年代和 90 年代的标志，但并非之后的，而那些反对路易及其继承者的战争几乎只由皇帝的兄弟和儿子领导；因此，很难将贵族支持的王室反叛与加洛林工程发展中逐渐增加的不满联系在一起。[8] 相反，法兰克世界的贵族，尤其是那些古老，拥有大量土地，家族来自今天的法国北部、比利时和德国西部这些王室核心地区的贵族，无论是在征服的世纪之中还是之后，都从国王的慷慨大方中收获颇丰，至少总体上来看，他们对加洛林家族的忠诚是毋庸置疑的。任何受到国王青睐的人都有望获得国王的恩赐，包括土地和官职，法兰克人将之称为"荣誉"（honores，其中既包括修道院的也包括王室的领地，甚至是掌管修道院本身的权力）。这些恩赐不一定是永久性或者可继承的，但实际上，那些忠诚的人可以相信这些国王恩赐的土地能够传给他们的子嗣，同样也包括地方官职，即使不一定在同一个地方。贵族家族确实因此变得分布非常广泛，就像被我们称为维多（Widonids）的、来自莱茵河畔美因茨的家族，在 9 世纪 40 年代，他们家族中的成员就掌握了卢瓦尔河口与千里之外的意大利中部的伯爵和公爵头衔：维多家族可能给加洛林王朝的统治者带来一些问题，但是他们也知道，如果没有一个至少部分统一的帝国，他们也无法掌控如此大范围的权力。[9]

　　国王和贵族——无论是世俗的还是教会的——都和墨洛温时期的一样，拥有大量土地，只不过现在更多了。这也是法兰克土地经济非常活跃的大背景，尤其是在法兰克的核心地区，即莱茵河和塞纳河（Seine）之间区域的北部。（在加洛林时期的意大利就不那么明显了，那里的材料表明当地的精英并没有那么富裕。）这在一定程度上可能是有更广泛根源的；有迹象表明，9 世纪是整个欧洲人口开始缓慢增长的时期，尽管这种人口的增长要到之后的几个世纪才变得显著，我们将在第七章看到这一点。但这也是农业剥削程度加大的结果。9 世纪是个一些主要土地所有者，特别是北方的修道院，格外积极地管理地产的时期，这在被称作多联记录单（polyptychs）的土地和地租明细的登记册中得到了记载——这些多联记录单比我们拥有的任何 13 世纪前欧洲的其他原始记录都更为详尽。至少教会土地所有者还有国王都关心如何尽可能系统地从他们的财产中获取资源。他们同时也会出售剩余产品，而这也意味着一定是为了买点什么：我们有书面材料表明，9 世纪的法兰克有一个市场网络，而酒和织物的运输距离都很远。这一点也受到了考古学的证实，因为货币和精制陶器分布得非常广泛，还有一些更为专门化的产品，诸如玻璃和来自莱茵兰地区的玄武岩石磨（basalt quernstones）也是如此。[10] 在莱茵河畔，像科隆（Colonge）这样的城市仍然是重要的商业中心，而其他一些如美因茨这样的城市也展现出了新的活力；此外，法兰克海岸的港口网络也达到了它们的巅峰，比如在莱茵河三角洲、接近今日乌得勒支的多雷斯塔德（Dorestad），就体现出这些商品交换活动具有国际性 —— 在英格兰和丹麦也有类似的港口。[11]（这些是维京人来袭的路线。）在这一时期，经济活动首先就是对精英需求的一种引导，因而同样也是对精英财富的引导，但如果这样的贸易活动普遍存在于法兰克北部的话，那它显然有非常大的体量。这进一步给予了这一时期的政治主角一种弹性。

每一个想要被承认为政治人物的世俗贵族或高级教士都会参加国王的大集会。而不这样做的人则可能被视为敌人；但更糟糕的是，不这样做有被认为是无名小卒的风险。按照期待，他们应该携带一些礼物，在查理曼时期，他们带来的礼物多到要给作为礼物的马都贴上标签，以确定是谁赠送的。墨洛温时期的集会政治在加洛林时期至少同样重要，甚至可能更重要；国家的重大事务都在王国全体大会（placitum generale）中决定，"王国全体大会"是通常会每年召开两次的集会的标准名称，在法兰克核心地区的不同地方举行（在意大利也会以同样的方式单独举行），它们将主要的世俗和教会领主联合了起来。每个统治者在位时期的政治冲突也是在这些公共空间中解决的，比如，在 822 年的阿蒂尼（Attigny）集会上，"虔诚者"路易选择为弄瞎叛乱的意大利的伯尔纳德并导致其死亡一事进行公开忏悔，以便为这一具有争议的行为盖棺定论。因此，这些集会不仅仅是法兰克精英寻求国王赏识的场所，而且对于国王的合法性来说也是必需的——同此前的几个世纪一样，这里仍然是国王权力和国王行为（典型的例子就是路易在阿蒂尼的忏悔）公开呈现给民众（populus），以获得他们同意的场所，即使这只是高度精英化的少部分"民众"。[12]"公开"一词的使用——在加洛林时代通常用"publicus"一词——反映了它（比起其他事务更加）暗指忏悔、全体集会，以及更普遍来说，"公共事务"（res publica）这种与我们所说的国家事务很接近的东西。国王和他们的高级大臣努力确保这些集会上的争论是可控的，不至于脱离掌握；但是认识到这里确实存在争论，而一些人也确实会表达不受欢迎的观点也很重要，比如一向直言不讳的大主教里昂的阿戈巴德（Agobard of Lyon，840年去世）做了一场反对世俗势力对教会土地侵占的演讲，这在前面提到的阿蒂尼集会上很不受欢迎。事实上，在规模更小的，由最亲近的王室亲信（fideles）组成的一般全体集会上，会发生大量争论。但是，国王有最终决定权；然而如果国王没有这种权力，他们就会遇到严重的麻烦，就像我们将会看到的833年发生在路易身上的情况一样。[13]

需要再次强调的是，贵族也发现自己站在了我们称之为王室圈的那一边，因为做出别的选择并不像之后的几个世纪里那样具有吸引力。同墨洛温时期一样，我们也没有找到任何关于加洛林时期地方领主做出另一种选择——领地由单一的土地所有者统治，这个土地所有者就是领主而其他人都是他的随从，这些能够成为他自治的权力基础——的好证据。举个例子，在维多家族统治的三个政治中心里也没有一个是这样的，即使是在他们已经控制了很长一段时间的意大利中部斯波莱托边区也是如此，因为他们的统治仍然仰仗于国王的任命，而这种任命也是可逆的。和早前的法兰克一样，贵族的政治中心是可以四处转移的，因为一个受王室青睐的人可能会在意想不到的其他地方获得土地——而在 843 年之后，当互相对立的国王们想要从追随者那里获得更为唯一的忠诚时，这些追随者可能也会失去其他地方的土地。因此举例来说，858 年，在"日耳曼人"路易和"秃头"查理的决胜之际，韦尔夫家族（Welf）——他们和"虔诚者"路易的第二任妻子朱迪丝（Judith）有血缘，也是中世纪中期一个主要家族的祖先——的一些成员就选择了查理并失去了他们在东法兰克的"荣誉"；结果这个家族也一分为二。[14] 每一个贵族（此时也包括修道院长或主教）都有军事扈从，这些扈从会向他宣誓效忠，将其视为自己的领主（senior）；加洛林的军队主要是由这些私人扈从组成的。人身依附关系是这个世界的基础。但是，每一个自由民也都曾向国王宣誓效忠——802 年，查理曼详尽地规定了誓言——国王确实也把这些人视作他自己的人，就和他们的领主一样，甚至更甚；举个例子，9 世纪 60 年代，主教拉昂的安克马尔（Hincmar of Laon）剥夺了那些不够忠诚的追随者的土地，而这些人直接向"秃头"查理控诉了这件事。[15] 有军事地位的人在任何地方都是最为富裕的自由民，他们可以有许多不同的恩主。查理曼的传记作者、查理曼死后在路易宫廷中的重要人物、拥有广泛恩主网络的艾因哈德，在 9 世纪 30 年代写给美因茨大主教拉巴努斯·莫鲁斯（Hraban Maur）的信中提到了拉巴努斯手下一个名叫贡德哈特（Gundhart）的人，他受一个当地伯爵召集加入军队，可能是在德意志中部的伦山（Rhön）地区；但是这个伯爵和贡德哈特有世仇，因而贡德哈特在他麾下作战接近于被判了死刑。贡德哈特打算不遵从召集前去，而是以支付罚金的形式代替未尽的军事服役；艾因哈德写信给拉巴努斯就是请求他能够同意贡德哈特这样做。因此，贡德哈特通过伯爵因而对国王有义务；对他的个人领主拉巴努斯也有义务；对他的亲族也有义务（因此存在世仇）；而且他还有一位完全独立的恩主艾因哈德。[16]

　　这种多重网络在法兰克土地上相当普遍，且在很大程度上抑制了任何领主对地方权力基础的构建。可以补充的是，公共法庭系统也继续在加洛林世界存在着，连农民都有机会进入；我们有几个农民对领主提起诉讼的案例，而且还有零星证据表明，在某些情况下，如果农民得到了国王或者其他恩主保护时，他们同样有可能获胜。[17]这种地方性公共活动也使得私人权威更难建立。最近有关加洛林时代以及紧随其后的后加洛林世界部分地区的高质量研究表明，地方社会的社会实践相当复杂，单一的领主不可能轻易地统治地方社会。[18]当然，我们这里讨论的是军事贵族，因此面对的是一些为了自己的利益会大量诉诸压迫和暴力的人。此时，世俗和教会大土地所有者都已经大量地拓展了他们的地产，且时常是以非法地牺牲有地农民的利益为代价的；这一进程在 7 世纪时就已经变得十分普遍，并且在 9 世纪就完成了，正如加洛林时期的法律条文经常提到的那样。[19]萨克森是这一时期对农民掠夺和压迫尤为明显的地区，在法兰克人征服后，萨克森贵族和新到来的法兰克世俗与教会领主都迅速扩大了对该地区许多区域内有地农民的权力；这也导致了 841—842 年内战时期发生的斯特林加运动（Stellinga），到 13 世纪后期为止，这都是整个中世纪规模最大的农民叛乱，而这场运动在 843 年被"日耳曼人"路易非常暴力地镇压了。[20]尽管这有些极端，但毫无疑问的是，大多数时候，在很多地方都是一个个贵族在实际下达命令。但是，这些并不是他们能够完全依赖的权力基础，而且，如果他们不得不尝试依赖这一点的话，那一般来说也都是因为他们是政治上的失败者。他们需要国王的法庭，并且愿意参加到国王所有种类的决策制定之中。

在查理曼时代，我们首次找到了法兰克国王如何在实践中尝试掌控他们庞大帝国的好证据；这些证据在路易时期继续涌现，并在他儿子们的统治时期继续增加。其中一个方法可以称之为灵活的统一（flexible uniformity）：每个地区都有一个伯爵，而这个贵族往往是从其他地方被派遣来的，掌管当地的司法和军队（再次强调，这是政府的两个基本要素）；更加军事化的边区建立在边境之上；地方司法集会（也被称作 placita，即 placitum 的复数形式）普遍地出现了被称为裁判官（scabini）的人，他们由地方精英组成，为伯爵运作法庭。这些并不全是创新，因为这类人物在此之前就已经存在于各地了，他们这时只是常态化了。而伯爵显然被视为国王权力的代理人：一篇写于 834 年、试图颂扬"日耳曼人"路易的诗歌，就是通过赞美巴伐利亚当地某个叫蒂莫（Timo）的伯爵进行的司法活动来表达的，"光荣的国王，您的伯爵和副手（legate），为好人伸张了正义……他为盗贼所憎、为强盗所恨，而他却厌恶冲突并将正义弘扬"。[21]主教也被当作司法裁决中的一员并被用来检查伯爵的作为，包括在意大利这种他们此前不曾在世俗事务中拥有突出地位的地区。在查理曼和他的继任者统治时期，通常被称作王室巡察使（missi）、由一名伯爵和一名主教组成的王室代表，会作为司法权威例行在各地巡回，被派遣去听取针对地方伯爵的上诉，同时举行自己的听证会；802年之后，在帝国的大部分地区，王室巡察使都确定了自己的巡回区域。其他地方人物也时常被以书面形式的指令要求为国王做一些一次性工作，就像那些书信汇编中所显示的那样。如詹妮弗·戴维斯（Jennifer Davis）所言，这些互有重叠的角色并不是按照一个精确的层级系统安排的，但他们合在一起就形成了一个控制贪污腐败和权力滥用的网络，这些权力滥用有时也能得以纠正；而他们最后又都指向一切存在争议案件的最终仲裁者，即国王。我们甚至还有查理曼给一位王室巡察使的一系列书信答复，这位王室巡察使向国王征询了一系列法律问题的意见，比如社会地位和非法通行税等（其中的一个回复以相当不耐烦的语气写道："阅读法律条文，如果你在那里还找不到答案的话，就干脆把这个问题提到王国全体大会上好了。"）。伯爵们当然也会腐败——例如，我们的文献中存在着很多对赠送礼物以获取有利判决的这种文化的控诉（我们称之为贿赂）。王室巡察使同样可能会出现这种情况；后任的王室巡察使有时会记录下其前任滥用权力的颠覆性情况，同时也会有一些不同官员相互勾结的迹象。但伯爵也很少因为这些原因被罢免——相反，通常是参与叛乱或类似的行为才会遭到罢免。[22]但在加洛林世界中一直有人手被派出去巡察其他人的这一事实，本质上是对任何哪怕是发生在非法活动方面——或者说，是在建立地方性权力基础方面——有越界倾向之官员的另一种纠正，哪怕他们只是在此时距离帝国中心已经十分遥远的边缘地区。最终，无论多迟，总会有人发现并做出反应。

这与文字形式的法律有关。加洛林王朝颁布了许多法律和法规——这被合称为"法典和法令汇编"（capitularies），因为它被划分成章（capitula）——还有部分内容互有重叠、在800—835年发展到高峰的宗教会议法案。文字形式的法律在类型上相当不同，从集会的议程和给王室巡察使的那不能被认为是法律条文的一次性指令，到正式修订的帝国各民族习惯法再到对道德和礼拜仪式高度夸张的描述都包含在其中。其中一些法律已成为孤本，但更多的法律则有多份抄本留存，而其中的一些抄本证明了它们会被有组织地送往帝国各地——一份803年法典和法令汇编的抄本表明，所有在巴黎城参加集会的大人物都在上面署了名。这些人并没有向我们表明其中非常具体的法规是否得到了遵守，甚至是否真的一定为人所知，但是他们署名的密集度表明，文字书写在当时被视为政治治理的一个理所当然的组成部分，而上一段中引用的查理曼对法律问题的评论体现了他也认同这一点。伯爵们不一定都识字，但是其中许多人确实认识，而为世俗官员准备的法典和法令汇编与其他法律的合集，也有保留下来或是在遗嘱中被提到。在罗莎蒙德·麦基特里克（Rosamond McKitterick）颇具影响的说法中，文字书写在加洛林政府中十分重要；许多材料不仅提到了出自宫廷的书面指令，还有要求书面回复的内容。虽然文字书写没有口头交流那么重要（我们将在后面看到，文字书写在中世纪的世界，或者说此后很长一段时间里都没有口头交流重要），但它确实构建了加洛林时期的人看待控制他们所统治的如此庞大和高度多样化的王国这一任务的整体方式。[23] 总的来说，虽然这种政治治理方法并不完美，但是在没有拜占庭人和阿拉伯人认为理所当然的复杂行政体系的政治体中，这已经是一个政治治理实践所能达到的最高密度，并且在很长一段时间内比欧洲西部的其他所有政治体都更为密集——直到11世纪后期的英格兰，12世纪中期的意大利，13世纪的法兰西，欧洲西部才出现超过法兰克水平的治理密度。

事实上，这就把我们带到了被视作与刚刚描述的政治治理任务不可分割的加洛林工程的宗教方面。这无疑对法兰克世界的大多数地区而言是全新的；正如本章开头所暗示的，这肯定在很大程度上源于从751年政变甚至更早之前开始就存在了的加洛林家族与教会之间的结构性关系。但无论这种关系是如何产生的，它到8世纪80年代就已经完全显现出来了，并且在接下来的一个世纪内构成了政治辞令乃至政治实践的一个主要部分。查理曼和他继承者的目标无非是为整个法兰克民族的救赎建立一个集体道德框架，他们觉得自己的活动每时每刻都处于上帝的密切注视之下。这在789年的《大劝谕书》（*General admonition*）这部杰出的法典和法令汇编中表现得尤为明显，在《大劝谕书》中国王就教士道德、教阶制度、和平与和睦的需要、罪的一般性避免以及许多类似问题进行了立法：通常（在很大程度上借鉴自教会法文本）属于宗教会议的内容在加洛林时期完全是以国王的名义颁布的，并且是面向所有臣民的。这种内容在后继的文本中与许多更世俗的法规混合在了一起。[24] 我们已经看到，东罗马 / 拜占庭的统治者将正确的基督教信仰和实践视为自己政治使命的根本所在，而西哥特人也是如此（法兰克人的确有接触到伊比利亚宗教会议文本的机会）；如果问任何一个后来的中世纪统治者是否持同样的看法，他们也都不会否认这一点。但是在此后的政治体中，可能除了路易九世时期的法兰西和胡斯派统治的波希米亚，道德改

革 —— "纠正"（correctio），这是加洛林王朝的说法 —— 都不再是一个突出和紧迫的问题。每个人（或者说，至少是帝国精英阶层中的每个人）都应当尽可能直接地参与其中。尽管法兰克的主教们也参与了其中，但这种紧迫性源自国王而非教会；值得注意的是，罗马教宗和它的联系要少得多，有些教宗，比如帕斯加尔一世（Paschal I，817—824 年在位）与之还有竞争关系，也许实际上是对它怀有敌意。直到 9 世纪后期，尼古拉一世（Nicolas I，858—867 年在位）和约翰八世（John Ⅷ，872—882 年在位）才意识到法兰克对宗教合法性的兴趣能够让他们对阿尔卑斯山以北的政治进行干预。[25]

国王法律的颁布在这里明显得到了结构清晰的教育计划的支持。784 年左右，查理曼在写给他的高级教士的一封信中强调，教育对于任何一个想要使上帝（也可能实际上是国王）满意的人来说都是至关重要的，而从这时起，我们发现学校开始被系统地提及：在亚琛的一所专为贵族开设的宫廷学校，以及像位于西边的图尔城圣马丁修道院和东边的富尔达（Fulda）修道院这些王室修道院，都在教育僧侣和世俗贵族方面变得格外活跃。这也是国王会默认那些伯爵和王室巡察使会去且有能力去阅读他们收到的指令和法律的一个重要原因；虽然肯定会有例外，但种种迹象表明这种假设是合理的。修道院也通过大量抄写早期的文献来建立图书馆，这些文献包罗万象：许多都是古典拉丁文学作品，比如恺撒、贺拉斯以及大部分西塞罗的作品之所以能保存下来，就是因为有这些加洛林时代的副本。而与这种教育活动相伴而生，同时也是为查理曼的继承者所延续的，是查理曼宫廷里出现的另一个新特征：这里为知识分子提供了相当大的空间，来自整个法兰克和其他被征服地区（以及英格兰和爱尔兰）的这些人，都被国王提供的酬金（他们之中几乎所有人都变得富有了）以及成为如此大工程的一员所具有的纯粹吸引力带到这里。其中包括来自诺森布里亚（Northumbria）的阿尔琴（Alcuin，他可能是784年的信件和《大劝谕书》这二者中部分内容的起草人）、来自伊比利亚的狄奥多尔夫（Theodulf），不久后还有来自东法兰克的艾因哈德；这同样包括几代人之后的"秃头"查理的主要顾问，兰斯的安克马尔大主教（Hincmar of Reims）、爱尔兰神学家约翰·斯科特斯（John Scotus），以及重要的法兰克贵族比如拉巴努斯·莫鲁斯，还有其他很多人。他们是王室顾问，而且时常是重要的政治参与者；同时他们创造了大量的新作品（《圣经》评注、神学研究、诗歌、史书）、论题和在知识上令人兴奋的事物。这些在我们所拥有的文献中，从790年开始就能看到了，而且延续了三代人。一些出自宫廷圈子的短文内容繁多，比如狄奥多尔夫写于790—793年的《查理之书》（*Opus Caroli*）就批判了反破坏圣像运动的第二次尼西亚大公会议，又比如9世纪50年代安克马尔和其他人撰写的对富尔达僧侣戈特沙尔克（Gottschalk）关于预定论观点的长篇回应，都进一步显示出这种赞助支持。这些知识分子被期望既要"劝谕"国王，又要给予他们建议，就像789年查理曼劝谕整个王国一样，而我们有许多文献表明这些知识分子正是这样做的；比如说安克马尔就深谙此道。[26]

一个关键之处在于，这并不单单是教会人士的事务。比如艾因哈德就只是一个出身于小贵族家庭，通过知识上的能力而具有影响力的平信徒；在一代人之后，马孔的埃沙尔（Eccard de Mâcon，约877年去世）伯爵在其遗嘱中列出了几部法律书籍、历史书籍和主要的基督教教父著作，也体现了对加洛林工程的投身。王室也是如此："虔诚者"路易和他的姐妹们都参与了其中。杜奥达（Dhuoda，约 843 年去世）也许是最明显的例子，她是塞普提曼尼亚的伯尔纳德（Bernard de Septimania，"虔诚者"路易的宫廷大臣，也是 9 世纪 30 年代危机中极具争议的人物）的妻子，她曾为她的儿子威廉写了一部满是出自圣经和基督教拉丁文学的建议和箴言的手册：如果杜奥达都曾受到过如此全面的教育 —— 几乎可以肯定是在亚琛 —— 那么她的男性贵族同行自然更不在话下。[27] 因此，我们可以知道，至少一些贵族对于加洛林工程的参与跟查理曼和路易以及他们的宗教理论家所希望的一样多。如同我们在第二章中所看到的，法兰克精英长期认为他们必定比其他人有更高的道德水平；但是查理曼和路易的宫廷以及学校无疑给予了他们新的理由来相信这一点。

这与理解整个加洛林时代的政治基调息息相关，尤其是在 9 世纪的第二个十年以后，所有主要政治策略都用一种强调宗教和道德的口吻来表述，并且以有时读起来让人望而却步的纲领性文字表达。我们可以将这类文字看成是以新式宫廷话术来美化的低级政治活动，但是所有迹象都表明，至少主要参与者都完全接受了这种论证模式；事实上，鉴于这些文本中高频出现的《圣经》评注，他们中的许多人一定对《圣经》熟稔于心。因此，诸如 827 年在伊比利亚的小规模军事失败就导致了两个同"虔诚者"路易的长子洛泰尔关系亲近的伯爵被解职（毫无疑问这绝非巧合）；但是这场失败在亚琛也被视为上帝十分不悦的迹象，并导致了一场道德恐慌。828 年，路易不仅没有召集夏季的王国全体大会，甚至在同年年底也停止了狩猎活动 —— 这是政治体在某些方面出了问题的真正信号。反而是在一次规模更小的冬季集会中，路易的顾问们计划在 829 年举行四次大型忏悔宗教会议，而至少有两名路易最为重要的王室亲信，路易的表兄瓦拉（Wala）和艾因哈德在会上提交了备忘录，以说明哪些地方出现了问题。在一份非常复杂的明细中，艾因哈德称他的批评产生自两部分，其中一部分是来自大天使加百列的异象，而另一部分则是来自一个叫作维果（Wiggo）的魔鬼，它附身了一个女孩并通过她来讲话。瓦拉和艾因哈德都认为这场危机的原因来自罪：发伪誓、骄傲、憎恨、对礼拜日作为安息日的忽视以及（在瓦拉的观点中）对教会财产的侵占。很明显，法兰克人需要忏悔，而 829 年的宗教会议适时地解决了这个问题。自上而下的集体忏悔是必要的，尤其是在法兰克的道德中心，即王室宫廷。在一个不那么太平的十年里可能很难会注意到的伊比利亚的战败，由此不断地螺旋式上升，吞没了整个政治社会。[28]

这种宗教上的紧张同时也是随后几年中路易的儿子们两次叛乱的背景。对于 830 年的叛乱来说，一项新的指控是路易的妻子朱迪丝——参与叛乱的诸子的继母——与塞普提曼尼亚的伯尔纳德通奸。这个指控其实很不可能，但却很好地反映出了维持王室在道德上的完美有多么重要。这种对王后私生活不检点的想象也因此凸显了加洛林政治的特征，在朱迪丝之后的一些人——比如 9 世纪五六十年代洛泰尔二世（Lothar II）的妻子特伯加（Theutberga）、9 世纪 80 年代"胖子"查理的妻子里奇加德（Richgard）、9 世纪 90 年代阿努尔夫的妻子欧塔（Uota）——都面临过这种引人侧目的指控，并因此进入了法庭程序。和 6、7 世纪以及 10 世纪不同，加洛林王朝的王后们从未摄政过，但是她们无论是在实践（她们也是重要的恩主和政府的中间人）还是在道德化理论当中都对统治意义重大，从她们暴露在这类有关私生活的指控之中可以明显看出这一点。加洛林王朝的政治不仅在宗教方面，连性别方面也道德化了。如果路易不能够保证其宫廷在性方面纯洁，他的敌人们就会认为他并不适合统治。[29]

路易在 830 年勇敢地面对了他的儿子们，但是他们之间并未达成真正的和解，因而 833 年再度发生了叛乱。这一次路易的儿子们赢了，因为当路易与他的儿子们在阿尔萨斯的科尔马（Colmar）附近，也就是后来被称作谎言之地的地方对峙时，路易的军队土崩瓦解并投靠了对方；皇帝身陷囹圄并被他的儿子洛泰尔取代。我们无法真正知道为什么路易的支持者消失了；关于这个事件的叙述非常详细，只不过都是双方各自的陈词。然而我们所知道的是，在当年 10 月的贡比涅（Compiègne）集会上，王国的大贵族和主教们决定不仅要废黜路易，而且还要让他为他的恶行做公开忏悔。我们现在还有当事主教所写的相关文本；路易的罪包括在四旬期召集军队，以及要求相互矛盾的誓言（因此是发伪誓），同时也包括一些更常见的罪行，比如流放了反对者以及杀死了意大利的伯尔纳德。那么，路易之后在苏瓦松（Soissons）所做的这次忏悔究竟是自愿且因此正当的，还是被迫甚至屈辱因而无效的？这个仪式可以——而且确实——有几种不同的解读，我们的文献也反映了这一点。当路易的儿子们在次年闹翻，而路易得以重夺权力时，这场忏悔的无效性自然被反复地强调，并且在 834—835 年的集会中也强烈地指明了这一点。至此，整场叛乱都单纯变成了魔鬼的杰作。[30]

从纯粹世俗的角度对最后的结论进行重写十分简单，历史学家们也常常这样做；路易被认为与自己的成年儿子们决裂，并错误地处置了他们，这几个儿子急于继位并且担心他的第二任妻子以及她正在长大的亲生儿子，这个局势因为长期敌对的更小政治参与者（包括伯爵和主教们）而加剧，他们在路易那里失宠，因而最终投靠了洛泰尔的阵营，比如里昂的阿戈巴德（他起草了833 年的一些文献）。这当然也是这些年中所发生事件的主要背景，个人利益在这里是一个核心要素。但是，我们所有的文献都强调，这并不意味着这些参与者把对这些事件的道德或宗教构建当作一种虚伪之物。坚持要在贡比涅进行公开忏悔就像导致829 年集会的恐慌一样，如果这是一种虚伪之物的话，那他们就几乎没有这样做的必要了。关键在于，此时在加洛林王朝的高层政治中，所有事情都与神的认可如此紧密地联系起来，以至于通过忏悔或其他教会仪式的方式来解决政治问题，被每个政治参与者都认为是完全合适的程序。这种宗教上的理解并不完全实用（事实上，828—829 年的恐慌可以被简单地视为对所有人时间的巨大浪费），但这并不关键。即使是在危机之中，加洛林政治世界的雄心也超越一般水准，因为他们认为自己所做的一切，包括自己没有做好的事，都对上帝至关重要。

进入 9 世纪 70 年代后，我们也能发现被用来描绘和构建加洛林王朝堂亲间很多政治手腕的道德意象（其中一些确实非常可疑）有着类似的密集程度。9 世纪 80 年代时，这种类似的程度正处于降低状态；即便它并没有完全消失，"胖子"查理也很少表现出对道德意象的投入。尽管如此，查理对自己加洛林的遗产非常感兴趣：在他的要求下，圣加伦的诺特克（Notker von St. Gallen）于 885—887 年撰写了《查理曼传》（Deeds of Charlemagne），其中记载了关于已经半神化，且无疑也寓言化了的皇帝的一系列几乎虚构的故事。诺特克想象，被他称作是"最为警觉的"查理曼特制了他宫殿中的窗户，以便"他能像是在暗中看到一切，无论来来往往的人正在做什么……没有什么可以瞒得过最能明察秋毫的查理曼的眼睛"。[31] 事实上，在查理曼去世七十年以后，他的形象已经为这种警觉和监视的概念所局限，这与我们在本章中目前看到的非常吻合。加洛林帝国的体系依赖于知识和交流，同时也基于皇帝极有可能可以看到一切的这种信念。但是上帝也同样在警觉地监视着整个王宫和帝国。

887 年，情况毫无疑问地发生了变化。阿尔努夫的政变只为他带来了东法兰克的权力，而他和他儿子们的早亡迫使东法兰克的权贵在 911 年选举出了非加洛林家族的统治者，即德意志中部的一个公爵，康拉德一世（Konrad I），又在 919 年选举出了德意志北部的萨克森公爵亨利一世（Heinrich I）。在意大利，两个非加洛林的家族已经于 888—889 年有争议的选举上展开了对王位的争夺。意大利东北部弗留利（Friuli）的侯爵贝伦加尔一世（Berengar I，888—924 年在位）最终成了五名竞争者中的幸存者，甚至还在 915 年自封为皇帝，而自这时起，这个头衔就只和意大利国王的头衔共存了；但是在他被谋杀之后，王位又依次被另外三个家族掌握。罗讷河谷地区分成了两个独立王国，即勃艮第（Burgundy）和普罗旺斯，而这里原先的其他贵族则成了国王。在西法兰克，巴黎伯爵厄德（Odo，888—898 年在位）成了国王，但他遭到了尚存的加洛林家族成员"单纯者"查理（Charles 'le Simple'，898—923 年在位）的反对，查理在一次和谈后继承了厄德的王位；但是，厄德的兄弟罗贝尔一世（Robert I，922—923 年在位）后来又发动了对查理的反抗，而两个家族在那之后也继续彼此竞争着。总之，在 887 年之后的世纪中，有九个法兰克贵族家族在原法兰克帝国的某处成为国王；其中一些家族是加洛林家族女性分支的后裔，但是多数家族和加洛林家族毫无血缘关系。一位当时的编年史家将他们称为"小王"（reguli）。也就是说，在"胖子"查理被罢黜后的一代人甚至几代人时间里，每个王国的政治结构都不具有确定的合法性且极度不稳定 —— 唯一一个相对稳定的是地处日内瓦湖周围的勃艮第小王国，在四个长寿的国王统治下将同一个王朝延续到了 1032 年，而且还在 10 世纪 30 年代吞并了普罗旺斯。在这种情况下，加洛林王朝的道德-政治工程在这一时期消失也就不那么让人意外了；亨利一世的家族 —— 我们称之为奥托家族（Ottonen）—— 是当时这些家族里最为成功的，在这个世纪晚些时候曾一定程度上恢复过加洛林工程，但再也不能达到加洛林时期的程度，我们稍后就会看到。教育和以政治为导向的宗教写作都延续了下来，但现在更多是成了教会掌控的领域，而延续到 9 世纪后期的对国王的纲领性劝谕在 10 世纪就远没有那么常见了 —— 唯一的例外就是深受加洛林王朝影响的英格兰王国，我们将在下一章中看到。[32]

同 9 世纪一样，甚至更甚，西法兰克是诸王国中最为动荡不安的。虽然至少斯堪的纳维亚人的攻击以 911 年"单纯者"查理给塞纳河的维京人一片单独的领地，即后来成为诺曼底公国核心的地方而告终；但是，国王只在卢瓦尔河以北才享有真正的权威，而这片地区本身也是他不得不和敌对的势力竞争的地区，厄德和罗贝尔的罗贝尔家族（Robertine）仅仅是其中之一，一直都难以保持安定的诺曼人现在也是一股势力了。到10世纪30年代，查理的儿子路易四世（Louis Ⅳ，936—954年在位）仅仅直接控制着几个伯爵领，比罗贝尔家族的领地还要小。西法兰克王国的领土变成了由公爵领和伯爵领组成的拼凑物，并且它们与北部的国王只有名义上的联系。在987年罗贝尔家族的公爵雨果·卡佩（Hugues Capet）从加洛林家族手中夺取王位后，这一切也没有什么改变，因为长期被卡佩家族（Capétiens，从现在开始我们可以这样称呼他们了）控制的一批巴黎周边的伯爵领此时也已经分崩离析了。[33]

在一段时期内，亨利一世对于东法兰克王国大部分领土的控制也非常薄弱，而且他的权力基础远离传统加洛林家族的心脏地带，位于东方的萨克森军事边界。但是这至少为他提供了一支通过攻击和奴役东方使用斯拉夫语的族群而训练过的作战部队（见第五章）；这使他得以征服亚琛附近当时被称为洛泰林吉亚（Lotharingia）的有着大量王室领地的地区，同时也让他能够从新近进入欧洲的游牧民族的攻击下保卫东法兰克，这些游牧民族被当时的周边邻国称为马扎尔人（Magyars），也就是今天我们所说的匈牙利人（Hungarians）。这使他在整个王国取得了足够的地位，以至于他儿子奥托一世（Otto Ⅰ，936—972年在位）的继承没有遭到任何反对。奥托在其统治期间经历了两次叛乱，这也让他有机会以自己的亲属取代大部分东法兰克主要公国的公爵，至少在足够长的时间里使这些公国的权力结构更受他控制；而且，他在原先的法兰克心脏地带处于统治地位，甚至西法兰克国王都承认了他法兰克更高一级统治者的身份——在10世纪50年代后期，他的妹妹、西法兰克的太后格贝尔加（Gerberga）和他的弟弟科隆大主教布鲁诺（Brun）才是西法兰克实际上的摄政。他通过两次入侵意大利进一步巩固了自己的地位，并在 962 年使自己身兼国王和皇帝；意大利王国此后也再次成为法兰克帝国的一部分，而奥托和他的儿子奥托二世（Otto Ⅱ）、他的孙子奥托三世（Otto Ⅲ，983—1002 年在位）也从此稳定地统治了查理曼帝国的大半旧疆域，在其他王国中已经没有能够与之匹敌的对手了。这种稳定在奥托三世还是个孩子的 13 年里也丝毫没有减弱（他 22 岁就去世了），在这期间也没有发生什么麻烦，而权力被控制在太后，甚至太皇太后手中——即奥托二世的妻子、拜占庭公主赛奥法诺（Theophanu，991 年去世）和奥托一世的妻子阿德莱德（Adelaide，999 年去世）——这些女性统治者所面临的敌意确实要比她们墨洛温王朝时期的前辈少得多。[34]

因此，奥托王朝的权力——尤其是在 962 年之后的——可以被很容易地视为与加洛林王朝权力进行比较的最佳对象，而其权力的运作方式也能使我们看到此时哪些方面发生了变化。首先，奥托王朝仍然通过集会来进行统治；世俗和教会的大贵族们现在会前往萨克森而非法兰克人的心脏地带，但没有改变的是他们肯定还会来参加集会。国王与教会关系密切，他们的宫廷牧师往往都会成为主教，而且会跟"日耳曼人"路易及其子嗣统治时一样主持宗教会议，这些宗教会议的条文也经常征引加洛林时代宗教会议的决议。然而，奥托王朝出人意料地罢黜了罗马的教宗并任命了自己的教宗，这是加洛林王朝无论受到多么大诱惑都从未做过的事。此外，他们的军队也是西部迄今为止最为庞大的。奥托王朝同样也非常富裕：他们已经占有了亚琛和法兰克福

## 1. 描绘曼利乌斯·波爱修斯（Manlius Boethius）执政的双联画，487 年

    后期的罗马贵族为特殊场合委托制作纪念性的象牙双联画（图像分成两部分的画）是非常普遍的，就像这幅双联画一样——在这幅画中，波爱修斯被任命为执政官和罗马城的行政官。在右侧的图像中，他拿着标示着战车比赛开始的发令物，因为这些官职参与到了对昂贵比赛的赞助之中。这位执政官可能是同样名为波爱修斯的大哲学家的父亲，而 524年，哲学家波爱修斯因叛国罪被意大利国王狄奥多里克处决。

## 2. 普瓦捷的洗礼堂，6 世纪

墨洛温王朝只有很少的纪念性建筑留存下来，然而这就是位于高卢南部主要城市的一个优秀例子。图上除了防止它顺着斜坡坍塌的现代扶壁外，所有可见的结构都是原来的。其中有多少要素可以追溯到罗马后期——即507年法兰克人征服之前——是一个有争议的问题，但该建筑无疑表明墨洛温时期的人是以古典的罗马风格进行建造或重建的。

## 3. 雷克斯文托（Recesvinto）的还愿冠，7 世纪 60 年代

1858 年，人们在西哥特王国首都托莱多附近的韦尔塔斯–德瓜拉萨（Huertas de Guarrazar）的一个窖藏中发现了几顶赠予教会的头冠，其中包括两位西哥特国王的王冠。图中这件还愿冠由黄金制成，其上镶有宝石，下面还挂着有国王名字的坠饰。它不太可能被佩戴过。赠予这种头冠是拜占庭人的做法，西哥特人模仿了他们。

4. 圣索菲亚大教堂，君士坦丁堡（今天的伊斯坦布尔），6 世纪 30 年代

　　拜占庭首都的大教堂由查士丁尼皇帝建于 532—537 年，规模宏大，比其他任何已知的罗马帝国有顶建筑都要大，到 13—16 世纪建造的塞维利亚主教座堂落成以前，也比后来欧洲的任何有顶建筑都要大。圣索菲亚大教堂的屋顶在 557 年曾坍塌过，并在 562 年得到了重建。只有奥斯曼帝国增建的宣礼塔是时代更晚的。

5. 伯明翰的《古兰经》，约 7 世纪四五十年代

　　这几页在 2013 年发现于伯明翰大学图书馆的《古兰经》羊皮纸经过放射性碳定年法，有 95% 的准确率可以确定年代早于公元 645 年。《古兰经》的文本因此应该是更晚写成的——一般来说不会晚很多。这个时间与哈里发国的奥斯曼统治时期（644—656）相吻合，而在伊斯兰传统中，奥斯曼被认为是编纂了穆斯林圣书当前形式的人。然而，这种合理性并没有阻止关于《古兰经》成书年代的争论继续发生。

6. 重建的倭马亚王朝科尔多瓦哈里发国的阿尔扎哈拉城中的接待厅，10 世纪 50 年代

　　阿卜杜-拉赫曼三世建造了这座宫殿，而它在 1010 年左右被摧毁了；这座宫殿在 20 世纪时被发掘出来，并在 20 世纪和 21 世纪得到了重建。它的灰泥装饰质量非常高，我们还有关于它给来自外国的使节留下了多么深刻印象的记述。

**7. 亚琛的查理曼行宫附属教堂，内部，约800年**

在查理曼的新首都亚琛有一个巨大的附属教堂，于805年由教宗利奥三世祝圣。该附属教堂按照最富丽堂皇的规格建造，有大理石贴面墙（根据查理大帝传记的作者艾因哈德的说法，这些是从罗马和拉韦纳运来的）、青铜制品和现已消失的湿壁画。

**8. 一本9世纪50—70年代的法兰克法律手册**

这本现存于德国沃尔芬比特尔（Wolfenbüttel）的书是9世纪时法兰克的法律汇编，从6世纪的《萨利克法》（其开篇如图所示）到9世纪的第二个十年查理曼时期的法典和法令汇编都包含在内。现存的这一时期此类合集有几十本，而它们显示出了拥有这类法律资料手册对加洛林时期政治领导者的重要性。

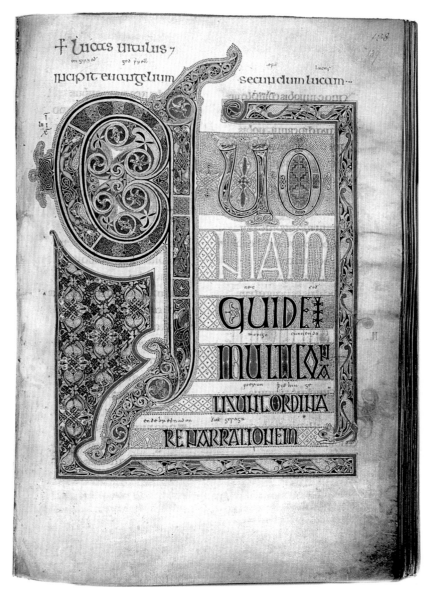

**9. 林迪斯法恩（Lindisfarne）四福音书，8世纪早期**

　　这套福音书是整个中世纪时期插图最华丽的福音书之一。它们可能是在诺森伯兰的林迪斯法恩修道院书写和绘制的，并且与擅长于此类装饰的英格兰和爱尔兰地区同一时期的其他几套福音书相似。图中打开的这页为《路加福音》。

10. 海达尔（Heddal）木板教堂，挪威，13 世纪

　　中世纪的挪威擅长以高度创新的风格建造木制教堂。位于挪威南部海达尔的这座教堂是最大的，尽管它在 19 世纪 90 年代进行了扩建。

（Frankfurt）附近的原加洛林家族王室领地，在夺取意大利时还获得了米兰和帕维亚周围的土地，同时奥托家族还有在东南萨克森的势力范围——同时还有 10 世纪 60 年代在他们萨克森心脏地带的戈斯拉尔（Goslar）南部所发现的储量丰富的银矿为他们带来收益，这些银矿也为整个西方提供了铸币所需的白银。因此，他们有能力吸引别人的效忠和服务，而他们确实也这样做了。但是，他们的统治却不像加洛林的国王们那样紧密。毕竟，他们的根基所在是旧日的东法兰克，而早在"日耳曼人"路易时期这个王国就已经与加洛林工程的关系不那么密切了；过去加洛林家族在亚琛周边的心脏地带现在只不过是又一个普通的公国罢了。重要的是，他们在王国内的巡行要比加洛林王朝所需的多得多，而这单纯是为了使自己的存在能够被人直接地感知到，以至于在 10 世纪 60 年代，当奥托一世花了几年以实现对意大利的适当控制时，在萨克森竟出现了敌对反应。相反，除了奥托家族的成员，他们对贵族的调动要少得多，同时意大利和法兰克主要公国的地方社会之间的联系也相对变少了。[35]

就如上文所说，这符合这样一个事实，即奥托王朝没有完全复兴加洛林王朝的道德工程。他们也资助知识分子；数学家和博学家欧里亚克的格伯特（Gerbert d'Aurillac，1003 年去世）便是其中之一，而奥托三世实际上还在 999 年将他立为教宗，即西尔维斯特二世（Silvester Ⅱ）。但是，与阿戈巴德或安克马尔不同，格伯特的信中没有显示出一丁点需要他承担任何劝谕义务的迹象。奥托王朝很少立法，虽然他们的宗教会议还是会进行立法。萨克森的宫廷也有撰写历史、诗歌甚至戏剧［在甘德斯海姆（Gandersheim）王室修道院的赫罗斯葳塔（Hrotsvitha）修女的作品中］的廷臣，这些作品中体现出了相当典雅的风格且明显受到了古典作品的启发［其中包括撒路斯提乌斯（Sallustius）和泰伦提乌斯（Terentius）的作品］，但是没有政治神学。[36] 这种作品非常多；因此奥托王朝在知识文化史上值得拥有一个受人尊敬的地位。但是，到这时，没有一个王国能够简单地复兴9世纪早期的雄心；那之后已经发生了太多事情。下一次出现具有政治色彩的宗教复兴已经是在教宗格里高利七世和他的后继者领导之下了，而这与各个王国绝对没有紧密的联系，并且事实上，这种宗教复兴变得逐渐敌视国王们做出像查理曼那样身为统治者却一直扮演宗教领袖的行为了。

然而，10世纪也存在着一个没有变化的地方：公共政治文化。基于忠诚和依附的个人纽带、由地方领主统治着边界清晰的领地的情况几乎不存在于东法兰克和意大利，而仅仅正兴起于西法兰克。东法兰克无疑是分权化的；同早前的几个世纪一样，奥托王朝的政治也围绕着国家的和区域或地方的集会以及种种可能就产生自这些集会中的策略展开。人们为这些策略运作的方式做了许多工作：尤其是在奥托王朝时代针对如何使公共行为正式化，以及如何在之后建立一种和睦的表现——这既解决了内部的争议，又在这些争议仍在延续的时候掩盖了它——方面。加洛林时代的先例并没有被完全认同，因为此时，这种公共活动虽然采用了教会的仪式，但是他们并未同9世纪的忏悔意象联系起来；不过，他们仍然代表了一种我们前面所见的6世纪后运作于法兰克的公共世界的延续，而这源自更早之前的罗马帝国强大的政府管理结构。[37] 这一点非常重要。它标志着中世纪早期政治体系与之后几个世纪的根本性差异，即在后来的几个世纪的政治体系中，这种公共领域不得不被重新建立，而且一直与基于地方权力的细胞式结构共存，就如我们将在后面几章中看到的一样。

　　然而，公共意识确实慢慢地在法兰克世界越来越弱了。这一变化首先发生于西法兰克的部分地区，在那里，公共权力的力量于一个更加碎片化的政治世界中被从内部掏空，而这导致地方领主变得更为重要了。公元 1000 年前后的几十年经常被视为这种变化的一个分水岭；虽然这个具体的日期节点（以及分水岭本身是否存在）已经经过了激烈的争论，而且在不同地区也确实存在差异，不过就我而言这个大致的时标仍然有效。此后，在 11 世纪，10 世纪的政治世界（更不用说加洛林时代了）对于很多人而言已经几乎没有意义了，因为原先的政治因素变化得太过迅速，并且很快就被遗忘了；即便加洛林时代的神学辩论为人们所想起且再次使用，但它们的政治语境也已经消失了。[38] 在意大利，当地领主统治也从公元 1000 年就开始了，不过公共的文化在城市网络中得到了更好的保存，在那里仍然在举行规模庞大且组织良好的司法集会，直到 11 世纪晚期的内战中突然出现危机才告一段落。在东法兰克，集会和集体责任存在的时间最长，虽然只是在国王主导权力的地区；不过，这种公共世界也得到了长期存在、相对分离的地方权力结构的支持，并且直到这种情况被改变前，集会与集体责任制都没有完全消失，而这种情况改变的时间点有的是在 11 世纪迈向 12 世纪时，有的还要在更晚之后。这些公共意识变化的进程虽然并非无处不在，但也具有相当的普遍性。事实上，其中一些进程甚至植根于加洛林实验本身，因为加洛林家族热衷于为一切事务制定规则，而领主——一般来说他们是在 11 世纪得到了发展——控制下地方社会的约束性就与这些规则有关。[39] 但是，在墨洛温王朝、加洛林王朝和奥托王朝都视为理所当然的公共和集体合法性的终结，以及加洛林王朝时期对于建立宏大道德解决方案的渴求在一段时间内被上升到一种政治艺术形式的终结，标志着所有这些都发生了根本性的变化。我们将在第六章中看到这些是如何发生的。

# 第五章

# 基督教欧洲的扩张

500—1100

欧洲北部的基督教化改变了我们对欧洲大陆的认识。在公元500年时，罗马帝国的边界将欧洲的已知部分同未知部分分割开来。在边界以北，我们掌握的是考古材料，尽管这些材料能够告诉我们许多情况，但绝非全部——此外还有罗马观察者们关注北方时留下的看法，这些看法不仅通常信息不足，而且在大多数情况下他们都不曾试图给出一份准确的报告，而是以"蛮族"为鉴来反映对罗马社会本身的批判。到公元800年时，虽然这期间发生了许多事情，但情况却没有明显不同。此时的法兰克人已经控制了罗马边境以北的大部分日耳曼地区，即使这些地区还没有完全融入法兰克政治体系之中；关于爱尔兰，同时还有严格来说是前罗马行省但此时社会结构已经大不一样的盎格鲁-撒克逊英格兰，我们可以说很多；不过在其他地方，我们仍然只能在考古材料和不准确的外部文献资源帮助下，从莱茵河与多瑙河向北进行观察。然而，到公元1100年时，所有的一切都改变了，因为至少对于大多数地方而言，我们都有了一些书面材料，而我们也得以更好地观察欧洲北半部分的社会是如何运作的。当我们这样去做时，我们会发现在北方的几乎所有地方都能追踪到比查理曼时代还要更加复杂的政治结构。

当然，基督教并不是凭借自身实现这一点的。当不同的北方政治体皈依基督教时，这在大部分情况下都意味着国王和他们近臣的皈依 —— 其余的民众跟随其后，且时常是在很久之后 —— 而这种皈依无论多么真诚，通常也只是缓慢地对每个社会视为正常的、有价值的和道德的价值观念和行为这一范畴产生影响，因为无论这些价值观念是否和《新约》中的一样，此时也都被界定为基督教价值观了。[1] 但是，基督教在带来教会结构的同时，也致力于为他们带来了书面文字（对阅读《圣经》至关重要）以及文献记录（这是教会保护自己从过往那里获得的新捐赠土地的一般方式 —— 几乎在北欧各个地方的文献记录都与教会有关）。历史记述也很快出现，它们通常是由拉丁文写成，但也有用当地语言的（尤其是爱尔兰语、诺斯语和俄语），以正当化王室和教会的行为。[2] 除此之外，基督教化也成了国王引入至少是一些统治技术的渠道，这些技术是中世纪早期欧洲最伟大的两个帝国，即法兰克和拜占庭所使用的；事实上，在某些情况下，追求在欧洲南部的影响和政治程序方面取得更大开放性的可能，实质上成了统治者改宗的唯一理由，这也几乎是基督教带来的唯一变化。尽管如此，基督教本身并没有创造出一个更为同质性的欧洲；它只是创造出了一个对更具雄心壮志但形式截然不同的政治力量有着更为广泛兴趣的欧洲。新的宗教如何影响北部各地区的运作，尤似钡餐一样，在每个事例中呈现给我们的不是同质性而是差异性。

基督教或多或少地自西向东在欧洲北部传播，进度缓慢，但是在大约 950 年后，这一进程加速了。爱尔兰是第一个，于 5 至

6 世纪皈依了基督教；之后是 7 世纪时的皮克特苏格兰（Pictish Scotland）、英格兰和德意志中部，萨克森——如前文所见这是通过武力完成的——是在 8 世纪查理曼征服之后，保加利亚、克罗地亚和摩拉维亚是在 9 世纪，波希米亚是在 10 世纪，波兰、罗斯（Rus，包括部分俄罗斯的欧洲地区和乌克兰）以及丹麦是在 10 世纪后期，挪威、冰岛和匈牙利在公元 1000 年前后，而瑞典更晚一些，直到 11 世纪才皈依基督教。[3] 只有欧洲最东北部，包括使用波罗的海语和芬兰语族群所在的地区，处于这个进程之外，前者最终在 13 世纪成为中世纪欧洲唯一一个领土广阔，实力强大的异教徒政治体，即立陶宛，这最晚持续到 1386—1387 年立陶宛大公皈依基督教为止。我们无法对所有这些进行详细考察，而且即使是在他们皈依以后，我们的资料对于如此众多的事件来说依然过于概略，因此难以做出有趣的研究。我在这里将特别关注爱尔兰、英格兰、丹麦、挪威和波兰，并按照这一顺序，以它们为例依次说明 1100 年以前，新的基督教融入各种不同社会的独特方式及其产生的启发。保加利亚和罗斯将在后面的第九章中加以讨论，因为从拜占庭向北进行的皈依过程与上述皈依过程在某种程度上是相互分离的；我还将在第十一章中考察其他所有出现在中世纪最后四分之一阶段的欧洲国家，我们最终会在那里看到它们发生了什么。在本章中，我们还会关注北方地区的一些与基督教无关的主要发展，尤其是最终使用斯拉夫语民族的扩张以及斯堪的纳维亚维京人在爱尔兰、不列颠和法兰克的出现。

　　然而在此之前，我们先就仅有的材料和通过对后来证据反推的所获，看一看欧洲北部社会在皈依之前的一些共同要素。他们在语言上并不相同，欧洲北部人的语言几乎包括了现代欧洲的每一个语族。宗教也是如此；北方的异教信仰至少同罗马帝国的一样多种多样——有些地方似乎有供奉诸神的神殿，而在其他地方则有单一的最高神祇，更普遍的是其余地方存在着的自然崇拜或萨满教，这些可能还互有重叠；在一些地方，仪式由专门的祭司负责，而在其他地方则由当地的政治领袖主持。[4] 但是在每一个北方的社会中似乎都有两个基本特征：相对孱弱的统治者和相对独立的农民。关于第一点：长期以来，北方的国家普遍非常小且不稳定。在公元 800 年时，爱尔兰有多达 150 个王国；盎格鲁－撒克逊英格兰在公元 600 年左右的合并之前大约有几十个王国，即使在合并后也有超过十个王国；10 世纪以前，挪威可能在每个河谷中都有一个政权；在法兰克和拜占庭记录 7—10 世纪的资料中，罗列了大量位于今天波兰以及巴尔干斯克拉文人地区定义不明的族群。甚至我们应该如何称呼这些集团都非常困难，因为尽管其中一些集团有着拥有我们可以称之为"国王"的不同头衔的统治者，但是其他的则并没有一个明确的或永久的统治者。因此，"王国"并不是一个可以轻易用在这些小集团上的词。我们可以用"部落"（tribe）这个词，我有时也会使用，不过要否认这些群体在某种程度上很"原始"的这种想法；而"族群"和"政治体"则可能是对整个北方做概括时最为有效的模糊性术语。集会政治对他们中的大多数而言都是重要特征，就像我们在后罗马时代西方诸王国中看到的一样；在存在国王的地方，国王常常会服从集会（我们最清楚的例证来自瑞典和挪威）；在一些地方，比如说900 年左右的几十年里，新近有人从挪威定居至此的冰岛，以及约 1000 年时位于奥得河谷、使用斯拉夫语的卢蒂奇（Liutizi），所有的政治决定都是由集会做出的，至少在理论上，没有任何一个人可以统治一切。[5] 当这些族群确实存在统治者时，也很少有任何迹象表明这些统治者存在不受限制的权力。这些统治者当然也有自己的武装扈从，并利用这些扈从进行小规模的控制乃至社区共同体间的作战，但我们很难找到早期的自上而下的政治干涉的例子，并且可能大部分统治者都不得不与每个共同体内或大或小的集团进行合作与协商。

这与欧洲北半部分存在大体上独立的农民群体的情况有关，也就是说农民在很大程度上不需要同地主打交道。这并不意味着那个社会就是平等的；在每个地方都存在着非自由民，有大量的人为精英工作，甚至在农民家庭中也会有一两个非自由民作为家务和农业的帮工。就像上面所提到的，每个地方也都存在着或更为富有，或更有地位，或二者兼具的精英；一般而言统治者们也都来自精英阶层。但是。这些阶层并没有直接控制数量有限的土地；即使在之后精英（尤其是教会）持有土地大幅增加的时期，我们仍有一些例子——尤其是斯堪的纳维亚的——表明，这种土地占有并不总占主导。这就意味着，像农民等非精英阶层一定控制了剩余的土地；一般来说，大多数北方地区的经济在很长一段时期内可能都更顺从农民而非贵族选择和需求的逻辑。这一点由中世纪早期北方的考古发现所证实，除了丹麦这一重要的例外，直到维京时期，财富大量集中的证据在这里都很稀有，我们将在后文回到维京人的问题。精英个人的权力有时可能并不稳定，这就使这些人成了人类学家所说的“大人物”（big men）：如果他们不能成为当地高效的经营者，或者拥有太多子嗣而不得不分割家产的话，那么他们的后代就有可能重新回到农民的行列。然而与之相反，有时候他们的地位也受到了相当缜密的法律等级体系的保护，比如在爱尔兰，而有时他们拥有继承来的当地宗教和政治身份的保护，比如在斯堪的纳维亚。[6]

这意味着：虽然农民从经济角度来说大致是独立的，但我们也得认识到，无论在哪里他们都不得不和精英们打交道。他们以很多不同的方式这样做。在爱尔兰，他们同贵族建立了复杂的保护关系，基于领主给予的牲畜（与欧洲多数地方不同，这里给予的并非土地），以换取款待并提供政治和军事上的服务作为回报。在英格兰，直到 8 世纪时，国王和贵族可能仍控制着大量边界明确的生活着农民的土地，但他们并不像土地所有者那么做；农民会向领主不定期地提供少量贡赋，而非支付地租（除了那些已经可以被视作从属佃户的非自由民）。[7]在冰岛，可能还包括斯堪的纳维亚的其他地区，自由农民在集会上都是当地领袖的追随者，如果他们不参加集会的话则需要缴纳一笔费用；后来，地方领袖还会从控制教会什一税中获得收益。在后来成为波兰的地区，独立的农民或多或少也像英格兰的农民一样向当地统治者缴纳贡赋，但是他们似乎并没有边界清晰的土地。在后来成为俄国的广袤森林地带，从事农耕的农民和皮草猎人也常常向距离甚远的领主缴纳类似的贡赋，比如居住在伏尔加河（Volga）畔的保加尔可汗们以及后来基辅（Kiev）和诺夫哥罗德（Novgorod）的斯堪的纳维亚（罗斯）王公；俄罗斯的政治体系涵盖非常宽广的地理区域，与其他地方相比，这里更为明显地以统治者和武装扈从为基础进行统治，但是数个世纪以来，他们对地方的控制并不强，而贡赋可能会长期断断续续的——俄罗斯的农民直到早期近代前都并未完全丧失他们的土地自主权。[8]这些各不相同的政治和经济模式都包含了能够被精英用于增加他们权力和财富的潜在杠杆，但是这种事到目前为止还不会以任何方式自然而然地发生：在英格兰出现了这样的状况，但在爱尔兰并没有发生，在丹麦出现了这种情况但在瑞典却并非如此，诸如此类情况还有很多。事实上，直到1100 年，在这些北部的民族中只有英格兰贵族和王室的控制才得到了充分发展。我们将在本章后面看到这一点。

现在，这里只有一系列小政治体，没有复杂的社会经济等级制度，在六个世纪的时间里慢慢地基督教化。但是正如我在前面所说的，基督教化的结果在不同的地方也非常不同。爱尔兰是第一个。在这里，皈依的进程从 5 世纪时就已经开始，而那时候罗马世界仍然存在；这一进程很早就和一位重要的传教士——帕特里克（Patrick）联系在了一起，他是不列颠的基督徒，就如他在自己所写的书中所示，他曾在爱尔兰作为一名奴隶俘虏生活过一段时间并且对爱尔兰很熟悉。帕特里克和其他传教士为了传教不得不前往一个又一个王国，而且不得不面对跨王国的专职祭司——德鲁伊（druids）才能传教。我们不知道他们究竟是如何成功的（我们唯一能说的就是这个进程至少持续了一个世纪），也不知道国王们会认为基督教能给他们带来什么——也许是某种形式的罗马的力量？但如果是这样的话，那这个时间点是错误的，因为帝国西部正在崩溃，而在罗马人离开时，没有哪个地方比最近的罗马行省，即不列颠行省，表现出了更为明显的严重社会经济崩溃：5 世纪以及 6 世纪早期，在威尔士和不列颠西部余下仍未被使用日耳曼语的盎格鲁-撒克逊政治体所征服的那部分行省，有十几个甚至更多的王国正在形成。[9] 在爱尔兰，新的基督教会远没有成为政治聚合的基础，它的主教与修道院等级制度（因为修道院从早期开始在爱尔兰就很重要）和世俗的政治结构一样分散；事实上，教士只是单纯地作为专业群体替代了德鲁伊。新宗教带来的对于文字书写的兴趣也延伸到了另外一个更为古老的专业群体，即律师群体中；因此，在爱尔兰不仅存在编年史和教会会议记录以及后来出现的史诗，同时还有非常详尽的法律指导手册。所有这些文献使我们能够看到，接下来几个世纪的历史在多大程度上单纯是由很小的部落王国之间的战争组成的，这些王国最多只是存在着层级关系，主要围绕着两个统治了若干王国的大家族，即中北部的乌伊·尼尔家族（Úi Néill）和西南部的欧文纳赫特家族（Eóganachta）展开。这些国王此时已经全部是基督徒了，但他们的权威是高度仪式化且与各种毫无疑问有前基督教时代根源的禁忌相连的。事实上，除了在政治方面加入了和欧洲其他地区有着有限联系的教会的影响力，很难说基督教给这里带来了什么变化。[10]

9 世纪维京人的攻击对爱尔兰的影响要比基督教的影响更大。维京人从未大规模出现在爱尔兰的农村地区 —— 这些维京人大多住在沿海的贸易城镇，尤其是他们建立的都柏林；但他们的袭击迫使爱尔兰人形成程度更深的政治聚合以抵御他们。从这时开始，我们可以看到一些国王声索更为广泛的霸权，甚至是"爱尔兰国王"的头衔，尤其是马尔·舍赫尼尔·麦克马勒·鲁阿尼德（Máel Sechnaill mac Máele Ruanaid，862 年去世）和布莱恩·博鲁（Brian Bóruma，1014 年去世）；到 11 世纪，这些至高王有时就来自与之前不同的王朝，统治着比过去更广的区域，并且在王国内部的权力也略有扩大。[11]但是，政治聚合的极限也就到此为止；国王所拥有的经济资源过于有限，而且他们的政治基础结构也太过简单，因此难以在长久的基础上建立更为聚合的政治体。1169—1170 年之后亨利二世统治下英格兰的入侵及部分的征服，在 1177 年为亨利的儿子约翰带来了"爱尔兰之主"的头衔，而这次征服也引入了盎格鲁-撒克逊的领主制度，使爱尔兰王国拥有了和同时期英格兰与欧洲大陆相似的领主体系。诚然，爱尔兰的教会早在 12 世纪的第二个十年就已经采用了更为大陆式的结构，爱尔兰的国王们（他们在直到 1400 年乃至之后的文献中被以爱尔兰语这样称呼）也至少在名义上承认了他们是都柏林的英格兰政府的附庸。然而，中世纪后期的"盖尔"（Gaelic）领主以及一些英格兰领主仍具有许多公元 500 年乃至更早之前国王的社会和文化特征，而在没有这些特征的地方，新变化也主要来自内部，而非强加自外界。这时在英格兰的政治权力和这些领主间就出现了一种辩证关系，但除此之外，直到中世纪结束，爱尔兰的变化都几乎比欧洲任何其他地区要小。[12]

英格兰与此截然不同。正如我们已经看到的，早期盎格鲁-撒克逊政治体往往很小，我们可以从地名以及通过后来文献和考古学证据得到的推断中看出这一点。然而即便经历了一些整合，当 7 世纪早期来自罗马、法兰克和爱尔兰的传教士出现时，英格兰仍有 10 到 15 个王国。和爱尔兰的情况一样，他们在三代人的时间里一个接一个地皈依了；但更明显的是，这里的国王对基督教能带给他们的文化和政治联系——同罗马的教宗，还有尤其是同隔海相望的邻国法兰克的国王；法兰克的国王在财富和权势上要比他们高至少两个数量级——兴趣浓厚。597 年后，在地理位置和政治上都与法兰克最为接近的肯特（Kent）王国的国王最先因罗马来的传教士而皈依基督教；7 世纪 30 年代，威塞克斯（Wessex，在今天的汉普郡和伯克郡）国王因来自法兰克的传教士而皈依。北方的诺森布里亚国王最终也在 7 世纪 30 年代为爱尔兰的传教士所转化，然而在 664 年的惠特比（Whitby）宗教会议上，国王接受了欧洲大陆的复活节计日方式，并在之后变得与罗马和法兰克联系更为紧密。那些寻求广泛霸权、最为雄心勃勃的国王都与皈依有关，主要的例外就是麦西亚的彭达（Penda of Mercia，655 年去世）；但是当彭达在一场与诺森布里亚的战争中被杀死后，麦西亚的国王也皈依了基督教。670 年之后，新的坎特伯雷大主教塔尔苏斯的狄奥多尔（Theodore of Tarsus，690 年去世）作为一个由教宗任命的拜占庭人，完成了一些爱尔兰教会领袖做梦也想不到的事情，也就是将所有盎格鲁–撒克逊王国的主教们统一到了同一教阶体系当中。从那时起，盎格鲁–撒克逊教会完全融入了西欧其他地区所拥有的教会体系中，并且和它越发相似。[13]

我们现在还不能说 7 世纪英格兰的国王同欧洲大陆的国王相似。正如王室墓葬〔最为著名的就是 625 年左右营造的位于萨顿胡（Sutton Hoo）的墓葬〕所示，他们个人可能非常富有，但是除此以外，国王的资源却非常有限，且政府权力也微不足道，与其他地方一样都基于集会；和爱尔兰的情况相似，他们似乎把自己活动的重心集中在了一些由国王和他们的武装扈从进行的小规模战争上。然而，他们也逐渐承担起了其他的责任。一些国王进行了立法，颁布了与大陆类似的法典（虽然这里的法典是以古英语写成的）。在 7 世纪末期，他们通过一系列港口与法兰克建立了贸易联系，其中包括伊普斯威奇（Ipswich），伦敦以及在今天南安普顿的汉姆维克（Hamwic），这些地方与欧洲大陆海岸线上的港口，如多雷斯塔德相似。[14] 8 世纪时，一连串强大的麦西亚国王，包括埃塞尔博尔德（Æthelbald，716—757 年在位）、奥法（Offa，757—796 年在位）、肯沃夫（Cenwulf，796—821 年在位）与加洛林家族的第一代人建立了紧密的联系。奥法不仅在英格兰南部掌握了霸权，而且将其中的大多数王国都吸收进了麦西亚，这也是在爱尔兰几乎没有出现过的情况——当他去世时，英格兰只剩下了四个王国：除麦西亚外，还有诺森布里亚、此时更大的威塞克斯，以及东盎格利亚（East Anglia）。相比之下，他拥有更为显而易见的组织基础结构。虽然其系统性没法和加洛林王朝媲美，而且书面文字用得也少得多，却包含了对人力的控制，这使奥法能够在麦西亚的一些城镇建立防御工事，甚至还建起了迄今仍然可见、长达 100 千米的防御工事，即奥法堤（Offa's Dyke）：这是整个欧洲自哈德良长城以来规模最大的构筑物，它划分了麦西亚王国和威尔士的边界。在 8 世纪 60 年代，他仿照丕平三世前几年的硬币，创制了一种新硬币（而丕平三世的造币本身可能就受到了英格兰更早前铸币发展的影响）；在 742 年之后，我们有一系列关于持续到 9 世纪 30 年代、定期稳定举行的、十分类似于法兰克教会会议的麦西亚教会会议的档案资料。[15]

　　显然，在公元 800 年之后，英格兰（至少是麦西亚）比 600 年甚至 700 年时都更像法兰克。这部分是借鉴的结果，也部分是其内在逻辑发展的结果。尽管并不总是由基督教化引起的，但二者也都是由基督教化促成的。这也受到了可能是英格兰的各王国最重要的社会经济变化的支持，这一变化可能始于麦西亚的霸权时代，并在 9 世纪继续扩展：从原先大量的贡赋领地缓慢发展起来的国王和贵族的私有地。这一进程看上去或多或少地在 10 世纪中期完成了，正如它看上去的那样，并且当它完成时，它改变了英格兰的经济环境；因为，自此以后，国家的半数地区都出现了乡村结构，各个地方的农民自治几乎都终结了，而持有土地最多的国王变得比以前更有统治优势 —— 包括与国王保持着紧密联系的贵族阶层也是如此，因为贵族阶层在这一发展中也获得了几乎一样多的利益。[16]

麦西亚并没有保持住他们 8 世纪的统治地位。在 9 世纪 20 年代及之后，麦西亚面临着内战，而威塞克斯则取得了许多属于原先南部诸王国的地区，比如肯特。然而，这些王国没有一个准备好抵御维京袭击者和随后而来军队的攻击，这一情况在 9 世纪 50 年代开始变得严重，并且在维京人的军队意识到所有这些英格兰王国是多么不堪一击以后，这种攻击就在 865—878 年变成了征服战争。斯堪的纳维亚的统治者占据了英格兰东部，并灭亡了除威塞克斯之外的所有王国；他们差一点也占领了威塞克斯，但威塞克斯的国王阿尔弗雷德（Alfred，871—899 年在位）在最初的战败之后重新组织了军队，并在 878 年赢得了抗击维京人的胜利，迫使维京人签订了或多或少维持了下去的和平条约。阿尔弗雷德以战争为基础重新组织了他的人民，加固了威塞克斯主要城镇的防御，同时占领了非斯堪的纳维亚人控制的麦西亚王国南半部分。这为 10 世纪的第二个十年他的儿子"长者"爱德华（Edward the Elder）和女儿埃塞尔弗莱德（Æthelflæd，她统治了麦西亚）征服英格兰南部的斯堪的纳维亚人王国，以及他的孙子们，特别是埃塞尔斯坦（Æthelstan，924—939 年在位）继续向北推进打下了基础；到 954 年，除了在最北方甚至免于被维京人征服的班堡（Bamburgh）自治伯爵领，诺森布里亚也已经被掌控。这次威塞克斯的征服第一次统一了——事实上是创造了——英格兰；阿尔弗雷德已经自称为"盎格鲁-撒克逊人的国王"，同时尽管很缓慢，但从此时起"英格兰"这个词开始被使用了。[17]

阿尔弗雷德、埃塞尔斯坦以及后来后者的侄子埃德加（Edgar，957—975 年在位）因此才是麦西亚真正的后继者，甚至做得更好，因为没有证据表明奥法曾经考虑征服整个英格兰。为了运作这个国家，他们大量地向法兰克人学习借鉴。阿尔弗雷德本人受过良好的教育，在他的宫廷里也有圣贝尔唐的格林鲍尔德（Grimbald of St-Bertin）这样的法兰克知识分子，而且他还资助了一场基督教经典翻译运动，他自己也亲自把其中一些翻译成了英语；他的法律中所要求的全体自由民的集体宣誓和查理曼要求的一样。后来 10 世纪的法律也很相似，甚至直接引用加洛林的法典和法令汇编，而我们知道至少有一本汇编的副本存在于英格兰——到 10 世纪时，如我们在前面所看到的，加洛林工程在欧洲大陆已经不再非常活跃了，因此在这一时期，它的意象主要见于英格兰的书中。拥有法典和法令汇编的约克（York）大主教沃夫斯坦（Wulfstan，1023 年去世）撰写了若干劝谕性的小册子和道德性的法典，这些小册子和法典都得益于加洛林王朝的意象，而埃德加统治时期，王室支持的修道改革运动也明显受到了"虔诚者"路易的影响。10 世纪时，过去盎格鲁-撒克逊的军队调集和集会政治在英格兰仍然至关重要，但也出现了创新：比如郡（shires）或百户邑（hundreds）中服从国王指示的分等级司法集会的出现，它们有着与法兰克相似的程序。10 世纪的国王还进一步同奥托和加洛林家族进行联姻，并介入西法兰克的政治。这些趋势在埃德加和他的儿子埃塞尔雷德二世（Æthelred Ⅱ，978—1016 年在位）时期达到了顶峰；这两人，同他们亲近的贵族和教会合作者，包括埃德加的祖母艾德吉夫（Eadgifu）和埃塞尔雷德的母亲埃尔夫斯里斯（Ælfthryth）一道，是盎格鲁-撒克逊国家后期实力实实在在的奠基者——因为这两位国王同 10 世纪大多数英格兰的国王一样，都是幼年继位，所以太后成了重要的角色。到公元 1000 年的时候，英格兰是整个加洛林工程最显而易见的继承者——这可能是查理曼怎么也想象不到的讽刺场面——而得益于英格兰比较小的事实，此时它也是拉丁欧洲西部最具凝聚性的王国。如我们将在下一章所见，埃塞尔雷德甚至确立了土地税，这在欧洲西部还是第一次。当然，这种力量不仅仅源于对加洛林王朝的借鉴；这与上文提到的土地所有权改变有关，也与威塞克斯贵族同太后一同在国王年幼时经营王国有关，这些贵族从征服中收获颇丰、作为寡头团结在一起，他们对王国的经营一直持续到埃塞尔雷德不明智地把他们中的许多人扳倒为止。然而，我们从 10 世纪的证据可以看到，国王们对加洛林模式的借鉴能力明显地帮助他们获得了自信，而这一点也表明，7 世纪的国王们通过改宗基督教并以此进入欧洲大陆的政治世界所下的赌注，已经得到了回报。[18]

因此，英格兰是欧洲北部随基督教化开始而改变得最为彻底的地区——与之相同的是被法兰克人强制基督教化的萨克森地区。得益于海峡，英格兰没有遭到法兰克人的攻击；因此，对英格兰人而言，接受法兰克人的宗教可以只被视为有利可图的。但对于其他政治体而言，当他们可以选择时，它们表现得则更为慎重。其中一个例子就是丹麦，其最终皈依基督教的时间要晚得多，是 10 世纪 60 年代；但是要理解那里究竟发生了什么，我们就需要回溯到过去的某个时间。与斯堪的纳维亚的其他地方不同，丹麦拥有良好的农田，并因此可以供养更为稠密的人口。早在 5 世纪的时候，丹麦的一些统治者就已经非常富有了；古默（Gudme）作为菲英（Fyn）岛上的政治中心，因那里发现的金矿而尤为引人注目，而它并非丹麦唯一的这类中心。丹麦的统治者很可能是通过在西罗马帝国的危机世纪中掠夺战利品而受益的，但这至少说明这些统治者有足够强大的力量以积累这些战利品。那个时候的丹麦在其土地范围内（包括今天的瑞典南部）可能有四到五个政治体，其内部的地方精英虽然可能并非大规模土地的拥有者，但也享有政治霸权。然而到 8 世纪，当丹麦持续地出现在法兰克人的记录中时，王国的数量减少了。古德弗雷德（Gudfred，804—810 年在位）是以日德兰半岛（Jutland）南部为根据地的国王，他，之后还有他的儿子霍里克一世（Horic I，827—854 年在位），都是在丹麦有着支配性地位的国王，并且可能统治过丹麦全境；他们的霸权也毫无疑问地延伸到了挪威，并向南延伸到了今天的德国东北部，并且他们拥有类似奥法所有的那种政治基础结构，但规模更小，这使得他们能够兴建防御工事，包括标志着他们同萨克森之间边界的丹讷维克工事（Danevirke）。古德弗雷德抵御了查理曼的进攻，甚至还进行了反击；他和他的儿子控制并保护着主要的贸易港口里伯（Ribe）和海泽比（Hedeby），这些港口吸引了来自法兰克的货物。这一切都是在没有任何外来输入的情况下发生的，也包括宗教；9世纪一二十年代时，相互竞争中的国王之一，哈拉尔·克拉克（Harald Klak），于826年在"虔诚者"路易的宫廷里接受了基督教，但是他的丹麦王位只坐了不到一年。霍里克一世和霍里克二世（Horic Ⅱ，864年之后去世）允许法兰克传教士进入丹麦，但他们自己却并未皈依。对这些国王而言，皈依基督教很可能与接受法兰克的霸权有着紧密的联系，而这大多不是丹麦国王们计划中的一部分。[19]

　　因此，按照斯堪的纳维亚和更普遍欧洲北部的标准来看，丹麦在800年时就已经具有非同寻常的集权化程度了，并且在整个中世纪时期都是如此。然而，这并不能阻止古德弗雷德的王国在9世纪60年代后崩溃，而其中一个原因可能就是维京人。斯堪的纳维亚的船只到8世纪时质量就很高了，而从8世纪90年代海上袭击就开始在法兰克和英格兰发生了，不久后爱尔兰也遭受了袭击；9世纪30年代，这种海上袭击进一步升级，并在那之后变得愈发严重。维京人（这个词的含义就是"海盗"）来自丹麦和挪威，并且他们似乎也曾是十分熟悉北海贸易路线的商人，抓住了海岸线不设防带来的机会；此外，一些即将成年的维京人也仰仗船只技术的优势享受自由航行的乐趣，并在最终安定下来之前积攒财富——此外，至少在丹麦，还包括从霸权日益增强的王室宫廷中流亡出来的人，他们经常在这些海盗活动中扮演领导者的角色。在他们出现的同时，也有另一个和他们相似的商人抓住了机会的例子，这就是9世纪时成功以罗斯王公身份植入基辅和其他东欧水系沿岸城市的瑞典毛皮商人，我们将在第九章看到他们之后的历史。当9世纪晚期维京人在英格兰，以及以更小的规模在爱尔兰和苏格兰北方群岛建立起流散聚居地王国，还有后来在10

世纪早期建立了诺曼底公国之后，他们的攻击在 10 世纪时减弱了（但是尚未结束）。在大约公元 870—930 年，维京人也将精力转移到在冰岛定居。无论如何，他们用三代人的时间证明，即使是缺乏政治基础结构的政治体也能对其他地方已经建成的王国产生重大影响。正如斯堪的纳维亚贸易城镇的考古材料表明的那样，他们也带回了数量可观的财富，但同时也带回了不稳定；11 世纪时，挪威国王的竞争对手通常是回归的维京人，而 9 世纪丹麦王国的失败虽然没有被记载，但很可能也与此有关。[20]

　　直到 10 世纪 50 年代，我们才看到有一位国王重新统治了丹麦的大部分地区，这位国王高姆（Gorm，958 年去世）可能来自一个新的家族；他的儿子"蓝牙"哈拉尔（Harald 'Blåtand'，958—约 986 年在位）是这个王国中第一位可以确定的基督徒统治者。哈拉尔和奥托一世是同时代人，而奥托一世的权力根基明显比查理曼的更靠近丹麦，哈拉尔在 965 年前受一个与奥托的弟弟布鲁诺非常亲近的日耳曼传教士影响而皈依。事实上哈拉尔很可能是在尝试向奥托靠拢，将奥托视为一个政治楷模，同时消除他对自己的威胁。然而有趣的是，尽管丹麦的主教从那时起就被记录在案了，但哈拉尔自身的统治却不归功于他们。他以武力建立了自己对整个丹麦的统治，并在 980 年左右建立了一个由环形军营组成的网络，这一点已经为考古学家们所证实；这似乎与他的征服具有的稳定性有关，同时也与陆军和海军的系统性正规化有关。这些再加上长期存在的集会政治——而非教会——就是丹麦国王权力的基础。它们足以让他的儿子斯韦恩（Svend）和孙子克努特（Knud，1014—1035 年在位）在 11 世纪的第二个十年征服英格兰并在挪威也建立起时断时续的霸权。克努特将英格兰而非德意志的主教带入了丹麦，并且在 1027 年进行了一次引人瞩目的罗马朝圣，以便与德意志的皇帝康拉德二世（Konrad Ⅱ）加冕的时间重合；毫无疑问他此时正利用自己在欧洲基督教界的地位来达到政治目的。即使这种更为广泛的霸权很快就瓦解了，丹麦国王的权力依旧从那时起实现了内部的稳固——到 1100 年时，其实比原属法兰克的多数地区都稳固。[21] 在本章所涉时期结束时，丹麦是欧洲北部仅次于英格兰，可能还包括匈牙利的最强大王国，并且到 11 世纪 70 年代时拥有了标准的教阶结构；之后不久就出现了堂区教堂网络，而其中许多堂区教堂至今仍然存在。丹麦的贵族阶层在行为模式上也越来越贴近欧洲大陆（虽然私人城堡在这里非常罕见），而且根据文献，从这时起我们可以发现贵族和教会人士持有了大量土地（也包括农民土地所有者）。[22] 丹麦之后的历史（国王、主教、贵族相互对抗）可以被归为某种相当标准的欧洲模式。然而，与英格兰不同的是，丹麦政治权力的核心与基督教化的关系不大；尽管教会也很重要，但它对于无论如何都会发生的社会和政治变化而言是附加的。

挪威的统一很晚且发展并不均衡。从考古学角度来看，挪威在中世纪早期似乎组成了一个没有太多层级的诸王国网络，在这个网络中，各个王国由山脉、森林和大片的高地高原分隔。首次征服全境的尝试同半神化的地方国王"金发"哈拉尔（Harald 'Hårfagre'，约 932 年去世）及其儿子和孙子有关。然而，他们并没有完全成功。因为我们仍然可以在诺斯语的叙事文献——这些文献是更晚之后的 13 世纪写成的，但它们由时间更早、往往是和记载对象存在于同一时代的诗歌组成——中看到 10 世纪时由自治农民组成的以"庭"为中心的当地社会网络，即使这些农民往往还是被称为雅尔（jarlar）或"有土地的人"的当地贵族统治。其后两个试图在某种程度上建立更广泛权力的国王是奥拉夫·特里格维松（Olav Tryggvason，约 995—1000 年在位）和奥拉夫·哈拉尔松（Olav Haraldsson，1015—1028 年在位）。他们都在海外征战期间变成了基督徒，而且他们的扩张政策与挪威地区——一个接一个庭——或多或少地强制皈依这一有意而为的过程有关，也与以礼物和地方行政职位拉拢贵族有关。因此，根据后来的历史学家斯诺里·斯蒂德吕松（Snorri Sturluson）的记录，罗加兰（Rogaland）庭的自由民选出了他们中最能言善辩的三个人来反驳奥拉夫·特里格维松的"善言"，但是演讲中不尽相同的弊病让他们在那一天哑口无言，因此他们都接受了洗礼；在居伦庭（Gulathing），国王通过把自己的妹妹嫁给一位有影响力的当地贵族之亲属买通了这位贵族，从而让所有当地领袖在之后的庭上都着手推动基督教化且"没有人敢反对"。在弗罗斯塔庭（Frostathing）上，当地共同体——人们可能会认为是上述这些事件预先警告了他们——全副武装地来到了这里，就像是参加作战集会一样，而奥拉夫也没有威胁他们，而是答应了他们在仲夏祭典时自己会进行献祭的要求；当国王来到祭典时，他说他确实会进行献祭，但是是用当地共同体的首领，面对这戏剧性的突变，当地首领退缩了。显然，这些都是文学化了的形象，它们没有告诉我们这个国王到底有多成功，但是，这些记录让我们清楚地认识到国王究竟是如何与这些庭谈判，以及这里究竟有多少谈判要进行。然而，这两位奥拉夫的成功都没能延续很久；两人都像 10

世纪 70 年代"金发"哈拉尔的家族一样，因丹麦的干预而倒台，尽管在奥拉夫·哈拉尔松试图重夺权力时，他的专横也导致了农民和贵族的共同反抗，而他自己也在 1030 年死于斯蒂克莱斯塔（Stiklarstaðir）的战斗。令人惊讶的是，尽管奥拉夫几乎在这一战后就立刻被承认为一位殉道圣人，但后来的文献却对这场起义抱有相当同情的态度；同样重要的是，奥拉夫的圣化也对反抗丹麦统治的起义很关键，这场起义使他的儿子马格努斯（Magnus）在 1035 年重新掌握了权力，并使奥拉夫的同父异母兄弟、另一位从海外归来的战士"无情者"哈拉尔（Harald 'Hardråde'，1047—1066 年在位）和他的继承人统治得更为稳定。哈拉尔建立了一支由贵族领导的军队用以镇压反抗，同时他还建立了一个牢牢地把握在自己控制之下的挪威教会。[23]

对 11 世纪政治的简单描述可能会让此时的挪威看起来与丹麦非常相似；但如果我们沿着挪威的历史看到 1100 年以后就会发现事实并非如此。在 12 世纪 30 年代开始的王室继承者之间的内战，就和一般的此类内战一样，由地区贵族集团的军队支持，在相互竞争的国王之间展开；但这些军队不仅是对王室忠诚的反映，而且是对地区忠诚的反映，因而他们越来越多地开始选择他们自己的国王。最成功的是在斯韦雷（Sverre，1177—1202 年在位）国王身边的军队，他们甚至不是一支贵族军队，而是由大量来自遥远的东部、后来还有北部的农民组成的军队，这些农民被称为"桦树皮靴党"（Birchlegs），他们最终与来自东南部、由主教所领导的被称为"牧杖党"（Croziers）的军队对峙［斯韦雷不服从英诺森三世（Innocent Ⅲ），直至去世都处于被绝罚状态］——直到 13 世纪 20 年代和平协议才达成。[24] 事实就是，挪威既没有完全地统一在像"无情者"哈拉尔那样的国王之下，也没有完全地被国王和贵族共同统治。之后挪威的地方政治集会仍然非常强大，农民参与集会也维持了很长时间；国王的统治从来没有强大过，而且如果国王有野心也会被反对。另一方面，在这个分权的政治体系内部，两位奥拉夫统治下开始的皈依进程，以及从11世纪30年代开始出现的教会组织，成了国王们用来主张他们可以行使之威权的重要工具。虽然挪威的王权要更弱一些，但与丹麦的情况相比，基督教在支持王权方面扮演了更为结构性的角色。挪威的基督教化与英格兰、丹麦以及我们下面将会看到的波兰都不同，他们受法兰克的影响很小；但是，11世纪中期及以后挪威组织化了的教会在形式上比王国中的任何东西都更加接近欧洲大陆，并且只有像斯韦雷这样富有魅力的国王才能不依靠它。[25]

波兰是我最后一个例子，就像我们之前对丹麦做的一样，我们不得不在此回溯到10世纪60年代基督教化刚刚开始——这个时间点和丹麦基督教化的时间点也相同——前的某个世纪才能理解基督教化的真正意义。从考古学上看，在6世纪和7世纪的整个欧洲中东部（包括今天的波兰、捷克、斯洛伐克和匈牙利）和巴尔干半岛，都可以见到以有着下沉式房屋和非常简单物质文化，通常还有火葬墓地的小村庄为标志的共同体。这些确实都是一些非常小规模的共同体，最初没有明显的阶层区分；令人惊讶的是，仅仅依靠这种条件，这些小共同体也能如此始终不断地向西和向南扩张，而这毫无疑问地标志着6世纪东欧的所有政治体都很孱弱。正如我们在第三章中看到的，生活在这里的人被拜占庭人称为斯

克拉文人 —— 在法兰克人使用的拉丁语中写作 Sclaveni —— 但是我们不能想当然地认为他们都使用斯拉夫语，而且他们中的许多人确实并不使用斯拉夫语。只有到 9 世纪我们才能相当确定这些在欧洲中东部的人普遍使用斯拉夫语，而从此以后我们也能毫不迟疑地称他们为"斯拉夫人"（Slavs）了，但这也只是基于语言的考虑；他们没有统一的身份认同，并且分成了非常多的、可能在不断变化的不同部落族群。然而，从大约 600 年开始，他们的邻居就并不总是政治孱弱的了，法兰克人对他们而言可能就是巨大的威胁。法兰克人从来没有认真地考虑过征服他们，但确实在 7—10 世纪劫掠了斯拉夫人，主要是为了掠夺奴隶；到 9 世纪，斯拉夫（sclavus）在拉丁文中开始成为"奴隶"的意思，并最终成了大多数西方语言中用来形容动产奴隶的标准词语。法兰克人也从斯拉夫人自己手中购买奴隶［10 世纪的布拉格（Prague）就有一个奴隶市场］，这些共同体的其他邻居也购买奴隶，比如南方的威尼斯人、波罗的海和俄罗斯地区的斯堪的纳维亚人，来自东方的阿拉伯商人；安达卢斯的军队和官僚机构中存在大量的萨卡里巴人（Saqaliba），即斯拉夫人，这些人都是奴隶出身。围绕着奴隶贸易发展起来的整个经济大部分只能依靠考古学发现才能看到，要么是通过铁镣铐的分布要么是东欧出土的伊朗硬币 —— 从 10 世纪的地层开始这种硬币的出土数量就非常巨大。正是作为对这一系列威胁的应对，我们在 8 和 9 世纪发现，欧洲中东部第一次出现了较大的设防定居点，这无疑是某些既要保护自己免受攻击又要为攻击者提供奴隶的政治领袖的据点。9 世纪时摩拉维亚王国的基础就是一个特别富裕的据点网络，这一直持续到 9 世纪 90 年代匈牙利人迁入将之摧毁。匈牙利人的袭击对他们周遭的部落共同体造成了更大的威胁。[26]

　　就是在这种背景下，10世纪早期，在今天波兰的中心，出现了新的一系列统一的、被考古学证实了的防御工事，不过其他许多工事也被摧毁了：一个新的斯拉夫势力正在成形。也许在那个时候它还不叫"波洛尼亚"（Polonia，波兰的拉丁语形式），但是到1000年时它就已经被称作"波洛尼亚"了。在10世纪60年代，这一势力的统治者梅什科一世（Mieszko I，992年去世）首次出现于与萨克森军队的战斗中时，德意志人的文献第一次提到了它。梅什科一世在965年与邻近的波希米亚公爵建立了联姻同盟，后者早在一代人之前就已经形成了权力，并且已经成了基督徒；966年，梅什科也成了基督徒，并于967年出现在奥托一世的萨克森宫廷中，当时的史料将他称为"皇帝的朋友"。梅什科的意图显而易见：同丹麦的"蓝牙"哈拉尔一样，他试图让自己被接纳为基督教统治者大家庭中的一员，虽然他的政治基础比哈拉尔要新得多也脆弱得多——在拉丁文献中，波兰和波希米亚的统治者们通常被称作"公爵"（dukes），因为德意志的皇帝对承认他们有一个稳定的国王头衔仍然很谨慎。这是一种为防止一般性的劫掠和奴役而进行的保护（尽管这肯定无法阻止更有组织的战争）。同样重要的是，"波洛尼亚"被大量更小的、其他抵抗基督教化的斯拉夫族群包围；他们既保护了波兰免受萨克森的攻击，又能够成为以梅什科的皮雅斯特家族（Piastowie）为代表进行的奴隶劫掠的资源，因为奴隶贸易在这一时期似乎达到了顶峰。如同我们在其他地方看到的，基督教化同样也有可能为皮雅斯特家族提供了他们缺乏的有组织的政治基础结构：早期皮雅斯特家族的权力似乎或多或少地仅由公爵和他的小军队组成，他们向周边的农民共同体索取军事服务和贡赋。（与周边更小的邻居不同，集会政治在皮雅斯特家族治下的王国更为罕见。）而事实上，在一段时期内，事情进展得很顺利；主教们也抵达了这里，他们大多来自波希米亚；在 1000 年，奥托三世本人亲自来到了我们此时可以称作波兰的地方，并建立了一个大主教区，因此在格涅兹诺（Gniezno）设防定居点的心脏地带建立起了一个理论上自治的教会。梅什科的儿子"勇敢者"波列斯瓦夫一世（Bolesław I，992—1025 年在位）在此基础上，在与德意志人的战斗中将他的统治向各个方向扩展，一直延伸到波罗的海地区，甚至在 1003—1004 年征服了波希米亚一年。波兰开始看起来像一个成功的新政治体了。[27]

然而，这并没有持续下去。在波列斯瓦夫去世后，他的霸权旋即分崩离析；不仅是他曾掌握的大部分领土脱离了皮雅斯特家族的统治，甚至异教徒的叛乱也摧毁了主教区的基础结构，这使得卡齐米日一世（Kazimierz I，1039—1058 年在位）及其继任者在统治时不得不对其进行重建。[28] 事实上，这时的波兰公爵还没有能够将大片土地维持几年以上的政治组织；在我们本章目前所讨论过的若干政治体中，皮雅斯特王朝早期行动的局限性可能在与爱尔兰对比时能更清晰地显现出一种相似性。即便基督教化意味着依附于建立得更为明确的教阶制度，也对波兰发展政治组织没有帮助。这种情况不会立刻改变。波兰的边界从这时起变得更为稳定，并再次稳步地向外扩张，不过这次是以比波列斯瓦夫时期更为缓慢但更为稳健的速度进行的；但是，国王和直属随从、贵族官员和长官，以及稍有特权的骑士只是简单地征敛贡赋，这在此后的一段时间内仍然是基本模式。

从 11 世纪后期和 12 世纪开始，这种模式发生了转变。军事精英开始获得能够直接收取贡赋的土地；和英格兰一样，这些领地也慢慢发展成了土地庄园，而当新兴的贵族阶层持有这些时，它们的规模可能非常庞大。教会也在做同样的事。农民成为佃户，也越来越受到法律的约束，尽管波兰的农民直到黑死病之后才最终沦为附庸。12 世纪末以后，受到日耳曼法保护的德意志定居点也产生了相同的影响。但是，与英格兰不同的是，皮雅斯特家族的公爵并没有在这一过程中保持优势。在卡齐米日一世在位之后的一个世纪里充满了兄弟之间的战争；1138 年波列斯瓦夫三世（Bolesław Ⅲ）去世以后，波兰为他的四个儿子所分割，而他们的继承者又在此后的一个半世纪中继续内战，并使得权力进一步分散。也是在这个背景下，我们现在实际上正处于西方教会主张独立于世俗权威的时期，而这也产生了影响，这一点我们将在下一章看到；主教们所主张的自治权利是各公爵无法轻易阻止的。此时，波兰确实在很多方面正朝着欧洲西部政治模式的方向前进（尤其是德意志的模式），然而并不是向着任何一种强大政府的形式；而且，教会对于各公爵的帮助仍然非常小。教阶制度至少阻止了波兰领土的共识性概念瓦解，但是与挪威不同，教阶制度并不是任何形式的强大政治力量资源。事实上，尽管 1150 年时的地方强权 —— 主权独立的公爵、教会人士和贵族 —— 比 950 年时要强大得多，然而波兰土地上各个政治体的地域规模却倒退回了两个世纪前的样子。[29]

因此从这五个不同的地区我们可以看到基督教化 —— 首要的就是教阶制度的引进 —— 在欧洲某一地区产生的五种非常不同的

影响实例。在爱尔兰，教会迅速适应了爱尔兰王国的分权结构，只是单纯地给它们这种相互影响又增加了一个更为复杂的因素。在英格兰，教会从很早开始就是一个整合因素，并且强有力地促进了麦西亚和之后威塞克斯的国王融入一个共同的欧洲西部（也就是法兰克）的政治，甚至道德-政治框架。在丹麦，教会对于已经在同样方向上发展的政治体系的贡献要小得多。在挪威，教会对国王们在遥远而又并不心甘情愿的地区建立统治权起到了巨大作用——即使这种统治权比较弱小。尽管在欧洲北部平原的平坦土地上交流要容易得多，但在波兰，教会结构却对整合没有起到很大作用，而国王的统治也瓦解了。因此，在这些地区几乎没有共通的模式。如果我们将欧洲北部的更多地区加入这个行列中，我们就会发现更大的差异；尽管波希米亚可能类似于丹麦，匈牙利部分接近丹麦而部分又接近英格兰（见第八章），瑞典既在一定程度上像波兰又在一定程度上像挪威，苏格兰一开始与爱尔兰相似但后来则更（不完全地）接近于英格兰，[30] 但以上都是非常宽泛的分类，各个国家之间的差异其实也非常巨大。

不过，在这些地区之间究竟是否存在着共同的趋势？对这个问题的答案是肯定的；事实上这种共同的趋势存在着好几个。其中之一是我们在本章开头所提到的，随基督教化一同引入各个政治体系的、更为系统的书写习惯所引起的资料记录的大幅增加。波兰就是一个极端的例子：一直到梅什科一世皈依基督教之前的三年，我们都只能通过考古获得对波兰的了解，而在皈依之后，我们则可以看到一直存在着文字记录；而在其他地区，虽然进程更为缓慢，但情况也是类似的。但需要强调的一点是，这并不代表基督教化就意味着"进入历史"；即使只是在这个简短的综述中，我们也已经看到了包括东欧的斯拉夫化以及从都柏林到基辅的斯堪的纳维亚诸王国的建立在内的宗教转变时期的主要历史发展。但是关于上述这些我们能说的其实很少，尽管有时西方的斯堪的纳维亚人聚居区王国确实被文献很好地记载了，但直到他们成为基督徒自己进行记录之前，对他们进行描述的一直都是外人。第二个，也是与基督教和教会联系较弱的趋势是，整个欧洲北部地区农民自治的逐渐衰落；即使是在像波兰和爱尔兰这样政治权力分散的地区，农民也越来越依附于当地领主。但这并不是一个整齐划一的进程；在英格兰，这个进程大体上在 1000 年就基本完成了，但是在挪威，直到中世纪末乃至之后都有大量的自治农民（在瑞典更是如此）；不过这种趋势确实是普遍的。这也是整个中世纪欧洲北部的主要变化之一。一个结果就是精英阶层能够得到的剩余产物更为集中，而贸易联系也随之扩展。在公元 900 年之后，英格兰也被更好地整合进了欧洲西部的贸易网络。同样，波罗的海地区也作为一条贸易线路稳步地发展着。8 世纪以后，在今天波兰的海岸线上出现了沿海港口网络，而且似乎在开始时就作为手工业中心，可能还作为奴隶贸易的转口港与内陆的设防定居点有联系，这些港口之后在斯堪的纳维亚人的帮助下与北海相连，同时也会沿俄罗斯的主要河流而下同拜占庭与哈里发国联系起来；但是，随着精英阶层日益富裕，这些港口越来越成为各种商品交换的中心，并且到了中世纪晚期它们也会成为汉萨同盟（Hanseatic League）的一部分。[31]

　　然而，还有另外一个共同的趋势体现在文化方面，并且与基督教化的另一个结果密切相关。这就是各个接受了新宗教的政治体（甚至包括爱尔兰和挪威）逐渐对法兰克和西欧的后法兰克世界及其政治-文化实践开放了，包括一种对政治行动的普遍设想趋势也是如此。罗伯特·巴特利特（Robert Bartlett）强调了命名的习惯，整个北方都引入了像约翰这样的圣人或者像亨利这样的法兰克-日耳曼名字，这些名字有时甚至取代了更为古老且更具地方性的名字，布莱恩、埃塞尔雷德、奥拉夫、波列斯瓦夫；同样还有就是他们开始普遍运用特许状（charters）这种文件，以及货币这种交换手段。[32] 在贵族行为方面，北方的精英也渐渐开始接受法兰克-日耳曼的习惯，比如使用印章、效忠仪式、建立城堡（除了斯堪的纳维亚地区）以及后来的纹章与骑士精神意象和骑士文学。到1200年时，熙笃会修道院遍及各处。拉丁欧洲已经扩展到了北极圈和今天俄罗斯的边缘；而东部的希腊欧洲也在相似的趋势下做着同样的事（见第九章）。各个地区也都承受着相同的压力，比如教宗普世权力的主张（见第八章）和后来议会这种新政治主张（见第十二章）带来的冲击。将这个过程视为普遍同质化的观点极具吸引力：也就是说，这可以被视为一个共同欧洲历史的建立，而这片大陆不同政治体之间只在细节上存在差异。然而，这只是一种错觉；我们在上面所勾勒出的那些不同的历史轨迹将继续成为这些国家在中世纪的余下及更晚之后时间里进行独特发展的基础。最重要的是，中世纪晚期几个世纪里欧洲北部（主要的例外是英格兰和匈牙利）的财政体系要比欧洲的西部和东南部弱得多，这反映了长期以来国王权力的基础结构差异，也意味着无论国王和贵族多么希望像法兰克的国王和贵族一样，他们实际上都没有足够的财富去这样做。我们将在第十一章中看到更多关于这一点的细节。

# 第六章

# 重塑欧洲西部

1000—1150

在第四章结尾，我提出了在欧洲西部中世纪早期的公共政治世界与代表了之后几个世纪的规模更小、更个人化、基于领主的政治之间有着一种主要的不同。后者自公元 1000 年左右开始在西法兰克出现；到 1100 年这种政治体制已经在许多地方占据了主导地位。虽然更大规模的政治体系在之后又回归了，但地方领主并没有消失；他们的存在是标志着西部地区中世纪后半段与前半段不同的关键要素之一。本章的主题就是探讨这种新政治体制如何发展的。然而，为了展现我想说明的概念，让我们先从一份文本入手，这份文本将会使我们感受到这一时期的新政治因素是什么样子。

11 世纪 20 年代，法兰西西部吕西尼昂（Lusignan）的领主雨果（Hugues）曾经写过一份很长的回忆录，其中列举了他的封君普瓦图（Poitou）伯爵兼阿基坦公爵威廉五世（Guillaume V）对他所行的不义之事。威廉曾答应为他物色一位妻子，但之后又不允许他结婚；他不让雨果继承应得的土地；他没有听取雨果的建议就行动；当其他人想要夺取雨果的土地时，他也没有提供帮助（雨果曾对威廉说"除了因为对你的忠诚，我从未丧失过什么"；威廉很无情地回答"你是属于我的人，就要按我的意志行事"）；他没有停止修建对雨果的城堡造成威胁的新城堡；他烧毁了雨果的新城堡。雨果每次都会抱怨，而威廉也每次都向他承诺自己会帮助他，但却从未履行诺言。最后，雨果"在除了他的城市和自己的臣属外的所有人见证下违抗了伯爵"，并进行了一场小规模战争；直到这时这位伯爵-公爵才同意与雨果进行谈判，将他扣留的部分遗产还给了雨果，以换取一场庄严宣誓的进行和雨果的宣誓效忠。我们不知道这究竟持续了多久，但至少这足以使雨果安心地为他凄厉的文字画上句号。[1]

在雨果的回忆录中，他将自己描述为一个受害者，但事实却远非如此；他是威廉所有贵族附庸中势力最大且最具潜在威胁的一个，并且这个故事肯定还有另外一面。但最让人惊讶的是，他的整个文本竟能围绕着一条个人关系纽带展开如此之多，展示出一个人的信任和背叛。这确实类似于 12 世纪法国的韵体史诗，就像其中极具象征性的坏领主，康布雷的拉乌尔（Raoul de Cambrai）一样，拉乌尔焚毁了一座修女院，而他最为忠诚的封臣贝尼耶（Bernier）的母亲也在其中，而最后当贝尼耶忍无可忍正式解除效忠关系前，拉乌尔又用长矛刺伤了贝尼耶。[2] 所以说这就是一个基于个人关系的政治结构。同时也是非常地方化的政治结构，所有这一切都发生在普瓦图，而其中提到的其他伯爵（比如在普瓦图以北 100 千米的安茹伯爵）几乎被等同于外国势力。就如雨果在回忆录中情非得已地证明的那样，事实上威廉是 11 世纪早期法国最为成功的地区统治者之一；尽管威廉尽可能积极地尝试了将其他人的城堡尽量多地纳入自己控制之下，但他的领地还是由其他人的城堡所构成的网络。而且，尽管他宣称对于那些臣属贵族具有完全的权力，但当威廉与他们达成和解时也不得不向他们承诺让步。这种个人关系由来已久，可此前从未成为整个政治体制的特征。[3]无论这个世界是什么样子，它肯定不再是查理曼或者奥托一世时的那个世界了。

1000 年时，欧洲西部和南部的政治体呈现出了相当明显的等级层次特征。正如我们在第三章中所看到的，地处欧洲大陆西南的安达卢斯和东南的拜占庭无疑拥有最为强大的政治体系，特别是在查理曼的法兰克实力已经大幅下降的情况下。法兰克此时确实永久性地分裂了；尽管在东法兰克和西法兰克这两个主要的后继国家中，没有任何我们可以称为民族意识的东西存在，但是为了方便起见，我们现在可以称他们为德意志和法兰西，而我在之后也会这样做。[4]在这两者之间，德意志显然处于主要地位，国王－皇帝统治着德意志和意大利；而相比之下法兰西国王则显得非常弱小，除此之外，拉丁欧洲唯一一个真正具有政治稳定性的政治体就是英格兰，而英格兰王国并不比一个德意志的公国大多少。这种等级层次看起来似乎足够稳固，但事实上就如下个世纪所展现的那样远非如此。到 1030 年，经过了 20 年内战的安达卢斯分裂成了大约 30 个继承国；1071 年，塞尔柱突厥人的大军击败了拜占庭人，使拜占庭永远失去了对帝国东部三分之一领土，即现在的土耳其中部的控制。1077 年之后，德意志人的帝国也陷入了内战，意大利更是走上了分离的道路。英格兰维持着统一，但不得不面对两次武力征服。法兰西国王并未变得更有权势，反而是法兰西成了像吕西尼昂的雨果这样野心勃勃而又棘手的领主们的战场，他们中的一些人——尤其是那些从诺曼底来的——

以雇佣军和自由战士的身份在 11 世纪下半叶设法从原先的统治者手中征服了意大利南部，到 1100 年第一次十字军运动结束时，他们甚至征服了巴勒斯坦地区。在欧洲的其他地方，一些不知道从哪里冒出来的新王国也崛起成为强大的政治力量，特别是匈牙利和卡斯蒂利亚。此外，由罗马教宗领导的西方教会开始第一次将自己作为一个独立的道德权威，与传统的世俗力量相对抗。这些政治发展及其原因和背景为我们需要探讨的主要社会变化提供了框架。我们将在第九章中看到拜占庭的情况；匈牙利和卡斯蒂利亚则出现在第八章。而在本章中，我们将看看曾属于加洛林王朝或受加洛林王朝影响的欧洲西部，尤其是在德意志、意大利、法兰西和英格兰发生了什么，我们首先进行政治上的叙述，然后是结构上的讨论，在结束本章之前，还会讨论欧洲西部教会的变化与地中海地区的诺曼人。

尽管在 1000 年时，德意志从未拥有像加洛林王朝先人一样的内部凝聚力，更不必说同南方那些基于税收的国家相比，但它依然是最大且军事力量最强的西方势力。（既然我正使用现代国家名称，那还要补充的一点是，整个中世纪时期"德意志民族的王国 / 帝国"都包括我们现在所说的低地国家、瑞士和奥地利。）如前文所述，10 世纪以德意志北部萨克森为基地的奥托王朝的国王-皇帝非常富有，他们在萨克森拥有土地和银矿，在莱茵兰和意大利北部也同样拥有落脚点。由于森林和稀少的道路 —— 唯一真正的南北向路线是沿着莱茵河前进 —— 他们很难在德意志进行深入统治，但至少这三块地方足以将奥托王朝南北方的力量都联系起来。1024 年后，这些地方又被萨利安家族（Salier）这一奥托家族的女性分支继承者所承继。萨利安家族是来自莱茵兰地区的贵族，这一地区又进一步被国王-皇帝强化为政治中心。萨利安家族在德意志地区的巡游比奥托家族更多，却很少进入意大利（除了皇帝加冕）或萨克森的大部分地区。虽然意大利的强大城市自此显示出了更强烈的反叛倾向，但意大利或多或少仍保持着忠诚；然而，萨克森此时却不再是皇帝权力的中心，同时感受到了自己与王国其他地区间的距离，并且对皇帝严格控制银矿区的行为也愈加抗拒，因此到 1073 年，萨克森也开始了公开反抗。[5]

最早的两个萨利安家族的国王-皇帝 —— 康拉德二世和亨利三世（Heinrich III，1037—1056 年在位）—— 设法保持了他们德意志领导权的稳固。他们是通过将贵族阶层集中在围绕国王进行的盛大仪式性集会上，尽可能慷慨地给予土地，以及在必要的时候通过军事力量打倒那些不忠的公爵做到这一点的，这些也都是传统的程序了。但是 1056 年亨利三世去世后，他的继承者亨利四世（其漫长的统治一直延续到 1106 年）还是一个孩子，皇帝的领导权也就迅速地衰弱了。而到 1065 年亨利四世成年后，他迅速着手恢复皇帝的领导权，但他是一个强硬的统治者，同时也对创新感兴趣 —— 随着对自己手中的土地保持控制的方法的发展（和其他领主同时发展），他更多地将这些土地委托给了家臣（ministeriales），他们是一种严格来说处于不自由地位且很难打破这种不自由的、骑士式的地方人物。不仅是萨克森人，连南部的公爵也开始反对他了。1075—1076 年，亨利与教宗格里高利七世关系破裂，教宗威胁要废黜他。亨利迅速来到意大利，并上演了中世纪最为著名的一幕 —— 1077 年一月，他在卡诺莎（Canossa）城堡外的雪地里站了三天三夜，直到城堡内的教宗接受他的忏悔。但是德意志的公爵们却并未与他和解，他们依然在 1077 年不顾一切地废黜了亨利四世，并选出了另一位对立皇帝。德意志的内战持续了 20 年。1080 年后，当亨利和格里高利的关系最终再次破裂，意大利也出现了和德意志类似的情况。亨利在德意志与同他竞争皇位的人作战并取得了胜利。在与那些支持教宗的城市和领主作战［尤其是强大的托斯卡纳女侯爵玛蒂尔达（Matilde），卡诺莎城堡就是她的主要城堡之一］的意大利，双方更多地呈现为一种对峙状态，因而到公元 1100 年前后，皇帝对这一地区的影响力荡然无存。国王-皇帝长久以来在阿尔卑斯山以南的统治——即使一直很弱——实质上已经结束了，而这些城市也开始自力更生，我们将在稍后看到。虽然皇帝的主角地位仍然受到承认，甚至在腓特烈一世"巴巴罗萨"（Friedrich I 'Barbarossa', 1152—1190 年在位）时期还暂时性地恢复了，但是在亨利四世更为弱小的继承者统治下，德意志也开始变得更为地方化。[6]

　　某种程度上，11 世纪和 12 世纪法兰西的历史就没有那么困难了，因为它拥有不存在争议的、单一世系继承的国王，即卡佩家族。从 987 年到 1316 年，卡佩家族一直不间断地维持着父死子继的继承方式。甚至之后也成功延续了男性继承人支系直到 1848 年，这在欧洲是一项非常独特的成就，而在世界范围内也只有日本的王室继承比它还悠久。然而这一时期的国王们被限制在了从巴黎到卢瓦尔河畔的奥尔良这 120 千米的王室心脏地带之内，此外就是国王还拥有法国北部更广泛地区的主教任命权。王国的其他地区在公爵和伯爵——比如我们在本章开头提到的那位阿基坦的威廉五世——的统治之下处于事实上的自治状态，他们自己建立的统治几乎与国王无关。12 世纪的国王有时也能召集到几乎整个王国的军队——就像 1124 年路易六世（Louis VI, 1108—1137

年在位）面对德意志入侵威胁时所做的那样——或者在自己的权力基础所在地之外被视为法官，就像 1155 年路易七世（1180 年去世）在他出席人员众多的王室法庭上所做的。12 世纪时，对国王忠诚纽带的认识逐渐变得更强，正如我们在第一章中所看到的，1159 年路易七世在图卢兹正是借此对通过联姻与继承统治了法兰西大部分地区的英格兰的亨利二世取得了巨大成果。但直到 12 世纪末，巴黎迅速增长的财富真正成为王室的资源，路易七世的儿子腓力二世"奥古斯特"（Philippe Ⅱ 'Auguste'，1180—1223 年在位）才得以在 1202—1204 年对抗亨利二世的儿子约翰，并征服约翰在法国的核心领地，这使法兰西国王在将近三百多年的时间里第一次成为自己王国中的主要角色。因此，本章所涉时期的法国历史就是其公爵领和伯爵领彼此独立的历史。其中一些是仍然保持着相对统一的政治单元，比如佛兰德、诺曼底、安茹（Anjou）和图卢兹，还包括 12 世纪加入这一行列的王室心脏地带，它们的统治者足够恐怖，并设法保持了对足够多城堡和土地的战略控制，因而保证了处在土地封赏体系的中心。结果就是像吕西尼昂的雨果这样的小领主无论多不情愿都只能保持忠诚。其他地区——包括香槟、勃艮第以及威廉五世去世后的阿基坦大部地区——则变得碎片化，在 11 世纪之初，有时甚至分裂得相当迅速，领地逐渐变得越来越小，在某些情况下最终成了不过是由拥有少量城堡的领主统治的自治领地群。[7]

只有英格兰在这一时期维持着其凝聚性。10 世纪 90 年代到 11 世纪的第二个十年再次出现的斯堪的纳维亚攻击确实导致了采取不得人心且不成功方式进行严厉统治的埃塞尔雷德二世（1016 年去世）被暂时驱逐，并在一定程度上造成了社会崩溃。但到

1016年时，丹麦国王已经彻底征服了这个国家，并在克努特（1035年去世）的统治下建立了英格兰和丹麦的联合王国，正如我们在上一章中所看到。克努特在英格兰把自己塑造成了一个非常典型的英格兰式国王，在混合的英格兰和丹麦家族中创造出了自己的贵族阶层。1042年之后，在埃塞尔雷德的儿子"忏悔者"爱德华（Edward 'the Confessor'）的统治下出现了对传统的回归，但是他却被迫陷入同克努特的贵族们不断作战的困境。而当1066年爱德华去世的时候，其中一位贵族继承了他的王位，这便是哈罗德二世（Harold Ⅱ）。这种紧张的局势使一直以来并没有严格王位宣称的诺曼底公爵"私生子"威廉（William 'the Bastard'）在同年晚些时候入侵了英格兰，并在黑斯廷斯（Hastings）之战中击败了哈罗德。从那时起被历史学家们称为"征服者"的威廉（1087年去世），在11世纪60年代末期几乎剥夺了所有英格兰贵族的领地，并以法兰西的家族取代了他们：这可能是在1917年之前，欧洲发生过的对统治阶级最为彻底的破坏。[8]

然而有趣的是，在整个过程中，英格兰的政权都是有组织的，而国王也拥有领导权。威廉一世继承的是一个欧洲西部标准下相当紧密的政治体系，而它的基础是大量持有的王室领地以及由威廉重新建立起来的土地税（这最初源于埃塞尔雷德二世征收的对丹麦人的赔偿金，并由克努特继承）。尽管统治阶级的血统、语言和价值观都变成法兰西的，不过国家的效率却并未改变；实际上，威廉也进行了一些非常具体且有示范性的政治行动，尤其是1085—1086年末日审判的大规模土地调查，记录了几乎整个国家的农业和土地持有细节，这在拉丁欧洲绝无仅有，令时人印象深刻，大为震惊，同时吸引了此后的历史学家。最初两代诺曼国王的财富与无情，以及对新贵族分散地封赏（这意味着贵族很少能有一个单一的地方权力基地），再加上仍然包含中世纪早期地方司法集会传统的基于伯爵领体系的凝聚性，使得12世纪40年代，即使是国家在威廉一世的两个孙辈间进行内战也仍旧保持着高效。其中一个继承人，即安茹伯爵亨利二世（1154—1189年在位）最终获得了胜利。他在35年的时间里稳固地统治着英格兰和我们前文提到的大量在法兰西的公爵领和伯爵领。他的丰功伟绩并不会因为我们知道他的儿子在仅仅15年后就丢失了其中一半的领地而有所削弱。[9]

很大程度上来说，这是一段政治崩溃的历史。20世纪后半叶法国史学界的力量意味着法国的经验被广泛地视为一种常态。然而，正如上面这个简短的综述所示，事实不是这样的，而这也导致了自1990年起的关于法国经验重要性的大论辩。这段历史被许多学者视为"封建革命"，这场"革命"伴随着暴力和政治权力私人化程度的迅猛增长，少数人甚至认为这是古代世界的真正终结。但是，这一观点为另一派历史学家所批判，他们认为公元1000年前后（或者是11世纪后的某个时间）发生的只是一种边缘性的变化，因为尽管规模更小了，但政治权力的基础结构仍旧相同，而像对领主忠诚和荣耀这种贵族的价值观也是如此，在整个中世纪早期和中期几乎都没有什么变化。[10]

第二派历史学家为我们理解11世纪究竟发生了什么变化带来了非常需要的细节，尽管如此，总的来说，我仍然支持第一派的观点。规模更小的政治结构，尤其是如果它们基于军事化的中心，比如城堡，确实更容易导致在各地产生微小的暴力，即使这种暴力（就像通常的那样）非常仔细地设定了目标。吕西尼昂的雨果于控诉中所展现的高度个人化的政治关系也只有在权力是如此本地化以至于每一个参与者都互相认识的情况下才有可能，尽管（正如我们在前文看到的）加洛林世界也肯定存在着个人关系——包括暴力关系——但这跟上面的情况很不一样。11 世纪法兰西文献中所展现出的这种政治权力，即使是由公爵和伯爵们直接行使的，但在很大程度上仍然是基于针对小块领地的一系列越发具体的贵族权利建立的，这些贵族权利，包括司法权以及征收各种通行税和款项的权利，被法国历史学家称为强制性领主权（seigneurie banale）；这些权利都在他们个人手中，甚至可以单独进行买卖，同样也可以进行争夺。这些权利的持有者往往是一些小领主，在我们的文献中被称为骑士（milites），一般只控制着一两个城堡：这与加洛林时期的大贵族非常不同，那时候大贵族们往往拥有几十片地产。同时，这种权力作为一种总体而又关键的变化，伴随着要素变得更加地方化，也变得边界更为明确和正式化。从这时开始，一片领地的边界在什么地方就变得重要了，因为一个领主将不再那么容易在自己的领地之外征收款项或者行使审判权；并且，涉及领地本身的权利也更为明确。基于同样的原因，如果一个领主宣称对一个村庄享有领主权，那么这个村庄的领地扩展到多远就变得逐渐重要了。因此村庄的领土以及堂区的范围也被更清晰地在地面上标记了出来。在 11 世纪变得更为普遍的城堡成了一片景观中的新权力点，而这种城堡不会有加洛林贵族需要，因为他们拥有太多地产，很少有人以城堡作为一个地方的权力基地——与之相反，加洛林贵族会用这些地产的地租来维持地区或王国层面的政治行动。法兰西的农民越发地被限制在地方权力的细胞结构中了，除地租之外，农民也经常遭受领主们沉重的，有时甚至是肆意的压榨，而这种压榨一直是为了加强直接统治。随着人口增加和荒地清理时代里农业经济产生出更多的盈余，这种压榨也在不断增加，而这至少持续到了农民们进行集体抵抗之前，我们将在下一章中看到这一内容。[11]

　　这些都是重大的变化，因为它们都赋予了地方领主以特权。直到 11 世纪，国王 —— 也包括地区统治者、公爵、伯爵和主教 —— 都还能够利用古老的罗马公共权力意象和作为中世纪早期实现集体合法化的集会政治自上而下地进行统治，而不用以非常组织化的方式考虑地方上发生的情况，除非地方上出现了不忠的情况或者出现了程度大到足以传到他们耳中的不公正。11 世纪末和 12 世纪法兰西的小规模领地无法承担如此高程度分离的后果；统治者控制谁和如何控制才是关键。重要的就是要认识到这种转变是两个彼此独立过程导致的结果，因为国王和集会的公共世界的衰弱与地方领主的壮大有着不同的历史路径。但另一方面，这两个过程也是相互影响的：地方权力结构的缓慢发展意味着公共世界不再是唯一可能进行政治活动的地方，这在统治者面临着困难时尤为重要；反过来说，公共政治构建的衰弱迫使地方权力变得更为明确，从而创造了将来的细胞式结构。这两种发展都契合了马克·布洛赫所说的"权力的碎化"（fragmentation of powers）：在一个国家没有独立税收支持的世界中，它们是土地政治永远可能出现的结果。[12] 一个地方化的世界远非土地政治的必然结果；但如果统治者缺少安全感且充满警惕心，这种可能性就始终存在。尽管这个过程的发展在时间和强度上都很不一样 ——

在这里，就同本书的其他部分一样，我们无法处理所有这些复杂的内容——然而在法兰西的一些相对强大的地区单元，比如图卢兹和佛兰德伯爵领，又或者像在阿基坦的威廉五世和吕西尼昂的雨果打交道时，依然能追踪到一种细胞式的政治结构；所有这些统治者都不得不承认领主身份成了他们政治权威的组成部分。

这是法兰西的模式，我们可以很容易地看出这是一个极端的例子；但是它到底在多大程度上延伸到了其他地方呢？其中一些是这样的。举个例子，到 1100 年的时候，整个欧洲西部都有城堡。当然不包括拜占庭，那里的发展非常不同。直到 9 世纪末以前，城堡都还非常罕见（墨洛温和加洛林贵族居住的地方大多未修建防御工事），但是在那之后，修建防御工事的习惯就缓慢而稳定地扩展到了各个地方，尤其是 1066 年之后，甚至在像英格兰这样长期强大的政治体中也出现了这种习惯。起初，城堡大多是作为国王权力的中心［比如在得到了良好发掘的蒂勒达（Tilleda）的奥托王朝宫殿遗址］，但是渐渐地，在德意志、意大利和基督教伊比利亚，就和法兰西的情况一样，城堡成了每一个地方贵族的不可或缺之物，无论大小。[13] 但是，其他地方都没有像法兰西那样发生政治权力的崩溃。在英格兰还有 12 世纪的卡斯蒂利亚，拥有城堡的领主依然完全是以国王为中心的政治结构中的一部分。因为国王是如此富有，以至于地方贵族即便能够从国王的愤怒与攻击中幸免，将自己从国王的庇护下分割出来也是一个失败的选择。在那些地方，要么是私有领地在内部被分割，并和国王的领地交错分布（如在卡斯蒂利亚），要么根本就没有发展起来。这是英格兰除了 12 世纪 40 年代内战时期外最主要的情况，国王们保持着对自由民司法裁判权的控制，并给领主留下了对非自由民

司法裁判权的控制 —— 即使这让领主拥有了大量的权力，因为英格兰有数量庞大的非自由民，而且随着 12 世纪后期自由民与非自由民之间区分界线的变动，非自由民的数量变得更多了。[14]事实上，尽管国王集会不再像诺曼征服以前一样是合法场所，但英格兰保留了大部分 10 世纪后期发展出来的加洛林式的公共政治结构，并且比其他任何地方都更成功。

德意志也没有发展得很像法兰西那样。首先到 13 世纪 40 年代，国王-皇帝至少在某些时间里、在国家的某些地区是强大的，因为国王-皇帝仍然拥有大量军队，所以不得不被地方领主严肃地对待。以国王为中心的集会政治也依然存在，而且集会本身就是各种政治活动的主要场所。此外，他们还有相对有限的行政基础结构。但就我们所见，德意志的公爵在他们广阔的公爵领内并没有多么牢固的根基，而在这些公爵之下的伯爵很多也没有统一的伯爵领，而只拥有一些零散的权利。因此，在大多数地方，无论公爵还是伯爵都无法像阿基坦的威廉五世做的那样，在国王缺席的情况下轻易构建起强大的领地权力基础。其他贵族和教会土地所有者也没有更为集中的权力基础；他们通常拥有分布广泛的领地。当国王的权力开始动摇时，例如亨利四世统治的初期和末期或者 12 世纪 40 年代又或者 13 世纪 40 年代以后，地方势力才获得了一段时间来巩固联合；而当地方势力这样做时，他们也不太会发展出法兰西式的领地化的强制性领主权。作为替代，我们可以看到，彼此交织的世袭领地（可能以家族修道院为中心）、采邑中的王室城堡、征收市场通行税的权利，以及具有德意志特色的、通过"守护"（advocacy）—— 即一般由德意志的主教和修道院长让与世袭世俗守护者（advocates）的于这些教会土地上进行司法裁判的权利——教会土地产生的地方强权堆积在一起。[15]
12世纪，哲林根家族（Zähringen）在黑森林和今天瑞士北部建立
权力网络的过程就是一个已经被充分研究的案例；哲林根家族的
权力网络是由一种地方领主家族临时建立的权利集合（包括公爵
头衔），但是直到1218年哲林根家族绝嗣之前都非常稳固。[16]已
经存在的公爵和伯爵也开始做同样的事。无论如何，这种发展毫
无疑问代表着政治的地方化。虽然对德意志和法兰西的比较做得
并不多，但二者的相似性比人们一直以来认为的要多。[17]德意志的
地方权力更多地是由相互重叠的权威构成的网络，从越发遥远的
国王到当地领主和守护者都包含在这个网络内，而不像法兰西的
许多领地那样有着相对分明的界限，但是它们的效果却非常相似。
在中世纪晚期，德意志地方领主也变得边界更为清晰，然后我们
就发现，在德意志这个包罗万象且日益理论化的王国范围内，出
现了数百个自治乡村（也有城镇）势力。

最后，意大利北部又有部分不同。地方领地也在这里缓慢地
发展着，尤其是11世纪，在伦巴第和加洛林的伯爵网络，以及诸
如托斯卡纳这样的边区内（托斯卡纳边区直到11世纪80年代和
90年代的战争之前都不间断地维持着加洛林式的政治结构）。这
些领地的基础是一些私人地产（包括城堡），世袭的采邑，以及
从乡村堂区收取什一税的权利。然而，直到那些战争开始，公共
权力才陷入危机，而作为反应，这些领主开始以针对所有居民，
无论是土地所有者还是佃户的司法裁判权——在拉丁语中被称为
"对一个地方的统治"（dominatus loci），这是一个在意大利同法
兰西的强制性领主权十分相近的概念——为基础，把自己的土地
转变为统一而边界明确的领地。这种情况大约在法兰西出现强制

性领主权后的一个世纪才发生，但能明显地看出意大利同法兰西的相似性，即使意大利的领主权一般比法兰西的更弱小，提出的要求也更低。[18] 导致意大利有所不同的原因在于这里的城市巨大而有实力，因为绝大多数乡村领主都居住在城墙之内 —— 这本身就在很大程度上削弱了领地的自治权；从 1100 年开始，由于经济迅速变得更加复杂，城市中心也在拓展。当意大利王国丧失力量时，首先就是城市接管了地方统治。

自治的意大利城市发展出了他们自己的集体和协商式集会。这些集会与加洛林和后加洛林时代的司法集会不同，但它们也对政治合法性和大量聚集的民众之间的紧密联系做出了同样的设想。在 12 世纪早期，我们越来越多地发现这些集会以及整个城市为一些被称作"执政官"（consuls）的、每年更换的执政官员集体所统治：热那亚（Genoa）和比萨（Pisa）从 1110 年开始，米兰和其他伦巴第城市从 12 世纪 30 年代开始，威尼托地区（Veneto）从 12 世纪 40 年代开始。这些人来自最为富裕的城市精英阶层，包括土地所有者，有时候有商人，通常还包括一些拥有城堡的领主。他们并非新的社会群体，但他们的集体活动是新的。从 12 世纪中期起他们自称为"公社"（communes），这一词语明确表明了这种集体性。这些公社声索了在旧加洛林时代的意大利基于城市的伯爵网络的权力。到 1200 年的时候，大部分城市重新建立了对其领土内乡村领主的统治。只有一小部分乡村领主在城市化水平较低的地区脱颖而出。这些公社看上去与法兰西、德意志甚至意大利本地的乡村领主非常不同，而且毫无疑问，他们自己也知道这一点。到 12 世纪 30 年代，他们开始用"公共"（public）一词来描述他们的权力，并开始根据自己的需要进行立法。但值得强调的是，与所有乡村领主的出现一样，这些城市政权起初也是高度临时且非正式的，事实上还是不安的权力地方化的产物，在国王虚弱的背景下，他们才变得更加正式化，而他们对政治边界内司法裁判权日益增长的关注（他们热衷于争夺这些，且经常是血腥的）也与法兰西的强制性领主权类似。[19]

因此，欧洲西部各地并不都像法兰西那样。然而，我们也可以说，在整个 11 世纪的漫长时间里，除了英格兰之外，其他地区都经历了一系列至少与法兰西相似的发展。为什么会发生这种情况呢？正如我所论证的，公共权力的危机本身使得地方化的解决方案变得更有吸引力；但同样存在的情况是，此时这些地方权力本身更为稳定了。从一定程度上来说，这单纯是因为加洛林世界的制衡与平衡在这时不再那么明显，因而地方的权力基础也更容易建立。但是，此时的贵族阶层内部也发生了社会变化，从而使越来越小的领主变得可能。在加洛林世界，"真正的"贵族地位被认为是属于相对较少人的，基本上是那些有可能被任命为伯爵的家族；势力更小的军事人物可能拥有一些领地并且在地方上享有一定地位，但他们的地位同他们作为伯爵或主教之扈从的身份紧密结合在一起，而且他们并没有机会摆脱这些。然而到了 11 世纪，如果这些随从拥有一个城堡，那么他们就确实在很大程度上拥有了自己的地方军事地位。他们的祖先往往只是加洛林王朝扈从中的一员，甚至偶尔只是一些最近才好起来的富农；结果就是，我们可以称之为"贵族"的社会群体扩大了。他们的领主 —— 伯爵或公爵 —— 可能仍然希望统治他们，但是也不得不和他们打交道，就像是威廉五世和吕西尼昂的雨果那样。事实上，如果他们的领主不够令人畏惧或者不够成功，他们可能早就开始越来越自主地行动去获取自己的地方权力了，无论这权力的体量是大是小；换句话说，他们会以自己的规则和需求，建立自己的地方领主权。这是一种新事物；在早先的几个世纪里，有大量的时期都处于虚弱或混乱的统治中，但在不小的范围里都没有发展出自治领地。即使在现在，他们也并不是总能做到。一个果决的伯爵或公爵，事实上也包括国王，能够延缓这种进程，甚至扭转它 —— 比如说，"私生子"威廉在标志着幼年的他于 1035 年继承了诺曼底的内战结束后就设法做到了这一点，[20] 而在 12 世纪 40 年代的英格兰内战结束后，实际上也同样非常轻松地恢复了。但是，从这个时候开始，这一进程成了一种可能的发展。一个弱小的统治者，或者一场内战，可以在任何地方引发这一进程，而且这种情况并不罕见。当这些事发生之后，整个过程时常不会被逆转，结果就是出现了正式化的地方权力单元，并形成了一种细胞式结构，而如果之后的统治者想要重建他们自己的政治体制，就不得不以一种新的方式来处理。

对地方的关注和创造性的权力构建也凸显了 11 世纪另外两个独特的新现象，它们的范围超越了本章前半部分所着眼的一个接一个的对国家社会政治进行的讨论；并且这两种新现象都非常契合我刚刚所描绘的整体情景，并补充了它们的内容。这两个新现象就是教会"改革"运动和诺曼人 / 法兰西人在南意大利和巴勒斯坦地区的扩张。现在让我们依次看看这两个话题。

基督教欧洲的历史充满了宗教改革运动；可以说，这些改革运动是基于一部极长神圣文本 ——《圣经》—— 的宗教的必然结果，其中有一些段落宣扬的道德价值与任何曾经存在的政治制度或宗教体系所宣扬的道德相反，而细心的读者可以在任何时候发现或者再发现这些。（在伊斯兰世界，《古兰经》强而有力却又断断续续地发挥着相似的作用。）如同我们在第四章中所看到的，加洛林世界中的宗教和政治"改革"（尽管中世纪的理论家们没有称之为改革，但我们依然这样叫它，因此"改革"这个词打上了引号）是非常重要的；它被掌握在皇帝和国王手中，他们与主教和修道院长，甚至实际上还有世俗贵族共同行动，并且时常指导他们。然而，随着 10 世纪时政治权力变得更加地方化，主教们开始寻求一种不完全聚焦于国王权力的合法性（他们常常在大格里高利的著作中找到这种合法性）。[21] 从这时开始，主教会议也越发频繁地在没有国王参与的情况下召开了。从那时起，尤其是在 11 世纪，即使改革团体的关注点 —— 隐修士隐修制度、圣职者的性纯洁、对平信徒的属灵教育或者以金钱换取教会职位的圣职买卖之罪 —— 很少是完全新鲜的，但他们确实变得越发具有地方多样性，也不再总是向中央权力看齐了。然而，宗教行为的地方化确实产生了一些与此前几个世纪大不相同的结果。让我们一个接一个地区来看一些例子，最后再以 11 世纪后期罗马教宗的活动作为结束，至少在最开始的时候，罗马教宗也和其他地方的圣职者一样在进行地方化，虽然教宗很快就更为大范围地改变了宗教活动的性质。

10 世纪 60 年代，一场修道院"改革"运动在英格兰展开了，这场运动旨在引入一种更为严格的修道生活。该运动得到了英格兰国王埃德加和他直属扈从很大程度的赞助，同时也被他们有效地控制，他因此（也是有意识地）被视为 150 年前法兰克的"虔诚者"路易进行修道院重组集权化创新的继承者。但是，英格兰的运动不仅关注修道院：它在很大程度上还涉及了主教座堂的"改革"，其中许多咏祷司铎都变成了僧侣，而许多主教本身也出身自僧侣。这就为英格兰教会增添了一种修道主义色彩，而这在欧洲其他地方是比较罕见或者根本没有的，这种改革也显然并非效法加洛林王朝；这是英格兰人自己想出来的。[22]

一个发展截然不同的例子是克吕尼（Cluny）修道院的独立地位。这座修道院于 910 年由阿基坦公爵"虔诚者"威廉（Guillaume 'le Pieux'）在勃艮第边缘建立，但这座修道院并不从属于公爵，而是从属于罗马的教宗。以要求极严的修道方式而闻名的克吕尼修道院常常被誉为中世纪后期完全自治的国际化教会之先驱，但它的修道院长，尽管通常都不来自主要的贵族家族，也和任何地方政治势力没有紧密的联系（这有助于克吕尼修道院在地理上处于某种权力比较真空的地带），却与那个时代从克吕尼修道院长奥多（Odo）10 世纪 30 年代的恩主、罗马第一公民阿尔伯里克（Alberic，954 年去世）开始的其他一些世俗统治者有着非常紧密的联系。克吕尼修道院自身所拥有的土地确实因各地虔诚的世俗家族捐献而极大地增加，作为结果，修道院也得到了大规模的建设和重建。克吕尼修道院真正的创新之处在于，它成了遍布半个欧洲西部的若干修道院的本院。也就是说那些修道院的主要效忠对象并非任何当地的人物——无论是主教还是伯爵——而是克吕尼修道院。它建立了一个身份认同和繁复礼拜仪式的国际网络，跨越了所有传统的政治边界，而这也在日后成为很多修会的典范。[23]

介于这两个例子——即英格兰那种与世俗权威紧密相连

的教会和勃艮第那种在世俗权威之外有一定程度自治性的教会——之间的，是位于德意志王国西部边缘上洛泰林吉亚（Upper Lotharingia，今天的洛林地区）的教会。在这里，梅斯（Metz）或图勒（Toul）的主教在没有平信徒的介入下独自扮演着改革当地修道院的主角，这些修道院包括梅斯城外的戈尔兹（Gorze）修道院和图勒城中的圣埃夫尔（Saint-Èvre）修道院；但是，这些主教自己与神圣罗马帝国皇帝的宫廷有着个人联系。比如图勒的布鲁诺（Bruno von Toul，1026—1049 年担任主教）复兴了圣埃夫尔和邻近的穆瓦延穆捷（Moyenmoutier）修道院；但是，他也是当地贵族中地位最高的人，与国王-皇帝康拉德二世（就是他将布鲁诺任命为主教）、上洛泰林吉亚的公爵以及邻近的梅斯主教都有密切的关系，而且他本人也从未认为自己独立于皇帝的权威。[24] 当然，他所处的是一个变革中的世界，这个世界同样关注隐修的严格性，但在上洛泰林吉亚的特殊背景下，这里的修会就跟英格兰和勃艮第的一样，正发展着自己的规程和设想。

　　宗教会议和主教会议仍然存在于各地；但是，这些会议现在不仅经常独立于世俗权威召开，而且对世俗权威的批判也更多了。一个广为人知的例子是 10 世纪晚期和 11 世纪早期，在法兰西中部和南部召集的"上帝的和平"集会。这些集会实质上都是由主教召集的地方宗教会议，同时也有大量平信徒参与。现存的会议记录表明，这些会议对当地领主的掠夺行为（尤其是针对教会土地的）给予了很大重视，他们试图通过宣誓、制定扩大教会庇护所的规定，以及再之后的将平信徒的战争限定在一周内某几天这些方式来限制当地领主。这些会议很容易被归入"封建革命"的叙事之中，虽然最近这种观点又有所回落：和平运动绝不意味着与领主敌对，领主们自始至终都参与了这场运动；对于平信徒暴力的谴责也很容易被视为一种常见的借口（虽然这并不意味着这些暴力没有发生过）。宗教会议在教会"改革"的叙事中也同样扮演着自己的角色；当然，主教在这里是以一种不寻常的方式对平信徒社会给予自主的指导，但伯爵，事实上还有国王也同样可以采用这种做法，而他们也很快就这样做了。更重要的其实是，这些会议是针对人们察觉到的社会问题做出的一种具体的、地方性的回应，因为这些集会几乎没有延伸到法兰西中南部地区之外。事实上，"上帝的和平"集会在某种意义上是对加洛林时代公共集会的模仿，但现在这些集会是由地方势力召集的：加洛林时代的传统在这里被有效地重塑了，它产生于地方，且仅仅在一个地区内。[25]

这种自下而上的卫道士主角甚至可以由那些没有正式教会职位的人出任。1057—1075 年间米兰的巴塔里亚运动（Pataria）就是一个很好的例子。这是一场由（低级）教士和平信徒共同领导的大众虔信者宗教运动，这些教士和平信徒在米兰的教会中以暴力的手段反对神职人员婚姻和圣职买卖行为；这场运动也是最早的由平信徒所主导的此类运动之一。这一运动分裂了整座城市，因为在细节繁多的米兰教会传统中，神职人员结婚是一个长期存在的特征，所以当这些神职人员受到攻击时，也有许多人坚定地维护他们。针对时任大主教圭多·达·维拉特（Guido da Velate，1071 年去世）进行了圣职买卖的指控在一定程度上也是伪造的，但即使如此，这场运动最终还是成功地将他驱逐出了米兰城。然而很明显，对这种不仅有威胁，还污染了教会的圣职买卖的忌惮深深地根植于米兰大众的价值观念之中；米兰是到这时为止意大利北部最大的城市，而且在当时商业活动活跃，人们也知道"交易"是怎么一回事。当时的一些米兰人将圣职买卖视为一种商品交易，并经常把这辩称为人情交换，因此自然也不能接受一个纯洁的教会。如同我们前面所提到的，圣职买卖和神职人员婚姻，至少对于教会改革者来说并非最近才开始关注的；因此米兰人并没有表达出某种新的忌惮。但是，此时米兰人对这些问题的道德恐慌却更为强烈了；同时巴塔里亚运动还新在它是一场公众运动，而且有明确的地方基础。在意大利的一些城市中也有相似的运动，但在其他城市中，平信徒们大多并不关心或对这种运动抱有敌意，甚至 1075 年，米兰的传统主义贵族也发起了一场反击，导致了巴塔里亚运动的平信徒领袖额勒姆巴多（Erlembaldo）的死亡和运动的衰落。[26] 可以补充的是，尽管巴塔里亚运动受到了 11 世纪六七十年代历任教宗的强烈支持，但是在很大程度上以平信徒为中心的做法也带来了危险：举个例子，如果平信徒开始自己在教义问题上做决定怎么办？当 11 世纪他们确实这么做的时候，他们更多地是被视为异端而非教会的道德先锋：比如在 1024 年法兰西的阿拉斯（Arras）或 1028 年意大利西北部的蒙福特（Monforte），当平信徒认为洗礼（阿拉斯的情况）或教宗至高无上的权威（蒙福特的情况）没有必要时，主教就因此谴责了他们。[27] 我们将于第八章中再来讨论这个在 1150 年后的西部变得更为普遍的趋势之意义。但是，值得在此补充的是，当平信徒确实在教义上自己做出决定时，这些巴塔里亚运动的参与者们也成了异端的同义词。尽管教宗乌尔班二世（Urban II）在 1095 年将额勒姆巴多封为圣人，但巴塔里亚运动所隐含的危险并没有被遗忘。

　　我最后也是最长的一个例子是罗马本身。这也是一个地方化发展的例子，但影响更为重大。1046 年，教廷在教宗合法性问题上面临着反复出现的危机：当同时有三个互相对立的教宗时 —— 尽管这种局面不是很常见 —— 谁才是合法教宗。德意志人的国王亨利三世废黜了其中两个，并在前往罗马加冕为帝的过程中迫使第三个对立教宗格里高利六世（Gregory Ⅵ）在苏特里（Sutri）宗教会议上退位。亨利三世又任命了他自己的教宗，一个德意志人，克莱门特二世（Clement Ⅱ）。自 963 年奥托一世第一次废黜教宗以来，德意志人的国王已经废黜过几次教宗了。但任命一个非罗马人出身的教宗却并不常见，尽管奥托三世在 996 年和 999 年也这样做过。然而，亨利先后确保了五位德意志人教宗的任命，从这时起，罗马本地出身的教宗反而变得相当少见，这种状况一直持续到 12 世纪后期。到 11 世纪 50 年代，枢机团也迅速变化，因为他们从这时起也变得以非罗马人为主了。亨利的第三位教宗，也是其中寿命最长且统治最有成效的教宗，就是图勒的主教布鲁诺，即后来的教宗利奥九世（Leo Ⅸ，1049—1054 年在位）。如我们所见，他与皇帝的宫廷有着密切的联系，但也是圣职买卖的积极反对者。同时，他利用教宗的新职位在整个欧洲 —— 从罗马到法兰西的兰斯 —— 举行了一系列宗教会议，而圣职买卖则是他议程中的首要问题。1049 年兰斯的宗教会议上，利奥在没有平信徒的参与下（法兰西国王拒绝参与），于会议召开的一开始便要求所有与会的主教和修道院长声明他们从未通过金钱获取自己的职位：这一戏剧性的场面迫使其中几位与会者当众承认自己曾经进行过圣职买卖，结果一些人就被免去了职务。[28]

兰斯的会议开启了教会"改革"的新时期，在利奥九世、亚历山大二世（Alexander Ⅱ，1061—1073 年在位）和格里高利七世（1073—1085 年在位）的领导下，教宗的参与第一次变得重要起来。尤其是前总执事希尔德布兰德（Hildebrand），即格里高利七世，他的个人魅力、雄心壮志和拒不妥协使整个"改革"运动被许多人称为"格里高利改革"。然而，这场运动比这个名字所涵盖的更为广泛。标志着这一时期特征的就是各种各样的改革者向罗马聚集的程度：利奥的扈从中有反对圣职买卖的激进主义者穆瓦延穆捷的宏伯特（Humbert von Moyenmoutier）这样的洛泰林吉亚人，有修道院的建立者彼得·达米安（Pier Damiani）这样的北意大利人（二者后来都成为枢机主教），还有具有改革思维的罗马自己的教士，最为著名的就是希尔德布兰德。将他们凝聚在一起的就是教会因圣职买卖而被玷污的信念，如同我们前面所看到的那样，圣职买卖引起了这一时代的道德恐慌，还有就是神职人员的性生活，彼得·达米安尤其关注教士的性生活问题——对他而言，教士的性行为等同于乱伦，而他用了很大篇幅去阐述其中的危险性，甚至还包括一份有着长而惊人细节的反同性恋行为论述，但这对利奥九世而言太过极端了。[29] 问题就在于：究竟什么才算是圣职买卖？购买教会职位是其显而易见的含义，但即使是因为从本内迪克特九世（Benedict Ⅸ）那里买到教宗职位而被迫退位的格里高利六世（希尔德布兰德就是他的门生），也视自己为一个改革者，而且他似乎认为这不过是贿赂一下不名誉的前任教宗。其他人确实将这种支付视为恩惠互换中礼物的一部分，这是整个中世纪（而且不仅仅是中世纪）政治的一部分。相反，在纯粹主义者中，一些人认为这种圣职买卖的污染范围可以扩大到教会选举中的任何一点平信徒干涉——这样的干涉是非常多的，因为皇帝和国王常常会选择主教甚至教宗，就如前文所见，并且一直都是如此；同时，他们也会参与到教会的祝圣和主教叙任礼当中。例如，在 11 世纪 50 年代，穆瓦延穆捷的宏伯特就认为平信徒对教士的叙任就是一种圣职买卖。尽管在一段时期内，他的想法并没有被其他人所接受，不过在 1078 年，教宗格里高利七世最终接受了他的观点，并在同年春季的宗教会议上颁布了反对平信徒叙任的教令，但这也是在他和亨利四世之间的矛盾爆发之后才做的。[30] 因为格里高利的这一最终选择，皇帝和教宗之间的冲突经常被视作谁应当控制叙任礼的争斗。但是，事实上这只是教士在属灵层面上的独特性、权威性和自主性等一系列广泛问题中的一个次要问题，这也让圣职买卖（以及教士性行为）使人恐慌的真正原因变得越来越清晰。虽然有关叙任权的争议在这个世纪末极大地增加了论辩的热度，但重要的是，当 1122 年和平建立时，这一点变得可以妥协了。

利奥九世受皇帝支持的"改革"可以被视为一种能够追溯到加洛林时期的传统的一部分。然而当 1056 年亨利三世去世时，改革者们却开始出现分歧。一些人满足于一场继续寄希望于皇帝宫廷的运动；其他人则认为应该只由教士们承担改革主角的职责。由希尔德布兰德（即格里高利七世）所领导的后一派虽然历经艰辛，但最终还是胜出了。当格里高利与亨利四世最终决裂后（起初是因为米兰的危机而非任何神学问题），亨利在 1084 年攻占了罗马并在教会的大力支持下，让自己的教宗克莱门特三世（Clement Ⅲ，1080—1100 年在位）被祝圣。罗马的平信徒精英过去大多支持格里高利，但在格里高利的南意大利诺曼人盟友为了使教宗逃脱而烧毁了城市的部分地区后，大多数罗马人改变了立场。而直到克莱门特去世，他在大多数时间里都一直控制着罗马对抗其他对立教宗。[31] 格里高利的第二个继承人乌尔班二世

（1088—1099 年在位）几乎没有任何在罗马的根基。他之所以能在最后赢得广泛的支持，于生命的最后一年从其他对立教宗手中重新夺回罗马，是因为他在实践中采取了一种更加崭新的尝试，这是一种与利奥九世的做法相似（也因此同和平集会相似）但处于非常不同政治环境下的实践：他在意大利北部和法兰西等一系列地区召开有大量平信徒参加的宗教会议，但仍然强调会议要在教士们的指导下进行。其中就包括 1095 年乌尔班二世宣扬第一次十字军运动的克莱蒙会议，体现出了他的个人领导魅力（还有进行缜密策划的能力）。[32] 1100 年之后，对格里高利-乌尔班派的抗拒迅速消退。事实上，到 12 世纪时，教士从世俗权力那里取得自主权越发被视为理所应当的，而且已婚的神职人员在欧洲西部的大部分地区也变得越发罕见。[33]（与之相对，在没有受到这些事件影响的拜占庭，这仍然很正常。）从此以后，教士与平信徒之间属灵层面上的分歧变得越发明显，而教宗在欧洲西部教阶制度中至高无上的权威也被渐渐接受 —— 至少理论上是这样。查理曼和"虔诚者"路易那种道德化的、由国王发起的政治举措在新的环境中也因而越发稀少。从这时开始，教宗认为这种举措应该出自自己，而国王们尽管毫无疑问要服从教宗，但现在也可以被视为比以前更为特殊的世俗角色。

即使是今天，也有相当多的历史学家将 11 世纪后期的教会"改革"置于一种有着好人与坏人的胜利主义叙事之中 —— 值得注意的是，甚至是一些以新教传统进行写作的历史学家也是如此，他们的传统认为神职人员的婚姻和平信徒在神职人员选择中的参与都是非常积极正面的。这并不是，或者说不应该是重点；相反，我们需要的是理解"改革"运动中格里高利一方是在什么样的框架下，如何胜出的。所以在这里，我们就需要回到政治的地方化上。无论"改革"的形式如何，"改革"这一概念始终在 11 世纪（事实上是绝大多数时期）每一个雄心勃勃的神职人员的观念中存在。但是，就如我们已经看到的，"改革"的源头现在已经不再一定和任何中央权威联系在一起了 —— 无论是皇帝还是教宗。因为每一种实践政治体制都走向了地方，"改革"也有自身的地方逻辑和动力以及各不相同的地方重心，就像我们已经看到的隐修制度、"上帝的和平"与巴塔里亚运动还有此时教宗统治下的罗马本身。而"改革"也一直在延续。各地都在召开主教会议；各地的修道院都在进行改革，并建立了新的纯洁主义修道会；个别的主教和教区也能够推行他们自己的属灵"改革"和牧灵关怀［维罗纳（Verona）就是一个得到了充分研究的例子］。这些进程都是自发进行的，而且在各个地方都略有不同。[34] 而这也就意味着，没有人能够轻易地阻止这些"改革"进程。亨利四世和他的盟友可以拒遵循格里高利传统的教宗们于罗马城外，但是他们无法阻止格里高利七世，更无法阻止乌尔班二世将自己与欧洲西部其他地方层面的"改革"举措联系起来。然而，反过来说，这些教宗要迎接的真正困难是，如何才能在即使面对对立教宗挑战、身处罗马城外的情况下，也被其他人当作重要的角色来认真对待（在其他国家中，英格兰于内战时期的大部分时候都保持着中立）。格里高利极力发展了一种援引教宗的肯定和裁断以便所有人作为依据的传统；但这种传统只有在他们被接受为合法教宗时才有效。

于是，教宗的合法性第一次在整个欧洲范围内遭到了地方（精英）意见的考验。[35] 乌尔班是一个法兰西人，同时也是克吕尼修道院的修士，而他在法兰西非常受欢迎，克莱蒙宗教会议只是放大了他受欢迎这一点。法兰西以及基督教伊比利亚（伊比利亚对神圣罗马帝国皇帝的所作所为总是兴趣非常有限），再加上至少半个中北部意大利和诺曼人的南意大利，足以与强烈支持克莱门特三世的德意志大部分地区和意大利部分地区平衡，甚至超过了平衡的程度。然而，当格里高利-乌尔班的继任者胜出后，他们的继任者帕斯加尔二世（Paschal Ⅱ，1099—1118 年在位）是一个远不如他们有手腕的教宗，不过 1105 年之后就没有和他对立的教宗了。对帕斯加尔二世和他的继任者们而言，他们面临的问题是教会"改革"还在继续沿着地方路径进行，甚至时常在名义上都不理会一下教宗。12 世纪时国际化的教会确实向我们呈现了一些重要的政治参与者，其中最为著名的就是克莱尔沃的伯尔纳多（Bernard de Clairvaux，1153 年去世），他的宗教合法性就完全不来自教宗传统。伯尔纳多是一位来自法兰西的、遵守熙笃会运动严格戒律的僧侣和修道院创建者，他在 12 世纪早期熙笃会修道运动迅速成功的背景下，凭借自己大量的著作、公开的禁欲主义以及个人魅力和拒不妥协的性格，建立了他的道德权威。他在不需要任何来自教宗支持的情况下主导了法兰西北部的教会政治 25 年之久。事实上，在 12 世纪三四十年代的新一波教宗骚乱里，反而是教宗需要伯尔纳多支持，而不是反过来。[36] 伯尔纳多的权威也显示出这一时期教会和世俗政权一样的地方化程度。当然，这种地方基础对于充满个人魅力的宗教人物而言也并不新奇；同样，伯尔纳多最大化利用这种地方基础影响法兰西和意大利大部分地区的做法事实上也表明，即使是非正式的教会权威也开始具有跨国的潜在能力。然而，他的成就仍然是自下而上的。在此后的世纪里，未来的伯尔纳多们将会面对更多来自教宗的麻烦。

可以说 12 世纪的"教宗君主制"（papal monarchy，这是当代历史学家们所使用的一个术语，而非当时人所用的）在某些方面有些类似于法兰西国王，国王在整个王国中虽然得到认可，但是并没有太多机会控制国内发生的所有事情。在地方虔信宗教的程度方面，教宗的权力同样也永远不会成为一个决定性因素：中央集权化和地方多样化之间的紧张关系成了中世纪余下时间及其后时代的标志。但后来发生的事实表明，教宗有可能建立一个相当重要的要素以控制所有这一切，如同法兰西国王最终会做的那样。我们将会在后面看到这是如何发生的。

11 世纪最令人惊奇的发展之一是诺曼人从一系列不同的势力手中夺取了意大利南部和西西里，这些势力包括拜占庭在普利亚（Puglia）和卡拉布里亚（Calabria）的行省政府，阿拉伯的西西里埃米尔国以及意大利大陆上的六个自治公国和亲王国，这些国家控制着贝内文托、萨莱诺（Salerno）、那不勒斯和其他伦巴第或拜占庭旧首府。这一事件常常被人同对英格兰的诺曼征服联系在一起，但事实上却恰恰相反：对英格兰的征服是一场由诺曼人公爵和他的军队发动的有组织的军事行动，决胜于一场战斗并且在五年之内就完成了；而对意大利的征服则是一批出生于诺曼小贵族家庭的幸运的战士的成果，而且经历了两代人断断续续的武力征服才完成。这也因此成为一种政治地方化可能性的标志，而这种遍布欧洲西部大部分地区的政治地方化发展我们已经在本章中充分地看到过了。

至少毋庸置疑的是，南意大利由如此多势力分裂的历史远比这一事件要久远：事实上，这种分裂可以追溯到 9 世纪，当时贝内文托的旧伦巴第公国因内战而四分五裂，那不勒斯及其周边城镇的城市领袖也抓住机会从拜占庭手中实现了独立。而到了 11 世纪的头几十年，诺曼人和其他法兰西北部的人便开始被以雇佣兵的身份招募，参加到了这些势力间长年累月但又断断续续的战争之中，同时他们也意识到这里存在着能让他们建立起自己统治的机会。最早发生这种雇佣军建立自己统治的情况是在 1030 年，位于那不勒斯以北的阿韦尔萨（Aversa），那里在理论上仍被那不勒斯公爵控制；然而等到 11 世纪 40 年代时，不同的诺曼雇佣军团体就都在以征服意大利南部大陆部分的各个地区为目的了。1053 年，他们击败了以教宗利奥九世为首试图将他们赶出南意大利的教宗军队，而到 11 世纪 50 年代结束时，南意大利大陆部分的大多数地区就都处在诺曼人的控制之下了。然而，这并不是某种统一的实体。不同的领主在各不相同的基础上建立了属于他们自己的、大大小小的领地。有的时候，他们只是纯粹取代了原先的政治实体；但有的时候则基于征收土地和地方化司法审判权，建立了类似于北方的强制性领主权；还有的时候 —— 在原拜占庭人的地区和后来夺取的原阿拉伯人的地区 —— 新的统治者瓜分了作为前政权财政基础的征税权，因而他们的领主统治也更多地基于征税权而非土地持有。11 世纪 60 —80 年代，诺曼人也稍微以更有组织的方式征服了西西里，自那以后，西西里就主要通过阿拉伯和（最主要是）希腊官僚阶层进行集权统治。然而，在上述这些之外，下一代人不过是以诺曼人之间的相互冲突取代了征服战争。[37]

于是在 1100 年左右，诺曼人统治的南意大利是各高度地方化政治单元的一个集合。如果他们还臣服于某些更高一级的领主，比如卡普阿（Capua）亲王或普利亚公爵——两者常常被同时提及〔他们是 11 世纪 80 年代最为强大的两个诺曼统治者，统治普利亚和萨莱诺的罗伯特·吉斯卡尔（Robert Guiscard）和统治西西里的鲁杰罗一世（Roger I），两人是来自欧特维尔家族（Hauteville）的兄弟〕——那么他们远不会受到上级领主的严密控制。到这时，诺曼人还没有做什么建立国家的尝试。我们也确实很难不产生诺曼人大部分时间都只是在单纯寻欢作乐的印象：他们以镇压和充满想象力的暴行而闻名，这也是他们的生存之道（这样那些被征服者会更容易投降），[38] 而在南意大利的艳阳下也大概会比在故乡欧特维尔这样做更为有趣，毕竟欧特维尔只是一个位于诺曼底的更为凄惨的村庄罢了。结果又一次，政治地方化出现了，而且甚至比南意大利以前曾经出现过的政治地方化程度更深。诺曼人成功地跨越了过去的边界，把拥有强大国家体制的前拜占庭行省强行合并进了基于土地的伦巴第各政治体的体系当中：所有这些地方都直接成了诺曼人的领地。正是在这一点上，南意大利的历史和欧洲西部教会的历史十分有趣地出现了相似之处：在这两个例子中，急剧变化的地方实践都联系起了跨越传统政治边界的地区，而且即使二者仍然是地方化的，但也都因为这种跨越过去边界的联系而变得更为强大。

事实上，具有强大区域性和地方性的实践仍然有能力继续输出得更远。欧洲的分裂丝毫没有削弱欧洲各种势力将自己扩张到他们起源地之外的能力。第一次十字军东征最主要的就是将教会和激动而又恣意妄为的世俗势力联系了起来，非常迅速地向外推进。在接到了拜占庭皇帝阿莱克修斯一世（Alexios I）的求助请求后（参见第九章），乌尔班二世于1095—1096年在克莱蒙和其他地方进行了宣讲，将宗教朝圣的图景与长久以来停留在口头上的从穆斯林手中"解放"耶路撒冷的愿望联系了起来。就连乌尔班也一定为这一思想蔓延的速度所震惊，因为征召工作立刻就在法兰西的伯爵和城堡主中展开，而这一思想也扩散到了德意志（那里的千禧年主义农民信徒队伍也数量众多），稍晚的时候又传播到了意大利。有几支军队早在1096年的春天就开拔了，而此后的几年中还有数支军队陆续出发。但只有少数人走得很远——匈牙利和今天的土耳其是大部分人遇难的地方——但规模最大且主要由法兰西人组成的队伍在1096年8月才开拔，他们非常谨慎地穿越了拜占庭帝国，并最终克服了困难，于1098—1099年先后攻克了安条克和耶路撒冷。[39]这段成功的历史经常被饱含热情地以各种语言谈起，然而与之相伴的是1096年对莱茵兰地区犹太人共同体和1099年对耶路撒冷穆斯林和犹太居民的屠杀；尽管由于第二次世界大战后几十年严峻历史的原因，欧洲冒险行为对中东造成的危害现在已经更加为人所知，但是上面提到的知识却只对有关十字军的史学写作造成了很少一点影响。[40]然而，重要的是第一次十字军东征根本不是由国王领导的，而是由公爵与伯爵〔他们来自图卢兹、诺曼底、佛兰德等地，也包括吉斯卡尔的儿子博希蒙德（Bohemond）〕、主教和更小的领主再加上意大利城市的领袖率领的：也就是说，十字军是由本章讨论的地方平信徒政治掮客所率领的。尽管他们拥有真正的宗教热情，但是在整个征途中他们依然争执不休，因而其中一些人提早离开了。少部分人，比如博希蒙德事实上对夺取土地和进入耶路撒冷同样感兴趣（而他最终也成了安条克的统治者）。但是那些之后可以把自己所熟知的法兰西或意大利那一套细胞式政治结构强加于东方的人，给叙利亚和巴勒斯坦带来了难以控制的殖民式领主统治，跟南意大利发生的事十分相似，而这一切都发生在那些人掌权的这个世纪中，一直持续到 1187—1188 年萨拉丁几乎再次完成对叙利亚和巴勒斯坦的重新征服为止。[41]

总结一下的话，在 11 世纪，政治权力变得更加地方化了，而且权力的边界变得更为准确了。政治权力持有者时常是那些比加洛林贵族会视为同侪的对象更渺小的人物。领主可以创造性地建立政治权力，事实上城市也可以做到这一点。领主和城市会以一种在最初不合法的方式攫夺权利，但是一旦他们的权利被接受，他们就确立了一种新的合法性。这种权力结构是崭新的；它同过去保持了很大程度的连续性（尤其是在几乎没有改变的贵族价值观网络方面），但是从这时起，这种实际的权力就取决于对土地上细微权利和关系的了解与关注了。强大的王权当然会被重建，而且时常相当快：比如 12 世纪 20—40 年代西西里的鲁杰罗二世（Roger II），12 世纪五六十年代英格兰的亨利二世，12 世纪50—70 年代在德意志和北意大利（然而在这里不太成功）的腓特烈"巴巴罗萨"，12 世纪后半叶从英诺森二世（Innocent II）到英诺森三世的教宗，以及之后从 13 世纪开始到该世纪第二个十年法兰西的腓力二世。但是，在强大的王权被上述这些或其他统治者重建时，还是会以实际掌握权力的这种细胞式结构为基础，而非——或者说仅仅是在很小程度上——以过去那种实践和国王的意识形态为基础。[42]加洛林王朝和奥托王朝从罗马帝国继承来的公共世界几乎在各个地方都消失了，因此不得不在不同的基础上进行重建。这就是为什么至少对欧洲西部而言，这一系列发展标志着转折点：之后中世纪的政治进程都以这一点为前提。我们将在第八章中看到这种重建是如何发生的。

# 第七章

# 长期经济繁荣

950—1300

下面是对我们所知的中世纪中期经济扩张的概述。从950—1300年，欧洲的人口增长了3倍之多；同时出现了大规模的土地开荒过程，林地和粗犷的牧场被改造为耕地以养活那些新增加的人口；在整个大陆上，城镇的规模和数量都大大提高，开始带着之前非常罕见的工匠职业精神来生产产品（主要是衣服和金属制品），而这些产品的销售范围也更远了；货币的使用（除了拜占庭帝国之外，这一时期的货币主要都是银币）也在日常交易中变得更加普遍；农业专业化也开始发展；货物和人员的流动总的来说都变得更加广泛，尤其是12世纪50年代左右以后；而欧洲西部和南部交易的复杂性也开始向北扩展。按照中世纪的标准来看，这是一个经济繁荣时期。更多的人口可能仅仅意味着每个人都变得更穷，然而，在这个时期却并非如此。毫无疑问，欧洲的经济在这一时期结束时比这一时期刚开始时要复杂得多，尽管就如我们将会看到的，还是有一些迹象表明，某些地区在14世纪早期就达到了人口上限。[1]

然而，还有一些是我们不清楚的：这种人口增长实际上是因为什么原因而开始的（以及什么时候开始的）？人口与这一时期的经济变化究竟有何关联？[2] 商品的远距离交易从什么时候开始变得重要（我们在 12 世纪 20 年代的佛兰德就能发现意大利商人的踪迹，但从什么时候开始他们的出现在经济上具有了重要意义呢）？除了佛兰德和北意大利这两大城市中心，欧洲其他地区到底从这种商品交易中获得了多少好处？哪个社会群体从这种经济复杂性增长中获利最多，以及这之中是否发生了变化？生产在多大程度上取决于农民（即大规模的）而非贵族的（即有限的）需求？在作为一个整体的欧洲"市场"上，农业产品相对于手工业产品的重要性究竟如何？我们甚至根本不清楚一些关键的基本细节：在 12 世纪 90 年代热那亚人开始频繁进行商业记录前，我们不知道 12 世纪拉丁欧洲最大的城市米兰究竟在生产什么产品，而他们又在哪里出售这些产品；[3] 我们也不知道英格兰的羊毛在什么时候成了佛兰德纺织城镇的主要原材料，更不用问通过什么方式以及为什么了；我们同样会惊奇为什么银矿——在这一时期，这是现实意义上的"货币发行许可证"——的发展很少会对银矿所处的更广阔区域之繁荣产生太大影响。

我们在这些方面缺乏了解有几个原因。自然，这首先就是证据的问题，因为这些问题所涉及的内容都是那种很少有材料能直接告诉我们答案的，至少在 1300 年前是这样；事实上，就算未来的考古学工作无疑会在一定程度上有所帮助，我们也永远无法知晓完整的情况。但其他原因则是由于历史学家们的失败导致的。一个原因是对中世纪文献档案的大规模有序整理工作不再流行，而这恰恰是我们能够可靠掌握这一时期发展模式的唯一方式（当下许多研究中所说的"史实"都来自 20 世纪 60 年代乃至更久之前经济史前辈们的推测，而这些推测从未被认真地验证过）。[4] 另一个重要事实是，除了在某些特别地方化的背景下，很少有人会认真地尝试建立起一个中世纪世界如何共同运转与配合的经济模型。[5] 相反，大多数情况下，他们都借用了已经完成工业化世界的或正在工业化中世界的模型，并把这套模型运用到了一个运行方式非常不同的历史时期，这最多也就是讨论了中世纪特定的社会经济结构或政治政策如何"阻碍"了这种工业化发展，根据他们所言，这种发展本可能会同 1750 年时的发展状况更为相似。

显然，我们无法在本书中解决这些问题。但我们在后续的讨论过程中应当牢记这些问题。因为，如果我们想要理解中世纪中期乃至之后整个中世纪社会的动态，那么这些经济扩张的"事实"就是至关重要的了；但是当我们在这里探讨这些"事实"时，也必须认识到基本数据和解释存在着多大程度的缺失。一些基本的情况是明确的：比如说，12 世纪时巴黎市和巴黎盆地地区在经济上变得异常活跃，而这一点是巴黎各学院和之后巴黎大学发展的基本环境（因为如果这里没有能够养活他们的基础设施的话，学生们就不会被吸引到这里来了）。这也是法兰西的腓力二世有能力凭借有限的直辖领地在 13 世纪早期的战争中和英格兰的约翰掌握的资源相匹敌的原因。同样也是由于资源的集中，法兰西北部出现了以每个城市一座的惊人密度建造的、非常昂贵的全新哥特式主教座堂。但是，说到这些，我们也必须诚实地承认，我们并不真正了解这一时期巴黎地区的经济是如何运作的。[6] 在每个阶段，我们都能看到经济变化带来的重要结果，但同时也认识到了我们经常无法准确地判断这些是如何发生的。这将是贯穿整章的一种潜在矛盾。但是，我们这样做仍然比在试图描述欧洲社会、政治、文化转变的特征（尤其是1150年之后的特征）时完全不将经济背景考虑在内的做法要好。

就人口增长而言，至少这毫无疑问是发生了，因为我们的档案记录中弥漫着一种人口不断增加的感觉。然而，我们却无法对人口增长的规模进行精确的追踪。唯一能半信半疑接受的数字来自1086年英格兰的《末日审判书》（Domesday），而之后的数字则出自1377年在黑死病之后的英格兰人头税记录。黑死病在1347—1352年之间杀死了大约三分之一到一半的欧洲人，并且在之后又屡次卷土重来。而在那之后，欧洲的经济也无疑变得不同了。我们将在第十一章中对1350年之后的时期进行单独考察。1086年，英格兰似乎有200万左右或更多的人口，而在1377年的时候还稍微多了一点，这表明在黑死病之前，人口明显应该多得多。而究竟还有多少人口，则要依赖于更不完整也更以地方为基础的数据，但1300年左右大致的人口数量应该在500万上下（这是今天英格兰人口的十一分之一），这很可能是人口的一个高峰。而在10世纪时，合理的人口数量大约是150万，人口爆炸可能就是从这一时期开始的，3倍的人口增长也是由此计算得出的。对欧洲其他地区的大致估算也符合上述推算。加洛林时代的地产调查显示，法兰克人口增长的进程可能从9世纪就已经开始了，而在1150—1300年之间人口的增长可能达到了顶峰。[7]

即便是在超过300年之久的时间里，人口规模扩大3倍也会让一直占人口绝对多数的农民不得不做出反应。他们可以把控制生育作为措施（比如晚婚、严格控制性行为、堕胎、遗弃儿童等），然而在这个时期他们显然没有这样做，或者做得还不够；他们可以通过更加系统化的轮作、更好的耕犁（那个时候已经有了，但是很贵）以及更为精细地在最合适的土地上种植农作物或者放牧牲畜——即使这意味着一些农民不得不用小麦去交换其他人的大麦或绵羊；他们可以开垦周边的森林和沼泽，增加可供自己支配的耕地；或者，他们也可以搬到城镇中去，甚至干脆移民到那些有更多空间的地区去（在欧洲，这通常又意味着要清理森林进行开荒）。欧洲的农民在950—1300年显然做了所有这些事。即使有相应的条件，农民也往往不会倾向于选择劳动密集型的耕作方式，除非他们不得不这么做。然而这恰恰是一个他们不得不这样做的时期（他们也有更多的劳动力，这正是因为家庭的扩大）。举例来说，有组织的三圃制轮作慢慢地扩展到欧洲西北部，就像灌溉技术在安达卢斯和阿拉伯人统治的西西里逐渐传播，之后又扩展到意大利北部一样。[8]这种集约化农业随着时间的推移得到了进一步发展；不仅是南方的灌溉技术，北方新引进的农作物也使得一些地区——比如诺福克（Norfolk）和佛兰德的部分地区——不必再进行休耕。有广泛的证据表明，在已经有人定居的土地上也存在小规模的开垦活动，比如在整个欧洲都有许多新村庄和新田地的名字表明这里曾经是一片林地。此外，还有有力的证据表明在一些沼泽地区——比如莱茵河和波河三角洲——出现了对土地的再开垦。[9]而正如我们会看到的，这一时期整个欧洲城市的拓展都有很好的记录。而城市的拓展总是意味着人口的迁入，因为在近代之前没有哪个城镇的人口出生是多于死亡的（城镇一直都是有害健康的地方——比如这些城镇中甚至几乎没有一座拥有最基本的排水系统——同时，城镇也是贫穷者的家，他们是不太幸运的迁入者而且死得也更早）。尽管移居到城镇中仅仅意味着其他地方的农民不得不种植农作物出售来喂饱这些新城镇居民。

　　进展更缓慢的是远距离的人口迁出。农民非常厌恶风险，在19世纪的大规模殖民之前，动身前往未知国度去寻求财富对农民是没有什么吸引力的。但是，通过对斯拉夫和匈牙利时常人口稀少的土地进行征服或基督教化，或是两种做法并行，欧洲的政治网络也在向东延伸（参见第五章），这使人们看到在诸如今天的波兰生活的未来成为一种可能，而不再是像走出了地图的边缘一样。事实上，一旦人口开始向东迁徙（在大约1150年后，这本身就说明东迁开得很缓慢），这些可能迁徙的人，就会被由领主雇用以促进人口迁徙为目的的职业中间人从德意志和低地国家积极地找出来；作为对这些以寻找新定居者为任务并在接下来的定居活动中出任领导角色的人的回报，领主会向他们提供地租低廉的土地以及稳定的村庄环境。欧洲东部的大部分地区之后都出现了日耳曼化的情况，这一进程直到20世纪40年代后期的强制人口迁徙才被逆转。这些定居者大多开垦了曾经是森林的土地，但往往也会夺取原住人口的土地，而且这时常还会受到当地掌权者的积极支持，这些掌权者往往也都是德意志人。也就是说，这根本就不是对一片完全未开垦过的土地进行殖民（这一时期其他的主要殖民活动更是如此，无论是伊比利亚还是叙利亚、巴勒斯坦地区，当地都有相当多的人口）。但无论如何，这确实使得欧洲的可耕种土地逐渐又进一步扩大了。[10]

　　一旦欧洲农民意识到为了在一个人口增长的时代维持自己的生活水平，他们将不得不加强劳动强度并拓展土地面积时，人们也许会问，那他们是否曾生活在一个他们处于这场竞赛的领先位置且实际上生活得更好的时刻呢？答案是不确定且矛盾的。比如说，清除当地森林并不总是有利无弊的。如果把所有的森林都清理掉了，人们就会缺乏木柴和建筑材料，更不用说木材资源和损失的牧猪场地以及水果和坚果了；单一的粮食种植使 13 世纪农民家庭的饮食比 900 年时的一般饮食更加单调和不健康。[11] 然而，考古学材料清楚地表明，至少在这一时期，欧洲许多地方的村庄规划得都更具条理性了，同时房屋的建筑工艺也更好了。举个例子，12 世纪意大利大部分地区的建筑材料从木材转向了石材，虽然这种现象在北部（那里木材分布更广泛也更容易使用）较为少见，但是石质地基也逐渐变得更为普遍，同时也包括更为复杂的木制建筑营造技术，比如木骨架的使用。所有这些都是当地拥有更为先进的专业技术以及有着足以担负起这些技术之资源的象征，也就是说，这意味着村庄层面的经济繁荣。[12] 考古发掘表明，到 13 世纪时，农民们也更多地拥有了相对标准化的金属制品，比如刀具，甚至事实上还包括衣物装饰品（还有品质良好的陶壶和陶碗，虽然这是一个出现得更早的趋势；但要注意，考古学并没有告诉我们多少有关服装方面的信息），这些都表明农民有更多的机会进入市场，而市场本身的数量也增加了。

我之后再回到市场这个问题上。不管怎么说，这都不是农民繁荣的唯一标志，因为一个社会稳定的商业化可能也伴随着来自领主日益增加的压力，实际情况也经常如此。而最后这一句也为我们切换了关注点。在上面三段中并没有怎么提及领主；但绝大部分农民，至少是那些在西欧和南欧人口密集定居土地上的农民都是有领主的。在欧洲西部，只有意大利和伊比利亚有着大量拥有自己土地的自由农民，不过在阿尔卑斯地区，以及尼德兰和德意志北部的海岸地区也有一些更小的区域与此类似。如同我们在

第五章中看到的，在欧洲北部无疑有更多有自己土地的自由农民，但在这个时期，北方几乎所有地区的趋势也都是大土地所有者的权势越来越大。事实上在很多情况下，只要农民有能力产出更多作物，领主们都会迅速对能从农民身上攫取的更多好处做出反应；而各个地方人口增长给农民带来的压力远没有领主剥削这种永远存在的压力那么直接又那么容易实际觉察到。也许确实可以说，来自领主的压力对整个欧洲范围内农业的扩张、商业化和生产力的提高比人口增长本身更重要。但是，我认为这个世纪的情况并非如此，因为我们可以在地租和款项都尚未显著增长的欧洲一些地区（比如意大利的部分地区）发现这种发展。但是，人口、来自领主的压力以及农业生产力和商业化水平的提高都相互作用着，这几乎使欧洲各地都产生了更为复杂的经济形态。

　　然而，在中世纪中期，领主对农民的压力也并不都是朝同一个方向施加的。加洛林时代的地产管理经常同时着眼于地产或庄园这两方面建设上，农民既要交付地租，又要在领主私有地（demesnes）上从事定期劳役，而这些劳役的收益完全是领主所有的：庄园从来都不普遍，但是它们代表了一种以收益为目的的最先进地产管理方式。[13] 在中世纪早期的地产上同样时常存在大量没有合法权利的非自由民，他们承担着高昂的地租和大多数劳役，并且与那些有着较轻负担的自由农民截然不同（见第一章）。这两种模式在我们正讨论的这个时期逐渐变得不那么重要了，而到 13 世纪时，它们就只在 12 世纪末刚刚复兴了这些的英格兰才真正普遍存在了。在欧洲的其他地方，庄园要么从未存在过（比如在伊比利亚、斯堪的纳维亚或欧洲东部），要么正在迅速改变（意大利在 10 世纪出现了这种情况，而法兰西则是在 12 世纪），转向了更为灵活的剥削模式——比如 13 世纪法兰西尚存的领主私有地就大部分是由受薪劳动力耕种的。即使只是少量的农业劳役也往往标志着一种不自由的法律地位，虽然在黑死病暴发之前农业劳役没有完全消失，但在这一时期欧洲的大部分地区，它们都大量减少了。自此之后，支付地租成了佃农义务占压倒性优势的主要形式。[14]

相反，凌驾于农民之上政治权利的发展，即我们在第六章中所探讨的强制性领主权的发展——包括对司法裁决、放牧和伐木以及使用磨坊收取费用的权利，还包括要求为运输、建造城堡和守卫城堡提供劳力的权利，同时还有一些临时性的、有时候会大额征收的款项[这在法兰西特别普遍，被称为平民税（taille），有"割取"之意]——会在地租之外增加大量额外的要求，并且可以让一些领主不仅向他们的直属佃户征收费用，也向城堡领内的有地自由农民征收费用。法兰西、德意志西部、伊比利亚北部和意大利是可以找到这种模式的主要地区。农民们有时是如此受制于所有这些盘剥以至于完全处于依附地位，在英格兰也是一样，他们被以古老的、描述奴隶的拉丁词语称呼为"servus"，在法语中为"serf"。无论他们原本是否拥有法律上的自由，在 12 世纪时，他们经常在事实上重新回到了非自由状态。这一发展因成文法在地方上更广泛的使用而进一步尖锐起来，因为这些成文法时常重新引入或强化了更为古老的非自由概念。由于领主权统治下种种款项的存在，庄园中的劳役变得几乎不再必要；而这些款项（尤其是平民税和其他类似的东西）也往往会比很快就变得固定的地租更容易增加。[15]

直到最近，撰写中世纪农民历史的学者，仍然将这一系列发展视作农民在多数情况下都把盈余上交给了领主，并因此近乎赤贫的一种实证。即使我们现在不考虑欧洲那些规模正在逐渐扩大、定居者负担更低地租的殖民区域，我们也不清楚情况是否总是如此。甚至在实际不自由程度很高且还在不断加深的英格兰，基于我们对粮食产量和包租的了解，地租在 13 世纪也根本没有达到它本可以达到的水平。[16] 而在 12 世纪与 13 世纪早期的意大利、伊比利亚和法兰西，一个重要的趋势就是农民共同体联合在一起来获取特权许可状，在这些文件中，领主同意摒弃难以预测的要求，并对征收的程度做出了更为严格的规定。我们只能从外部重建这些协议的大背景；文本往往会给我们一些非常感性的原因，比如说领主的善心之类的东西促使他们颁布了这些文件。1207 年，托斯卡纳南部设防村庄廷廷纳诺（Tintinnano）的领主为了稳定住那里的地租而制定的一份协议就是一个大言不惭的例子：

曾经作为整个世界统治者和首都的罗马，凭借着下列三种东西实现了长久的统治：公平、正义和自由……因此，我，圭多·梅迪科（Guido Medico）……廷廷纳诺诸事务的管理者，考虑到城堡的状况和生活在那里的领主与忠信之人由于不平等、不公正和奴役而生活由好变坏，由坏变得更坏，现在已经一无所有的状况……我提议让情况恢复到原先好的样子，并尽我所能改善它。而我看到，除非把当地人已经接受且义务性地向领主提供的习惯上的劳役替换为地租，没有其他方式能够实现这一点……这样，领主就不敢向上面提到的那些人索取任何超出他们意愿的东西了……这必然有助于廷廷纳诺城堡的发展和改善，而如果廷廷纳诺能有大量人口，在意大利的诸城堡中，它也会成为非常繁荣的城堡之一……

事实上，尽管文中辞藻华丽，但廷廷纳诺——也就是现在的罗卡·德奥尔恰（Rocca d'Orcia），距离从法兰西到罗马（或许圭多·梅迪科的那些富有共鸣的言辞也出自罗马）的朝圣道路仅有几英里远的地方——的农民威胁说，如果他们的领主不向他们做出一些妥协，他们就要一起遗弃这个村庄。同时，这也很可能是为了从农民那里换取钱财而颁发的特权许可状，农民为了获得文本余下有关地租和农民权利的细节规定，可能已经准备好一次性支付一大笔费用：尽管这份文件没有说明，但是此类文献经常会承认这一点。在整个欧洲的村庄特许权发展中，像这种斗争和清偿混杂的情况反复出现着，而每个案例都有着不同的侧重点。[17]

然而，在每一个案例中，特许权的获得都展现出了一个设法通过集体行动成功取得一定程度的经济稳定性和更大程度的地方制度性力量的共同体。我们已经看到，中世纪的政治时常是集体性的；加洛林与欧洲北部的集会就表明了这一点，同样的还有意大利的城市公社。这一点在整个欧洲的村庄也是如此。[18]即使在特许权很稀少的英格兰村庄也有集体建立的习惯。据我们所知，公元1000年之前只有在伊比利亚，可能还有丹麦才强大的村庄共同体，到中世纪中期在欧洲各地都获得了实力。村庄共同体变成了主角，而它们的领袖得到了制度上的承认，在意大利和法兰西南部的部分地区，他们确实按照城镇的模式自称执政官。几乎在每一个案例中，这些领袖都是当地最富裕家族的成员；农民精英总是从领主给予的政治和经济自治中获得最多的利益。但是这些农民精英也需要一个更广泛共同体的支持，而共同体于是也从中获得自治。堂区，因此还有地方宗教活动也变得越来越以村庄为基础。村庄也越发扮演着重要的经济角色：在欧洲北部是经营旷野地区，在欧洲南部是进行灌溉，以及在各个地方放牧。[19]这一系列集体特性使村庄很少出现直接的反叛，也是为什么领主实际上没有从农民那里尽其所能地榨取自己本可以得到的那么多财富的原因之一。这表明，农民在这种社会发展中并不总是受害者。而且这还为有关村庄繁荣的考古学研究提供了一些大背景。尽管我们可能永远也无法完全确认这种繁荣（就像它过去发生的那样）是早于还是晚于村庄共同体的形成和特许权的获得，但就像共同体的主角性特征也显示出的那样，这种繁荣确实表明，农民的确能够从这几个世纪的经济扩张中获得一些好处，甚至有时也许还能保持住这些好处。

随着时间逐渐由 11 世纪转入 12 世纪和 13 世纪，当领主的权利被加入地租，甚至某种程度上还没有被加入地租时，就存在着领主越来越经常地以货币的方式进行剥削这样一个稳定趋势。原因很简单：周围的白银更多了，因此我们实际上可以想象，农民可能也有机会获得这些白银。而且，领主们也越来越乐于收取货币地租，因为这些钱更容易用于购买商品。如同我们在下一章将会看到的，当赋税重新开始被征收时 —— 通常是在 13 世纪 —— 也几乎总是以货币的形式。10 世纪 60 年代萨克森的戈斯拉尔、12 世纪 60 年代萨克森的迈森（Meissen）、12 世纪 90 年代奥地利的弗里萨赫（Friesach）、13 世纪 20 年代波希米亚的伊赫拉瓦（Jihlava）、13 世纪 90 年代波希米亚的库特纳霍拉（Kutná Hora），以及（在这一系列中欧银矿之外的）13 世纪 50 年代撒丁岛（Sardinia）的伊格莱西亚斯（Iglesias），每座大银矿的开采都持续了一个世纪乃至更久。上述大银矿再加上意大利中北部以及欧洲中部的许多小银矿，提供了这个时代所有用于铸造和重铸货币的白银，尽管它们的开采量在 1100 年前后达到了十分严重的低点，其后又在约 1400 年之后达到了新的低点。[20] 我们有大量有关这些银币存在的证据，因为它们在窖藏和发掘遗址中留存了下来，而且也不断地在记录和档案中被提及。在考古遗址中，13 世纪早期到中期之后的银币最常见，但文字材料表明它们在 1000 年时就已经至少在欧洲大部分地区的大型交易中成为计量标准物。当领主改用货币而非实物收取地租时，他们必须得对农民至少能够在当地市场上出售产品以"购买"缴纳地租所需的货币有信心才行。

人们仍然时常认为活跃的交换经济需要货币。但事实并非如此；古往今来，信用在多数交换系统中都非常重要，而当时的信贷协定同样可以十分复杂，无须任何实体货币转手。中世纪经济确实在很大程度上是依靠信用运作的。我们可以想象，在市场上，当农民需要买卖的东西对于货币来说货值太小时，信用就确实很有用了（在 12 世纪的英格兰，一整只羊卖四便士，而便士是这个世纪末的通货膨胀开始之前币值最小的标准货币）；当然，在家中，当农民于收获之前就需要粮食，或者要准备作为嫁妆的东西，又或者需要给自己的保有土地增加一块额外的农田来养活不断扩大的家庭，但他们又都无法立即一次性支付这些时，信用也会很有用。[21] 那些记录了在地方经济最活跃的地区有越来越多这种交易的文件显示，债务确实是以货币形式计算的，但并不一定就要以货币的方式偿付。尽管如此，货币还是稳定地进入了所有形式的交易当中。到 13 世纪时，至少在欧洲西部和南部，货币的流通已经被视为理所当然的事了。一旦农民因为需要以货币形式缴纳地租而被迫加入市场交换，货币就逐渐在乡村地区变得普遍起来，这反过来促进了下一个（也是更为重要的一个）变化，即农民越来越多地去购买手工业制品而非自己去生产。这是这一时期经济变革的另一个方面，即城镇发展的一个重要背景。

　　总体来说，中世纪中期的城市化程度并不高。《末日审判书》有关英格兰的记录是我们所能得到的年代最早且相对较好的数据，根据记录，当时大约有 10% 的人口生活在城镇中（城镇化率在 1050 年左右的欧洲各个地区之间差异很大，其水平从斯堪的纳维亚的约 2% 到意大利的约 15% 不等）。到 1300 年时，所有这些地区的城市化率可能都能增长了一倍。但是，除了在内部可能有着紧密分布的中型城镇网络的佛兰德和意大利北部地区，我们并不是在讨论任何类似于城镇对整个经济而言处于主导地位的这种内容，尤其是在欧洲最大的一些城镇周围，包括：1300 年大约有着 20 万居民的巴黎和米兰；大约有 10 万人口的君士坦丁堡（远低于前一个世纪的峰值）、热那亚、威尼斯和佛罗伦萨（Florence）；人口更少一点，可能只有 8 万但仍是整个国家毋庸置疑中心的伦敦。[22] 只有在意大利，城镇才在政治上统治着乡村，因为独立的意大利公社都是城镇，不过我们必须承认在佛兰德伯爵治下，佛兰德的城镇事实上也在当地处于支配地位，这些城镇在 14 世纪的大部分时间里（在此前和此后稍短的时间里也一直持续着）都在反抗它们的统治者。在这两个网络以外，城镇是于乡村势力掌控的经济和政治环境中运行的；它们不能被视为同那些环绕着它们，并购买它们产品的贵族世界分离的。[英国经济史学家迈克尔·波斯坦（Michael Postan）将它们称为"封建制海洋中非封建制的孤岛"的旧观点是完全错误的。[23] 事实上，城镇的领导者也拥有和那些更加传统的贵族一样的价值观念，比如需要通过暴力来捍卫一个人的尊严，所以往往很难将两者区分开来。] 事实上，在经过 20 世纪中叶一代人对假想中潜藏于中世纪城镇经济的原始资本主义令人兴奋的研究后，我们并不会惊讶下一代学者们最好的研究集中于农业领域 —— 尽管近来许多优秀的研究又再度回归了佛兰德和英格兰的城镇生活。然而，为了直观地认识城镇发展的实际情况，让我们看一看例子。我会简要地描述三个非常不同的城镇，分别是比萨、根特和埃文河畔斯特拉特福（Stratford-upon-Avon），然后再基于这些例子思考更为宽泛的问题。

和几乎所有意大利城镇一样，比萨也是一座古罗马城市，从罗马时代直到今天都一直有定居和政治活动在延续。大约 1100 年时，比萨有一位大主教和一位子爵，还有刚开始出现的城市公社。比萨位于阿尔诺河（Arno）的沼泽三角洲，而城市南边的比萨港（Portus Pisanus）则是位于意大利西部，在热那亚和那不勒斯之间的最好港口。比萨一直着眼于海洋，而在 950 年前后，它作为一个海洋中心逐渐开始活跃。考古学证据表明，从那时起，比萨就是托斯卡纳向地中海其他地方进口货物的"漏斗"，尤其是来自突尼斯和西西里的高品质装饰釉陶（因为陶器总是在考古遗迹中保存得最好），就如同罗马帝国统治时期一样，不过从罗马时期以后到这一时期之前的时间里这种进口都比较少。我们并不清楚是比萨还是突尼斯或西西里的船把它们带来的，但至少我们可以肯定，比萨在 11 世纪时就确实有一支舰队了，因为比萨人与安达卢斯的德尼亚（Denia）埃米尔有着某种形式的商业联系，而且他们也正在形成一种暴力劫掠穆斯林统治下富裕的地中海城市并带走他们财富的传统［比如 1064 年的帕勒莫和 1115 年的马略卡岛帕尔马（Palma de Mallorca）］。比萨在 11 世纪后期建立的、迄今仍然矗立在那里的、举世瞩目的主教座堂基本上就是以这些劫掠来的财富建造的，正如主教座堂立面上的铭文所夸耀的那样。11 世纪地中海的贸易路线几乎都是属于伊斯兰世界的。比萨人事实上是利用暴力强行全面地参与到了这些贸易网之中，就像维京人两个世纪前在北海做的一样。12 世纪早期，在比萨人为第一次十字军东征做出杰出的贡献之后［比萨的达戈贝尔（Daiberto）大主教成了耶路撒冷的拉丁教会宗主教］，他们得以在 1111 年与拜占庭、1154 年与开罗、1157 年与突尼斯建立起商业条约。这时，比萨人与热那亚人和威尼斯人一起，成为不断增长的地中海交换网中主要的参与者。比萨的城市精英显然不都是商人 —— 其中许多人是典型的中世纪式地主，而且商人们也都拥有一些土地 —— 但也有一些人明显有着商业兴趣，并且此时海外的比萨人遍布了从君士坦丁堡到西西里的地区。我们确实没有属于比萨的由公证人撰写的记录 —— 但它的姊妹城市和竞争对手热那亚，从 12 世纪 50 年代开始就有这种非凡的早期记录，这些记录显示了当时船舶所有者订立的合同有多么复杂，也显示了传统精英家族投入海上贸易的资金密集度再一次很明显地扩展到了整个地中海地区 —— 但是我们真正拥有的比萨的那些更为平实和传统的土地文献，同样表明这座城市中最富裕的人在这方面一样活跃。[24]

比萨城在上述基础上迅速扩张，尤其是在 12 世纪。到 1100 年，比萨的市场区域已经扩展至过去的罗马城墙之外；12 世纪 50

年代，城市公社建立了新的一圈城墙，囊括了原先老城六倍面积的区域，横跨阿尔诺河南北。那时，比萨到处都是贵族们的砖石结构台屋（tower house）——其中一些保存至今——还有更多普通的市民单层或双层住宅。1228年比萨城中所有男性居民的集体宣誓向我们表明，当时比萨大约有2.5万名居民。他们中的许多人都是工匠，从事于100多种不同的行业，尤其是面包师、鞋匠、铁匠和纺织工人，再加上一直存在的有着不同层面重要性的商人（mercatores）。[25] 乍看之下这确实令人印象深刻，但比萨城的巅峰期可能已经过去。这里的贸易模式是1100年后中世纪所有规模的城镇的典型模式，而到1228年，这座城市实际上已经开始被热那亚甩在后面了。比萨的繁荣源于它是一个商业中心，即将货物从一个地区运往另一个地区的中心，而非专门生产可以被其他人广泛销售之产品的制造业中心。而且，需要通过比萨来购买货物的人口相当有限。托斯卡纳的各内陆城镇，比如卢卡（Lucca）、锡耶纳（Siena）和正在崛起的佛罗伦萨无疑需要通过比萨购买货物；但是，比萨缺少热那亚所拥有的通往米兰和阿尔卑斯山口的快速道路的这种优势。在几十年后，热那亚的面积将是比萨的四倍，而1284年在阿尔诺河口发生的一场大海战中，热那亚人摧毁了比萨的舰队；这座城市从此再也没有恢复它往日的辉煌。

我们可以将这段历史与同样活跃的欧洲北部城镇，即佛兰德的根特做个比较。根特坐落于斯海尔德河（Scheldt）和莱厄河（Leie）靠近海岸的汇流处——在我们今天的这个时代，这里都还有一片沼泽三角洲。在7世纪之前，根特这个地方基本上没人定居，仅有一座修道院建立于此。到9世纪时，修道院边上有了一座河港，但维京人在879年将修道院和港口都摧毁了。之后不久，它们被位于莱厄河对岸的新定居点取代，这个定居点有沟渠防卫，叠压在今天的根特市中心区之下。到 10 世纪中期，定居点与佛兰德伯爵的一座城堡相邻，该城堡最初是木制的，但后来在 11 世纪中期又以石材重建。根特城逐渐向伯爵城堡的方向拓展，城堡旁就是城镇的主要市场所在地，这表明城堡中居住者的需求对于城镇早期发展的重要性。当初 900 年左右或大或小的定居点，到 12 世纪早期已经发展成了一个占地 80 公顷的定居地，规模相当大，约为 1150 年比萨城墙范围内面积的一半。事实上，在进入 13 世纪后期之前，根特可能就已经拥有了超过 6 万居民，人口远远超过同时期的比萨，也比佛兰德地区的其他城镇要多。即使是布鲁日（Bruges）和伊珀尔（Ypres）这两座分别距离根特只有 50 千米的城镇，人口数量也仅仅超过根特的一半。和比萨一样，12 世纪时一些精英的房子已经是石质的了，而且至少有一座市场大厅也是石质的，同时在一些地方还有台屋。其中一些房子还拥有很大的仓库，被作为商业场所使用。根特的精英富有而高度自治，到 1128 年时他们就与市政官一起运作着公社（communio），而且这座城镇无疑已经有了商人行会——因为在 11 世纪后期，即使此时根特还没有行会，但周边邻近的圣奥梅尔（Saint-Omer）和瓦朗谢讷（Valenciennes）都被证实有类似规章繁杂的行会。13 世纪，尽管历代佛兰德伯爵都能够也确实在与这种自治对抗，但在一种被称为"三十九"的寡头体制下，自治仍然在佛兰德延续着。在 14 世纪佛兰德各城市与佛兰德伯爵的战争中，佛兰德城市一方的领袖往往来自根特。14 世纪 40 年代阿特维尔德的雅各布（Jacob van Artevelde）还有 14 世纪 80 年代早期雅各布之子菲利普（Philip）都短暂地成为过整个佛兰德事实上的统治者。[26]

与比萨不同，这些精英大部分并非地主；尽管随着时间推移他们也会购买土地，但在每个时期中，他们的财富都是基于城市的。同比萨的精英们一样，他们也是商人，但是更大层面上的城市经济却相当不同，因为这座城镇首先是一个纺织业中心。11世纪时，佛兰德地区就发展了自己的羊毛产业，并引导当地城镇生产布匹。然而，最晚到12世纪10年代，他们便开始大量进口英格兰的羊毛，此后，英格兰的羊毛就成了佛兰德纺织业的基础原料，一直持续到黑死病暴发之后。尽管在13世纪时，佛兰德和意大利地区有二十几个城镇（另外还有佛兰德的一些村庄）从事类似的生产，但它们规模更小，而根特则有一半左右的人口是纺织工人，这种密度只有伊珀尔和米兰以及后来的佛罗伦萨能够媲美。根特及其邻近城镇向欧洲的大部分地区出口织物：12世纪30年代，伊珀尔商人就出现在了诺夫哥罗德的记录中。事实上，甚至直到13世纪佛兰德的织物都在佛罗伦萨的制造业中占主导地位，佛罗伦萨当时还在专注于对根特、伊珀尔和其他地方的织物进行印染和整理处理。来自各地的商人还会到佛兰德的五个织物集市去，这些集市到1200年时就开始每年定期举行了。因此，根特的繁荣有赖于产品在欧洲范围内的销售；也有赖于范围几乎同样宽广的食品交换网络，因为佛兰德自身无法供应所有这些城镇。这是一个属于精英的市场；佛兰德出口的纺织物质量太高，不适于大众消费，而此时的大众消费仍然处于高度本地化且几乎没有商业化的状态。但是，整个欧洲有足够多的精英使织物生产者变得数量众多并使这些织物的所有者变得富有。阶级冲突随之而来：黑死病暴发以前，1297—1304年和1323—1328年间的佛兰德纺织工人与农民共同发起的起义是整个中世纪时期规模最大，也最富成效的民众起义。1302 年，他们在科特赖克（Courtrai）的激烈战斗中击败了御驾亲征的法兰西国王。[27]

比萨和根特是依赖国际交换网络的大型城镇。然而，大多数城镇的规模都要小得多，而且也更多地服务于当地市场。这一问题下被最系统研究过的英格兰，在 1300 年时大约有 500 到 600 个自治市镇（即有城镇特权许可状的定居点），但只有 112 个被记录于《末日审判书》之中，这意味着大部分城镇都是新建立的，并且其中绝大多数城镇的人口都不超过一千人。[28] 这种城镇对周边的服务半径最多也不过 25 千米，是一天可以往返的距离。一个已经被深入研究的例子就是沃里克郡（Warwickshire）的埃文河畔斯特拉特福，这里是在《末日审判书》中出现过的村庄，但 1196 年时才得到了由国王理查一世授予其所有者伍斯特（Worcester）主教的市场特权许可状，而后主教划定了大小相等的地块，并收取标准统一的地租。[29] 斯特拉特福延续了下来并走向了繁荣，而事实上，主教曾经规划的地块在当今的这座城镇仍不时可见（其中一个例子就是今天的莎士比亚酒店）。到 13 世纪 50 年代，当地居民大约有 1000 多人，因此以英格兰的标准来看，这座城镇的人口增长非常迅速；城镇内的家庭几乎全部来自 25 千米服务半径内的地方。13 世纪 60 年代，这座城镇出现了一个具有宗教性质的本地兄弟会（fraternity），即使是一些比较贫穷的斯特拉特福人也加入了其中，再加上一些来到此地的商人也是兄弟会的成员，这使此时的城镇拥有了一种凝聚力。斯特拉特福的居民大部分是工匠，从事皮革、织物、金属、木材的生产和食物的制作：也就是说，这里拥有所有中世纪城镇所拥有的标准行业，但没有任何独特的生产部门。然而，这一点却非常重要。斯特拉特福的地理位置很优越，位于两个有鲜明分工的经济区之间，南面是埃文河谷富饶的可耕种区以及连绵不断的费尔登（Felden）平原，北面则是更多以畜牧经济为主的阿登（Arden）森林地区；同时斯特拉特福也处在拥有横跨埃文河桥梁的罗马古道上，向西通往产盐中心德罗伊特威奇（Droitwich）。因此，斯特拉特福是整个南沃里克优良的区域交换中心，而这里的市场使得来自四面八方的人可以在此买卖商品。但是，城镇中的工匠还意味着一个以小城镇为基础的生产网络就此产生，而且这个网络还有着潜在的农民市场——有1万左右的人口生活在城镇附近的腹地区域。那么还有什么人会去斯特拉特福呢？当地的富人、主教、伯爵或者乡绅，都更愿意去（或者派人去）距离最近的真正大城市，比如说考文垂（Coventry）或布里斯托尔（Bristol），二者是英格兰前五大城市中的两个，而且距离都不是特别远。工匠在这里的出现——也包括在其他很多小城镇的出现，这是城镇发展这一进程最鲜明的标志——因此是交换经济中下一个主要转变的信号：城镇生产开始为大多数人口而不只是精英服务，与之相对，农民开始习惯于购买它们生产的织物，而不再自己制作这些了（在所有这些产品中，织物是最为重要的）。尽管就如同我在本章开头说的一样，我们目前还只是刚刚开始了解商业化进程在整个乡村经济达到了何种程度，但像斯特拉特福这种小城镇的成功确实就发生在这些转变的开始。[30]

因此，城镇其实是在两个不同的经济和地理层面上运作。一个层面是乡村和城镇之间简单的交换。城镇居民大多不会自己种植口粮；他们制作并销售产品，然后换取货币从乡村购买食物。但有时，如果城镇变得规模庞大或分布密集，或是二者兼而有之，那么前往乡村进行交换就会变得非常远。伦敦的需求影响到了远至多佛、牛津甚至彼得伯勒（Peterborough）的市场；而西西里从1200 年左右开始就成了意大利中北部半数大城市的面包篮。[31] 但本质上，这还是一种地方性交换过程，

另一个层面是长途贸易，它连接了佛兰德和意大利，并让二者都向更远方得到了延伸。这就变得非常复杂了。长久以来，欧洲边缘都存在着两个主要的海上网络，一个位于地中海，另一个位于北海。它们经历起伏的时间各不相同（在中世纪早期，北海地区的低潮期是 6 世纪，而地中海地区的则是 8 世纪[32]），但是到了 11 世纪，二者船运的规模和频繁程度都在提高。地中海区域的重要转口港包括君士坦丁堡、亚历山大（Alexandria，以及更远的、位于内陆的开罗）、巴勒莫（Palermo）、阿尔梅里亚和威尼斯；北海的则包括伦敦、布鲁日，以及像科隆这样位于内陆的莱茵河港。威尼斯，再加上热那亚和（更短暂地也包括）比萨，后来紧随着十字军东征于东地中海发展出了整个商业和殖民帝国。贸易线路这时也在向外拓展，尤其是穿越波罗的海地区的，这些线路在今天德国和波兰的一个个港口间穿梭 —— 这些城镇在之后的 14 世纪将会结成汉萨同盟 —— 然后沿着壮阔的俄罗斯河流，经过诺夫哥罗德和基辅，再到达君士坦丁堡。佛兰德和意大利北部的迅速城镇化也催生了更为直接的陆路网络，引人瞩目的是，这些陆路网络甚至翻越了阿尔卑斯山。到 12 世纪，意大利和佛兰德的商人会在半路的香槟进行贸易，当地有着由香槟伯爵创建性地设立的六个每年都会举办的大集市，香槟也由此在 13 世纪成为又一个范围涵盖整个欧洲的转口贸易中心。[33]

来自欧洲内外的商品在香槟集市和沿路的其他地方交换，包

括来自拜占庭和叙利亚的丝绸、来自埃及的亚麻和糖、横跨印度洋而来的胡椒和其他香料、来自佛兰德和意大利最上乘的毛纺织物、来自米兰的武器，还有来自罗斯的毛皮。随着交换系统变得愈加复杂，在香槟和其他地区达成的远程信贷协议发展成了有组织的银行业，而托斯卡纳的城镇，以卢卡和佛罗伦萨为首，变成了专注于银行业的地方。到13世纪末期，最大的银行变得如此庞大，以至于他们自己就成了国际级别的中间商〔佛罗伦萨的巴尔迪家族（Bardi）和佩鲁齐家族（Peruzzi）的银行经营着英格兰向佛兰德出口羊毛的大部分业务〕，而且他们现在不仅向商人放贷，也向那些需要现钱来进行战争并准备支付高昂利息作为回报的国王放贷。和2008年的情况类似，银行家们的这种野心大多没有什么好下场，因为当国王违约时，如此大规模的违约会使整个银行也随之崩溃：1294年，英格兰的爱德华一世就通过没收里卡尔迪家族（Riccardi）财产的方法，摧毁了这个来自卢卡的银行业家族（他们在接下来的十年里就破产了）；1311年，当爱德华二世（Edward II）陷入困境时，佛罗伦萨的弗雷斯科巴尔迪家族（Frescobaldi）也衰落了；此时已经处于过度扩张状况的巴尔迪家族和佩鲁齐家族有一部分贷款就是放给爱德华三世的，而在1343—1346年，就轮到他们遭殃了。[34] 但此时，单纯依靠金融和商业市场，或者换个说法，仅仅通过商业资本主义 —— 这是一种在欧洲过去历史上不可能出现的东西，即使在罗马帝国时期也一样 —— 家族就可以获得巨大的财富，几代人都成功的职业生涯，以及在他们家乡的重要社会和政治地位〔乔托（Giotto）就绘制了巴尔迪家族和佩鲁齐家族在佛罗伦萨圣十字架圣殿中小圣堂内的壁画〕。

这种发展模式对历史学家而言看上去是如此瞩目，尤其是在加上了一些浪漫色彩之后——就像它经常呈现出的那样，以至于这种模式有时看上去就像是"中世纪经济发展的典范"，作为如果没有发生某些历史上发生过的错误（也许是黑死病，也许是中世纪行会的限制性政策，也许是——尽管可能性很小——百年战争又或者是 15 世纪早期的白银短缺），中世纪欧洲可能会比现实情况下早几个世纪实现工业资本主义突破的证据存在。然而事实上，欧洲的国际交换根本不是经济繁荣的最重要原因。首先，欧洲就不在这个交换网络的中心，而是位于它的边缘；这个网络从欧洲向东延伸，穿过埃及抵达印度洋，直到中国——13 世纪时，长江流域才是世界上经济最复杂的地区。单就地中海贸易而言，至少到 14 世纪之前，以地中海最大城市、拥有两倍于巴黎和米兰规模的开罗（在 1204 年君士坦丁堡陷落以后，见第九章）为中心的埃及才是真正的"引擎"。埃及同样有专门生产织物的城镇，比如廷尼斯（Tinnis）和杜姆亚特（Damietta）。这里所生产的亚麻，也包括糖，在规模上都达到了工业级的程度。[35] 13 世纪意大利城市银行的高度发达很大程度上就借鉴了开罗和亚历山大商业家们的经验。而其中很多都是犹太人，这有助于我们去了解他们，因为开罗留存下了大量中世纪犹太人档案（geniza），而这些资料向我们描述了大量 11—13 世纪伊斯兰世界商人的复杂商业和金融活动。（相较之下，欧洲的犹太人被限制在了比意大利银行家所管理的规模更小且在社会上更不受社会欢迎的放贷领域。）[36] 尤其是热那亚和威尼斯，它们的成功在很大程度上是因为他们是埃及的中间人。尽管佛兰德和意大利内陆的纺织业城镇并没有依赖埃及，埃及在很长一段时间里都领先于它们。

其次，尽管国际商业体系看上去魅力十足，但在整体经济层面上，却不如第一个层面的城市经济 —— 即城乡间初级产品与低质织物、铁制品的小规模交换 —— 重要。毕竟，国际商业体系主要还是一个奢侈品交换体系，侧重于那些会售卖给国王、贵族、高级教士、城市贵族和他们宾客的昂贵物品。银行业比国际商业体系更甚，因为它为战争提供资金，虽然从军事后勤角度来看这明显没那么奢华，但它的活动舞台仍然在高层政治圈内。只有各大城市中精英和劳动者对食物和燃料稳定供应的需求，再加上对羊毛等原材料的需求，才将国际贸易网络同大多数农民联系了起来。（农民的销售也不总主导着这种供应：在意大利的大部分地区，领主于 12 世纪和 13 世纪时就不再收取货币地租了，因为他们意识到自己向城镇出售粮食和葡萄酒能够获得更多利润。）[37] 正是这些小城镇和小规模的交换，非常缓慢又充满停顿地将成本更低的手工业产品引入了大众市场，为本会 —— 也最终确实是 —— 在五百年后发生的那种工业化奠定了更为稳固的基础。我们将在第十一章再回到这个问题，来看看乡村地区是如何在中世纪末期变得更加商业化的；然而即便是这样，整个欧洲也没有出现任何一种通往工业化转型道路的迹象。但是，当这条道路最终开始时，它将以向乡村购买者供应低价产品，而非停泊在威尼斯满载着丝绸和香料的大商船为标志。

然而 12 世纪和 13 世纪有一种真正重要的商业发展，确实把本章中讨论的乡村和城镇两部分永久地联系在了一起，这就是农业专业化趋势。正如我们在前文看到的，农民可以用来应对土地压力的一种方式就是在某类土地上种植长势最好的作物，并专门从事这种作物的生产，之后再出售它们以换取其他土地生长的产量更高的作物。他们可能不会完全按照这种方式去做——在20世纪之前，完全以种植经济作物为生，并购买而非生产大部分自己所需口粮的乡村共同体是罕见的。但是，我们可以追溯这种生产专业化，它首先出现在地方层面，然后扩展到更广的范围里。举个例子，到11世纪时，我们在意大利就已经可以看到，山坡经常比前几个世纪更加明显地专门从事葡萄园产业，而平原地区则种植更多的粮食；很明显，这种差异意味着两者之间存在交换。在英格兰，畜牧区和农耕区之间也发生着类似的事，就和斯特拉特福的南北两侧一样。

然而，渐渐地整个地区也开始转向面向出口的专业化生产。粮食几乎可以在任何地方种植，但是靠近河流和海洋的肥沃地区可以向粮食匮乏的地区出口，像我们在前文提到过的西西里，就向过度城镇化的意大利中北部地区出口粮食；中世纪末期，波兰的粮食也在欧洲北部的大部分地区扮演了相似的角色。法兰西的葡萄酒生产者从葡萄种植的北部边缘地区——例如巴黎盆地和香槟地区——开始专业化生产，而这里是最靠近那些本身无法种植葡萄，但精英可能会希望饮用葡萄酒的地方。但事实上，同更南方的地区相比，这些边缘地区的葡萄园产量更少且酒的质量也更低（著名且昂贵的香槟气泡酒直到18世纪和19世纪才发展起来）；而一旦交通基础设施得到提升，大规模的出口型生产就转移到了波尔多和勃艮第地区，在那里发展出了最为悠久的专业化葡萄栽培技术。英格兰的羊毛生产在12世纪时变得集约化并以出口为导向；13世纪和14世纪的伊比利亚中部与意大利南部后来也迎来了类似的发展。木材也成为一种专业化的产品，那些免于开垦而又足够靠近便利水道的大片森林地区，比如德意志地区莱茵河畔的黑森林和挪威南部无垠无涯的沿海森林都成了木材的专业化产地。甚至连鱼干也成了这样的商品；挪威北部可以作为一个定居区域存在，很大程度上就是靠把鱼干经由卑尔根（Bergen）出售到英格兰和更南部的地区。[38] 这些相互联系一旦建立就会存续下去。作为一个在人口和城市需求持续增长的时期需要使农业合理化的产物，即使是在 14 世纪后期城乡人口都迅速减少时，它们仍旧会提供销路。事实上，人口的下降促进了欧洲许多地方转向畜牧业方向发展，换句话说就是转向羊毛生产，而这会继续成为未来数个世纪中毛纺品价格低廉的基础。

　　本章描述的所有变化都基于人口增长这一背景。如我曾多次暗示的那样，在 1347—1352 年黑死病袭击欧洲时和袭击发生后，这些变化戛然而止。我们将在第十一章中看到究竟发生了什么。但是，直到大瘟疫暴发之前，欧洲也并非在经济的所有方面都处于增长状态。在没有根本性的新技术或新种植方法出现前，农民在应对长期的人口增长方面只能做这么多。那些 13 世纪的农民能够使用的技术和方法，在该世纪末就已经发挥了全部的潜力，从那时起，随着人口增长，饥荒也开始越来越多地被我们在资料中发现。在此之前，即便是在收成不好的年份，农村也能勉强生存下来，但这时由于人口增长达到了极限，这种情况不再可能发生了。1315—1317 年，通常还包括更往后的一段时间，寒冷严峻的冬天和阴雨连绵的夏天耗尽了整个欧洲北部的资源，即便是我们之前看到的正在发展的区域间相互联结关系也无法阻止饥荒，至少在第一年后是这样的。粮食和葡萄酒的产量大幅度下降，绵羊的流行病减少了对佛兰德供应的羊毛，甚至连盐的生产都受到了影响。[39] 死亡人数尽管难以精确计算，但无疑非常巨大；而且在之后的几十年时间里也充满了更小规模的饥荒，包括今天的意大利地区。正是在这个时期，人口的增长陷入了停滞，而农民不得不面对如何才能比以前更为彻底地限制生育这一问题。这可以从一种非常灾变论的角度来看，事实上人们过去也确实是这样做的，当时，整个中世纪后期都被视作一个充满萧条和危机的时期。现在的解释则更为细致入微，黑死病后的时期可以被看作是一个日渐毛细血管式的商业化时期。随着一条稳定上升的经济整合程度曲线被提出，这种解释现在也时常被延伸到1300—1350年之间的时期。[40] 但是，1350年之前的十几年对欧洲的农民而言，很难不说是艰难的，至少在那些此时已经没有什么扩张空间的地区，比如意大利、法兰西北部、低地国家还有英格兰的大部分地区是这样。对他们来说，无论这样讲有多么残酷，瘟疫确实带来了一些缓解。不过我们在后面再来更详细地讨论这个问题。

　　长期的经济繁荣最终给欧洲的社会和政治结构带来了什么前所未有的东西呢？可以确定的是，一定有一种运动性。这在欧洲并非从未有过的东西；但是随着佛兰德人在英格兰、意大利人在佛兰德、法兰西人在意大利不仅以贸易为目的，在贸易路线的加持下，还渐渐也为了教育或政治职业生涯出现，可能很复杂的连接被建立了起来——即使这些连接从来都不怎么快，因为在1300年，甚至1500年，要从英格兰到意大利并不会比800年时更快。社会流动性也在上升；城镇的扩张本身就实现了这一点，因为城镇中的生活非常不同于村庄中的生活，而一小部分幸运儿能够在这个新世界中发迹——即使大多数实现成功的人仍然是乡村中的精英而非最贫穷的人。在村庄内部也是如此，经济机会同样意味着更富裕的农民比他们那些在这一时期有时会被雇佣为临时带薪劳动力的、更为贫穷的邻居收益更多；社会流动性也因此加剧了社会分化。专业知识也更容易获得；随着新的手工业中心在欧洲各城镇中发展，只要一个人有足够的钱，就能比过去更容易地获得最先进的知识。欧洲各地多种语言同时出现的主教座堂工地，还有从法兰西北部向英格兰、德意志、伊比利亚南部、意大利、波希米亚稳定传播的全新的哥特式建筑专业技术，都是13世纪时知识更容易获得的随处可见的标志。[41] 对统治者而言，更广泛地被使用的货币，以及在所有层面上普遍（尽管难以确定具体程度）增长的繁荣，都为税收提供了机会；税收对于13世纪英格兰的约翰和法兰西的腓力二世来说已经很重要了，但对他们13世纪晚期的继承者爱德华一世和腓力四世（Philippe Ⅳ）来说，更是充分地利用了税收，我们将在下一章中看到这些内容。税收本身就允许统治者建立一种更具野心、对社会流动性（尤其是经过训练，拥有一技之长的新官僚阶层）和社会规范都有自己影响的国家结构。税收还允许他们能够进行更大规模的战争，而这把程度前所未有之深的冒险主义因素引入了14世纪的欧洲政治；也就是说，由长期繁荣所创造的更大的社会和政治灵活性并非都是正面的。然而，从总体上来说，即使人们并非以一种浪漫主义的心态来看这几个世纪的经济扩张，也至少能看到这些扩张在各个层面上都对欧洲的实践产生了巨大影响。当将这些发展同上一章所描述的政治地方化放到一起时，它们就支撑起了本书剩余部分将要分析的绝大部分变化。

# 第八章

# 政治重建的多重意涵

## 1150—1300

1093 年，英格兰国王威廉二世（William II）任命了新的坎特伯雷大主教，贝克的安塞尔姆（Anselm of Bec）。就像国王们传统上做的那样，威廉授予了安塞尔姆象征着大主教身份的牧杖。安塞尔姆很快就与威廉闹翻并离开了英格兰，随后于 1098 年抵达罗马。然而，就像我们在前文看到的那样，安塞尔姆在这里发现，教宗从 1078 年开始就在谴责平信徒对圣职的叙任；所以，当安塞尔姆在威廉于 1100 年去世后返回英格兰时，他就适时地提醒了新国王亨利一世（Henry I）这种仪式是无效的。这又造成了新的冲突，而直到 1107 年国王和大主教才实现和解。安塞尔姆不太愿意妥协——因此才会有冲突——但他并非一个闭塞的人：他是意大利人，曾经是诺曼底地区一个大修道院的院长，还是一个具有创新精神且备受尊重的神学家。即使是像安塞尔姆这样有着广泛人脉的人都不知道教宗和神圣罗马帝国皇帝间冲突的主要因素之一，这让我们对 1100 年左右政治交流频繁程度的缺乏有所认识。[1]

与之形成对比的是一个世纪后于 1215 年 11 月在罗马举行的第四次拉特朗大公会议。这场中世纪时期规模最大的大公会议，由教宗英诺森三世在 1213 年 4 月召集，有大量主教和修道院长出席会议，还有超过 1200 名来自整个欧洲乃至东方的高级教士。会议的教令（canons）涵盖了当时教会发展实践过程中遇到的方方面面问题，包括选举、教会法庭的运作、绝罚、神命裁判（会议禁止了它）、异端、对犹太人的态度、十字军运动还有——特别是——牧灵关怀和布道的发展。之后，通过传发有大公会议内容的文本，以及寄希望于主教能指导自己教区内的教士了解会议内容（这在一定程度上实现了），这些教令在整个拉丁欧洲被系统地实施了。尽管长远来看大部分教令确实产生了影响，但如果它们没有在大部分地区导致历史学家所指出的那种即刻发生的"变革"也并不令人惊讶。虽然这些教令中所包含的圣职者追求统一性的雄心是新出现的，不过这些教令本身并非全新的。但重要的是，这些教令成了此时此刻各地实践的新基础。[2] 这一差异标志着不止一处变化。首先，这表明教宗在 1215 年时的权力要大于 1100 年时的。英诺森三世有能力让所有人都到罗马来，并且还让他们把公会议上的教令带回了各自的教区，而这些教令主要就源自教宗的意志。不过这也表明交流得到了多么巨大的发展。此时，英诺森三世能够利用纵马奔驰在欧洲各条道路上的信使构成的网络，将所有这些人聚集在一起——然而并非所有道路的情况都很好，比如德意志或波兰的道路；更不用说爱尔兰、苏格兰、英格兰或斯堪的纳维亚这种要远渡重洋才能抵达但又派遣过高级教士的地方了。众人也确实准备前往会议，这也说明政治交流的频繁程度大大提高了。因此，权力、交流和文字的运用在这一时期都发生着变化，并且在 13 世纪余下的时间里还会继续变化。这些变化所造成的其中一些影响将会成为本章的主题。

经过了我们在第六章中看到的 11 世纪政治体系的规模收缩之后，到 12 世纪和 13 世纪，几乎在整个拉丁欧洲，政治体系都变得规模更大或实力更强，又或者二者兼而有之。之前我们也看到了，这种情况在波兰或瑞典没有发生；而就像我们将会看到的那样，众所周知地，这种情况不存在于 13 世纪 40 年代之后的德意志；但欧洲各地或多或少都出现了这种趋势。我们首先会逐一快速浏览一下这种变化在法兰西、英格兰、卡斯蒂利亚、匈牙利、意大利、西部教会最后还有德意志是如何运作的，以便对这种尽管不同但却常常在发生方式上趋同的变化有所认识。但是，本章的核心论点将会聚焦于这一过程对交流和控制产生的影响。文字书写更为广泛的使用、问责制概念的增长、法律复杂性的增加以及问题解决理念的缓慢提高都是这一时期的重要发展，也都对政治实践的运作方式产生了影响。这些发展也与同时期更为复杂知识探索环境的发展以及挑战了日益增长的教会集权合法性的地方宗教实践新形式有关系。这样一种复杂的混合体如何运作，以及如何才能被控制，成了这个时期权力问题的核心；我们将逐个讨论这些方面。

法国再次提供了一个教科书般的例子，而这一次是在政治统一性方面的。我们在第一章中看到了路易七世如何利用他作为法官和领主的保留权力（residual powers）于 1159 年的图卢兹使英格兰的亨利二世撤退，但这并没有改变他直接控制的领土几乎没有超出巴黎盆地，而英格兰国王的土地却几乎涵盖了半个法兰西王国的事实。然而，他的儿子腓力二世"奥古斯特"以此为基础，取得了重大的成果。正如我们先前看到，巴黎盆地非常富裕，腓力能从中获取大量资源，因此他在战略上处于一个比表面看上去更为强大的位置。亨利二世的儿子约翰则在 1201—1202 年因一个看似很小的问题犯了一系列战略上的错误。他同昂古莱姆的伊莎贝尔（Isabelle d'Angoulême）结了婚，但伊莎贝尔却是他某个法兰西伯爵（另一个吕西尼昂的雨果）的未婚妻。当雨果向约翰在法兰西领土的领主腓力上诉时，约翰却拒绝前往巴黎。然而，作为对此事的回应，腓力走出了不同寻常的一步，宣布没收约翰的土地并入侵了这些地区。约翰在 1202—1204 年的战争中大败而归，并失去了他在法兰西的大部分土地，只保留了阿基坦南部波尔多附近的领地［即加斯科涅（Gascon）］，这一地区在英格兰人控制之下的时间又持续了 250 年。腓力的资源几乎增加了一倍，而他直接统治的地区则翻了四倍。在此基础上，王室权力向着更远的地方扩张。尽管 1208—1229 年阿尔比十字军（将在本章稍后讨论）最初的那些军队并不受腓力的控制，但那些军队逐渐处于了他的儿子，后来的路易八世（Louis Ⅷ）统率之下，并最终使王室权力的有效范围扩展到地中海沿岸。

这一政治网络凝聚在了一起，包括在 13 世纪二三十年代腓力的孙子路易九世（1226—1270 年在位）尚未成年的动荡时期，以及路易九世参加十字军前往埃及和突尼斯（两次十字军都完全没有成功）时同样动荡的岁月也是如此。这很大程度上是因为，在正处于稳步扩张状态的王室领地，地方权力大多没有被国王交还给世袭的伯爵或公爵，而是交由级别更低且临时性的官员管理。这些官员被称为总管（seneschals）或执行官（baillis），他们从 13 世纪 20 年代起就从国王那里领取薪水作为替他管理土地的报酬。在腓力四世（1285—1314 年在位）统治时期，国王的权威在王国的大部分地区都相当牢固，此时除了佛兰德、勃艮第、布列塔尼，当然还有英格兰人的加斯科涅，已经没有几个大领主存留下来了。虽然上述地区确实面积庞大、自治且大部分地区都十分富裕，但是它们的旁边就是被更严格地管理着的王室领地。腓力时期的官员网络都有非常翔实的记录，并且整个网络紧密而忠诚——我们可以追寻其中一些人的职业生涯轨迹，就如后文会看到的那样。腓力具有强大的影响力，并发动了若干令人瞩目的成功行动，包括在1307—1314年通过一系列作秀审判联手毁灭了圣殿骑士团，并攫夺了他们的土地；还有在教宗卜尼法斯八世（Boniface Ⅷ）谴责他并宣布自己拥有凌驾于他之上的权威后，于1303年派遣了一小支部队进入意大利，并在罗马东边的阿纳尼（Anagni）拘禁了卜尼法斯八世。至此，法兰西国王成了欧洲最强大的势力，而这仅仅是在约翰失败后一个世纪。[3]

法兰西从分裂向专制转变得如此迅速是不同寻常的；绝大多数的其他政治体有更多需要做的工作。但是，他们也同时显示出类似的发展。第六章中我们已经看到，英格兰几乎是欧洲西部唯一一个在11世纪避免了政治权力地方化的政治体。即使是在随后的世纪里，英格兰王国的凝聚力依然首屈一指。约翰是一个有能力的管理者，却又是一个几乎在所有领域都非常糟糕的政治家。当他未能重新征服他在法兰西的土地时，这并未导致中央权力的削弱，反而是1215年一场有半数贵族参与的叛乱和他被迫接受的、内容全面的自由宪章，即《大宪章》（Magna Carta）削弱了中央的权力。《大宪章》设置了一个更为正义但依然复杂的政府框架，在此基础上规定了国王对他臣民（主要是贵族）的义务。《大宪章》并没有在1215年维持下去（先不说别的，《大宪章》在拉特朗大公会议上就受到了谴责），但在约翰的儿子亨利三世幼年时期又重新颁布得以确立。英格兰的问题在于，居于领导地位的贵族远不是为了寻求建立自治的地方权力，而是觉得他们自己在管理国家方面和国王有着一样大的权利和责任。这种集体寡头制的思潮可以追溯到 10 世纪英格兰统一时期，并且在经历了诺曼征服后的大规模人事变动以及 12 世纪诸如亨利一世与亨利二世这样权力不受制约的强势国王时期之后，仍旧存活了下来。上述两位国王确实通过将地方权威主要掌握在临时性的王室官员——在英格兰他们被称为郡长（sheriff）和巡回法官（justices in eyre）——手上，加强了对抗自治力量的趋势，这和后来法兰西所做的十分类似。

英格兰政府在 13 世纪继续向着复杂化的方向发展，但贵族们的事务性权力也在增加。这主要是由于国王重新开始的征税被视为需要得到由贵族和骑士（到这个世纪末，还要加上城镇代表）组成的国王集会同意才能进行的，而从 13 世纪 30 年代开始，这种集会被称为议会（parliaments）。在亨利三世（Henry Ⅲ）统治时期，这一情况于 1258 年的牛津议会达到了顶峰，以莱斯特（Leicester）伯爵西蒙·德·蒙福尔（Simon de Montfort）为首的主要贵族试图接管国王的权威，寻求绕开国王对政府的控制并设立地方专员调查所有层级上的行政权滥用行为。他们虽然失败了（议会召开后内战随即发生，然而贵族们在 1265 年被击败了），但再思考政府的势头仍在继续。爱德华一世（1272—1307 年在位）将之纳入自己的政治实践当中，在 13 世纪 70 年代和 80 年代制定了一系列影响深远的法规，这些法规同《大宪章》一起成为英国普通法后续发展的基础。爱德华同时也是一个征服者，他在 13 世纪 80 年代将威尔士永久地置于英格兰的统治下，并将威尔士纳入了英格兰的政府结构当中。随后在 13 世纪 90 年代后期，又暂时地将苏格兰纳入了他的王国之中。（爱尔兰已经部分处于英格兰的控制之下了，虽然那里的社会非常不同，见第五章。）然而，战争是昂贵的，税收也是必要的。1297 年，随着要在法兰西作战以及随之而来税金额度的提高，议会中的贵族领导层强迫爱德华同意采取措施以限制随意征税。如果贵族群体连爱德华一世都敢违抗，他们毫无疑问也能违抗任何一个更为弱势的国王，而此后也确实是如此。国王与议会的对话，尤其是涉及税收方面的，标志了英格兰此后的政治特殊性，正如我们会在后面章节看到的那样。[4]

　　卡斯蒂利亚则有一个不同的起点。11 世纪早期，这些伊比利亚北部的小王国中没有一个拥有高度发达的政治基础结构，即使是其中最大的莱昂（León）王国也一样。这里在费尔南多一世（Fernando I, 1035—1065 年在位）时期变成了莱昂-卡斯蒂利亚王国。这位新建立了卡斯蒂利亚王国的统治者在 1037—1038 年吞并了比他的王国更大的邻国莱昂。然而，这也是安达卢斯分裂成若干后继小王国——泰法——的时代。到费尔南多去世时，他和他的基督教邻国已经从那些小王国收取了大量保护费，从而变得富裕起来。我们在第三章中已经看到，1085 年，费尔南多的儿子阿方索六世（1065—1109 年在位）征服了泰法诸王国中的主要一个，即托莱多，这里曾是古老的西哥特王国首都，而且是伊比利亚中部的要地。费尔南多和他的一些继承者都采用了皇帝头衔。根据早前的史学研究，从这时起对伊斯兰伊比利亚的再征服（reconquista）就开始了。然而事实却远非如此，因为穆斯林于 1086 年后在一个新的摩洛哥王朝，即穆拉比特王朝的统治下重新联合了起来；此后一个多世纪的时间里充斥着费尔南多及其继承者同穆拉比特王朝之间毫无结果的战争，也同样充斥着费尔南多及其继承者同基督教王国之间和基督教王国内部毫无结果的战争。事实上，即使至少先后有几任教宗以及法兰西的志愿者都把十字军的意象引入了半岛上的基督徒-穆斯林战争之中，但在基督教伊比利亚也很少有人将对穆斯林的征服视为他们的主要目标。对于阿方索六世的继承者们来说，更重要的是防止卡斯蒂利亚自身的分裂。联合阿拉贡的尝试失败了，而葡萄牙也在1109—1140年之间分离出去成为一个独立的王国。在1147年第二次十字军东征借道而下的北方骑士帮助下，葡萄牙征服了里斯本，使自身身份得以合法化。莱昂也在1157年再次暂时成为一个独立的王国；如果我们再算上小小的纳瓦拉（Navarre）王国，那么基督教伊比利亚就有五位国王了。但是，卡斯蒂利亚从未分裂得像法兰西那样满是伯爵领和城堡主领地。长期的边境战争——无论是和基督徒还是和穆斯林之间的——使卡斯蒂利亚王国保持了稳定，而贵族们也仍然着眼于卡斯蒂利亚宫廷，准备以一种非常加洛林时代的方式获得作为回报的土地和地方管理权（他们有时甚至也用同样的词语，即 honores 来称呼）。当这些"荣誉"（honores）或者"领地"（tenencias）像其他地区一样开始被基于城堡的私人领地以及边境地区的强大城镇破坏根基时，卡斯蒂利亚王国跳过了因跨比利牛斯山而滞后两个世纪的历史：和法兰西还有英格兰的情况一样，卡斯蒂利亚的国王们自此发展出了一种更加基于临时性官员的地方管理和司法体系，而在这里他们通常被称为全权法官（merinos）。[5]

当1212年卡斯蒂利亚的阿方索八世（Alfonso Ⅷ）在拉斯纳

瓦斯-德-托洛萨（Las Navas de Tolosa）会战对阵穆斯林取得突破性进展时，还有之后当费尔南多三世（1217—1252 年在位）在下一个世代占据了除仍然保持独立的格拉纳达埃米尔国之外的几乎整个安达卢斯时，这一体系延伸到了南方。卡斯蒂利亚的国王此后主导着 13 世纪的伊比利亚。在这些征服活动之后，卡斯蒂利亚国王得到的大量可利用支持 —— 这些支持是以从 13 世纪开始时就大幅增加的税收为基础的 —— 让他们在接下来超过一个世纪的时间里成了每一个野心勃勃的伊比利亚地方强权关注的中心。即使是身为智者和立法者的阿方索十世（Alfonso X，1252—1284 年在位）那有缺陷的政治也没有改变这一点。单说这一方面，阿方索试图做的就是瓦解维护私人领地基础的地方性法律，而 13 世纪 70 年代和更晚之后他的贵族们进行的成功抵抗标志着富有侵略性而非防御性的王权（暂时性）的失败。[6]

　　匈牙利是又一个自身历史同周边邻国"接轨"的王国。10 世纪时，这个原本四处劫掠的游牧势力已经过上了相当稳定的定居生活。斯蒂芬一世（István I，997—1038 年在位）已经接受了基督教，也正是他开始借鉴法兰克世界的政治基础结构 —— 不仅是主教区，还包括伯爵领 —— 把自己王朝对从前游牧统治阶层的统治霸权转变成了某种更为组织化的东西。与英格兰相比，国王更成功地确立了自己占压倒性优势的土地所有者身份，这使得他的庇护对所有地方势力而言都至关重要。虽然仍然存在伯爵侵占土地的风险（而他们也确实这样做了），但是国王依然维持了战略优势 —— 即使是在继承战争频发的情况下。12 世纪的匈牙利国王们在克罗地亚和俄罗斯地区进行了若干侵略战争，这种势头再加上从银矿中获得的大量财富，使贝拉三世（Béla III，1172—

1196年在位 ）能够借鉴德意志，可能还有拜占庭的经验重组政府结构。按照一份偶然存世的文献记载，以12世纪的标准来看，他非常富有。他的财富比英格兰或法兰西国王还要多，而这些财富来自土地、银矿和贸易通行税。安德烈二世（András Ⅱ，1205—1235年在位）则选择了一条不同的政治路径，将大量土地赐予了他青睐的贵族；一场失败的十字军行动和一场反对他土地政策的反叛迫使他同意了1222年的《金玺诏书》（Golden Bull），这份诏书从国王那里保护了不同阶层贵族的权利（与英格兰的情况类似，但程度更深）。他的儿子贝拉四世（Béla Ⅳ，1235—1270年在位）试图扭转这一局面，但蒙古人在1241—1242年的那场到撤退前就几乎摧毁了匈牙利王国的入侵，使所有匈牙利人意识到纵深防御的重要性，这导致了新的城堡体系主要由贵族控制的结果。尽管如此，残余的国王权力仍然强大，并且会在1300年后再次扭转这一情况，就如我们将在第十一章看到的那样。尽管匈牙利通常很富裕，但它的内部却并不像英格兰甚至卡斯蒂利亚那样有组织性。但是，国王权力与贵族集体行动之间愈发明显的平衡将上述三个王国联系在了一起。[7]

意大利也显示出了政治权力加强的迹象。这种情况在南方程度最深。在那里，西西里的鲁杰罗二世（1105—1154年在位）于1127—1144年的一系列战争中统一了诺曼诸国，并在1130年被教宗阿纳克莱图斯二世（Anacletus Ⅱ）承认为国王。在巴勒莫建立了富丽堂皇的首都并且拥有精妙繁复的希腊–阿拉伯–拉丁行政体系的诺曼人王国从那时起就在大部分时间里被严格地管理着，各地区通过国王任命的大法官同首都联系起来。这一结构在经过1194年神圣罗马帝国皇帝亨利六世（Heinrich Ⅵ）对西西里王国的征服以及他襁褓中的儿子腓特烈二世（Friedrich Ⅱ，1197—1250 年在位）漫长的未成年时期后依然幸存了下来。成年的腓特烈二世确实成了西西里和南意大利王国中最为集权化的统治者。他深受罗马影响的立法、相对沉重的税负还有对贵族私人领地小心翼翼地削弱都体现了这一点，而且，与 13 世纪其他地方更为野心勃勃的国王不同，他所做的这些几乎没有遇到阻力。即使 1266年西西里王国又一次被征服 —— 这次是路易九世的弟弟安茹的查理（Charles d'Anjou）—— 这一情况也仍然如此。[8]

意大利北部和中部的情形与此非常不同，但也有一些相似之处。如同我们在第六章中看到的那样，自 12 世纪早期开始，这里的 50 多个城市公社就在政府管理结构上出现了一致性，几乎每一个城市都在执政官的统治下；这恰好赶上了对抗在 1158—1177 年企图于意大利北部重建权势的神圣罗马帝国皇帝腓特烈一世"巴巴罗萨"（1152—1190 年在位）—— 霍亨斯陶芬家族（Hohenstaufen 或称 Staufer）最成功的皇帝。腓特烈宣称的皇帝权威现在是基于罗马法的，而且这些说法完全没有不能令人信服的地方，城市领导人也知道这一点；但是，皇帝所宣称的在实践上超过了各个公社所能容忍的范畴，因此一个又一个的城市发起了反抗，团结在一起对抗腓特烈一世，并在 1176 年的莱尼亚诺（Legnano）战役中决定性地击败了他。在随后的几个世纪里，意大利城市不得不多次面对皇帝（尤其是 1235 年后的腓特烈二世）试图夺取它们的尝试，但直到 1500 年，意大利城市都成功地挫败了这些尝试。公社政府意味着法兰西、卡斯蒂利亚和西西里稳步扩张的国王权力的反面。而且，它甚至并不稳定；执政官集体的领导并不能阻止每个城市大量军事精英分帮立派并相互内斗的趋势。在此后的几个世纪里，公社持续发展出一系列的新制度措施以克服这一问题：首先，从大约1190年起，公社设立了领取薪水、每年换任的市政官（podestà），这些市政官选自城市之外，因此被认为会在彼此敌对的势力间保持中立；其次，在大约1250年之后，公社又设立了代表着城市低层精英的人民首领（capitani de popolo），他们被认为会更倾向于寡头而非派系化；再次，1300年之后（所有这些时间都是非常不确定的），"领主"（signori），即独裁者变得越来越多，而他们很快就变成了世袭的。作为欧洲的君主制统治主要替代物，这种制度似乎并没有非常令人印象深刻，不过此后还是有一些人对它心向往之［我们将在第十二章中看到作为其中一个例子的但丁（Dante）］。尽管如此，通过所有这些变化，城市政府逐渐拥有了一种凝聚性，并且司法和财政体系（其中一些体系比拉丁欧洲其他任何地方的都更精妙复杂）也日益发达，领土控制结构也更加明晰。即使是北意大利城市权力这种分散的模式，也足以媲美13世纪时那些最成功王国的绝大多数发展。[9]

教宗也是以意大利为基地的，但他们利用12世纪早期逐渐得到世俗权威认可的教士自治优势，使自己的权力影响到了拉丁欧洲的全部教士。我们在第六章中看到，12世纪早期的教宗们在教会事务上，从任何意义来说都并不具有毋庸置疑的主导权。每一个王国都有可能以某种方式存在不同实践，而这些王国的主教也不一定会欣赏甚至认可教宗的指示；像克莱尔沃的伯尔纳多这样有魅力的地方领袖可能比遥远的罗马教宗更有影响力。改变这一情况的是法律程序。虽然中世纪早期的法律体系非常复杂，但无论世俗还是教会的上诉都很少超出某一王国内司法法庭的范畴。

然而 12 世纪时，在整个欧洲范围内，教士向教宗上诉以解决纠纷的情况变得越来越普遍 —— 在诸如婚姻纠纷这种此时已经被教会变成教会法一部分的领域，平信徒也是一样。这一上诉体系在英诺森二世（1130—1143 年在位）时期发展迅速，并且在这个世纪后来的时间里更进一步。这并非一个完全集权化的过程，因为大部分的教会管理和纠纷解决仍然是主教的任务，并且是在教区内部就解决了的。在 13 世纪及之后时常仍然是各自独立组织的教区因此代表了一种细胞式的教会结构，与世俗权力的模式十分相似。但是，教会法慢慢地在整个欧洲变得更成为标准，而上诉的可能则将教区的政治与罗马的政治越来越紧密地联系在了一起。其中存在着一种辩证关系：各种案件很快就淹没了罗马教廷，因此早在英诺森二世时期，将司法权再度下放还给当地主教和修道院长就已经变得很普遍了；但是，地方的裁定能够而且也确实曾被重新上诉到教廷，并且时常是一次又一次地。这种司法体系为教宗的行政部门谋取了大量财富（贿赂教廷的金额是高昂的），而以此为基础，教廷就能供养得起一个可以更加集中地努力处理地方事务的庞大官僚机构。这种教宗干涉地方事务的毛细血管式网络因此越来越强大，一直持续到 14 世纪后期。从战略角度来说，12 世纪晚期的教宗因为同腓特烈"巴巴罗萨"以及罗马城的冲突 —— 罗马城于 1143 年发起了针对教宗的反抗并建立了一个独立于教宗的城市公社，而这也意味着教宗常常处于移动状态 ——处境尚不是很好。但是 1188 年，克莱门特三世与罗马城实现了和平并回到了罗马。此后的 50 年里教宗都选自于罗马城自己的精英中，因此教宗得以更为稳定和强有力地利用他们前任建立的国际司法网络，正如第四次拉特朗大公会议的结果所表明的一样。[10]

英诺森三世（1198—1216 年在位）是这些罗马出身的教宗中最具魅力的一位。在实施有针对性的政治行动方面，他的能力和欧洲的君主们旗鼓相当：他因英格兰国王约翰支持了错误的坎特伯雷大主教候选人而反对他；因法兰西国王腓力二世的婚姻问题而反对他；还相继反对了相互对立的两个德意志国王。英诺森三世和他直到卜尼法斯八世（1294—1303 年在位）为止的 13 世纪时的继任者们都是欧洲历史的主要参与者，他们不时地宣称拥有超越所有世俗权力之上的权威。到罗马上诉仍然是教宗这一权力的基础，并且变得更为规范化与官僚化。教宗在整个欧洲范围内所拥有的任命主教的权利，以及随之而来的对教区更强的控制（即使仍然不完全）也正得到良好的发展。我们已经看到，对主张绝不妥协导致了卜尼法斯八世的倒台，但是他的言辞其实和几位前任，事实上还有继任者相当。与国王们正在增长的权力交织在一起的，或者说时常与国王们竞争的，是欧洲的第一个主要国际势力，它的政治基础结构此时和任何一个王国的基础结构一样具有凝聚性，而且重要的是，它的权威在大多数情况下并未因为没有大军的支持而减少：交流、法律程序和官僚机构都可以在没有武装的情况下运作。我们将在后文再讨论这一点。[11]

那么，为什么这种明显向更典型化也更集中化权力的转变没有在德意志发生呢？腓特烈“巴巴罗萨”复兴的权力无疑属于这种变化，他能够干预整个德意志的事务，包括在 1180 年扳倒手下最大的贵族、巴伐利亚与萨克森公爵“狮子”亨利（Heinrich 'der Löwe'）。这位公爵并没有比腓特烈“巴巴罗萨”于 1197 年早逝的儿子亨利六世活得更久。腓特烈二世在他父亲亨利六世去世时还是个孩子，正身处西西里，而帝国的继承权争议则在亨利六世的弟弟菲利普（Philipp）和"狮子"亨利的儿子奥托四世（Otto Ⅳ）之间爆发了。最终，在 1211 年，英诺森三世支持当时已经是西西里国王的腓特烈二世与继承权争议冲突中的幸存者奥托对立，而腓特烈二世确实在 13 世纪 10 年代成功地建立了他的统治，但王国的凝聚力已经消失。此后，腓特烈很少待在德意志，而一系列正式的特权也于 1213 年（在奥托治下）、1220 年和 1231 年被授予了德意志的诸侯，给予了他们和匈牙利的《金玺诏书》所规定的一样的那种权力，但不同的是，国王–皇帝本人在大多数时候并没有亲自到场。当 1245 年腓特烈二世最终与时任教宗英诺森四世（Innocent Ⅳ）彻底决裂时，内战随即爆发，而 1250 年腓特烈二世和 1254 年其子康拉德四世（Konrad Ⅳ）的相继去世，导致德意志出现了权力真空，直到 1273 年都没有出现一位被广泛接受的统治者。这个世纪末以及此后数个世纪的国王–皇帝都来自新家族，（领地最终在）奥地利的哈布斯堡家族（Habsburg）、（领地最终在）波希米亚的卢森堡家族（Luxemburg）和巴伐利亚的维特尔斯巴赫家族（Wittelsbach）都无权直接统治整个德意志的土地，并且到 1866 年之前也没有任何一个继任者做到这一点。[12]

尽管如此，如果问德意志为何没有发展出一套行之有效的政治体制那就是问错了问题。[13] 当我们看向已经发生此类情况的意大利北部时，我们就不会提出这个问题了。事实上，政治权力的强化确实发生了，但是是在与王国不同的层面上：从波罗的海到阿尔卑斯山、从安特卫普（Antwerp）到布拉格和维也纳的广袤土地，各公国、伯国、更小的领地、主教区和自治城市（比如意大利，那里就有许多这样的例子），都以我们在第六章看到的那种日渐凝聚起来的地方化权力结构为基础，出现了政治权力的加强。在腓特烈一世时期就已经是这种情况了；他通过颁布"土地和平令"（land-peaces，这一意象借鉴自"上帝的和平"）和建立紧密的附属家臣网络，首先在他莱茵河上游地区的权力基地建立了自己的直接统治。但是他主要是从外部对德意志各诸侯国进行干预——用彼得·莫拉夫（Peter Moraw）的话来说，在 1273 年之前的两个世纪，其中一些公国就已经"距离国王太远了"，因为没有任何一个国王-皇帝实现过对整个德意志同等深度的统治。[14] 举例来说，当巴巴罗萨扳倒"狮子"亨利时，他无论如何还是承认了亨利的家族土地仍然属于他，这足以成为他在北方的不伦瑞克（Braunschweig 或称 Brunswick）和吕讷堡（Lüneburg）附近延续公国的基础——尽管这些土地在不同的时期被继承人们再度分割，但直到 1714 年亨利的后裔汉诺威的乔治（George of Hanover）加冕为大不列颠的乔治一世时，这些土地仍然在他手中。后来，在腓特烈二世死后，霍亨斯陶芬家族国王-皇帝的莱茵兰基地变得支离破碎，实际上时常成为非常小的单元，但是其他许多诸侯国仍旧保持了下去。无论是巴伐利亚公国或迈森边境伯国的旧领地，还是像哲林根家族领地或不伦瑞克这样以家族财产为基础的新领地，抑或是许多以家臣小领地为根基的前王室领地和教会守护领地上，都建立起了司法权力、对当地教堂和修道院的控制、财政权力和他们自己的"土地和平令"，就像国王做的一样。虽然各地的一致程度不尽相同，从管理严密的迈森边境伯国，到松散且以封建领地为中心的奥地利公国——这是奥托·布伦纳（Otto Brunner）给出的代表性例子——各不相同，但恰恰是在所有这些地方，权力正在形成。[15] 标志着德意志特殊性的不是国王－皇帝的虚弱，而是在这个地方政治体网络中，国王－皇帝的地位仍然一直受到承认 —— 因为他曾经受到承认；在任何时期，国王－皇帝一直都是重要的参照点，被所有封臣尊为一位"遥远"的领主，有时封臣还会因为司法中立的缘故而向其上诉。事实上，正如我们之后会看到的，德意志人作为一个单一文化共同体一分子的意识，以及作为松散政治共同体一分子的意识，在中世纪后期于某些方面表现得比 1200 年时更强。

　　这一组对政治的描述勾勒出了一些共同主题。其一就是战争和司法 —— 这些直到这一时期都是中世纪政治治理的核心要素 —— 此时已经得到了发展，而这尤其是通过在财政权方面给予更大的关注实现的。国王拥有他们自己的土地，并且在中世纪的大部分时间里，大多数国王主要依靠自己土地上的资源，但税收也渐渐变得更为重要。这最早是随着埃塞尔雷德二世于 1000 年左右在英格兰征收的丹麦金（Danegeld）发展起来的。但是到 12 世纪后期，税收开始在各种政治体中出现，从加泰罗尼亚到腓力二世的法兰西王室心脏地带，再到与腓特烈"巴巴罗萨"作战的意大利城市。[16] 随着战争在 13 世纪变得更加昂贵 —— 因为战争越来越多地基于需要支付报酬的职业士兵阶层，而非基于过去那种征召兵和私人随从 —— 为了支撑战争的开支，税收的重要性也在逐步增加。西西里的国王最为依赖税收；腓特烈二世可能是欧洲同时期最为富裕的国王，而安茹的查理则毫无疑问就是最富裕的。[17] 在英格兰，虽然税收于 12 世纪有所下降，但是在 13 世纪税收又从不同的基础上得到了复兴，而这正是为了支撑战争的开销。正如路易九世发现的那样，从这时起的十字军也需要税收来维持，而腓力四世从 1294 年开始向法兰西教士征收的用以维持同英格兰进行战争的赋税成了他和卜尼法斯八世发生冲突的一个原因。[18] 这种税收绝没有罗马帝国时期沉重，同样也没有拜占庭和伊斯兰国家那么沉重：赋税的征收是且以后依然是不固定的，包括西西里王国也是这样，尽管那里很早就在财政上成熟了，然而有关伊斯兰最近历史中的专业经验已经失传了——我们将在下一章中再回到这一点。直到百年战争时期，税收才成为英格兰和法兰西财政收支的一个基本特征。因此，我们将在第十一章更详细地看看 1350 年之后各王国的问题。但即使是对西西里以外欧洲西部的统治者而言，税收也已经在 1300 年以前增加了他们资源的灵活性；不仅如此，税收和基于土地的收入也渐渐使统治者可以负担得起大量领取薪水的官僚，而他们就像罗马帝国时期的官僚一样，能够大幅提升强国的效率，尤其是在地方司法和行政层面。

事实上，这就是我们看到的第二个共同主题：几乎每一个政治体，甚至是地方政府，都开始依赖职业官僚，而非过去那些地位很高的地区代表、公爵、伯爵和世袭的城堡主。虽然并非所有的官僚都是受薪的（法兰西、英格兰和意大利是受薪官僚方面的先驱），但他们是被四处调动的，因此约束了世袭权力，并且不管怎么说这些人的地位普遍不高——可能是小贵族，也可能是城镇居民，在德意志甚至还有严格来说是非自由民的人——这进一步限制了他们建立自主权力的能力，而这恰恰是统治者所期望的。虽然这个官僚阶层往往会出现腐败，就像他们大多如此的后继者一样（因为人们想要积累个人财富，以匹配他们日常对他人行使的权力），但是这个官僚阶层也往往是忠诚的，因为这些人只有作为国王的代理人才有机会行使权力；他们工作得越好，就越能保持更大的权力。而随着时间从 12 世纪步入 13 世纪，越来越多的官僚也往往会接受培训，通常都是法律，但对教士而言有时是神学，对平信徒而言有时则是公证传统。非精英阶层的平信徒顾问和官员也并非这个时期的创造；如同我们在第四章看到的，艾因哈德是查理曼身边的一个平信徒顾问，他是从德意志中部某个地方来的一位接受过良好教育且充满智慧的人，他因自己所受的教育和智慧而在社会上崛起，而真正不同寻常的是，他在这么做的时候成功地避免了传统贵族的敌视。从墨洛温王朝开始，统治者就已经系统性地使用教士群体作为行政管理者了，无论他们是否来自精英阶层。这部分是因为他们更有可能拥有书写能力，但也部分是因为他们更不容易建立对某一职位的地方家族垄断传统。作为替代，一个成功教士廷臣的标准路径就是最终成为主教，从 7 世纪的达戈贝尔特一世到 10 世纪的奥托一世，再到 12 世纪英格兰的亨利一世和亨利二世，都一如既往地保持着这种做法。但是在 1150 年或 1200 年之后，我们可以越来越多地看到官僚阶层的整个职业结构正在出现，以及在某种程度上形成了一种群体身份认同；这些是新产生的。在关注政府本身的程序是如何变化前 —— 这既是行政管理者日渐专业化的原因也是结果 —— 让我们先看几个官场生涯的例子。

莫顿的沃尔特（Walter of Merton，约 1205 —1277 年）是一个代表了英格兰教士生涯的例子：他出身于汉普郡的一个中层家庭，在萨里的莫顿小修道院获得了法学实践训练。1236 年，大约是沃尔特成为司铎的那一年，亨利三世恰好来到此地，他也就此开始了自己的大法官职业生涯，而大法官是当时王国的两个首席大臣之一。1240年，他对英格兰东南部的王室领地进行了土地调查；在13世纪40年代，他在北方的达勒姆（Durham）工作；到1258年，他被委任为大法官代理。1261—1263年期间，他正式担任了大法官，而此时正值贵族反叛。之后，他又于1272—1274年担任了爱德华一世的大法官。和许多前任一样，他最终成为一名主教［1274—1277年担任罗切斯特（Rochester）主教］，但是，那时的他已经年近七十了，而此时的这个任命更像是退休福利而非他职业生涯的顶峰。他从职业生涯中获利甚多。从13世纪40年代开始，他通过谨慎而有据可查的交易积聚了越来越多的土地，而到13世纪60年代时，他实际上已经变得非常富裕了。1264年，他用自己的土地在牛津创办了莫顿学院，以此作为下一代文员，尤其是他为数众多的侄子们的培训基地。[19]

纪尧姆·德·诺加雷（Guillaume de Nogaret，约1260—1313年）则是一个很好的有关平信徒职业生涯的例子。他生于图卢兹东部的乡村地区，同样来自一个非精英家庭。他后来成为一名罗马法学家，并且从1287年起，成了法兰西极南部蒙彼利埃大学法学系的一员。这使他受到了国王的注意。1293年，他在当地为腓力四世处理事务，并被任命为地处普罗旺斯边界附近的博凯尔（Beaucaire）的王室法官。到目前为止，这都是地方官僚晋升的常规职业路径，但是当他1295年在巴黎加入国王的宫廷后，他的职业生涯突然加速。从这时起到他过世为止，他从来没有失去过国王的青睐：他是香槟地区的王室特派员，是巴黎高等法院（parlement，主要负责司法）和御前会议的成员，之后在1307—1313年间还担任了掌玺大臣，这一职务在法兰西大致相当于英格兰的大法官。纪尧姆是一个非常忠诚的人，参与了腓力最受人质疑的那些行动：正是他在 1303 年囚禁了卜尼法斯八世（这是一次尤为大胆的行动，也使他收获了继任教宗们的敌意——他最终到 1311 年才被赦罪）；而且，他还在 1306 年策划了将犹太人从法兰西驱逐的行动，在 1307 年后策划了对圣殿骑士团的作秀审判。同莫顿的沃尔特一样，纪尧姆也从他的职业生涯中获利甚多。虽然他没有做得太过分（众人对他又怕又恨，不过从未系统性地指控过他贪腐），但不管是利用腓力的大量金钱馈赠还是通过国王的直接封赏，总之他最终在蒙彼利埃和博凯尔之间的地方上掌握了很大权势。这位较早时代的"托马斯·克伦威尔"（Thomas Cromwell）之所以能够在职业生涯上取得不凡成就，不仅仰仗王室的庇护和自己的政治技巧，还有赖于他在罗马法方面的广泛训练，因为正是这种训练给予了他必要的专业知识，让他能够像历史上自己做的那样处事。[20]

王室政府（以及在意大利的城市政府）越发需要专业知识，原因也很简单，因为它变得更复杂了。我们可以通过讨论文字书写、问责制、法律和问题解决来最有效地探讨这种复杂性，我们将逐一审视这些方面。英格兰至少从《末日审判书》的时代起就是这方面的先驱。12 世纪后期和 13 世纪时，书面记录（record）的数量迅速增长，这包括现存的写有自 12 世纪 30 年代起的一连串政府财政记录的长羊皮卷，以及 13 世纪扩展到的司法和行政法案。但是，这可能只是一种强迫症式行为而非事情本身有多复杂的表现，因为几乎没有什么迹象表明这些卷宗会被经常查阅。不过，迈克尔·克兰奇（Michael Clanchy）广被大量引用的计算表明，从 13 世纪 20 年代后期到 60 年代后期，英格兰大法官法庭使用的火漆数量增长了近 10 倍，从每周 3.6 磅（约合 1.632 千克）

上升到了每周 31.9 磅（约合 14.469 千克），这是文件数量明显增长的标志，因为火漆实际上是用来给从大法官法庭寄出的信件封口的。[21] 宗座文书院（papal chancery）的档案记录册（register）从英诺森三世开始几乎就一直存在着，也显示出类似的螺旋式上升运动。意大利城市中现存的档案也是如此，13 世纪时，一系列对公共事务的记录开始出现在不同的地方，比如博洛尼亚（Bologna）和佩鲁贾（Perugia）的刑事案件档案记录册分别始于 1226 年和 1258 年，锡耶纳的财政大臣（Biccherna）用以平衡收支的财务档案记录册也从 1226 年开始。[22] 这类档案记录册开始产生的简单事实是规模化的标志，而其中包含的记录数量也再度稳定增长。

特别需要强调的一点是，无论如何定义，这种书面档案的增加本身都不是识字率提高的标志（我在此处指的是阅读能力或是对文字书写的熟悉程度，又或者两者都算在内）。识字率的提高是中世纪更加后期的事。事实上，正如我们在前面看到的，加洛林时代的大多数贵族都识字，可能比 1200 年之前的识字状况还好；他们并不完全依赖教士的书写能力，而且在政府之内和之外都会通过文字书写处理问题；[23] 但无论如何，他们产出的文件还是比从 1200 年开始的许多领土小得多的政府要少。相反，使用文件作为日常政治交流的一部分已经变得普遍，并且渐渐平常起来，包括同那些识字能力绝对不足以接收这些文件的乡村居民沟通也是如此。9 世纪时，"虔诚者"路易会派遣一个使者去告诉地方集会自己的想法（即使这个使者通常也有一份文本，如同我们之前看到的）；13 世纪时，爱德华一世送出过一份蜡封的书面命令，写有具体的收件人和指令，还保存了一份副本。这一发展的结果就是交流变得更为紧密。信息也像这样进行着交换；政府越来越多地用书面方式来传递信息，同时也至少是以一种正式的书面形式接到回复。

这并不是说国王和他们的顾问只靠或者主要靠书面的形式进行交流。（这是一个很好的机会去补充一点，对文字书写日益增长的运用仅仅是一个技术性的工具；它并没有改变任何人表达自我的能力，更没有像一些历史学家或社会理论家所宣称的那样，使人以不同的方式进行思考。）口头交流就和今天一样重要。事实上，人们往往有这样一种感觉：所有那些为修道院中的编年史作家带来最新政治流言作为主要内容的来自宫廷的旅行者们被派出时脑中都有着明确的目的，他们是为了将信息以口头方式发布出去，也是为了将信息集中收集起来（也就是进行间谍活动）而来的。但是，这也牵扯到了一个比他们前几个世纪弃置的公务旅行者网络更密集的公务旅行者网络——我们在上一章中讨论过的这一时期的商业交换也使得这个网络比以前变得更为寻常，熙笃会和其他修道院网络以及我们马上就会看到的修士网络也起到了一样的作用。西法兰克的一位修道院长，费里耶尔的卢普斯（Lupus of Ferrières）写于 9 世纪 50 年代和 60 年代的书信，有时会表达出对国王究竟身处何地的焦虑与疑惑；到 12 世纪早期时，国王正身处何处的消息在英格兰就被井然有序地传达给各处了，当然，除非是国王自己想保密。[24] 因此，政府有了更多的人手；官员更有条理地在全国巡查并讨论国家事务；他们更频繁地发出文件；他们更经常性地进行地方司法审判；同时，他们也更为系统性地征收税赋，这些税金既支付了增加的人员所需的费用，也强化了欧洲每个王国、独立公国、城市领地内，国家在城镇和乡村中毛细

血管式的存在 —— 因为需要精确地估算税额，即使这经常是由纳税者自己完成的。意大利地区和英格兰首先走上了这条道路；法兰西（以及在管理上最为繁复的封建属国佛兰德）和阿拉贡紧随其后；卡斯蒂利亚、匈牙利和少数几个德意志公国稍晚一些；欧洲北部和东部的其余国家则要缓慢得多。但各个地区的发展方向是一致的，都是朝着政府和共同体交流更为紧密以及政府对共同体控制程度越来越高的方向发展的。

让我们再说一次：一般而言官员都是忠诚的，但也常常是腐败的。那怎么才能保证这种腐败处于合理的范围内呢？加洛林王朝面对这一问题的解决方式是要求官员对国王进行繁复的宣誓；定期派遣王室巡察使去调查伯爵和其他地方代表处事是否公正；甚至，还会大规模地组织集体忏悔。加洛林王朝高度道德化的王室政治传统到 11 世纪早期就已经在各地彻底消失了，而正如我们看到的，这种传统只有在之后作为与 11 世纪的教会"改革"运动 —— 此时已经独立于世俗权力了 —— 共同出现的元素之一时，才被真正地延续了下去。但是，即使从中央政府派遣督察、专员和调查员的理念已经完全消失，恢复起来也很容易。12 世纪英格兰的巡回法官就是一个例子，而教宗特使（legate）和代理法官（judges-delegate）则是另一个例子。而且，我们在英格兰和法兰西越来越多地发现了针对地方官员具体而有针对性的"审问"：比如 1170 年英格兰的郡长审问，1258—1259 年由英格兰贵族发起的彻查委员会，以及 1247—1248 年及之后由法兰西国王路易九世发起的同样复杂的全国性调查（enquêtes），所有这些调查都揭露了地方上的权力滥用并且进行了相当大规模的处理。[25]

除此之外，我们还发现正处于发展中的问责制理念已经变得常规化了，而且实际上时常还是官僚化的。英格兰再次提供了一个早期案例，即可以追溯到 12 世纪中期由郡长记录的需要向国库（Exchequer）提交的年度简报。而国库之所以被称为 Exchequer，是因为王室财务大臣会以棋盘式方格（chequerboard）作为计数工具，让郡长看着他核对账目。郡长无疑是既苦恼又害怕的，而我们最好的文献记录，理查德·菲茨尼尔（Richard fitzNigel）于 1180 年前后所写的《国库对话录》（*Dialogue of the Exchequer*），明确地指出了这一戏剧性的场合与被他称为郡长和财务大臣间的"冲突与斗争"相吻合。路易九世的传记作者茹安维尔（Joinville）告诉我们，路易九世也命令执行官和其他官员在任期结束之后仍要在辖区待上 40 天，以听取人们对这些官员的投诉——这是一种不同形式的问责制度（国库并不检查地方上的不法行为，只检查债务和欺诈行为），但也几乎是制度化了的。这种问责制度在意大利被进一步细化，13 世纪的第二个十年起的锡耶纳还有 13 世纪更晚时的其他城市，每年都会有被称为审查（sindacato）的环节，届时各个城市中的市政官和其他官员都要在一个特定的时段里滞留，直到对他们职务的调查完成为止，调查既涉及对他们公正和廉洁性方面的投诉，也涉及对他们经济管理方面的检查。[26]

　　此类程序的发展是合乎逻辑的，尤其是当依靠税收供养的各政权越来越需要官员处理大量金钱之时。举例来说，阿拔斯王朝自 9 世纪末起就已经发展出一种称为穆萨达拉（musadara）的胁迫制度，这会使离任维齐尔（vizirs）被系统性地推翻，还常常会使用酷刑折磨他们，以获取维齐尔在职时得到的非法收入。[27] 和审问一样，这一制度也是某种非常古老理念的自然结果——这一理念远比加洛林王朝要古老 —— 即统治在宗教层面上应该是公正的。这意味着统治不仅受到神的监督，还被那些明智的，希望避免神可能因为政治系统不正义而降下一系列惩罚（自然灾害，战争失败）的人所监督。在此基础上，还有一个新的假设，即官员是不可信任的，因而在王国中，王室法官至少要定期出现在那些存在未被调解案件的地区。过去，伯爵和其他上层代表远远地躲过了调查，因为除了极个别情况下，对他们进行审核批评被视为一种对荣誉的侵害；而低级官僚则从最开始就是更为仔细审查的对象。但是，13 世纪的欧洲在政府审查行为方面对保证准确性日渐关注的这种发展，就和哈里发国一样，是政府机构愈发复杂的独特结果。

上述的关注也是这些国家越来越明显地依赖复杂法律体系和法律文书书写的产物。"调查搜证"（inquisitio）这个词（衍生词包括 inquest、enquête、enquiry 以及 inquisition）本身就来自古典时代的罗马法，并且包含了法官在某些情况下会在原告和被告提供的证人之外独立传唤证人的预设。加洛林王朝创制了司法纠问（inquisitiones），而这一程序在本章这个时期被使用得越来越多，并且之后也一直被用于司法搜查当中。然而，1150 年之后的一个多世纪里，最为有趣的特征之一就是，整个欧洲对罗马法本身的兴趣都越来越大，甚至是在罗马法实际上从未真正实施过的地区 —— 实际上这种地区才是欧洲的大部分地区，因为古典时代的罗马法只在拜占庭帝国和某些意大利城市才是基本法律。1150 年时，大部分地区都有相当数量的成文法，尤其是原伦巴第意大利、原西哥特伊比利亚和原盎格鲁-撒克逊英格兰（他们使用的本质上都是中世纪早期法条的汇编），也包括爱尔兰 —— 尽管此时，在法兰克的土地上，也就是法兰西和德意志还几乎没有这样的成文法。冰岛人、挪威人和匈牙利人也很快赶了上来。[28] 但罗马法使他们都相形见绌。在 6 世纪 30 年代由查士丁尼编纂的权威成文法（参见第三章）卷帙浩繁、阐述详尽，足够任何想要深入其中的法学家满心欢喜地终其一生投入工作，而这样的法学家也开始在欧洲越来越多的地方活跃并产生影响。

由于有着其他这些更为本地化也因而更具关联性的法律系统存在——而且所有这些系统都在法律习惯和实践的基础上有所更新——究竟为什么 6 世纪前的罗马法在 12 世纪后期和 13 世纪看起来如此有用就不总是那么显而易见了。但罗马法的知识性原则更为清楚，这有助于人们进行分析，而罗马法的繁复性也能使法学家们体悟到法律论证有多么的缜密和精妙。这两点同时提供了一些正式的培训内容，这些内容在大学里越来越常见，尤其是在博洛尼亚和蒙彼利埃的大学中。无论如何，罗马法的影响在各地都是显而易见的，在英格兰，（可能是）13 世纪 30 年代，罗马法的系统化影响了被同时代人称为《布拉克顿》（Bracton）的普通法著作；在卡斯蒂利亚，阿方索十世委托制定了一部内容详尽的西班牙语法典，即《七部法典》（Siete partidas），这部法典大体上是基于查士丁尼法典的。腓力四世统治下的法兰西北部对南方的罗马法学家需求巨大——纪尧姆·德·诺加雷绝不是唯一一个罗马法学家。罗马法的一些内容被越来越多地用来填补地方实践上的空白；所有罗马法的法律门类都作为最新法律专业知识的标志引入地方实践中，而司法酷刑在这里面最为醒目；政治诉求的依据可以用罗马法术语进行新的表述，就像腓特烈"巴巴罗萨"在意大利所做的那样；地方惯例也可以按照罗马法的思路重新编纂，如同米兰执政官奥贝托·达尔奥尔托（Oberto dall'Orto，1175 年去世）对领地法做的那样。[29] 而且，罗马法也很深地影响了唯一能在复杂程度方面与之相媲美的法律体系，即教会的教会法体系。教会法也是在大学中教授的（有时候和罗马法由同一群教师教授）。但与这个时期大多数的法律体系不一样，教会法一直在不断地由来自公会议和教宗法律决议的新成文法律更新，频繁地往罗马法方向发展。

这一发展网络还有一个结果。鉴于这时起参与政府管理的人员都受过正式培训（包括在以辩论为标准教学方法的大学里），也鉴于地方法律同罗马法、教会法所涉及的复杂法律–道德体系之间的脱节，还鉴于随着官员任职而产生的对细节进行审核与调查的趋势，政府管理实践也许能够被运作得更好的理念也慢慢取得了进展。当然，理念也还是老的。举个例子，作为加洛林王朝"纠正"的一部分，他们非常有意识地将政府系统化过（参见第四章），并且优化了其中的大部分内容，王室巡察使以及不断发布的法典和法令汇编都是由此产生的新事物之例。但那是在一种需要于上帝的注视下重构整个拉丁基督教世界的崇高背景下发生的，而大部分优化似乎都是这种更为宏大野心的意外副产物。统治者们（包括教宗）和他们的顾问在此后很长一段时间里都不再如此有意识，要么倾向于将政府"改革"视为对想象中更为完美过去的回归，要么就像那些北方和东方新近基督教化的王国一样倾向于将政府"改革"视为使自己的王国同更为强大的邻国保持一致的尝试。即使是那些真正的变革，比如意大利出现的那些由执政官管理的公社，在它们被人们承认时，也是被它们的创造者以最为传统主义者的术语提出的。鉴于执政官感受到的自己所拥有的

脆弱合法性 —— 这种合法性是通过他们同僚和下级的选举而非古老等级制度内稳定的地位获得的 —— 在这个时代自诩为革新不仅困难，而且有害；只有第二代公社，例如我们马上就会看到的 1143—1144 年由起义产生的罗马公社，有时才会宣称自己是一种革新。[30] 13 世纪的改革者们也援引了过去：1215 年的英格兰贵族在要求改变当下的情况时，仅仅提起了想象中的过去更为正义的王权，后来，阿方索十世的反对者还有腓力四世在临终前的反对者也是如此。这个时期发生的变化和其他任何时期一样多，却经常是临时的，是对眼下问题的回应，在大部分情况下都无意要成为对未来的引导，即使这些变化在一代人之后成了下一次变革的模板：整个 13 世纪英格兰议会重要性的提高（无论是在 1258 年的准政变之前还是之后），或者 13 世纪 30 年代以来宗教裁判所（papal inquisition）的发展，都是这种变革的范例。

然而，慢慢地，从 12 世纪中期开始，我们可以发现统治者或者（通常是）他们的大臣开始更为有意地尝试改进管理结构。举例来说，英格兰的大臣们就有许多试验不同档案记录方式的案例，而有时一旦这些方式不再奏效后它们就被弃用了。[31] 意大利城市中市政官的出现也可能是一个相当有意识的决策：正如 1190 年官方发布的热那亚年鉴（Genoese Annals）所说，"由于许多人过于渴望就任公社执政官职位而产生的嫉妒，城市中出现了大量公民不和的情况以及可憎的阴谋与分裂行为。于是，城中的智者和专业顾问聚集在一起，通过共同协商，决定城市执政官将在次年被废止，几乎（注意，是"几乎"）每一个人都同意设立一个市政官"。这显然被视为困难时期的紧急措施，但这一切都是新的（尽管这并没有像上面所说的那样被立刻执行 —— 执政官和市政官直到 1217 年都还在热那亚交替存在着，进行统治）。同样全新的是相对而言更少采取防御态势的令创建者自豪的"神圣的罗马元老院"的建立，即 1143—1144 年的罗马公社，他们在之后的公社文件中甚至将这一名称用于标注独立条款；还有由宪法学家用五年时间研究与编纂之后颁布的比萨新法典，它使比萨在 1160 年 12 月 31 日正式采用了罗马法。[32] 虽然这些有意创新的例子还相对较少，但它们扩展了政府可能性的上限。当 14 世纪我们第一次发现少部分理想式统治的理论家，例如意大利的萨索费拉托的巴尔托洛（Bartolo da Sassoferrato，即巴托鲁斯），并未完全从讨论道德曾经所处的传统统治地位这一神学语境出发时，他们并没有完全同现实的实践语境脱节；与过去相比，这种实践语境会给予有意识的问题处理以及政府批评者的创新性建议更多空间。我们将在后面回到这一点。

为了理解前文所提到的论点，这里需要阐述的最后一点就是主要于 1150—1300 年这一时期开始的中央集权化程度和政治权力密度不断提高的进程，其基础已经与 800 年时被视为理所当然的那些不一样了。中世纪早期典型的（尤其见于加洛林王朝）前罗马时代公共权力与权威和欧洲北部的集会政治的组合，连同集会政治所预设的源自集体出席和集体参与的合法性（包括但不仅仅是正义）都已经消逝。除了英格兰，那里有长期存在的郡法庭和百户区法庭。从这时起，国家构建就基于不同的、细胞式的单元了：11 世纪新近合法的，当然也是高度剥削的，或大或小的地方领主；我们现在还可以加上 12 世纪的城市和农村共同体，它们在这些领主领地内可能的地方获得了自治权并与这些领主对抗；同时还有作为教宗的国际网络之细胞的教区。我们在本章和先前两章中已经看到了所有这些都在发挥作用。[33] 在意大利和德意志，这一点显而易见，因为国王的权力正在迅速衰落，诸侯国和城市集体取而代之占据了这片地区。法兰西国王则一砖一瓦地统一了自己的王国，而每一块砖瓦都是这样一块领地：要么是通过直接征服，要么是通过胁迫使理论上忠诚的领主对国王真正效忠；相反，每一块领地内部的领主统治（以及反对）关系仍然存在，有时甚至延续了数个世纪。最后的"封建"权利直到 1790 年才消失。加泰罗尼亚伯爵——他们的家族是 12 世纪最为成功的独立公国家族，并且在 1137 年接管了阿拉贡王国——也做了同样的事，但面临的是一个领主集体，这些领主在 1202 年确立了可以不受国王干涉虐待附属农民的权利，这后来被概念化为"虐待权"（ius maltractandi）。[34]（甚至在英格兰，领主们也保有这项权利，只要他们的农民在法律上是非自由民。）在卡斯蒂利亚，国王几乎一直处于统治地位，但到 1200 年时，他们也统治着由城市辖区（concejos）和领主领地（señoríos）构成的拼凑物。后者在王室文献中成为一种类型：王室的、修道院的、平信徒的，还有集体的（即许多共有领主分割领地）。这些领主因而有着加洛林时代大贵族也很少拥有的结构化的地方权力基础，即使他们渴望与加洛林式的国王宫廷建立关系。[35]

集会政治同权力的关系也不同了。相比至少从理论上聚集了王国中所有男性自由民并从外部赋予国王权威合法性的加洛林时代集会，1200 年法兰西、卡斯蒂利亚、阿拉贡和英格兰的国王集会明显只由国王自己的内廷组成。他们会要求发挥更广泛的合法化作用："王国共同体"（community of the realm）这一短语于 1258 年出现在英格兰，之后于 1314 年出现在法兰西，（作为对英格兰侵略的反应）于 1320 年出现在苏格兰的《阿布罗斯宣言》（the Declaration of Arbroath）中。虽然基于王国的共同体一般性理念可能已经很古老了，但是这些特殊版本的王国共同体此时是基于领主的地方权利和近期开始独断的国王权威之间的对立而对集体权力进行的重构。我们将在第十二章中看到这一点在后来几个世纪中是如何进一步发展的。[36]

事实上，在本章所涉及的时期内，真正合法化了国王权力的首要因素是这些领主的个人忠诚。这种忠诚越来越依靠仪式的支持，尤其是臣服礼，以使宣誓的领主对典礼更有印象且更为信服（而这些领主也对自己领地内的人采用了同样的做法）。"封君-封臣"关系（参见第一章）的发展在很大程度上是为了使这种忠诚更加正式化和仪式化，并且像国王和领主希望的那样更难被打破。随着发源于 12 世纪中期并于接下来 4 个世纪不断完善的新式礼仪——包括一般所说的"骑士"准则——的出现（参见第十章），王室内廷成为一般贵族生活中更为精致繁复的广阔舞台。这种精致繁复的舞台对参与其中——实际上是学习如何成为其中一部分——的贵族充满吸引力，而且在各种情况下都强化了国王的权威，因为这个舞台的导演是国王，整个舞台为他怒火骇人的表演所突出，其内容也都经过精心编排（即使常常只是因为过于真实），而且，如果有必要，国王也会和贵族达成和解。沃尔特·马普（Walter Map）甚至在自己关于廷臣故事的书中将英格兰国王亨利二世的宫廷比作地狱，它是如此可能令人迷失与陷入危险，但整部书也展现出了宫廷的魅力。正如格尔德·阿尔特霍夫（Gerd Althoff）所揭露的，这种公开的编排同样有更为古老的根源，但它的复杂性也在稳步提高。[37]通过罗马法变得可能，又经常为财政需求所必需的对国王权威的新声索，还有对地方控制的新实践，只是单纯叠加在了仪式之上。宗教形式的王权合法化同样如此，比如每个王国至少有一位国王被封圣，由此使该国国王这一身份也获得神圣化的趋势：在本章关注的几个王国中，匈牙利的斯蒂芬一世在 1083 年被封圣，德意志的亨利二世则是在 1147 年，英格兰的"忏悔者"爱德华是在 1163 年，法兰西的路易九世则于 1297 年，而最不可思议的是，查理曼本人也在 1165 年被封圣了。[38] 这种新的复合式合法化很快就变得非常强大，尤其是在国王自身实力强大的地方——虽然它并没有阻止那些不受欢迎或不称职的国王陷入麻烦，甚至遭受废黜，比如 1327 年的英格兰国王爱德华二世就被指控说，"他抛弃了他的王国，使之陷入无政府状态"，这时他就不再是国王了。[39] 但是复合式合法化的基础是建立在国王的核心，即地方权力的细胞式结构之上的。

在本章中，我们一直在考察政治和政治文化，但也必须与更大范围的文化趋势做个对照。我将在这里关注两个问题：其一是成为大学的那些机构之发展，其二是平信徒宗教委身的不同命运。尽管方式有所不同，但两者都符合上文已经讨论过的政治实践地方化模式与中央集权趋势相互作用的图景。

长期以来，拉丁欧洲的主教座堂和修道院不仅对教士，也对当地的平信徒——通常是贵族但也不都是——进行基本的识字教育，还有更为进阶的语法和修辞教育。公证人在意大利兴办了他们自己的世俗教育，而最迟至 11 世纪，这里就存在非正式的法律学校了，尤其是在帕维亚。在同一时期，一些主教座堂学校，

**11. 格涅兹诺主教座堂的青铜门，12 世纪后期**

  波兰最早的主教座堂虽然在 14 世纪时被重建了，但这些门却留了下来。这些门上的图像展示了传教士布拉格的亚德伯（Adalbert von Prag）的生平，他在 997 年被古普鲁士异教徒杀死，而他的尸体则由波兰人赎回并葬在大教堂中；右侧门把上方的场景描绘了他的死亡。这些门的风格是德法边境地区的风格，可能是工匠来到波兰制作了它们。

**12. 罗卡-圣西尔韦斯特罗（Rocca San Silvestro），托斯卡纳，13 世纪**

罗卡-圣西尔韦斯特罗可能是所有地方中保存最为完好的废弃中世纪村庄，这里在矿脉枯竭前，是托斯卡纳海岸线上的银矿与铜矿村；它发展的巅峰时期，同时也是图中建筑所属的时期，是 12 和 13 世纪。图中最上面的城堡是领主的，其余的建筑则是普通村民的住房，它们都是相当高质量的石制建筑。领主对采矿的控制非常严格，但是矿工们似乎也比较富足。

**13. 拉特朗圣克莱门特圣殿半圆形后殿的马赛克画，罗马，约 1118 年**

这幅壮观而昂贵的马赛克画由教宗帕斯加尔二世身边的一位枢机主教委托制作，画面上有着一个象征着基督教会的蔓草纹，并且还充满了人的形象，而其中一些人正在做家中的日常劳动事务。这显示了在教宗领导层正苦于控制罗马本身的这样一个时间点，他们有多么希望展示自己权力和财富的象征。

14. 比萨主教座堂, 11 世纪后期和 12 世纪前期

　　这座建筑是当时最具创新性的意大利教堂, 同时清楚地展示出了比萨人的雄心。建筑的大部分花费都是用海军攻击富有的穆斯林城市掠夺来的战利品支付的, 其中一些战利品在教堂立面上的铭文中有所纪念。

### 15. 根特城堡，12 世纪后期

　　位于根特的佛兰德伯爵城堡的核心（包括图中右侧的大门）是原来的，尽管在 19 世纪时该建筑被大幅重建。城堡位于后来成了佛兰德地区最大城镇的地方之内，是佛兰德伯爵主要的权力中心之一。根特作为制造业中心的成功是从城堡开始的，但随着城镇变得更大、更富有，它成了伯爵最具威胁的对手。

16. 莎士比亚酒店，埃文河畔斯特拉特福，13—16 世纪

　　酒店所在的地块是 1200 年斯特拉特福建城时最初设置的几个地块之一，在城市规划中依然可见。酒店建筑本身是典型的英格兰城镇半木骨架式建筑，可以追溯至都铎王朝时期，并且直至今日一直在被不断修复。

17. 巴黎圣母院，巴黎

　　这座教堂是在 12 和 13 世纪法兰西西北部兴建宏大昂贵的哥特式教堂浪潮中最为人所知的一座了——它是在 12 世纪 60 年代至 13 世纪 60 年代间修建的。塔尖是 19 世纪建造的。

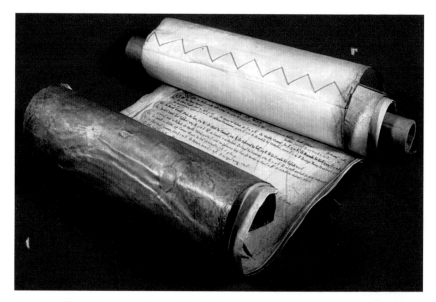

18. 一份财税卷宗（pipe roll），12 世纪后期

英格兰国库（财政部）开创了系统复制政府行政法案的先河；这些卷宗从 1130 年开始流传，并从 1156 年开始有了一个近乎完整的序列。它们的英文叫法来自（成套缝在一起的）羊皮纸卷起来时形成的管状外形。

19. 迈森的埃克哈德（Ekkehard von Meissen）和巴伦施泰特的乌塔（Uta von Ballenstedt）的雕像，13 世纪中期

这两尊是德意志东北部瑙姆堡（Naumburg）大教堂 11 世纪建立者的雕像，两个世纪后它们作为一组有 12 尊相当高质量雕像的雕像群的一部分被放到了一起。这些雕像很好地展现出了教会共同体对平信徒赞助者的依赖，这是中世纪时期每一个世纪的特征。

**20. 教宗英诺森三世的梦，阿西西，13 世纪 90 年代**

　　这幅湿壁画位于方济各会的第一座大型教堂，阿西西的圣方济各圣殿中，可能要归功于乔托和他的画派，描绘了英诺森梦到阿西西的方济各独自举起了拉特朗圣若望大殿（罗马教区的主教座堂）。这是围绕着方济各和他的杰出政治成就制造的早期神话的一部分。

21. 尼西亚城北门（伊斯坦布尔门），罗马时期至 13 世纪早期

　　这些宏伟的城墙和城门有罗马时代留下的基础，但在拜占庭时期，尤其是尼西亚皇帝统治下的时期（1204—1261 年），得到了系统的修复和重建。

22. 复活，科拉清真寺，约 1320 年

　　科拉（卡里耶）修道院由君士坦丁堡的高级官员暨知识分子，狄奥多尔·梅托希蒂斯在 1315—1321 年重建。图中这幅是它最引人注目的湿壁画，描绘了基督降临地狱的场景——在画中他拉起了亚当和夏娃，要把他们带到天堂。

比如沙特尔（Chartres）主教菲尔贝（Fulbert，1028 年去世）所在的主教座堂学校，就有足够的学者，让知识讨论达到了最高水平并且使有趣的论点也成倍增长，就像 9 世纪早期亚琛宫廷学校那样。但是在 12 世纪可以看到一种新现象的发展，即城镇吸引了大量有时来自多个国家，向那些不受外部约束，以教学和辩论能力取得成功的教师求学的学生。即使不是所有这些学生都能成功，他们依然希望以此最终在世俗政府和教会中获得职位 —— 12 世纪拉丁书信与诗歌中贫寒学者的传奇故事也由此开始。[40]

　　尽管蒙彼利埃、牛津、帕多瓦、萨拉曼卡和其他一些地方最终作为第二梯队加入了那些城镇的行列，但巴黎（从 11 世纪 90 年代起，主要是神学领域）和博洛尼亚（从 12 世纪 20 年代起，主要是法学领域）才是当时主要的中心。正如上一章讨论过的，这些地方的发展与各城镇经济的发展和一种以货币为基础之经济的发展密不可分，这些使教师得以谋生并使学生能够得到食物；不过，在 12 世纪早期，这些地方的这种发展非常迅速。到 12 世纪 50 年代，博洛尼亚的主要教会法文本，即格拉提安（Gratianus）的《歧异教规之整合》（*Concordance of discordant canons*）正在处理意大利各教会越来越多的，并且（很快）还有整个教宗上诉网络范围内的法条矛盾，而博洛尼亚的罗马法学家们也正为腓特烈"巴巴罗萨"提供着建议。博洛尼亚的大学（studium）和约 1150 年后随大学建立起来的、往往是短期竞争对手关系的学校（studia），成为之后意大利城市领导阶层的主要学习场所。而最晚在 1100 年就达到产生新思想临界点的巴黎，成了一些极具个人魅力的知识分子的汇聚点。这些人中最为著名的就是彼得·阿伯拉尔（Pierre Abélard，1142 年去世），他创新的逻辑学和神学，充满活力且自负傲慢的辩论技巧，以及浪漫而悲剧的个人生活不仅使当时人着迷［他与他的学生哀绿绮思（Héloïse）有着一段热烈的关系，哀绿绮思本人也是一位正经的知识分子，而阿伯拉尔被哀绿绮思的监护人阉割了］，也同样吸引着当今的历史学家。阿伯拉尔为欧洲北部最具权势的宗教人物，克莱尔沃的伯尔纳多所憎恶，并直接导致阿伯拉尔被（两度）斥为异端，但是受阿伯拉尔影响的学者和他的大量著作不仅在教会中变得很重要，在世俗政府中也同样如此。正是阿伯拉尔以逻辑学为基础的神学探究风格导致了伯尔纳多的愤怒，因为身为神学家的伯尔纳多更倾向于内在沉思的风格；但也正是经过调和的阿伯拉尔式风格最终在巴黎拥有了未来，并且中世纪的基本神学教科书，伦巴第人彼得（Pertus Lombardus）于 12 世纪 50 年代写成的《命题集》（Sentences）也在很大程度上得益于阿伯拉尔。[41]

12 世纪早期巴黎的学校也许非常有趣，但它们并没有提供一个稳定的职业路径；所有在其中求学的重要人物最后都随着年龄的增长成为主教或者进入修道院。如果教师们想要留在巴黎，他们就不得不结成团体，实际上就是形成一个同业行会（1208 年人们在巴黎使用 universitas 这个词，含义是“行会”或者说实际上的意思是“公社”），以共同的价值而非竞争关系集合在一起组织一整套课程，他们也确实这样做了。到 13 世纪早期，他们有了用以指导的规章；他们同时还于 1200 年从法兰西国王、1208—1209 年从教宗手中分别获得了保护他们免受巴黎世俗政权和教会权威影响的特权。1229 年，他们与法兰西摄政、路易九世之母卡斯蒂利亚的布兰卡（Blanca de Castilla）决裂，并且集体离开了巴黎，直到教宗格里高利九世（Gregory IX）以颁布教宗诏书的方式支持他们，迅速进行调停，才使学校得以在 1231 年重新开放。[42]
这份教宗诏书不仅仅是一份标准的教宗司法裁决或者说特权授予
状，更是一份对从这时起可以被我们称为大学的这一关键学习地
点 —— 在这里可以学到的包括 13 世纪最重要的一种教会行为，
即学习如何传教 —— 使命的全面宣言。格里高利九世对此事的介
入非常有趣，因为人们似乎很难看出巴黎大学的健康发展和成功
会是一位教宗所关心的问题，以至于他重新发布大学的规章并常
常在一些细节方面介入课程。但是新近成为整体的教会在知识一
致性方面越发与巴黎所教授的内容有关。英诺森三世本人就曾在
巴黎接受教育，并且在 13 世纪时，有很大比例的主教和其他教会
领导人物都曾在巴黎受教育（或者在其他以神学为焦点的大学，
比如牛津或者萨拉曼卡大学）；13 世纪欧洲的主要宗教知识分子
也有很大比例在巴黎任教，其巅峰就是意大利南部贵族出身的托
马斯·阿奎那（Thomas Aquinas，1274 年去世），他那惊人的智
慧和条理清晰的著作如今仍然是西方宗教学的参照点。

当然，这些发展的一个重要方面就是，它们是 1150—1300
年这一时期权力日益制度化的又一个例子。这一定程度上是 12 世
纪初那些充满个人魅力人物的简单平凡化，毕竟总是维持他们那
种角色是不现实的；事实上，1150 年后，大师们在我们的文献中
就已不再突出了，这种情况一直持续到 13 世纪中期及之后主要
学者出现才有所转变。但是一定程度上和政府一样，这也是各方
势力更多地感到需要对大学进行控制的标志。事实上，要完全控
制大学中发生的事情是不可能的；每位教师对所有问题都有自己
的观点。13 世纪时公开辩论一开始被记录 —— 包括向教师提出
的所有主题类型的问题以及他的回答 —— 这点就变得更明显了。

这些辩论被称为"纯理论辩论"（quodlibets），并且时常被广泛传播。但这也带来了风险，尤其是传播异端思想的风险，也正是因为这个原因，教宗和其他大学内外的势力都发觉自己在尝试进行微观管理：既包括教授的内容（举例来说，由于亚里士多德和阿威罗伊不是基督徒，那他们的思想在何种程度上是可教授的），又包括谁可以教授（比如自 13 世纪 50 年代起，对巴黎大学中修士地位常年的争论）。教宗，也包括世俗统治者此后确实一直都对大学保持着关注；作为精英教育和知识批判的潜在动力源，大学实在是过于重要以至于无法完全放手。但是，所有这些可以对大学进行的制度化和外部控制都不能改变的事实是，这些大学本质上是细胞式的知识分子机构，它们的合法性来自构成大学的每位教师的成功。

平信徒的宗教文化甚至更为地方化，而这对中央权威造成了非常不同的挑战。正如我们在第六章中看到的，11 世纪的一些平信徒团体开始制定属于他们自己的、充满地方差异的基督教价值观和实践，并开始得到有时符合教会改革者诉求，但有时候也会被贴上异端标签的答案。大约在 1150 年之后，这变得更为普遍；能够被要么识字，要么可以接触到布赖恩·斯托克（Brian Stock）所说的读者与听者的"文本共同体"（textual communities）的男女平信徒所越来越多地独立阅读的圣经文本，使得人们能够以多样的形式参与到宗教活动之中——尤其是在政治上如此碎片化的欧洲。[43] 有时候，这会像前几个世纪一样导致新修道会或教会组织产生，比如普雷蒙特利会（Premonstratensians）、吉尔伯特会（Gilbertines）等，还有在十字军诸国、后来也出现在西方的圣殿骑士团和医院骑士团等军事修会。这些组织无论成功与否，至少都符合教会宗教委身的标准模式。然而还有些时候，平信徒宗教活动家仍然会留在他们自己的共同体之中，并宣扬他们自己版本的基督教纯洁主义思想。其中之一就是来自里昂的平信徒瓦勒度（Valdes），他在 1179 年时于第三次拉特朗大公会议上从教宗亚历山大三世（Alexander Ⅲ）处求得了对其追随者布道的权利。然而，这种权利只有在当地教会允许的情况下才能被使用，而新任的里昂大主教拒绝并驱逐了他们。尽管这些"瓦勒度派"（Waldensians）信徒直到 16 世纪被吸纳进新教之前一直生存在阿尔卑斯山的山谷间，但是，他们并没有放弃布道，因而渐渐同其他异端派别团结在了一起，并不时遭受迫害。[44] 另一组则是被称为贝居安会（Beguines）的低地诸国女性苦修团体［其中一个创始人是瓦尼的玛丽（Marie d'Oignies），1213 年去世］。她们大部分以纺织为生，尽管毫无疑问融入了至少是佛兰德城镇的宗教生活当中，但她们处于当地教会结构的边缘，并不时面临着怀疑。[45] 比较幸运的是阿西西的方济各（Francesco d'Assisi，1226 年去世），一个于 1205 年在自己那位商人父亲面前彻底皈依清贫的人，同时也是一个充满人格魅力的修士领袖。修士（Friars）从字面上来说就是"兄弟"——与之相对的女性修士团体是"贫穷嘉勒会"（Poor Clares），由方济各的伙伴阿西西的基娅拉（Chiara d'Assisi，1253 年去世）建立——他们不被允许接触金钱，而其传道则依靠施舍支持。方济各总是全然接受教会的权威，这给英诺森三世留下了深刻印象，后者在 1209 年允许了方济各的修士进行传道。方济各的个人苦修生活非常极端，以至于在他去世后

（实际上甚至在他去世前就已经）导致了追随者之间关系紧张。其中一些追随者希望完全保持他的做法，而另一些则认为实践要根据实际生活不断变化的需要进行调整。前一批人，即"属灵派方济各会"是否属于潜在异端到 13 世纪末成为一个问题。与之相对的，方济各会修士中的主流派别最终因为善行发展得很好，他们巨大而又造价高昂的厅堂式教堂如今在许多城市（尤其是阿西西城）的边缘位置仍然是中世纪晚期建筑最显眼的标志；方济各会仍然以一种有趣的方式在权力和边缘之间保持着游离。[46]

"清洁派"（Cathars）从何而来以及他们信仰什么则更是一个问题。因为这在当时就晦暗不清，现在也有很大争论。他们是二元论者，相信世界由一个邪恶的神创造因而应当放弃繁衍，并且从体制上来说与保加利亚信仰二元论的鲍格米勒派（Bogomil）教会有关联吗？还是说这种形象是教会自己的异端审判官受到了古代异端知识的过度影响，并且倾向于"说服"那些落入他们大网之中的不幸男女招认事实上仅存在于审判官自己头脑之中的异端信仰所创造的，就如同早期近代的巫术供述一样？有人指出，关于他们信念最为复杂的记录恰恰来自宗教裁判所，并且直到 13 世纪 40 年代才变得越发密集，而那时清洁派运动正越发频繁地躲避着各地的迫害。这一观点也导致历史学家在研究"清洁派"信仰和一般异端时，文本分析的复杂程度显著提高。总而言之，看起来最有可能的是，宗教二元论确实是清洁派忠实信徒的特征，他们也往往有某种组织结构形式，但是只有某些最为活跃的"清洁派"才有必要知道或者关注它。[47] 然而，没有异议同时也对我们此处讨论更为重要的是，到 12 世纪中后期，在意大利的城市公社以及法兰西朗格多克和图卢兹地区的城市与农村中，有大量被称为"善男"和"善女"的独身平信徒团体（尽管我在这里称他们为"清洁派"只是为了行文方便，但他们只有在意大利才会被经常性地称为"清洁派"，而且只有他们的敌人会这样做）。他们宣扬独立于教会的良好宗教生活，有时以手工业为生，并且常常是素食者。与贝居安会和方济各会不同，他们否认教阶体制的属灵效力，有时也否认诸如洗礼这种教会的主要仪式。他们所施行的主要仪式是救慰礼（consolamentum），一种正式进入他们自己行列的仪式，一般的平信徒往往会在临终前进行仪式。同瓦勒度派和其他派别一样，这种平信徒的宗教狂热和自主的地方仪式在上一个世纪甚至更久之前就有先例，但在这里却向着一个更为原创的方向前进。无论这些"善男"和"善女"的信仰具体是什么，按照这个时代的正统标准，他们对于教阶制度的拒斥明显属于异端行为，即使对意大利和法兰西南部的一般平信徒而言，他们的个人品德似乎才是他们最为重要的特征（意大利曾经出现过公认的圣人后来被判为异端的例子，但这有时对地方上的敬礼并没有什么影响）[48]。特别是他们与修士之间的区别看上去不是很大，除非是修士担任异端审判官的时候。

　　12 世纪中期的教会会议上出现了关于"清洁派"的争论，而且在地方层面上也有零星反对他们的尝试。后来，越来越大的压力被施加到了图卢兹伯爵雷蒙德六世（Raymond VI，1194—1222 年任伯爵）身上，要求他解决自己领地内的清洁派（有趣的是，意大利各城市却从未被系统性地施与类似的压力），这遭到了雷蒙德的抗拒；但是，当英诺森三世的特使于 1208 年在图卢兹被谋杀之后，教宗召集了一次针对这位伯爵以及"异端"的十字军，也就是臭名昭著的阿尔比十字军。在西蒙·德·蒙福尔的率领下（1258—1265 年英格兰男爵叛乱中那位西蒙·德·蒙福尔的父亲），大量法兰西北部的骑士涌入朗格多克和图卢兹，让这里在此后十几年中都是一片焦土，不时还会屠杀当地居民。[49] 我们已经看到，这最后至少使法兰西北部得以统治南方。但也导致了设立宗教裁判所的做法得到了显著发展，并且很快就在理论化方面也是如此：异端审判官手册被编写，听证会应当如何举行的规则也被制定 —— 无论我们认为这对异端审判官的影响有多小，都好过那些异端搜捕者随意草菅人命，像这样肆意杀人已经是早期几次反异端运动的特征之一。1206 年后，朗格多克的一个重要人物便是卡斯蒂利亚的苦修者卡莱鲁埃加的多明我（Domingo de Caleruega，1221 年去世），他相信为了对抗"清洁派"，人们应当和那些"善男""善女"一样接受守贫的宣誓；他的修士团在 1217 年被教宗授予了布道的权利。因此，多明我会从一开始就处于反清洁派运动的前线，而且在 13 世纪 30 年代宗教裁判所变得更为规范化以后，他们和方济各会作为主要的两个平信徒布道者修会，都成了宗教裁判所的中流砥柱。这种情况稳步地在法兰西和意大利扩展；而最终清洁派失去了自己的土壤，在 1300 年后就十分罕见了。然而，这并没有影响到平信徒自主的宗教行为更为广泛的传播，正如我们稍后将看到的，这种活动在中世纪晚期仍然十分广泛。

1215 年第四次拉特朗大公会议和 1231 年格里高利九世为巴黎大学颁布的教宗诏书对布道的强调部分程度上与认识到需要打击异端有关，也因此与有助于建立教会权威有关。多明我会与方济各会的修士都非常迅速地进入了巴黎的教学领域，以此作为他们布道训练的一部分。事实上，他们提供了这个世纪最为杰出的知识分子（比如说阿奎那就是一位多明我会修士）。但是，认为应当大力发展布道的思想成了教会更为广泛的特点，尤其是在 13 世纪，而这开始被视为教会在地方上存在的一个主要因素。毫无疑问，自中世纪早期起，布道就被视为教会仪式的一部分，但是从这时开始，向平信徒解释信仰的性质变得更为重要了。[50] 这就意味着让堂区司铎更多地传道（并非总能成功），以及为他们准备的手册现在也变得更为普遍。但是，修士们也极为适合这一点，他们不断地旅行，即使通常主要集中在城镇而非乡村中，这样做也扩展了布道的范围。这也意味着，越来越多的平信徒会知道基督教信仰的细节，而这恰恰就是教会的确切目标。宗教热情可以鼓动大量的平信徒，就如同 1233 年由修士推动的哈利路亚运动一样，这一运动使从帕尔玛到维罗纳的意大利城市中大量的市民感到兴奋，并导致了大量宗教奋兴集会出现。[51] 这一如既往地具有危险性，因为事实上它确实就像 50 年前的清洁派和瓦勒度派，一个富有学识的平信徒，或者说至少是具有宗教头脑的少数人，可能最终走向"错误的"信仰；但这是一个无论如何都会存在的危险。此时更为重要的是，既然平信徒的宗教狂热现在已经被更为正式地认可了，那么也就可以被也应该被教会的指示所引导。举例来说就像 1250 年后迅速增长的宗教兄弟会（confraternities），就成了中世纪后期集体行为的一个重要部分，将手工业行会和堂区共同体联系在了一起。[52] 教会的引导和平信徒在寻找宗教委身新形式方面的独创性之间的辩证关系在之后将一直延续下去。

教宗打击异端的行动或多或少和通过上诉程序发展的教宗政府有着几乎一致的步调，并且从某种层面上看，它们有着相同的根源：总的来说，教宗和其他教会领袖都在对教会进行中央集权化，希望不仅能够控制宗教实践的所有方面，也能控制信仰本身。无论人们是否赞同教宗和其他宗教领袖的目标或（更不用说）方法，人们都不可能说帮助人类实现自己所认为的救赎不是教宗和其他宗教领袖应有的职责。但是，由于不可能完全控制信仰——当然，即使凭借现代的技术也不可能——宗教领袖们做得太过分了。尤其是犹太人发现他们自己的生活在欧洲的许多地方都越来越受到限制，我们将在第十章看到，这在很大程度上是因为教会的压力。鲍勃·穆尔（Bob Moore）和约翰·博斯韦尔（John Boswell）认为，麻风病患者和同性恋也面临着更大的排斥和迫害：也就是说，在这个将要同质化的拉丁欧洲社会中，所有的边缘群体都更为扎眼，同时也面临着更多麻烦了。[53] 这种不宽容和对于同质化带有强制性的追求在此后的几个世纪中也会持续下去；在 16 世纪充满紧张宗教氛围的时代中，这种追求甚至会发展得更为系统化。

在这一章中，我一直在讨论 12 世纪晚期和 13 世纪的西欧如何（于大多数情况下）在新的基础——即 11 世纪的细胞式政治结构——上被重建为一系列更为中央集权化的政权。法律为控制提供了更强大的框架，而交流和问责技术使控制在实践上更具操作性，但是那些细胞，也就是地方领地以及城镇或乡村的共同体，在大部分地区仍然没有变化。当谈到信仰方面日益加强的集权化时，同样的基本技术也应用于其中：档案记录、手册、对官员不轨行为的检查（那些在宗教裁判所行事太过的修士可能遭受调查，有时甚至会被撤职）、[54] 以教宗诏书的形式提供立法支持。更难说存在信仰共同体支持集权化的一种明确模式；教宗和其他教会理论家自然不会同意——他们在以一种国王无法使用的方式声索凌驾于所有个人之上的同等权力。但是，至少信仰共同体在制度上被教区的细胞结构分割；而且最重要的是，从地区到地区，从城镇到城镇，从村庄到村庄确实存在着的，以我们前面看到的平信徒宗教狂热形式（此外还有一些我们没有提及的）表现出的信仰实践差异，对新出现的、雄心勃勃的、教会的愿景起到了类似于刹车的作用。每当我们阅读异端审判官在法兰西南部，之后是在意大利，再过一两个世纪后是在英格兰和伊比利亚的乡村地区实际发现情况的相关记录时，我们会认识到对于什么是重要的以及事情如何运转有自身想法的社会，这在属灵世界方面其实是和世俗世界一样的。[55] 异端审判官的视线就像经过放大镜的阳光，会严重灼伤他们聚焦的人，但没有人能够触及所有地方，当然在中世纪时期也没有人尝试过。这里有大量地方性的，有时可以说是完全陌生的信仰留存了下来，等待着之后的外来者去发现——如果他们曾经尝试过的话。

# 第九章

# 1204 年

### 另一种可能的失败

我们刚才看到的欧洲西部诸王国在 13 世纪正呈现出一片欣欣向荣，但在此之前，它们都并非欧洲仅有的强大基督教国家，或者说事实上并非最强大的国家。在 1025 年，当巴西尔二世（Basil Ⅱ）皇帝去世时，他的帝国——我们称之为"拜占庭"，但就如我们之前看到的，他和他的臣民跟奥古斯都和查士丁尼一样，称之为罗马——无疑是欧洲大陆最强大的政治体系。这个帝国从多瑙河延伸到安条克，从意大利南部的巴里延伸到今天的伊朗边境。也就是说，巴尔干地区、希腊、安纳托利亚（今天的土耳其）以及意大利南部的大陆地区都被一个单一而具有凝聚力的政治结构所管理，有着任何一个中世纪拉丁世界国家无法比拟的复杂财政体系，并由首都——拥有可能远超 25 万人口的、中世纪欧洲存在过的最大城市——君士坦丁堡统治。[1]事实上，到 12 世纪的最后几年，虽然拜占庭在领土上有所减少，但其财富和实力仍然比任何西方政治体都要强大。尽管如此，这个帝国却在数十年后消失了。突厥人控制了安纳托利亚高原，巴尔干地区处于塞尔维亚和保加利亚统治者的手中。君士坦丁堡本身在 1204 年被第四次十字军东征的法兰西和意大利军队攻陷，而这场恶名昭彰的十字军东征偏离了最初要攻击伊斯兰埃及的目标，转而摧毁了一个基督教政治系统。与君士坦丁堡的小型新拉丁帝国以及控制了希腊诸岛屿的威尼斯人对抗的并非只有一个拜占庭流亡政府，而是三个，分别以尼西亚（Nicaen，今伊兹尼克）、特拉比松（Trebizond，今特拉布宗）和希腊西北部的阿尔塔（Arta）为基地，此外还有希腊其他地方更小的领地。虽然拉丁帝国统治的君士坦丁堡在1261 年重新回到了尼西亚皇帝米海尔八世·巴列奥略（Michael Ⅷ Palaiologos）手中，但统一的拜占庭政权却再也没能重新建立。拜占庭的帝国系统同西部各势力艰难发展起来的系统相比是欧洲发展真正的另一种模式，但是在 1204 年之后，这种模式非常简单地消失了。

为什么这一点如此重要？部分原因是拜占庭帝国分裂本身就如同西罗马帝国的分裂一样是重大的政治事件，而且解释起来也和它一样复杂。然而实际上，对于这一问题分析的投入比对帝国西部命运的要少，这部分是由于第四次十字军东征本身，虽然这仅仅是分裂进程中的一部分，但这似乎已经相当直接地解释了这一问题（十字军的贪婪、威尼斯的狡诈、帝国的无能）；但是，在这样一本书中这一问题值得被关注。还有部分原因是，如果我们想要理解中世纪欧洲的历史是如何走上历史实际发生的方向，我们就还需要去了解某种丧失的可能性。拜占庭帝国在其鼎盛时期曾是一个中世纪的重要成功案例，也是一个重要的参考对象，连它统治范围外的欧洲人都知道它，尤其是对加洛林王朝和奥托王朝的人而言。[2] 它是其他一些地方治理的典范，这包括从 10 世纪开始的罗斯到 12 世纪的西西里和匈牙利。当拜占庭失败时，它的政府管理技术对于拉丁欧洲而言就不再可行了，而这不得不需要很长时间进行重新发明。拜占庭的继承者暨在 1350 年之后的一个世纪里恢复了巴西尔二世控制疆域的重建者，反而是奥斯曼土耳其人（而他们最终统治的范围甚至更大），他们的伊斯兰宗教信仰意味着，就同更早的哈里发国一样，他们绝不可能成为欧洲其他地方的典范。不过，1204 年之后，拜占庭也不再是典范了，因为，实际上拜占庭可以轻易地被毁灭。我们需要去理解为什么会这样。

如同我们在第三章中看到的，中世纪早期的拜占庭危机到 9世纪中期就结束了。巴西尔一世（867—886 年在位）作为一个似乎是农民出身的篡位者，建立了一直延续到 1056 年，维持了将近两个世纪的马其顿王朝。但是这个王朝的存在并没有阻止其他人攫夺权力 —— 王朝统治在拜占庭从来都不是强有力的原则 ——但是这个家族仍然保持了一种合法性，并且时常重新掌权，直至家族绝嗣。在巴西尔统治时期，阿拔斯哈里发国的凝聚性开始下降，在 9 世纪 60 年代的危机时期之后紧接着迎来了 20 年的内战；巴西尔利用这个机会开始越过了两个世纪以来一直是拜占庭人和阿拉伯人之间实际边界的、安纳托利亚中部的托罗斯山脉向东部进攻。同时，巴西尔还征服了半个南意大利，部分弥补了西西里岛战事失利的损失。当 10 世纪 30 年代阿拔斯王朝面临着他们最后的危机时，拜占庭军队再次向东进攻，并开始征服这一地区。在 10 世纪 30—60 年代，他们牢牢地占据着幼发拉底河上游河谷地区，同时也夺取了阿拉伯人在东地中海控制的主要岛屿 —— 克里特岛和塞浦路斯岛，而到 969 年，他们进入了叙利亚，夺取了安条克。他们随后从这一稳固的安纳托利亚和爱琴海基本盘向西进发，在 971 年占领了保加利亚；然而这没能维持下去，拜占庭不得不同在萨穆伊尔（Samuel，997—1014 年在位）领导下重建的保加利亚帝国战斗并花了 30 年击败它，不过 1018 年后，整个巴尔干地区也都处于拜占庭人的稳定控制之下了。这些战果是一系列著名贵族将领的功劳，其中一些人甚至成为皇帝夺取了权力〔最成功的就是尼基弗鲁斯二世·福卡斯（Nikephoros Ⅱ Phokas），他是 10 世纪五六十年代的征服者，并在 963—969 年统治着帝国〕；而马其顿王朝的继承人巴西尔二世（976—1025 年在位）自己就是将军，并且是保加利亚各战役的策划者，还将自己的势力进一步向东扩展至亚美尼亚。[3]

这一个半世纪的成功侵略扩张有两方面原因。首先就是一支受薪且职业的军队。拜占庭在 7 世纪通过组织基于军区的纵深防御得以幸存；虽然半职业的军区军队仍然是作战的基础，皇帝却日益依赖常备的受薪且经过训练的部队，他们是征服时期的突击部队。拜占庭人对他们的军事体系非常自豪，甚至将其组织理论化；马其顿王朝时期出现了若干军事手册，其中一些是皇帝亲自撰写的，最著名的就是利奥六世（Leo Ⅵ，886—912 年在位）的《战术》（Taktika）。[4] 第二个方面就是，受薪军队也需要足够强大的财政体系来年复一年地供养——因为拜占庭在这个时期几乎一直处于战争状态，特别是 10 世纪 50 年代—11 世纪 10 年代。这一时期没有任何欧洲西部国家能做到这一点，但正如我们在第三章中看到的，拜占庭从未放弃也永远不会放弃土地税。在 9 世纪中期这种税是以货币（拜占庭人铸造了大量的货币）和物资（在作战地区）两种方式征收的。巴西尔二世的政权确实管理得非常高效，尽管频繁地进行战争，他还是设法在统治末期以货币形式积累了大量的财政盈余；据说地洞就是为储存这些钱币而专门修建的，这也是长期以来对他财富和贪婪的一种文学印象。[5] 一个欧洲西部的国家会期望它的贵族养活自己的军队，而拜占庭此时也不例外。从 9 世纪开始，一个军事贵族阶层发展了起来，他们的土地大多在安纳托利亚高原，并且在某些情况下，军事指挥权会由父亲继承给儿子（福卡斯家族就是一个特别好的例子）。但是，军队与将领是分开的，将领们"在"军队中任职，但自己并不供养军队，而且总有些将领的家族背景相当模糊。12 世纪刚开始之前，可能在除了安纳托利亚中部的心脏地带之外，拜占庭贵族也不曾于帝国的绝大多数地区占据主导地位。拜占庭有着人口众多的独立农民阶层，他们构成了军区民兵，同时 —— 最重要的是 —— 也是税收的主要来源。在这种情况下，贵族不可能轻易单干，而且对皇权的反对通常是以企图篡位而并非行省分离的形式表现的。[6]

这种财政体系需要有人去运作，而君士坦丁堡有大量身处官僚制度中的官员以复杂的层级运转着每一个政府部门 —— 就如同罗马帝国时期一样，尽管这时的官职已经被大量重新设置过了。首都本身是如此之大，以至于也需要官员来维持其运作。这些官员由行政长官（eparch）领导，行政长官是 6 世纪时城市长官（urban perfect）的直接继承者。城市长官曾经负责为罗马帝国晚期城市组织国家运作的粮食供应，不过这随着 618 年波斯人征服了埃及而终结；但从 8 世纪开始，城市人口规模再度扩大，如我们所见，到 11 世纪时人口规模已经非常庞大，而皇帝们也承担不起食物短缺的风险了 —— 如果城市居民转而反对皇帝，皇帝就有可能倒台，这也确实发生过。尽管食物的供应这时已经由私人土地所有者和商人承担，但管理来自整个帝国食物供应的任务依然非常艰巨，而《行政长官之书》（*Book of the eparch*）中留存下来的规定表明，公元 900 年时，行政长官为每一种主要食品确定了价格或者规定了交易的极限价格。[7]帝国贵族在民事管理当中也非常重要，并且和军队一样有着优厚的薪资待遇。（过去人们常常认为文官贵族和军事贵族是相互对立的，但这并非事实——他们之间并没有结构性差异，将领们在其他时候可能成为官僚，而且也会有担任职业官僚的兄弟。）来自欧洲西部的外交官克雷莫纳的利乌特普兰德（Liutprand von Cremona，972 年去世）记录了他在 950 年复活节官员授薪仪式上所见的场景：在三天的时间里，皇帝亲自按照官职等级将一袋袋沉甸甸的金币发放给他的高级官员们，而接下来的一周里皇帝的宫室长官会给更低级别的官员授薪。这是帝国高度复杂仪式的一部分，而这种仪式还表现在范围广大的游行网络上，至少在君士坦丁堡是这样，它们往往横纵穿越全城，不过主要以城市最东端的圣索菲亚大教堂为中心；这些游行都按照教会年历周期进行安排，但同时也有关于战争胜利后皇帝入城和凯旋的复杂规则。首都的居民都参与到这种游行当中，而这也是皇帝存在性和合法性为这座城市的重要组成部分。[8]

　　君士坦丁堡的宫廷文化也非常频繁和复杂。所有的拜占庭精英都识字，这是后加洛林时代的西部在几个世纪内都无法比拟的。职业军人也能写书［尼基弗鲁斯·福卡斯至少为一部军事手册做了评注；卡考麦努斯（Kekaumenos）在 11 世纪 70 年代创作了一部关于治国理政的建议手册］。乡村的土地所有者也可能拥有大量藏书，比如 1059 年欧斯塔修斯·博伊拉斯（Eustanthios Boilas）就在自己的遗嘱中留下了 80 册书，包括基督教宗教经典和世俗的传奇故事。[9]然而，首都的官僚领导阶层都受过很高的神学和文学（包括荷马以降的内容）教育，而他们中的许多人也都是作家——其中也包括不只有利奥六世在内的皇帝：他的儿子君士坦丁七世（Constantine Ⅶ，913—920年、945—959年在位）也撰写过一部针对帝国邻国的分析，还至少写了《典仪论》（*Book of ceremonies*）的某些篇章，这是关于首都游行的长篇基本手册，君士坦丁七世在其中明确地将游行与权力的"秩序和威严"联系在了一起。[10]知识分子经常会用佶屈聱牙且在当时已不再日常使用的古典希腊文为皇帝写下精心创作的诗歌和散文；广泛存在的正式化书信文化保留（并为我们记录）了一个文学的世界。人们声称这个世界是非常传统的——文学成就被认为单纯是对过去经典的模仿——但是实际上，它在体裁和内容上都有创新：公元850年后的君士坦丁堡，就像公元800年后的亚琛和公元1100年后的巴黎一样，有充足的资源去培养足够多的知识分子以达到产生新思想的临界点。从由官员转任牧首的佛提乌（Photios，约893年去世）开始就有重要的宗教作品是出自职业官僚之手了；而大约900年时为了将查士丁尼的整部法典都翻译成希腊语并将其重新编为《巴西利卡法典》（*Basilika*）以使其能成为帝国的可行法典，所需要的法律知识是非常多的。[11]后来的米海尔·普赛洛斯（Michael Psellos，约1078年去世），一名曾经担任过七位皇帝的廷臣并且有时还出任过高级大臣的官员（尽管他时常和皇帝发生严重的对立，但他还是活了下来），同时也是11世纪最为重要和复杂的历史记录——《编年史》（*Chronographia*）以及信件，修辞学、哲学和科学专著的作者，实际上将自己视为新的柏拉图，并出色地掌握了新柏拉图主义者的作品，当然也掌握了古典和基督教作家的标准的写作方式。[12]

拜占庭也在文化上扩展了它的影响力。已经在 7 世纪后期于帝国边界内站稳脚跟的保加利亚汗国，在 9 世纪中期遭受来自君士坦丁堡的比以前更有成效的侵略时，认识到需要采用拜占庭式的统治方式才能存续下来，于是，他们在 865 年接受了基督教，非常类似于我们已经看过的波兰人在一个世纪后所做的那样。913年，在君士坦丁堡受教育的西梅昂（Symeon，893—927 年在位）被拜占庭帝国承认为皇帝——在斯拉夫语中被称为沙皇（tsar，从这时起，斯拉夫因素就在保加利亚文化中处于主导地位）——而保加利亚的政府在属灵层面变得高度拜占庭化。这种变化发挥了作用，这也是拜占庭征服保加利亚的过程如此漫长的直接原因。[13] 拜占庭式的基督教能够从保加利亚进一步出口到其他斯拉夫族群，而在 9 世纪后期斯拉夫族群中发展出了一种斯拉夫语，并出现了"古教会斯拉夫语"（Slavonic），这是一种礼拜仪式用语言，基于刚刚发明出来、有着长久未来的西里尔字母表。接下来跟随保加利亚指引的人是基辅的留里克（Ryurikid）王公，他们虽然出身于斯堪的纳维亚但却统治着使用斯拉夫语的族群；这些人在这时被称为罗斯人（Rus'），而这个名称的本义指"斯堪的纳维亚人"，但此时却在之后被人们称为俄罗斯的这片区域的核心土地上紧密地同基辅统治下的斯拉夫语使用者联系在了一起。统治基辅的王公夫人奥尔加（Ol'ga，约 945—965 年掌权）大约在 955 年于君士坦丁堡以个人身份皈依了基督教；她的孙子、也是巴西尔二世的盟友弗拉基米尔（Vladimir，972—1015 年在位）在大约 988 年正式宣布罗斯成为一个基督教国家。[14]

罗斯人并没有面临保加尔人那种来自拜占庭的威胁。基辅位于欧亚大草原走廊之外森林的边缘，一般都是使用突厥语之游牧民族的土地，保加尔人也曾是其中之一。草原这时由接受了犹太教信仰的可萨汗国统治，皈依犹太教在整个中世纪历史时期仅此一家。事实上，罗斯的统治者们也经常被以一种突厥式的叫法称为可汗，并且发展出了一种受突厥模式影响的贡赋体系。对于罗斯人而言，拜占庭的基督教对他们就和对同一时期的丹麦人一样，仅仅是一种有用的附加物，为他们带来了以都主教为首的教会组织、由工匠们建造的从 11 世纪屹立至今的最大的拜占庭式教堂——基辅的圣索菲亚大教堂还有会随着政府发展对它越来越重要的文字书写文化。然而，同保加利亚一样，它同时带来了斯拉夫化。基辅已经完全斯拉夫化了，而事实上弗拉基米尔和他的父亲斯维亚托斯拉夫（Svyatoslav）已经用的是斯拉夫名字了；更重要的是，当第一批桦树皮抄本文献在他们的另一个主要政治中心——位于极北方由斯堪的纳维亚人在波罗的海语言使用区建立的诺夫哥罗德——被发现时，它几乎完全是使用斯拉夫语和西里尔文写成的，这些保存于积水洞穴中的桦树皮抄本文献记载的内容始于 11 世纪 30 年代，有数百份之多，而且如今仍然有更多桦树皮抄本被继续发掘出来。[15]

　　罗斯是一片广袤的区域，面积与德意志地区相当，而且几乎全是森林；虽然通过河流进行交通很便利，但以 10 世纪的技术条件是无法对这些地区进行深度控制的，此后数个世纪也是如此。森林中毛皮猎人的、后来越来越多地还有农民的农业定居点单纯通过贸易城镇网络向王公和他们的军事扈从（druzhina）上交贡品。由于统治罗斯的王公往往有许多儿子，所以这些城镇就在他们之间被分配了。弗拉基米尔自己最初得到了诺夫哥罗德，而且直到 978 年才再度统一罗斯。他的儿子雅罗斯拉夫（Yaroslav，1015—1054 年在位）也是同样的情况，在 1036 年成为基辅的王公和唯一的统治者。然而，在 15 世纪之前，雅罗斯拉夫的儿子和后裔都再也没能统一罗斯。基辅仍然是更高一级的公国，但是到 1100 年时有十几个王公都在争夺它的位置，所有的人都有血缘关系，并拥有自己的军事扈从。有三个地区格外重要，分别是基辅本身，诺夫哥罗德，逐渐还有位于东北方苏兹达尔城（Suzdal'）和弗拉基米尔城（Vladimir）周围的边缘地区，当地的森林一被开垦就成为肥沃的土地，到 12 世纪后期，这里绝大部分土地都属于占统治地位的公国。但是当蒙古人在 1237—1240 年出现，劫掠罗斯城镇并使王公沦为缴纳贡赋的臣属时，留里克家族仍然在互相战斗。蒙古人基本上就是一支只会带来负面影响的部队，他们几乎会在所有攻击过的地方进行大规模屠杀和残酷的剥削；正如我们所见，即使他们只是非常短暂地出现在匈牙利，也给匈牙利王国造成了严重的破坏。但是，从这时开始，这个对中世纪早期欧洲国家而言常常是如此危险的欧亚大草原走廊，对罗斯各公国而言最为如此了。

即使巴西尔二世缺乏幽默感且并不仁慈，但他依然是一位具有高度个人魅力的皇帝。他的继承者就不尽然了，而且也不像他那样长寿：1025—1081 年之间最长的连续统治时间为 13 年，而这一时期的政策制定也缺乏连贯性。到 11 世纪 60 年代，许多地方的和平已经持续了数十年，帝国也没有受到严重的威胁，但诺曼人在 11 世纪 50 年代夺取了拜占庭所属意大利的绝大部分地区是一个不好的信号，因为帝国的军队根本无法与诺曼人对抗。鉴于长期的和平、对篡位的恐惧以及财政问题导致的军费拖欠和军队规模缩小，基本上作为防御力量的军区部队大多被解散了。这些无助于帝国面对自 9 世纪以来不曾出现过的大规模军事威胁，即塞尔柱突厥人的威胁。塞尔柱突厥人从中亚地区的基地出发，自 11 世纪 30 年代起征服了半个伊斯兰世界；他们在 11 世纪 50 年代进入了亚美尼亚，不久后又进入了安纳托利亚。1071 年，罗曼努斯四世（Romanos Ⅳ）在东部边境的曼齐刻尔特（Manzikert）与塞尔柱突厥人进行了一场激战，并以失败告终；拜占庭军队溃散了，同时，尽管塞尔柱的统治者没有系统地进入安纳托利亚，但一些临时组织起来的突厥部队加上叛乱的拜占庭雇佣军依然让安纳托利亚高原变成了一个政治真空区。内战使得事态变得更糟，直到阿莱克修斯一世·科穆宁（Alexios I Komnenos，1081—1118 年在位）上位，拜占庭才出现了一个统治时间较长的皇帝。然而到那时，突厥人已经向西大幅移动并且正在攻打爱琴地区了；他们很快就在紧挨着君士坦丁堡的一些主要城市，比如尼西亚和士麦那（Smyrna，今天的伊兹密尔）站稳了脚跟。在诺曼人已经完全夺取拜占庭所属意大利之后，阿莱克修斯还在巴尔干地区面临着他们的攻击，以及来自草原的半游牧突厥部落的直接攻击。到 1091 年，阿莱克修斯击败了他的敌人们，并稳定了他在巴尔干地区的权力。但是他失去了对安纳托利亚大部分地区的控制，而且这一情况在 11 世纪 90 年代早期更为恶化。[16]

就在这时，阿莱克修斯向西方寻求了支援，乌尔班二世因而在 1095 年对第一次十字军东征进行了宣扬。十字军的主力部队于 1097 年抵达了君士坦丁堡，而且确实为阿莱克修斯夺回了尼西亚，也使他重新在爱琴海东部获得了权力。然而，当十字军于一年后最终夺回安条克和耶路撒冷时，他们与阿莱克修斯的关系早已破裂（历史学家仍然在争论这究竟是哪一方的错误），后续的十字军运动并没有给拜占庭人带来任何回报，反而让叙利亚和巴勒斯坦出现了一系列不稳定且常常不满的拉丁国家，此外还让一些突厥埃米尔国逐渐在安纳托利亚中部扎下了根，最典型的就是以科尼亚（Konya）为基地的罗姆苏丹国（Seljuqs of Rum）。从这时开始就出现新的地缘政治环境了。阿莱克修斯夺回了西安纳托利亚，而他的儿子约翰二世（Ioannes II）和孙子曼努埃尔一世（Manuel I，1143—1180 年在位）也沿着安纳托利亚南部海岸线重建了拜占庭的权力，但此时的拜占庭已经与 8—10 世纪时不同了，它现在更像一个欧洲大国而非亚洲大国，而且，皇帝不仅没有夺回安纳托利亚高原，而且几乎没有进行过尝试：1176 年进行的唯一一次认真的尝试是一场灾难性的失败。[17]

这种局面从地图上看非常危险，但实际上并非如此。安纳托利亚中部被永远地掌握在了突厥人手中，但拜占庭直到 14 世纪那个完全不同的世界才再次受到来自东方的威胁。拜占庭人失去的是他们贵族的心脏地带，许多 10、11 世纪的大家族因而在 12 世纪丧失了他们的权力；剩下的基本上就是一种对过去的向往了，比如就像唤起了对安纳托利亚高原上边境战争回忆的著名叙事诗《迪杰尼斯·阿克里塔斯》（*Digenis Akritis*），其中的主人公就是阿拉伯人和希腊人的混血儿。[18] 主要的幸存者是将权力基础转移到了政府的科穆宁家族（Komnenoi），还有与他们关系密切的杜卡斯家族（Doukai），因为阿莱克修斯和他的继承者们将家族成员安排在了各个地方的高层位置，为这些家族成员创设了新的头衔。阿莱克修斯实际上以他的母亲安娜·达拉瑟娜（Anna Dalassene）为他的财政大臣，从而将家庭经济生活中的性别角色带入到政府当中。政变文化已经结束了一个世纪，政府也在没有其他巨大变化的情况下稳定了下来 —— 税收体系肯定是不会变化的，而且我们还有更多证据表明存在一个高度组织化的司法系统。军队作为受薪和专业的军事力量维持了它的结构，尽管此时比过去的时期更倾向于从外国募兵，并且这时出现了军人被给予土地或地方征税权［普洛尼亚制度（pronoia）］以代替薪资的情况。13 世纪早期的编年史家尼基塔斯·霍尼亚提斯（Niketas Choniates）曾经控诉过这一点，他热衷于找到帝国在 1200 年左右崩溃的内在根源，现代历史学家也强调这一点，他们热衷于在帝国找到与西部的军事封建制度相似的制度，然而还没有什么成果。[19]

　　事实上，科穆宁王朝盛期在大多数方面都和巴西尔二世时期一样稳定。君士坦丁堡至少同过去一样庞大和富裕，而这得益于 12 世纪爱琴海地区显著的经济增长。和欧洲西部一样，人口增长，此外还有这一时期显现出的教会与平信徒大规模持有土地以农民为代价进行扩张的事实，刺激了经济增长。在这个时间点的大多数西欧国家中，这种扩张已经完成，但如我们看到的，独立的农民阶层在拜占庭一直有着众多的人数，而通过税收支付的公务薪水所得的个人财富和通过家族土地征收地租所获得的一样多甚至更多。然而，从这时开始，随着大规模土地持有的发展，农民往往不得不同时缴纳税金和地租。这种更新的剥削提供给精英阶层更强的购买力，并因此促成了更多的交易。葡萄酒的专门化生产开始出现在希腊岛屿上，而橄榄油的专门化生产则出现在伯罗奔尼撒地区。丝绸生产所需要的植桑业主要集中在希腊中部有着著名丝织业的底比斯（Thebes）和科林斯（Corinth）这几个地区，他们不仅向首都出口，同时也向欧洲西部出口。考古发掘表明，像科林斯这样的大城镇拥有多样的产品，包括玻璃、陶器和金属制品以及丝绸；其他城镇也有重要的市场。《行政长官之书》清楚地表明到 900 年时首都就已经有贸易行会了，而且那里的生产无疑也是最强的。[20] 总体来说，拜占庭的经济增长可能没有和意大利北部或佛兰德一样的水平，但至少与欧洲西部大多数其他地区的经济增长一致。这种繁荣 —— 一定程度上 —— 进一步为财政体系提供了资金，并因此为国家的军队提供了资金；同时这也让活跃在 10 世纪与 11 世纪的知识分子的生活得以维系下去。政治人物的文学兴趣也被同样大量地记录了下来，而且事实上记录密度更大〔尤其是阿莱克修斯的女儿安娜·科穆宁娜（Anna Komnene）和她的丈夫尼基弗鲁斯·布林尼乌斯（Nikephoros Bryennios），他们都写过历史著作〕，并且还有一些新的东西，比如讽刺文学。我们开始在部分这类文学中发现受过教育的人对不公正贫穷的抱怨，在同一时期的巴黎也显示出了一样的情况 —— 也就是说，在拜占庭，人们也购买教育以求实现社会流动，而这并不总是成功的。[21]

这种财富和文化的活力也在政治上有所体现。鉴于十字军诸国同欧洲西部以及十字军诸国之间都是通过拜占庭控制的海陆路线联系的，拜占庭与西方此时的关系比以往任何时候都更为结构化。事实上，来自威尼斯、比萨和热那亚的意大利船只，从这时起承担了大部分拜占庭的海上交通业务，并且就像他们在黎凡特和埃及一样，他们在君士坦丁堡也有了贸易区。与之相对，曼努

埃尔无论在外交 —— 通过联姻和与其他国家结盟（他在匈牙利的影响力最大）—— 还是军事方面都采取了自巴西尔一世以来从没有皇帝采取过的方式向西方介入：尽管与巴西尔一世不同，他从未在意大利成功建立他的统治，但重要的是他在 1155—1156 年尝试入侵过原属拜占庭的普利亚地区。曼努埃尔希望在西方被视作一方势力认真对待，多亏了他的财富，他也确实在教宗、西西里国王、意大利城市和神圣罗马帝国皇帝之间不断变化的联盟旋涡中受到了重视。[22]

然而，欧洲西部对拜占庭更多的熟悉并没有导致两种文化间更深的理解，而随着时间推移，这成为一个关键问题。曼努埃尔或许曾经尝试过去深化彼此的理解，但其他大部分人都对此意兴阑珊。很明显的一点可能是，在许多拜占庭人眼中，欧洲西部的人不过是贪婪的野蛮人（拜占庭人普遍认为西部人吃腐肉，并且自己同他们之间存在真正的宗教差异，比如西部人要求司铎独身，在圣餐礼上食用无酵饼，这在拜占庭人看来是非常可怕的）。[23] 自然，拜占庭人对于那些在西部旁观者思想中一直享有于宗教前线委身之温暖光辉的十字军诸国也明显没有什么同情感。西部的政治领袖们无论如何都对自身的身份认同和文化优越性愈发肯定，并且已经开始对其他价值观和实践更加自我封闭。在欧洲西部人的观点中，希腊人不仅是聪明过头的神学诡辩者 —— 这是一种从罗马共和国时期就存在的论调，也是整个中世纪更早期时候一些西部的防御性言论的潜台词 —— 而且是忘恩负义的懦夫，这种观点在 12 世纪变得更为强烈。在 10 世纪五六十年代尚能见到的克雷莫纳的利乌特普兰德对君士坦丁堡宏伟雄壮、富丽堂皇且先进繁荣所做出的真正令人印象深刻的论调 —— 尽管这种论调在一定程度上违背了他自己的意愿 —— 到这时除非以一座半神话式的奇迹之城的形式出现，就像长期存在的阿拉伯财富的异域意象一样，君士坦丁堡已经很少见于欧洲西部的材料中了 —— 用爱德华·萨义德（Edward Said）的话说，这意味着拜占庭变得东方化了。[24] 而拜占庭有效和富裕的财政体系，本可能成为普遍缺乏现金的西部各政府的有效典范，现在却根本不为人所知。

这就是 1180 年之后这段时期的背景，当曼努埃尔死后只留下了一个年幼的继承人时，拜占庭政权面临着新一轮的政变和不稳定的、事实上是无能的统治者。所有的王位竞争者都是科穆宁家族成员的事实在这时并没有起到什么作用；他们对待彼此的做法最少也和任何前人一样粗暴。而在西部人看来，他们也不再拥有曼努埃尔曾经的那种政治稳定性 —— 当 1189—1190 年第三次十字军穿过拜占庭的领土时，帝国的弱点就非常明显了。至于意大利城市，曼努埃尔早在 1171 年就已经没收了威尼斯人的财产；1182 年，安德洛尼卡一世（Andronikos I）实际上也屠杀了比萨人和热那亚人。威尼斯人虽然从 1182 年的事件中受益，但并没有忘记 1171 年的事；其他的意大利城市也从未原谅 1182 年的屠杀；拜占庭政治在接下来 20 年里对这些城市的翻转让每个城市都和拜占庭变得疏远了。中央政府的不稳定几乎也是第一次让行省领导人将分离主义作为目标：西北方的塞尔维亚人、东南方的亚美尼亚人、塞浦路斯的科穆宁家族成员、东爱琴海的地方豪强，还有因距离首都最近而最成问题，最终导致了独立保加利亚复兴的 1186 年彼得（Peter）和阿森（Asen）叛乱。无论从何种标准来看，这都是一大群分离主义者的叛乱。这带来的一个重要结果就是，首都开始缺乏金钱，而军队也随之迅速减少。这也就意味着，当 1202—1203 年第四次十字军东征的十字军战士欠下威尼斯人的债因而自己需要金钱，同意改变自己的路线将皇位宣称者阿莱克修斯四世（Alexios Ⅳ）送上帝位 —— 十字军战士在 1203 年通过攻入君士坦丁堡做到了这一点 —— 时，阿莱克修斯既无法偿付自己向十字军许诺的报酬，又无法抵御他们。君士坦丁堡此前就被攻破过；比如阿莱克修斯一世就曾在 1081 年攻克君士坦丁堡，与之相伴的是显著的破坏行径和人口丧生；1203 年的情况比 1081 年要轻。但当十字军厌倦了等待（阿莱克修斯四世这时已经死于另一场政变了），并在 1204 年再次攻入君士坦丁堡时，情况却非常严重。这时的君士坦丁堡看上去根本没有什么可令人叹为观止的，它只不过是毫无价值而又分裂的希腊人的一座过于富裕的首都。这使 1204 年的事件具有了毁灭性。首都的珍宝被系统地掠夺，而其中很大一部分都被带到了西方；拜占庭帝国被十几个小继承国取代，它们通常是 12 世纪 80 年代和 90 年代分裂主义者叛乱的继承者，此外在中央还有一个虚弱的拉丁政权。[25]

从某种意义上来说，这种叙事使 1204 年不再是拜占庭历史的关键中心；它之所以发生只是因为此前曼努埃尔的政权瓦解，而西部各势力和拜占庭人可以说已经反目了。但是 1204 年的事件让这种可能是暂时性的发展变成了最终的形势。如果 1203—1204 年的事情从未发生，我们很容易想象会有另一位阿莱克修斯一世能够再度重新统一帝国，并作为一个可能以意大利城市为中介同欧洲其他国家有更深层次文化融合的欧洲强权重建它的中心地位。毕竟，13 世纪是一个地方语言（vernacular）开始在欧洲西部若干地区蓬勃发展的时代，而希腊语对法兰西或意大利的政治家和学者来说并不比德语更难掌握；而且，正如我们在上一章中看到的，

13世纪还是一个欧洲西部对政府技术创新的兴趣比以前几个世纪变得更为浓厚的时期。拜占庭模式可能会再次变得有效，甚至可能比过去都更为有效。但是这并没有发生；或者说，拜占庭模式是伴随着奥斯曼人的崛起而变得有效的，它以一种欧洲西部人没有重视的方式发生，鉴于他们的文化和宗教预设，他们也理所当然不可能重视它。我们将通过探究这是如何发生的来结束本章。

君士坦丁堡的拉丁帝国是一个失败的帝国，而它一直存续到1261年则是令人十分惊奇的一件事。但正如我在本章开头所说的，在1261年以后处于巴列奥略（Palaiologoi）这一新王朝统治下复兴的拜占庭帝国再也没有出现过一次夺取重要领土的时期。在13世纪晚期与14世纪早期，巴列奥略王朝专注于把自己的威权从安纳托利亚西北部的权力基地扩展回今天的希腊（保加利亚在其统治范围之外），但它却遭到了扩张的塞尔维亚的竞争——塞尔维亚在斯特凡·杜尚（Stefan Dušan，1331—1355年在位）的领导下一度控制了整个希腊北部，而此时的拜占庭则面临着14世纪40年代的内战，而1347—1348年的黑死病也对君士坦丁堡造成了极大损失。伯罗奔尼撒则被希腊和拉丁的公国分割；威尼斯人在爱琴海的岛屿上和热那亚人共同运作着商业体系。爱琴海地区因此只是一个由难以控制公国组成的混合物，其中没有任何一个公国有机会胜过其他公国。只能说以君士坦丁堡为基础的帝国是最富裕的，它延续了前几个世纪强烈的以城市为基础的文化，并且仍然有能力建造出宏伟而昂贵的建筑，比如由高级官员、知识分子狄奥多尔·梅托希蒂斯（Theodore Metochites）在1315—

1321 年对科拉（Chora）修道院［即后来的科拉清真寺（Kariye Camii）］进行的重建和装饰，这里有着整个伊斯坦布尔除圣索菲亚大教堂外现存最引人瞩目的马赛克和壁画艺术品。[26]

改变这一切的是一个出人意料的发展。这就是 13 世纪 70 年代安纳托利亚地区塞尔柱国家的分裂，蒙古人的征服又一次摧毁了它，因为这一分裂释放出了一众伊斯兰突厥小领主那缺乏目的性的能量，他们像追求同宿敌战斗般渴望着希腊人富饶的爱琴海地区的土地。其中之一就是奥斯曼家族（Osmanlı），他们起源于尼西亚城外的瑟于特（Söğüt），在 1326—1331 年占领了尼西亚和布尔萨（Bursa）。奥斯曼家族从这个仍然很小的基地开始以惊人的速度扩张。1354 年，他们进入了色雷斯（Thrace）地区，而到 14 世纪 60 年代后期他们抵达了黑海，切断了君士坦丁堡除水运外的所有通道。从那时起，他们用 25 年的时间占领了几乎整个巴尔干地区，只有当 1389 年塞尔维亚人同奥斯曼人于科索沃（Kosovo）战役打成平局——这后来一直为世人所传诵——时，奥斯曼扩张的脚步才有所放慢。（然而，塞尔维亚人在不久后还是不得不承认奥斯曼的霸权；奥斯曼人也在 1439 年完全吞并了塞尔维亚。）在大陆上，只有阿尔巴尼亚和希腊南部仍在拉丁和希腊势力手中；巴耶济德一世（Beyazit I，1389—1402 年在位）苏丹正在围攻君士坦丁堡。拜占庭人暂时为中亚最新的征服者帖木儿（Timur）所拯救，1402 年，他在安卡拉摧毁了巴耶济德的军队，但此时拜占庭的领土已经减少到不过一座孤城，再加上米斯特拉斯（Mistras）周边一片零散的伯罗奔尼撒地区了。奥斯曼的扩张在 15 世纪 30 年代重新开始，到 1461 年他们夺取了除威尼斯控制的诸岛外所有主要的拉丁和希腊残余地区，而君士坦丁堡自身也在 1453 年被穆罕默德二世（Mehmet Ⅱ，1451—1481 年在位）巧妙地攻破。[27]

奥斯曼帝国在巴尔干地区的发展是 15 世纪晚期整个欧洲最具创新性的政治发展（其领土也进一步延伸到亚洲），而 1500 年运转着这个帝国的政权是欧洲大陆上政治和经济结构最为协调的。我在本书没有讨论它的细节只是因为，关于这种协调性的证据直到 15 世纪后期才开始出现，而且 1500 年后才大量增加，这对本书来说时间太晚了。但它引出的主要问题至少需要一些讨论：也就是说，这是如何发生的？奥斯曼人是如何从最初微不足道的权力基础开始，成功实现君士坦丁堡的皇帝和富有侵略性的塞尔维亚国王都不曾做到的稳定地重新统一旧拜占庭帝国领土，然后远远超出帝国曾经的疆域？他们当然建立了一支高效的军队，其开支似乎从一开始就由土地税担负，这是伊斯兰和拜占庭传统的标准体系。最迟到 15 世纪后期，这支军队就主要是通过将大量被称为"提马尔"（timars）的土地的地方税收收入下放给士兵，让他们自己直接征收税金的方式供养的；这在伊斯兰世界［伊克塔制度（iqta'）］和拜占庭世界（普洛尼亚制度——这是拜占庭政权后期较之前更为重要的一个特征）中也有先例。不同的历史学家强调这些不同的起源，但当存在文献记载政治制度的继承（就像在希腊北部那样）时，我们至少可以看到拜占庭和奥斯曼的财政模式存在着巨大的联系。[28]

本质上来说，奥斯曼人继承自阿拉伯-突厥过去的政治实践——尤其是存在将拥有一支有着自己职业结构的受薪常备军视为任何政治体系的标准部分这样一种几乎普遍的预设——让他们有必要去接受和调整他们在征服时遇到的财政结构，这意味着首先就是拜占庭的财政结构。奥斯曼人很快就将之转变成了一个中央集权化的系统，还添加了新的元素。通过将地方精英迅速纳入自己的系统中，他们扩展了原本的财政结构，也由此稳定了自己系统的地方权威。他们的权力并不能免于分裂，尤其是在 1402 年之后的动荡年代；但他们的权力能够也确实被有效地重建了起来，事实上，它重建得如此富有成效，以至于奥斯曼到 16 世纪变成了最具组织性的国家，不仅在同时代的整个欧洲如此，而且在 19 世纪前的整个伊斯兰世界也都是最具组织性的。这种杰出的结构最先在曾经属于拜占庭的领土上发展起来绝非偶然，而当穆罕默德二世小心翼翼地重新进驻君士坦丁堡或者说伊斯坦布尔，将其再度建设为他的新首都时，他承认了自己对拜占庭的继承，当然，他将自己视作对拜占庭的超越。[29] 来自欧洲西部的 —— 实际上还有阿拉伯的 —— 前拜占庭领土征服者就很少有如此成效。举例来说，尽管西西里的诺曼王国在很大程度上借鉴了拜占庭和阿拉伯的经验，但拜占庭在普利亚地区的土地税很快就私人化了；同时，虽然赋税因针对穆斯林征收的缘故而在西西里地区存在了更长时间，但是也大多归私人领主所有，而随着 12 世纪到 13 世纪早期这段时间穆斯林共同体本身的衰落，西西里的赋税制度也逐渐消失了 [30] —— 等到 13 世纪西西里重建赋税制度，已经是基于不同的基础了，而且缺乏良好的组织性。但是，奥斯曼人认识到了税收结构的重要性，并且能对这些结构进行很好的利用。在新的伊斯兰世界中，他们很好地成为拜占庭人以及罗马人的继承者。不过与拜占庭人曾经或者如果此时不曾灭亡可能会有的状况相比，奥斯曼人同其他欧洲势力更有隔阂；奥斯曼人是仇恨和畏惧的（也是被赋予东方化魅力的）对象，而绝非欣赏或效法的对象，这种紧张的关系始终同奥斯曼人本身一并存在。

事实上，最执着于宣称自己是拜占庭继承者的政治体是莫斯科公国（Muscovy）。当蒙古人于 1237—1240 年征服罗斯后，他们在蒙古的继承国之一，金帐汗国（Golden Horde）的统治下，同各个罗斯王公建立了一种松散的宗主关系，此外还向这些王公索取贡赋。作为罗斯权力焦点的基辅失去了其中心地位，而新的政治中心此时已经稳定地位于在罗斯东北远端的弗拉基米尔及其周围了。留里克王公间无休无止、反反复复的冲突在 13 世纪 40 年代还在像过去一样继续，莫斯科 —— 当时还是弗拉基米尔境内的一座小镇 —— 的统治者在 14 世纪 20 年代成了最具影响力的王公，这很大程度上要归功于蒙古大汗的选择；从这时起，罗斯的都主教大多数时候也都以此为驻地。从 15 世纪 20 年代金帐汗国的权力最终开始衰退起，莫斯科大公成了罗斯土地的主要统治者；到 16 世纪 20 年代，随着梁赞（Ryazan）的臣服，伊凡三世（Ivan Ⅲ，1462—1505 年在位）和他的继承者瓦西里三世（Vasiliy Ⅲ）已经控制了其他所有独立的罗斯王公。[31]

此前，俄罗斯的都主教一直是在君士坦丁堡接受祝圣的，并且常常是由君士坦丁堡牧首直接选任的。随着拜占庭帝国变得朝不保夕，这种情况从 1448 年开始就停止了。但是罗斯教会在意识形态上对拜占庭传统的依附仍然非常紧密，而留里克家族也是如此，例如，伊凡三世的妻子索菲亚就来自巴列奥略家族。到 16 世纪，罗斯人对于君士坦丁堡陷落的反应就是莫斯科已经成为其继承者。此后，"第三罗马"的意象稳步发展，并且，伊凡四世（Ivan Ⅳ）在 1547 年被加冕为了沙皇。然而，这种意识形态传统（在建筑上也表现为中世纪和早期近代俄罗斯令人印象深刻的拜占庭风格教堂）是莫斯科公国土地上唯一持续存在的拜占庭因素。莫斯科公国从城镇和仍然基本保持独立的农民那里征收贡赋的财政结构长期以来都相当简单；不过，在教会和贵族持有土地日益增长的情况下，农民的这种独立性此时正在被削弱，不过这个进程还不快。随着莫斯科公国日益扩大，它的政治基础结构也不得不随之发展，但他们在实践中选择的模式更接近于蒙古人的那种。[32] 这并不令人惊讶，因为莫斯科公国的中心比曾经处于基辅统治下的罗斯距离欧洲的余下部分——包括拜占庭——更远：莫斯科公国与南方不仅为直到 17 世纪都是敌方游牧领土的欧亚大草原走廊所隔开，还被扩张了的立陶宛大公国隔开——立陶宛在金帐汗国刚开始失去控制力时就快速采取行动并于 14 世纪 60 年代在基辅建立起了长期的统治，而此时的立陶宛大公国已经和波兰有了牢固的联系（见下文，第十一章）。在从拜占庭首都以拜占庭的方式统治着旧拜占庭领土的奥斯曼帝国，和坚持声称继承了拜占庭遗产但没有任何一位苏丹会承认，而且还有着一套和拜占庭完全不相关的基础结构和社会实践的莫斯科公国之间，很容易就会更侧重于拜占庭和奥斯曼之间的延续性。然而，同样很重要的是，莫斯科公国的教会如此强调其罗马／拜占庭传统和东正教认同，这在未来依然会很重要。


拜占庭帝国直到 1204 年衰落以前，都是欧洲历史的重要组成部分，并且如果没有第四次十字军东征的话，它可能还会是这样的一部分。任何对中世纪进行的严谨论述都不能将它排除在外。令人好奇的是，许多人确实这样做了；这可能是因为他们倾向于给 12 世纪以后的时期大量的关注，而当时的拜占庭正逐渐淡出西方写作者的视野并且之后不再作为具有决定性的力量存在了——尽管直到 1180 年拜占庭都是一个重要角色。此后，由各个国家组成的欧洲这个"共同体"，在巴尔干地区和罗斯人的土地之外确实都非常拉丁化了——此时（同时也是到目前为止）除了匈牙利和波兰，很少还会有国家关注这些地区了。但无论如何，直到 1180 年时，拜占庭帝国都是最为富裕且最为复杂的欧洲强权，而这一点至少在 11 世纪时都是被广泛认可的。霍尼亚提斯在经历了 1204 年的苦涩后宣称，除了人们预想的生动形象的侮辱言辞外（"他们总是憎恨我们""我们是他们的牺牲者"等），东西方之间事实上已经没有什么相同之处了："在我们和他们［拉丁人］之间，最大的分歧鸿沟已经确定，我们的目标大相径庭，并且处于完全对立的状态。"[33] 他的苦涩可以理解，但我们没有必要追随他的想法。

# 第十章

# 界定社会

### 欧洲中世纪晚期的性别与共同体

当我们进入中世纪晚期，我们所拥有的关于欧洲人，尤其是欧洲西部人的资料呈指数式的增长了。来自意大利各城市的法庭记录有数十万份，而英格兰政府财政报告的数量也几乎达到了同样水平。此外，平信徒识字人群的扩大意味着我们有了更广人群的文字，而且这些文字来自社会的更底层——有些是工匠的，偶尔还会出现农民的。这些文字越来越多地不再以拉丁语写成，因而更为接近平信徒的日常用语，尽管并不完全一样。这一切的结果就是，我们可以更容易地认识非精英大众的一些文化价值和实践，也可以更容易地了解更多精英阶层非宗教价值观的情况。因此，让我们通过关注性别差异——特别是女性——还有共同体团结，来看一看这个时期的文化实践究竟是如何运作的。我们会聚焦 1300 年后，但也会在可能的地方回顾一下之前的情况。这种可以被称为文化基础的东西将会成为接下来两章中对政治的上层建筑和话语以及经济的变化进行分析绕不开的支撑。我将从两个有关女性进行宗教创新和对其做出之反应的例子开始，这主要关乎女性的性别角色，也会有助于阐明这一时期的某些更为广泛的预设。这样做本身就会把我们带入平信徒的价值观世界之中，而之后我们将会使用除了上面两个例子之外的当时想象性文学的材料，看一看平信徒价值观世界的其他方面。在此，我们将依次关注贵族、城镇居民和农民的集体认同，以及他们是如何被越来越清晰地界定的——包括这种界定的阴暗面，即对他者的污名化。

所以，让我们从未来的圣人、锡耶纳的加大利纳（Caterina da Siena）开始，她于 1380 年去世，年仅 33 岁，她的成功和不寻常展现了在她所处的那个时代，具备某一系列领袖特质的女性所拥有的可能性。她出身于一个殷实的印染匠家庭，属于锡耶纳的中产精英，这个家族在 14 世纪 60 年代还出现过数位城市领导人；她的传记作者说，加大利纳是她母亲的第 23 个孩子，但却是仅有的、活到成年的、可能是五个孩子中的一个。她从很早的时候就开始拒绝食物，到 1370 年时就几乎不再吃东西了；加大利纳完全有可能在 1380 年决定停止饮水一个月，而这也许是她不久后死亡的原因之一。卡罗琳·拜纳姆（Caroline Bynum）令人信服地展示了加大利纳是如何做出这个决定的——以及与之相关的生理征兆，诸如失眠，还有更极端的像饮脓这样的食物选择——这不能被简单地被视为厌食症的表现，还需要从食物、圣餐礼和基督之血之间内部的复杂关系角度加以理解，这是女性灵修的一个典型特征。拒绝结婚并隐居在一间独室中若干年的加大利纳，无疑认为自己的志业是强烈地受圣灵启发并充满预示性的。这一志业很早就被承认，而且她在 14 世纪 60 年代就有了一些多明我会的指导者（锡耶纳城多明我会教堂的钟楼就耸立在她居住的城区）；到 1374 年，她正式与多明我会有了联系，引起了教宗的注意，并且被指派了一位资深的多明我会士作为她的告解神父，他后来为加大利纳撰写了最长的一部传记。所有的女性灵修者都有一位男性告解神父，来让她们的生活在男性的叙事框架下变得正常化，而这些告解神父时常是我们了解那些女性宗教人物活动的唯一来源。然而，我们对加大利纳本身的为人有更多的了解，因为她写的书信有超过 380 封保存至今，并且还著有一部神学作品——这些都是以意大利语写成的；即使她懂拉丁语也是非常简单的那种——而这些文字显示出她是一个有着自己非常朴实隐喻风格的人（比如，她说基督的神性是打开着酒桶中的酒，人们可以醉心于此；而他的神人两性就像是嫁接的树）。她活跃于托斯卡纳和教廷的政治中，并且开始广泛游历；她作为一股敦促当时以阿维尼翁为驻地的格里高利十一世教宗（Gregory XI，见第十一章）返回罗马的政治和道德力量受到了重视，而教宗也确实在 1377 年回到了罗马。尽管她并不总在为锡耶纳的时任政府争取利益，但她确实依然在锡耶纳很受重视；她还发展了一众具有影响力的锡耶纳男性追随者，她将这些人称为"家人"（famiglia）[她是他们的妈妈（mamma）——她基于家庭的政治想象引申出将教宗称为爸爸（babbo）]。正如我们将会看到的，和其他在婚姻与修道院以外的地方有着突出地位而经常被视为有问题的女性灵修者一样，加大利纳时常受到怀疑。她不止一次遭受教会合议庭检查。就同其他许多女性宗教活动家一样，她死后没有被立刻封为圣人，直到 1461 年才被一位锡耶纳出身的教宗封圣。但不管怎么说，在她生命的最后六年里，这位不懂作为通行政治语言的拉丁语的工匠之女，依然成为锡耶纳和佛罗伦萨，罗马和阿维尼翁的重要政治人物。她极端的苦修行为再加上在她信中非常明显地体现出来的个人魅力，足以让她成为这样的人物。[1]

我的第二个例子是玛格丽·肯普（Margery Kempe，1439 年去世）。她是诺福克的金斯林（King's Lynn）港商人家的女儿，嫁给了一位商人，孩子也成了商人。她的父亲格外成功，曾多次担任金斯林市长和国会议员，而玛格丽也只有把钱都捐出去后才少有地贫穷过。我们对她几乎全部的了解都来自她在 15 世纪 30 年代口述的自传，当时她已经 60 多岁了。这部代笔之作并不说明她是个不具有阅读能力的文盲（锡耶纳的加大利纳到她 1377 年前奇迹般地学会写字之前也是靠口述的，许多男性编年史家也采用口述的方式）；玛格丽的书中对她能否阅读含糊其词，但是作为一个富商的孩子，即使是女儿，在那个时候很可能也曾受过一些教育，而且她确实对灵修的宗教文本非常熟悉。这本自传描述她 —— 她在全文中始终称自己为"这个受造物"（this creature）—— 发展出了高度个人化的狂迷式基督教（ecstatic Christianity）风格，这并不基于苦修主义（她认为除了贞洁外这样做很难），而是基于公开的号哭（尤其是在宗教情景下）、自我贬低以及基督强烈的异象 —— 在她去罗马朝圣时，她经历了一场异象婚姻。尽管玛格丽一度精神崩溃，但在很长一段时间里，她或多或少地有着正常的婚姻，还孕育了 14 个孩子。但是 1410 年，异象说服了她，让她向长期忍受痛苦的丈夫提出达成贞洁婚姻（chaste marriage）并允许她去朝圣，而她的丈夫答应只要玛格丽偿付他的债务就同意这些。她身着代表着处女的白衣去了耶路撒冷、罗马和圣地亚哥-德孔波斯特拉。对任何能担负得起花费的人而言，这三个地方都是经典的朝圣地，但是全部三个地方都去过就很不寻常了；而且即便玛格丽就同一直以来的一样，游历的途中有旅伴同行，但像这样独自踏上如此漫长旅途的女性，依然是非常罕见的。玛格丽在晚年还去了波罗的海的宗教圣地［她有一位来自德意志的儿媳，这位儿媳相当不情愿地带着玛格丽去了格但斯克（Gdańsk）］。在玛格丽的社交世界中更为明确可见的是，她同样游历了整个英格兰，并由于着装和哭泣以及不断同遇到的每一个人讨论宗教，为自己创造了某种程度的恶名。当1417年玛格丽从国外返回时，她就遇到了麻烦，因为当时正值对罗拉德派（Lollards）异端恐慌的时期（参见第十二章），她几次因遭受指控而在主教和城镇官员面前受审（根据她的自传，莱斯特市长曾说"你来这里就是为了诱使我们的妻子离开我们"，这是玛格丽造成的若干不安的体现之一）。然而，事实上主教们对她还是比较同情的，因为她能对所有的问讯都以完全正统的方式予以回应，而且她还从英格兰的全部两位大主教那里获得了信仰正统的证明；她还可以通过将布道这种潜在的异端行为说成是单纯的与人交谈从而摆脱对她这种行为的指控。至少从玛格丽·肯普的书来看，毫无疑问，她完全是一个使人愤怒的人，但她设法为自己建立了一个玛格丽式的空间，并为保卫它同所有社会等级的人对抗。现代历史学家有时怀疑她是在用自己的书为自己寻求一个圣人的位置，不过在我看来并非如此。但她肯定将自己同基督的个人亲密关系看得非常特殊，而且很明显的是，其他许多人也都正准备这样做。[2]

我会在稍后再回到加大利纳和玛格丽活动的性别方面；让我们先单纯地把她们看作平信徒的一员。这两个人在宗教委身方面显然都是非常疯狂的反常人物，同样反常的是，她们都源于一种内发的精神——尽管有大量不同之处——即基督教属灵的那一方面（这时常被称为"神秘主义"，但这个术语非常模糊）。然而，对于我们来说重要的不是大多数普通人没有这样的行为，而是他们容忍并且时常是赞许这种行为的。平信徒的宗教奉献一般就是每周和每年定期的仪式，这些仪式在各个教堂里或者在各个教堂间前行的游行队伍中进行，其外在形式基本上是由那些同时要向平信徒传教以及每年为他们进行告解的司铎负责的。[3] 基督教应当存在由教士充当精神媒介的理念是根基，而 13 世纪的大多数反异端运动都是针对那些拒绝接受这一点的人的，正如我们在第八章中看到的那样。后来的情况也是如此；玛格丽·肯普曾被明确地指控为异端，而加大利纳则在被指控的边缘避免了这种情况；她们都躲过了这一劫，并从当权者那里获得了保护，因为她们全盘接受 —— 或者说几乎全盘接受 —— 了教阶制度（即使并非对其中个体成员的尊重）。我们将在本书的最后一章再回到中世纪晚期不同异端的问题上，因为他们在这个时期权威和异见者这种更为宽泛的问题框架下可以得到最好的解读。然而，此时的重点是玛格丽和加大利纳最终并没有被视为异端，但她们还是参与到了在世界上进行道德生活方式的创新之中；而像主教实际上还有教宗这样的宗教权威都对此非常满意。显然，并非所有平信徒宗教领导者都会被教会看作是错误的，而且从来也不是这样；平信徒宗教领导者在被接纳之前都要遭遇审查，但一旦这些领导者被接纳，那些高级教士反而相当欢迎由平信徒的委身所提供的额外的接近神的机会。事实上，格里高利十一世找到加大利纳的部分原因是他此前的灵修对话者，瑞典的彼济达（Birgitta av Sverige，她是一个类似于加大利纳的人物，但出于身贵族而非工匠家庭，所以在某种程度上并不是那么特殊）最近去世了。这已经类似于阿西西的方济各对英诺森三世的影响还有佛兰德和法国北部的贝居安会有时也会得到的尊重一样。但是，在中世纪后期，似乎确实有了更多的平信徒灵修运动，而且对平信徒灵修运动的接受度也更高了；另一个例子则是影响深远（而且研究颇丰）的 15 世纪低地国家的"现代虔敬运动"（Modern Devotion movement）。[4]

这种接受是如何实现的，而在实现它的过程中的障碍又是什么？这很难说清，因为我们都知道，在我们的叙事中它最终会被接受，而它是如何实现的叙事则以陈词滥调为主。不过无论如何，有些模式是清楚的。首先，我的两个例子都基于城市宗教生活，这并非巧合；城市中有着更大的社会空间供人们自我塑造（这也是人们移居到城市的原因之一，尤其是对女性而言，她们可以在城镇中通过工作获得收入从而比她们在农村独立生活更长时间）。[5] 城市共同体也时常重视城镇中的隐士或其他苦修人士，把他们作为城镇特殊的标志。马尔萨勒的西比拉（Sibylla of Marsal）是一个较早的例子，她居住在洛林地区一个小镇上，是一个有着罕见宗教委身行为的贝居安会修女，她拒绝进食并且看到了异象，而在 1240 年，开始吸引朝圣者前往马尔萨勒；当地居民对此完全没有异议，梅斯主教也是如此，他曾经亲自去调查此事，甚至还碰到了正在和西比拉战斗的魔鬼。只有经过更仔细的——这显然是偶然的——审查，人们才发现西比拉造了假，其中一部分是她自己做了一套魔鬼的衣服并穿上了它假扮出来的。如果她当时没有那么成功的话，她可能永远不会受到审查，而马尔萨勒也可能继续从中受益。[6] 这反而让锡耶纳人最初对加大利纳的神圣性并不那么惊讶。

相反，同样明显的是，这个时代也依然存在的对平信徒"灵修健将"的怀疑是高度性别化的，就像加大利纳和玛格丽都发现的那样。我们已经看到，加大利纳成功赢得了巨大的国际尊重，但从整体上看，对于女性灵修者更为普遍的反应是负面的，并且随着时间推移变得更加负面。这很大程度上是因为，女性处在男性宗教世界的边缘位置：她们被认为是精神上的弱者，更容易被和神的灵性如此相似的恶魔附体，而且更容易对约束她们的男性秩序造成混乱。另一个著名的例子就是贞德，她是一个农民的女儿，能够听到神的声音。这使得法兰西的查理七世（Charles VII）在 1429—1430 年间利用她鼓舞自己的军队以对抗英格兰入侵者，而贞德则在 1431 年被英格兰人作为异端处以了火刑：整场针对贞德的作秀审判的全部争论点都集中在她的声音究竟是神圣的还是邪恶的这个问题上 —— 这是因为她的话没有得到教会的认可 —— 同时也包括她作为一个女人却身着异装成为战士的合法性问题。这种担忧将在 15 世纪中叶之后继续被强化，那时一些女性异象者开始被纳入一种新出现的具有属灵层面危险的重要类别，即女巫；贞德实际上是最早遭受这种指控的人之一，虽然这只是她被指控罪名中的一小部分。[7] 但是，这种属灵层面的忧虑也是一种不那么宗教性的父权制关系的副产物：这些女性的行为没有像她们被认为应当去做的那样，由父亲或丈夫，有时甚至是他们的告解神父代为传达或控制；她们正要求着一种许多人认为她们没有资格获得的公共身份。我们需要更为广泛地审视这些权力关系，尤其是当这些权力关系涉及女性的时候。

女性受制于男性的权力在这个时期就如同在任何一个时期一样都不是什么新闻，但无论如何这都值得明确。但丁在《论世界帝国》（Monarchy）中提到了一句广为人知的诅咒，"愿你家中人人平等"，从定义上说家庭被视为存在等级的。1392—1394 年，一个姓名不详的巴黎市民（bourgeois）为他年轻的妻子写了一本建议手册，通过大量援引中世纪文学中那些极度尽责并遭受虐待的妻子的说教故事——例如谦卑地服从了丈夫故意羞辱自己指示的"耐心的格里塞尔达"（Patient Griselda）——理所当然地将指导妻子的所有行为视为他自己的责任，无论他的要求是多么无理（这本书更吸引人也更有用的是第二部分，包括了园艺建议和菜谱）。女性更弱小、更低级、更放荡、更倾向于作恶；她们需要管束，如果有必要可以使用暴力，并且她们的声誉很容易受到损害，而且，必须补充的是，女性就和男性一样对这些毫无根据的看法深信不疑。[8] 强奸非常普遍且很少受到惩罚；某部早期宫廷行为礼节指南的作者，安德里亚斯·卡佩拉努斯（Andreas Capellanus），在 12 世纪 80 年代就将强奸视为贵族遇到农村女性时标准且具有娱乐性的行为。此外还有许多类似的东西。这些都是广泛存在的常态，比如乔万尼·薄伽丘（Giovanni Boccaccio）写于公元 1350 年左右的《十日谈》（Decameron），里面对一个勇敢女角色的所有文学描写就都需要去相反地理解（在薄伽丘的故事里也包括了格里塞尔达，但这并没有什么讽刺意味）。[9]

对女性的限制某种程度上也是通过法律加强的，比如说有关嫁妆的立法，它限制了所有已婚妇女能够继承或直接控制的财产。城市环境再一次使女性在其他方面的主角特质变得没那么不寻常，尤其是在诸如纺织或酿酒这种性别性的经济活动中——而且，我们不应该忘记，即便是在乡村地区，大多数农民家庭中的妇女也一生都在作为家庭集体的一员劳作，并常常负责贩卖生产出来的产品。在这种情况下，唯一有机会长期独立活动的世俗女性就是寡妇。15 世纪奥格斯堡（Augsburg）富有布商富格尔家族（Fugger）的经济崛起就是这样一个寡妇和男人贡献一样多的例子。妇女确实倾向于把家庭管理和家庭经济置于自己的直接控制之下——即使是巴黎的市民也这样认为；这实际上就是我们在上一章看到的 11 世纪 80 年代安娜·达拉瑟娜为她的儿子阿莱克修斯一世扮演管理拜占庭财政角色的背景，这实际上就是一个家族对拜占庭国家机器的接管。许多更大范围的经济活动也往往衍生自和家庭中承担角色不同的位置：举个例子，纺织被视为一种女性的行业，因为在家庭背景下纺织工作总是由女性承担，而事实上男性常常从事着更大规模、更"公共的"的纺织生产。[10] 专业知识也变得性别化了：女性总是控制着生育，也掌握着更多实用的医学知识，但医疗一专业化（这是中世纪晚期大部分地区的趋势），其职业结构就变成了男性主导的。父权从来都没有进行完全的控制；在个人关系上愿意默许自己行为的丈夫（比如玛格丽·肯普的丈夫），加上经济的需要，都给许多妇女提供了实际的操作空间。事实上，当 16 世纪宗教改革开始时，人们往往将许多妻子所拥有的实际自主权视为需要通过更严格控制来打压的东西。[11] 但只要任何一个丈夫想要制约自己的妻子，可行的控制就都依然存在着。

因此，当历史学家想要去研究女性主角特质时，他们通常会发现自己在研究的都是能够行使相当大权力——或是通过继承（在没有兄弟的情况下），或是（最常见的是）在丈夫死后作为孩子的摄政——的女王和高层贵族女性，这一点都不令人惊奇；非精英家庭中的女性也有扮演着这样角色的，但是有关贵族女性的记录要详尽得多。这种权力是真实存在的，但也是有限的。女性统治者往往会发现自己处于一个更具敌意和更为挑剔的政治环境中，或者要通过联姻来巩固她们的权威，又或者，事实上两种情况同时存在，从卡斯蒂利亚的乌拉卡（Urraca de Castilla，1109—1126 年在位），到相继统治佛兰德的两位女伯爵（1206—1278 年）让娜（Jeanne）和玛格丽特（Marguerite）与那不勒斯的乔万娜一世（Giovanna I di Napoli，1343—1382 年在位），再到丹麦的玛格丽特一世（1375—1412 年在位）以及卡斯蒂利亚的伊莎贝拉一世（1474—1504 年在位），都是这样的，其中最后两位是这些人中最为成功的。尽管丹麦的玛格丽特是作为她父亲的继承人继承的王国，但事实上她几乎一直是通过年轻男性来统治的，开始是她的儿子，后来是她精心挑选的一个侄子，就像其他地区的太后摄政一样。玛格丽特确实非常著名，不仅是因为她战胜了几乎所有反对者，还因为她真正地扩大了自己的权力基础：在她唯一一段独自统治的时期，即 1387—1389 年，她统一了丹麦、挪威和瑞典三个王国，其中瑞典是靠武力统一的。[12] 在其他地方也有强硬的女性统治者，比如在威尔士边区；英格兰国王爱德华二世的妻子法兰西的伊莎贝尔（Isabelle de France），甚至能够在情夫罗杰尔·马尔蒂默（Roger Mortimer）的帮助下于 1327年推翻自己丈夫的统治。[13] 尽管如此，其他许多女性统治者发现，政治权威的所有脆弱性都对她们格外明显。对行为规范的监督更是一样。随着"宫廷爱情"和由亚瑟王传说激发的礼节规则的发展（见后文），一个国王或领主的妻子会很容易发现她们自己被年轻骑士仰慕者包围，但任何被认为已经陷入爱河的女性都会遭殃；甚至王室成员也可能因为被指控同这些仰慕者私通而失位，从 1314 年法兰西国王腓力四世的几个儿媳到 1536 年英格兰的安妮·博林（Anne Boleyn）都是这样。亚瑟王传说中面临类似指控幸存下来的桂妮薇儿（Guinevere）和伊索德（Isolde）只不过是虚构情节罢了。

因此，除非把修女院也计算在内，女性没有安全的公共空间（但与男性的修道院相比，女性的修道院往往更加封闭也更加贫穷）。[14]女性只有在处于家庭生命周期的位置中的情况下才能获得世俗权力（只要女性能做到获得世俗权力）。每当权力由集体行使时，它也就变得对女性不可能了；举例来说，意大利的城市公社政府是一个男性空间，大学也是如此，大多数手工业行会也是如此（尽管一些行会拥有女性成员，尤其是寡妇；特别是在科隆和巴黎，有着专门的女性织布和纺纱行会以及更多的女性行会成员）。[15]因此，性别分析往往是关于前景、预设、限制、基于身体分类的交涉的（由男性也由女性），而且这也非常符合逻辑。回到我们前面说到的加大利纳和玛格丽以及贞德的事例上，也正是由于这种交涉，那些特别的女性能够调整性别预期，包括女性的弱点，为她们自己创造一种有时具有政治影响的精神空间。但是，这只限于特定（并且特别虔诚）的人，而且也被限制和危险包围。

这一点在整个中世纪时代有什么变化吗？对此人们存在分歧。一些人认为，中世纪早期为女性拥有财产和权力提供了更多的空间，然而从公元1100年左右开始，欧洲西部的贵族家庭结构越发具有父系制度的特征，在有儿子的情况下，女儿也会被排除在继承之外，这也排除了她们成为政治主角的可能性，将她们限制在了由男性制定的家族和婚姻模式之中。[16]中世纪后半期父系家族变得更为明显毫无疑问是事实（虽然这种父系家族此前也一直存在）；中世纪晚期女性获得的嫁妆一般来说比之前时期更少，而且在一些情况下失去了其他财产的继承权也是事实（但这里依然存在的问题是，她们对自己的土地有着多大程度的控制这一点，这是非常不确定的）。[17] 然而，政治女性的交互式权力始终是脆弱的：就像我们在本书前几章看到的，墨洛温时期和公元 1100 年前拜占庭的太后摄政非常强大，但是她们和 12—15 世纪的女性统治者一样面临着同样的一系列限制和指责；加洛林时代的太后所面临的通奸指控就和腓力四世的儿媳们一样，并且也出于相似的原因。父系血脉实际上增加了太后（还有伯爵夫人）为其男性子嗣 —— 由于能够成为合法继承人的选择并不多，他们因而更加重要 —— 摄政的数量。我更倾向于认为，女性为虽然可能性大小不定，但总是有着有限机会成为的个人摄政 —— 尽管这种概率很低，但在任何时代都不曾消失，而且这在公元 1100 年左右就没有过什么重大转变了 —— 做出了最大努力。

然而，在我看来，中世纪晚期的不同之处主要在于模糊性的增加。父系制度将女性排除在继承者之外，却给予了作为丧夫母亲的女性更大的权威。大学教育和知识的专业化将女性排除在外，但是平信徒识字率的稳步提高使更多的女性有机会接触到书籍 [ 在中世纪晚期图画中，一直有着描绘女性作家暨母亲教孩子阅读的固定画面，最著名的是圣亚纳（St Anne）和圣母玛利亚 ]。[18] 城镇将女性排除在市政管理之外，并经常也排除在行会保护之外，还时常将她们排除在女性曾经占主导地位的手工业活动之外，但却又给予她们受雇佣的机会，而且有时甚至开出她们在其他地方不可能获得的高报酬。教阶制度的强化赋予了独身男性更多的权力，但平信徒的虔诚也给予了女性宗教感性新空间，即使它是有限的。所有这些现象的基本原因就是我们之前已经看到了的欧洲经济在这一时期的进一步复杂化；伴随着这种复杂化一并出现的是各种模糊性。而正是这样一个复杂而模糊的社会，为务实的解决方案——女性普遍发现这种解决方案最有可能为她们自己的主角地位争取交涉空间——提供了余地。相反，像宗教改革或者再之后的法国大革命时期那样，处于这种交涉最初发明的时期和之后又能更充分发挥其作用的复杂时期之间的界限分明的社会，则时常会使这种交涉变得更加困难。

也因此才会有克里斯蒂娜·德·皮桑（Christine de Pizan，约1430年去世）这样在自己的丈夫于1390年去世后成为知识分子的女性，而她不得不一边克服所有寡妇都时常会遇到的安稳管理自己丈夫财产的困难，一边凭一己之力在巴黎养活她的家庭。非常不同寻常的是，她之后通过写诗和散文来赚钱维持生计。如果她不是法兰西国王查理五世（Charles V）王室占星家的女儿以及某位著名王室公证人的遗孀，因而即使有着经济上的困难，但也和王室有着很好的关系的话，她很难成功地做到这一点。但是如果她没有接受过比本章提到过的几乎所有人都优秀的教育（这一点本身就很重要）——包括拉丁语和意大利语，这是她父母的语言——那么她肯定没法做到这些［她也有机会利用王室图书馆，并受到了奥维德（Ovid）、波爱修斯（Boethius）、薄伽丘和阿奎那的影响］。她也是一位非常有天赋的诗人。在1404—1405年间，她撰写过一本很长的小册子，即《妇女城》（The Book of the City of Ladies）以反对男性对女性的敌视，她在这本小册子中呼吁由理性、正直、正义三位女神建立一座城市，三位女神都同意她提出的观点：女性遭受了男性谎言恶意中伤，而包含了过去众多女性的目录（一份很长的名单，再次包括了格里塞尔达）展现了女性实际上是仁慈而忠诚，而男人才是充满色欲和暴力的这一点。这份文本的有趣之处在于其独立的思想和显而易见的愤怒，这是一种现代评论者能够理解（并且已经认同）的观点；然而，依然不得不说的是，尽管克里斯蒂娜在道德方面明显更偏向女性而非男性，并且认为女性和男性在智力水平方面完全一样，但她还是在其他方面几乎完全接受了上文概述过的中世纪女性角色的行为规范：男性天生就该统治，而女性应当内敛，并且只是单纯忍受邪恶和暴力的丈夫。既然她是她那个时代的女性，那她自然与同时代的部分女性，比如锡耶纳的加大利纳和玛格丽·肯普一样（虽然她们的方式很不相同）。但作为此处的收尾，她确实是个在智识上令人振奋的人；并且她很好地展现了在我们所描绘的这个时代的末期，实质上是自我引导的教育可以产生的可能性。[19]

我在这里援引的作者几乎都是用地方语言写作的，正如我们所见，这本身就是平信徒识字率稳步提升的标志。这些人当然不是中世纪后期仅有的作者 —— 在欧洲西部的大部分地区，拉丁语都一直是整个中世纪时代，甚至更长时间中的标准国际、行政和学术语言 —— 但是这些作者时常反映出更大一部分平信徒的文化态度。（尽管拜占庭的情况与之相反，因为那里的书面语此时已经和日常使用的口语相去甚远，很少有完全"地方语言"的文本，但是反映平信徒的文化态度在所有人都依然使用希腊语的拜占庭确实会更容易一些。）如果我们想要理解贵族、城镇共同体和乡村共同体在中世纪后期是如何界定自己的，我们就需要进一步研究这些平信徒的文化态度，这一点，再加上逐一对应了上述每一个群体其他社会文化实践元素的地方语言文学代表作，将会成为本章余下部分的焦点。

首先要记住的就是，法语文学文化在这一时期通常于欧洲西部占主导地位。12 世纪关于查理曼的法语史诗——尤其是《罗兰之歌》（*Song of Roland*）——被广泛地翻译和改写为古诺斯语、德语、西班牙语和英语，同样也包括被称为《伪蒂尔潘编年史》（*Pseudo-Turpin chronicle*）的拉丁语散文译本，这是所有译本中最富影响力的一个。[20] 12 世纪后期和 13 世纪的法语传奇文学传统——主要是与亚瑟王宫廷故事有关的诗和散文——在整个拉丁欧洲都传播得很远，甚至传回了威尔士这一亚瑟王传说素材最早的发源地。13 世纪许多的德语文学创作都是由这些史诗改编的，而之后从杰弗里·乔叟（Geoffrey Chaucer，1400 年去世）到托马斯·马洛里（Thomas Malory，1471 年去世）的英格兰作家也这样做了：在这些国家中，法语文学形式和当地文学形式的对话持续了很长时间。[21] 在意大利也是如此，虽然传奇文学本身传入的时间要晚得多，但法语最初还是取得了相似的地位。布鲁内托·拉蒂尼（Brunetto Latini，1294 年去世）的大部分作品都是以法语写成的，而 1298 年出版的记录了马可·波罗到中国旅程的《马可·波罗行纪》（*Milione*）第一版也是用法语写成的。直到但丁·阿利吉耶里（Dante Alighieri，1321 年去世）选择用意大利语撰写高度文学性的《神曲》（*Divine comedy*），才使这种地方语言在当地真正得到发展。但丁的复杂性从一开始就令意大利人着迷，就像詹姆斯·乔伊斯（James Joyce）在 20 世纪 20 年代和 30 年代对现代主义者的吸引一样，甚至当但丁在 14 世纪的第二个十年还在完成《神曲》的创作时，就有若干章节在流传了，而评论家们也在稳步地跟进；但是，在一段时间内，但丁在意大利之外的影响力相当有限（除了伊比利亚地区）。[22] 在意大利语作品中，薄伽丘的《十日谈》在阿尔卑斯山以外的地区获得了最大的早期影响，这主要归功于像乔叟和克里斯蒂娜·德·皮桑这样的多语种人士（他们也都知道但丁，但更少引用他）。

关于地方语言文学的问题当然是翻译；法语被广泛使用（整个英格兰贵族阶层长期以来都在使用法语），但其他语言并没有，因此这些语言的文学成就更鲜为人知。拜占庭的传奇文学更是如此，它们在亚得里亚海以西无人知晓；尽管拜占庭传奇文学的出现时间比最早的亚瑟王传奇更早，但拜占庭传奇却没有影响到亚瑟王传奇（拜占庭传奇是没有具体时间的，而大多数欧洲西部的世俗文学并不是这样；拜占庭传奇中相爱的情侣会被海难与海盗劫持分开，然后再巧合地重聚，社会背景——当然，除了角色性别——几乎被刻意地从故事中去掉了）。与之相对，法语传奇文学则为大半个欧洲的贵族提供了"宫廷"和"骑士"行为的模板，从 12 世纪晚期到 16 世纪，统治者和他们的廷臣有时会扮作亚瑟王传奇和类似故事中的人物；举例来说，英格兰的爱德华三世（Edward Ⅲ）在 1348 年建立的嘉德骑士团就明显是在效仿亚瑟王传奇中的意象。[23] 这大大促进了当时贵族自我意识的提高。

除了文学，骑士精神还有别的起源。马上长枪比武（jousting）和比武大会（tournament）是从军事训练中发展起来的；如我们之前所见，从中世纪早期开始，领主和自己骑士的联系就非常紧密，所有的领主都希望通过尽可能多的仪式和宴会来保持这种联系；寻找圣杯和其他亚瑟王主题的宗教意象都植根于自墨洛温时期就被军事贵族提出的预设，即军事贵族自己比其他人都更为道德。法语传奇文学最早能够成功，单纯是因为它以一种象征性的术语代表了贵族世界，加上法兰西南部游唱诗人（troubadour）在"宫廷爱情"（fin'amors）方面传统的修辞，以及围绕个别骑士的试炼创作的引人入胜的主线故事——比如兰斯洛特（Lancelot）的故事，他忠于自己的主人亚瑟，但却悲剧地爱上了亚瑟的妻子桂妮薇儿。正如我们在前面看到的，如果在现实生活中做得太过越界的话，这种充满性元素的权力游戏是非常危险的，但如果是作为文学意象的话，这种内容确实非常有吸引力。在定义和理想化社会三等级或者说三阶层——从 12 世纪末开始，这种说法作为一种分类迅速流传开来——之一的"作战的人"这一阶层（另外两个阶层则是"祈祷的人"和"劳作的人"）的过程中，骑士礼节稳步地变得一致了起来。而当这一过程完成时，一套骑士的宫廷礼节已经为他们准备好了，这些宫廷礼节存在于克雷蒂安·德·特鲁瓦（Chrétien de Troyes）、玛丽·德·法兰西（Marie de France）以及内容众多的亚瑟王传奇散文集——马洛里在之后翻译和改编的那些——作者们的作品中。这种骑士礼节在中世纪后续的时间里得到了详尽的阐释。骑士礼节在文学和自我意象二者之间的辩证关系此时异常地紧密。当然，贵族在实践上通常与骑士精神相去甚远，他们在战争与和平时期都会粗暴地对待农民和城镇居民，就像贵族在早前几个世纪做的一样，但是，这种不断遭受考验并为爱情和宗教所强化的，可敬的流浪骑士的理念，还有着漫长的未来。[24]

贵族在这一时期也发展出了一种新层面上的定义。在中世纪早期，成为统治精英的一员被贵族们视为理所当然的事，并且这没有被理论化；事实上，在公元 1200 年左右之前，没有一个词语能够精确地表达"贵族"（aristocrat）或"精英"（élite）这个意思，这两个词是我们使用的词语，而非他们。Nobilis 是与之最为接近的词语，这个词具有许多含义，既有狭义的又有广义的。精英的身份在实践中是通过交涉实现的，因为它基于若干不同的因素，比如财富、出身、官职、政治能力、教育、王室的宠爱，这些并不是每个潜在贵族都有的。然而，到 1500 年，至少在欧洲的诸王国（公社制的意大利在很长一段时期内都更为灵活），你要么是一个"贵族"，要么就不是。因此，上层贵族是有范围的，虽然在不同国家中范围不尽相同。一个合适的祖先在这一时期几乎能够使一个人自然而然地成为贵族，而对遗传的监管则变得更为明显。一个人很少能够通过高攀式婚姻成为贵族，即使有少数女性做到了这一点，比如诗人乔叟的孙女，爱丽丝·乔叟（Alice Chaucer，1475 年去世），她先嫁给了一位骑士，之后又是两位伯爵，而当她去世时，已经是萨福克公爵夫人了。但是 14 世纪的国王和其他统治者也可以创造贵族，至少是在理论上使他们"贵族化"，让他们在之后能够和更为古老的家族处于平等地位。有时（尤其在德意志），这种贵族会将自己视为"贵族阶层"（在德意志称 Adel）以抗衡城市还有其中富有的精英；而在其他一些地方，参加议会或同等机构中的世俗上院是一个关键因素。随着骑士精神准则作为这类贵族的自我意象变得越发清晰，统治者们也会通过建立新的贵族骑士团——诸如英格兰的嘉德骑士团或是勃艮第的金羊毛骑士团（1430 年）——来利用这一点。在狭义的贵族阶层外，还时常存在着一个广义的骑士或准骑士阶层，比如英格兰的绅士（gentry）或者卡斯蒂利亚城市的平民骑士（caballeros villanos）。他们的精英地位无疑是实实在在的——比如说，他们也有着对骑士精神的渴望——但这仍然是更为非正式的，并且有时候更多是事务性的，就像中世纪早期的所有精英一样［例如，绅士常常在文献中被称为 nobiles，可他们并非严格意义上的"贵族"（nobles）］。尽管如此，在 1200 年后数个世纪的欧洲各地，都出现了属于谋求成为贵族者的明确路径和限制。[25]

城镇身份的概念也变得同样复杂，并且在这一时期被越来越多地妥善记录了下来。到 1300 年，各地的城镇都出现了某种形式的自治政府，在意大利中北部是完全自治的城市国家，在德意志是享有特殊地位的帝国城市，在佛兰德是时常能够反抗伯爵统治的城镇，而在其他地方则是以各种无论理论上还是实际上可能的形式自治的城镇。这些城镇公开地表明自己的身份，而事实上，中世纪最后几个世纪是城镇公共仪式第一次开始在我们所拥有的欧洲西部大多数地方的文献中变得真正明确可见的时期。每一个例子中的这种仪式几乎都基于宗教，而在主要的宗教节日进行游行在各地都是标准做法（事实上不仅是在城镇中），但是这些游行却成了许多城市中心令人印象深刻的复杂活动的基础。在一些大城市中有时每年会有几十次的游行。像罗马、米兰，当然还有君士坦丁堡这种地方的游行路线非常复杂而且历史悠久可以追溯到中世纪早期；不过佛罗伦萨、威尼斯、布鲁日、根特还有其他意大利与佛兰德城市，也在更晚的世纪里发展出了类似的游行形式。从 1317 年基督圣体圣血节（Corpus Christi）在西部被正式确立为普世教会节日开始，这一六月份的节日就成了公共活动的一个特别重要的焦点：在英格兰的中世纪后期主要城镇，比如约克、切斯特（Chester）、韦克菲尔德（Wakefield）和考文垂都为基督圣体圣血节的表演创造了成套的"神秘剧"，德国西南的一些城镇，诸如金策尔斯奥（Künzelsau）和弗赖堡（Freiburg）也是如此，而法兰西北部的里尔（Lille）在当天也有一场戏剧创作比赛。与之相对的是具有更多世俗因素的公共活动，例如 15 世纪低地国家的射箭和诗歌比赛以及罗马城在大斋节第一个星期日进行的斗牛和马上长枪比武 —— 罗马城的活动在 1360 年的共同体管理条例中有一些细节性的规定。但是，不管怎么说，这些都不是具有纯粹宗教意义的活动。首先一点就是，仪式是具有多重意义的：对参加者而言，仪式常常具有与组织者预期所不同的意义，并且经常会同时出现若干种不同的意义。所有这些游行和其他活动的一个共同意义就是，这是一场对参与者公民身份认同的庆祝，这一点往往是完全明确的，而且还通过更加正式的宗教典礼前后几天的舞会和马上长枪比武体现出来。当然这些游行和活动也是为了支持当地权力结构和社会等级制度，比如罗马城教宗的复活节星期一游行（先不说别的，至少）就代表了他在当地的统治权，又比如洛伦佐·德·美第奇（Lorenzo de' Medici）为彰显他富有个人魅力的统治权威，于 1490 年左右在佛罗伦萨举办的狂欢节特别庆典和圣约翰日特别庆典。与之相对，这些仪式也是竞争的焦点，比如在早前的佛罗伦萨就出现了城市贵族马上长枪比武和行会游行的对立。实际上，任何游行都可能被打乱以表达政治观点：这时常是公民内部危机如何开始的方式。特殊的政治目标也会以游行的方式达成，比如勃艮第公爵和法兰西国王往往布置精心但花费高昂的"欢乐入城"（joyeuses entrées）典礼，这当然代表了外部权力，但也可能被为其提供开支的市民群体（行会、兄弟会）操纵用以提出自己的公共议题。几乎所有这些公共活动都是由城镇居民支付的，而这就传达出了一种所有感，如果有必要的话，这种所有感可以让大量不同的观点被表达出来。[26]

城镇即使在经历黑死病人口减半以后，也依然是一个复杂的地方，因而这些城镇需要被监管。自 13 世纪以来，城市法规就大量存在，同时政府也有很多的问题：不仅要保证市民的赋税被征收，市场与行会正常运转，暴力活动被控制，而且还要在更广泛的层面上确保公共场所的建造和防卫，污水的处理（这几乎是不可能完成的任务），城镇中心令人不快的活动被禁止（比如制革，以及更没人期望看到的制蜡），或是尝试禁止葬礼游行上的无节制悲伤，就像在意大利发生的那样。最后一个例子表明，世俗的城市政府时常认为自己在创建自己所认同的公共道德方面也承担着责任。如何成为一个好政府的问题最先出现在意大利的城市中——这也很合乎逻辑，因为它们实际上是主权国家——但是这一问题之后也变得更为普遍。举例来说，布鲁内托·拉蒂尼写于 13 世纪 60 年代并聚焦于他在佛罗伦萨任职经历的百科全书式著作《宝库》（The book of the treasure），在 14 世纪早期的伦敦就被该城的内务大臣安德鲁·霍恩（Andrew Horn, city chamberlain）所选编，并且在中世纪晚期的伊比利亚也被广泛传播和翻译。[27] 然而，这种政府也当然着眼于维持城镇精英或者说是城市精英中某一派的权力，而这时常面临相当大的反对；这种做法的强制性特征就如同其行政性特征一般强烈。事实上，加强精英权力的需要再加上对少数人的恶行可能威胁到作为一个整体的城镇之担忧，能够且确实让城镇的统治者产生了道德恐慌；这大体上是由于偶然危机的打击——无论是战争、与外部势力的冲突或瘟疫——但常常都经过了时间的积累。结果就是，那些可能被认为造成了威胁的边缘群体因此遭受了磨难，我们将在后文看到这一内容。

对于城镇居民来说，几乎不存在能与传奇文学相提并论的那种富有抱负的文学作品。意大利市民的雄心抱负，举例来说更多是以建筑（广场，公共建筑）和基于图像基础的形式来表现的，比如安布罗焦·洛伦采蒂（Ambrogio Lorenzetti）在锡耶纳市政厅所绘的壁画《好政府与坏政府的寓言》（*Allegory of good and bad government*，绘于 1338—1339 年）。多以拉丁语写成的爱国诗歌、城市编年史和城市政府小册子很少致力于填补这种想象力上的空白。[28] 我们不得不等薄伽丘创作出《十日谈》才能在意大利找到用地方语言写成的"市民"文本。《十日谈》主要讲述了 10 个在乡间避难所躲避黑死病的佛罗伦萨贵族优雅地讲故事的内容。他们所述故事的内容并不像他们的对话那样高雅，反而很粗俗和滑稽（并且比目前本章提到过的其他绝大多数作品都更加吸引现代读者），但常常以城市和商业活动为背景，其价值观和偏见也是城市上层阶级所具有的，即使当故事叙述者讲述有关性的故事时，人们也会因为他们得体的谈吐而稍增一点向往之情。乔叟也借鉴了《十日谈》的这种形式，尽管他在 14 世纪 80 年代和 90 年代创作的《坎特伯雷故事集》（*Canterbury tales*）中将非常城市性（在他的书中是伦敦）的精神同不怎么为伦敦，而是为整个社会发声的意图混合起来——这可以从《坎特伯雷故事集》中的故事讲述者比薄伽丘书中的还要广泛看出。[29] 意料之中的是，有关城市清楚有力的记叙大多局限于那些并不亲自参加劳动的精英，这种记叙包括了由簿记发展而来的回忆录（ricordanze）传统，这让意大利的那些富有市民从 14 世纪开始就能描述他们自己和家族成员的一生。直到 15 世纪，这一传统才会偶尔延伸至真正的劳动者当中，比如建筑工博洛尼亚的加斯帕雷·纳迪（Gaspare Nadi，1504

年去世）。他的日记从 1418 年记录他的出生开始并且一直延续到他去世之前，即使是经过现代编辑也有数百页之多；尽管如此，纳迪的日记大部分时候还是倾向于记录博洛尼亚和意大利的政治事件，加上一些建筑工同行间的冲突，只是偶尔才会涉及他的家庭事务——这可以说是一份非常奇特的非个人文本了。但不管怎么说，我们想要在任何一种我们拥有的中世纪文学形式中找出一个兰斯洛特般的城镇精英都是徒劳的，更不用说一个做工匠的传奇文学式英雄了。[30]

事实上，一些中世纪城市文学是处于抱负心的对立面的。在所述故事的粗俗方面，薄伽丘和乔叟旗鼓相当，但被 13 世纪和 14 世纪早期法兰西北部的故事诗（fabliaux）远远超过。故事诗是相对较短的滑稽诗歌，毫无疑问源于口头的故事传述，有时淫秽得相当惊人。一个简单的例子就是《谈到性交就感到不适的少女》（*The maiden who felt ill at talk of fucking*），在这首故事诗中，新到任的农场仆役发现，只要他委婉地说上几句，标题中的那位少女就会"愉快地在任何他喜欢的时候，让他站立的小马还有他那两个圆滚滚的马夫在她草甸的泉水中痛饮"。不能说这种故事诗只代表了城镇的价值观，虽然在很大程度上确实如此，但它们会流行于任何一种社会环境中。毫无疑问，这种故事诗对 1300 年那个时期读者的感性冲击远比对（比如）1950 年这一时期的读者——事实上还有当代的一些读者——要小得多。但是他们文本中体现出的自然主义使我们能够认识到它们涉及的法兰西北部社会的社会经济灵活性（在这些具有保守气息的嘲讽性文本中，有许多通常都会遭报应的暴发户出现），而且，市集的意象时常会再现：即使这并不完全是一个城镇社会，但也是一个与城镇息息相关的社会。无论如何，我们能够确定无疑地说的是，欣赏这样一种诗歌的社会无需将自己理想化，或者说至少不用完全将自己理想化：这些文本是关于隐秘和享受之事的，尤其是后者。就和任何时代、任何地方都可能的一样，大部分是性行为方面的享受，但食物的意象就和性一样，也是故事诗这一体裁的标志；浓汤、山鹬、糕点、鱼、葡萄酒和其他许多东西，都像有着被仔细描绘了的人类生殖器的那部分文本一样，被充满深情地同样仔细列出。[31]值得补充的是，享用（有时则是避免）精美的食物反复出现在玛格丽·肯普（非常与众不同）的书里，同时也出现在那位巴黎市民的建议手册中；如果我们把中世纪世俗表述中的理想化世界剥离（或者说至少是尽我们所能去剥离），就会发现食物和吃的乐趣才是我们最终经常看到的共同点。[32]这可能是整个中世纪时期的共同点，但从此时开始，这一点尤为突出。

　　直接源自农民的意象就更是一个问题了。故事诗并不总是关于市民阶级的，但它们肯定是蔑视农民的。一个时常被引用的例子（因为相对"纯洁"一些）就是《农民驴倌》（*The peasant donkey-herd*），在这个故事里，农民拖曳着粪肥进入了一个香料市场并因其中复杂而不熟悉的味道昏厥，只有当他自己带着的一些粪肥被放到他鼻子下面，他才恢复过来。在这个方面，这些诗歌与绝大多数其他中世纪文学传统没有什么不同。事实上，大多数农民荒诞可笑的卑劣和愚蠢对有文化的社会阶层来说是如此的明显，以至于这一点没有必要总是被强调——农民和其他所有人的鸿沟可以在文本中被嘲弄就如同性别边界一样是如此公理般的存在，就像在波兰和波希米亚最早的王室都出身于农民的传说中，或是有着威廉·朗格兰（William Langland）笔下那拥有尽管朴素但却如基督般美德的耕者皮尔斯（Piers Plowman）的 14 世纪同名英语诗中那样。相比之下，农民自己的价值观与大多数作者的感性认识相去甚远，以至于中世纪后期的农民起义时常被认为是几乎毫无意义的。史蒂文·贾斯蒂斯（Steven Justice）已经清晰地阐明了宣扬 1381 年农民叛乱的英语文本是如何援引"真理"这一概念的，该概念本身就与朗格兰作品中的运用有关，暗指了集体的正义行为，而这对于那些上层评论者而言是如此不可见，以至于他们在自己的编年史中随意地保存了这些文本。而绝大多数其他我们留存下来的有关农民认为自己正在做的事的描述都被系统性地篡改了。[33]

确实，到了 14 世纪，有关识字实践的知识和对识字实践的参与在欧洲大部分地区都深入到了农民社会之中。而这种现象的一个结果就是，农民有时会发现自己进入政治方向公共辩论的方法；我们将在第十二章看到这一点。然而，他们能直接掌握的文字往往是实用的，而非详细展示出他们文化价值取向的。一个具有参考性的例子就是贝内代托·德尔·马萨里奇亚（Benedetto del Massarizia，约 1501 年去世）。他是锡耶纳城外郊野的农民，属于半自耕农半佃农。在两本保存至今的账本中，他记录了从 1450 年到去世这段时期内的地租支付、买卖和贷款行为；鉴于他不会写字（尽管他显然很重视写字，并且毫无疑问能够阅读），每一笔交易都不得不由其他人记录。这份文本因贝内代托交易的复杂程度而非因他对世界的看法而引人瞩目。[34] 在大多数情况下，只有通过农民在法庭——民事法庭，[35] 刑事法庭还有裁决异端和神圣与否的宗教裁判所——上的证言，他们的价值观和预设才能被详细地了解，也正因如此，尽管这些证言记录经常是以第一人称表达的，但写下这些记录文本的人并不是农民，并且时常也没有用目击者的语言。不过这种文本肯定是具有启发性的，尤其可能是那些涉及异端方面的。我们在第八章中看到，农民告诉异端审判官的有关异端的情况，(即使不是一直，但也)时常仅仅反映了异端审判官们所期望的内容，但至少当农民把自己同所谓异端者会面的情景在宗教审判中说出来时，这些农民也可以把自己对更世俗事务的设想讲出来。埃马纽埃尔·勒华拉杜里（Emmanuel Le Roy Ladurie）所著有关中世纪晚期（14世纪20年代）比利牛斯山地区蒙塔尤村（Montaillou）反清洁派研究的名篇，尽管对异端审判记录采取了一种不仅避免异端审判官扭曲，而且避免农民自身叙述策略的字面分析方法，不过还是构建了一幅有关农民对时间，空间，农牧业之间复杂关系，家庭结构，避孕与非法性行为（玩弄女性的乡村司铎使用一种只要戴在脖子上就能避免精液凝固从而避孕的香草）以及互相抓虱子之礼节的充实画卷。正是这样一种外部框架，从所有有关农民的复杂事物中，给予了我们绝大部分关于他们思想世界的最详细描述 —— 即使这些描述遭到了扭曲。[36] 由于这是一个并未如人们以为的那样被深耕过的领域，未来的工作也会为我们提供有关差异性的指导，因为中世纪的欧洲有着五花八门各不相同的农民社会，每一个社会都有着独特的价值体系，在未来，这些社会尽管现在还没有被比较过，但可能会得到适当的对比。

　　尽管如此，我们可以针对中世纪后期的乡村共同体构建这一话题说得更多。正如我们在第七章中所看到的，大部分欧洲西部的乡村（大致）都在1100—1300年获得了特许权以及其他形式的乡村共同体身份；随着时间推移，村庄围绕着教堂和教堂的仪式生活（一般由堂区成员负责教堂的维持）以及当地的政治和经济集体结构发展得更具组织性了。在英格兰的大部分地区，尽管农民直到 14 世纪后期都时常处于法律上的非自由民状态，但是庄园法庭的记录显示，村民通过主要由他们自己创造的地方习惯来维持自己共同体的治安。这样的习惯以及治安维持在整个欧洲都很寻常。这些习惯在英格兰从 1300 年开始（有时更早）就被正式记录在习惯法汇编（custumals）中，在德意志则被记载于法律习惯记录（Weistümer）之中，法兰西和伊比利亚的习惯则是在特许权档案本身内，意大利的则在村庄章程里，其中一些是非常复杂的文本。[37] 各村庄及其堂区已经通过宗教游行（和城镇的情况一样）或敲区界（beating the bound）的方式以仪式确定了各自的边界——尽管关于这些内容的记载在 1500 年之前相当简略。正如我们所知，这种情景时常本身就是具有神性的，充满了重要性不尽相同的神圣空间，因为新教改革者在 16 世纪和 17 世纪花费了大量时间试图将之世俗化；共同体也利用这一点建立了（时常是竞争性的）集体宗教实践网络。[38] 很难说村庄就是田园牧歌式的；显然，村庄与他们的领主总有矛盾，并且村庄本身也是由可能很专横跋扈的乡村精英运作的——在蒙塔尤异端审判听证会上的部分紧张气氛就源自天主教村民乐于将一个居于领导地位的"清洁派"家族扳倒的事实，这个家族的成员就包括前文提到过的那个在村庄里行为恶劣又专横跋扈的司铎。村庄也面临着新的危险：比如当对村庄团结不感兴趣的新家族——如中世纪晚期东安格利亚地区的自耕农——通过交易谷物和参与当地土地市场交易而地位上升时，村庄的团结性就受到了威胁；又比如当中世纪晚期的定居点逐渐分散到孤立的佃农农场——就像在托斯卡纳那样——时，村庄的整体性本身就受到了威胁。[39] 但是到中世纪末时，遍布欧洲各地已经成形的乡村共同体网络往往都延续了下来。

欧洲唯一一个在叙事中为我们提供了农民声音的地方就是冰岛，因为 13 世纪和 14 世纪早期的"家族萨迦"（family saga）传统为我们提供了关于冰岛人——他们自然是岛上的精英，但同时也都是农民——的事务非常详细且贴近现实的富有想象力的记录。冰岛上 10 世纪的挪威定居者甚至避免了他们在挪威所经历的虚弱王权（见第五章）以及除定期集会外的任何其他政府形式，在冰岛中世纪历史的大部分时间里，很难说有人可以行使那种权力和形式。只有到了 13 世纪时才可能有一小部分人不再亲自耕种土地，而在公元 1000 年左右的数十年里，也就是绝大多数家族萨迦所关注的时间，即使是叙述中所假定的最富裕的人，即文本的主角，也是要亲手劳动的。这些文本都是匿名的，所以究竟是什么样的人写下了它们仍然有争议，但是，冰岛文学在很大程度上是世俗的，而这些萨迦肯定和世俗的口述传统有关。在这些文本中，冰岛男性都是男性特征明显而又多疑的，但也时常是非常谨慎的，就像农民往往表现出的那样；尽管当他们那极易面临威胁的荣誉受到损害时，他们会致力于血亲复仇，但他们的集会提供了一个精心设计的法庭网络，能够让不满在和平达成前或当事人再度转向对决前得到解决。由于冰岛不存在有着有效规训力量的更高级权威，这些法庭本身不具备强制力（他们所能做的最多也就是剥夺某些人的法律保护）；法庭之所以有效是因为这是一个公开的场合，其他人可以看到其中的是非对错，而身处其中的人也可以考虑未来付诸暴力行为是否明智。

尽管如此，冰岛萨迦的叙述很大程度上聚焦在对维护荣誉之血亲复仇的需要和进行血亲复仇的礼节上。刚才讨论过的社会组织形式是成功实施之血亲复仇的某些精妙记录的基础，这些记录注重主要人物的角色性格和行为动机，并且不论男女角色都是如此，除了一小撮内容最为周全的编年史外，没有其他任何形式的中世纪文本能够与之媲美。一个经典的例子就是古德伦·奥斯维夫多蒂尔（Gudrun Osvifsdottir），她是一位意志力极强的女性，出于嫉妒，她借助充满戏剧性的紧张关系挑动了自己的丈夫波利（Bolli），使他杀死了他自己的表弟暨收养他家庭中的弟弟，亦即古德伦的前任恋人基亚尔坦（Kjartan）。当基亚尔坦的亲属和支持者反过来向波利复仇杀死他后，古德伦毅然地让人追捕并杀死了他们，但她在晚年对自己的儿子承认"对于我最爱的人而言，我是最坏的"，（虽然她并没有明确说是谁，但是我们不得不断定）那个人即基亚尔坦。之所以如此关注人物是因为在这样一个经济相对平等的社会中，个人的强势和弱势以及声誉，几乎能够完全决定他们的成败。这确实是一个在自我表现上具有抱负的非贵族社会，但是这种抱负只部分着眼于荣誉，因为在这样一个社会中，荣誉几乎是每一个拥有强大意志和能力的人都能维护的东西；这是一个高度交易性的社会。尽管如此，人们确实渴望一种更为平凡的勇气，以及通过谨慎而有针对性的暴力实现的有效妥协——再加上一种面对困难和死亡依然描写得风轻云淡的鲜有超越者的文学形式。[40]

历史学家们有时在处理中世纪晚期的材料时会写到"个人"的发现或发展；这是一种错误的印象，因为个人特征存在于所有社会当中——没有一个知晓加洛林时期文本的人会怀疑当时个人特征的存在。当我们思考中世纪后期的几个世纪中能够被听到声音的社会群体范围在不断扩大这件事时，我们正面对的其实是识字实践的稳步扩展，正如我在第八章中强调的，这绝不意味着人们更为广范的认知有所改变，更不意味着他们对"个人特征"的认知产生了变化。但是，如果说存在一个我们对个人特征有非常多了解的中世纪社会的话，那就是冰岛，原因也很特别：因为——重复一次——在这个全是农民的环境中，个人的性格比中世纪欧洲几乎其他所有地方都更为彻底地决定了成功和失败。

共同体的构建及其边界划定存在的另一面就是排外性行为的增长。这在中世纪晚期并不新鲜。我们在第八章中已经看到了世俗和教会的中央权力是如何伴随着对外来群体、异端、犹太人、麻风病人、同性恋者——这些被认为超出了基督教社会日渐严苛界限的人，此时更常常被（特别是）精英视作污染和内在危险——的敌意不断增加而提高的。这一观点也奠定了中世纪后期发展的背景。比如，城市政府经常会因为身体健全的乞丐和妓女产生道德恐慌，并系统地制定关于他们的市政立法。值得注意的是，在伦敦，14世纪的主要恐慌和更广泛的紧张局势非常吻合：百年战争初期1338—1340年对法兰西人入侵的恐慌，14世纪五六十年代黑死病的余波，极大影响了1381年伦敦农民起义的结果；"净化"这个字眼出现在了城市法案中，而道德污染的图景也无法避免。这种净化运动可能获得了民众的支持，但主要还是由精英领导的。[41] 15世纪巫术理论的发展也是如此，它首先是在神学家和异端审判官的头脑中产生的，并且直到1487年异端审判官海因里希·克拉默（Heinrich Kramer）出版的《女巫之锤》

（*Hammer of witches*）取得成功之前，都几乎没有在除了阿尔卑斯山谷之外的地区成为世俗社会的主要关注点，而巫术理论也将在 16 世纪晚期和 17 世纪陷入一个漫长又黑暗的未来。[42]

　　然而，在这些排外行为中，最关键的是犹太人在每个世纪中的经历；因为他们是长久以来存在的非基督徒，虽然时常不受欢迎但却在宗教上被容忍，并且作为基督教胜利的见证者被教宗不情愿地保护着。地中海欧洲的犹太人共同体可以追溯到古典时期，并且其中一些共同体 —— 特别是在伊比利亚和南意大利的共同体 —— 人口众多；大约在公元 1000 年时，犹太人也时常以商人身份迁移到法兰西北部和莱茵兰的城镇中，之后他们又进入了诺曼人的英格兰（他们在东欧的定居作为 1150 年后德意志殖民运动的一部分，开始得更晚一些）。即使犹太人对于基督教知识分子生涯的影响不如翻译过来的阿拉伯思想 —— 尽管伟大的犹太神学家摩西·迈蒙尼德（Moses Maimonides，1204 年去世）确实影响了阿奎那 —— 但他们在圣经注释、哲学和灵修思想上的成就足以媲美中世纪中期和晚期的基督教传统在这些方面的成就。随着时间推移，犹太人越来越多地同放贷联系在了一起，而这无益于他们在基督教邻居中的声望；他们被国王们用作国家的代理人也是如此。但是，对犹太人共同体的历史而言，统治者和城镇精英的敌意往往要重要得多。和西哥特伊比利亚 —— 另一个痴迷于宗教统一的社会 —— 7 世纪时的情况一样，犹太人在 13 世纪时也面临着更大程度的国家迫害：他们被英诺森三世强迫穿上特殊的服装，而《塔木德》也在路易九世（中世纪欧洲最反犹的国王之一）治下的法兰西被烧毁，因为它被认为包含亵渎神的言论。这些法规以及早期对犹太人的驱逐 —— 英格兰在 1290 年进行了驱逐，法兰西则在 1306 年以后不止一次驱逐犹太人 —— 本质上来说都是国王基于宗教和财政原因做出的决定，相对而言没有什么来自民间的压力。但这并不是说大众的容忍度就特别高。戴维·尼伦伯格（David Nirenberg）已经向我们表明，世俗大众对犹太人的接纳如何也是一种带有暴力的接受，也就是说，世俗大众的接受经常会夹带有敌意的小插曲：犹太人要么是因为与教会年历相冲，时常在复活节周遭受系统性的暴力；要么是在十字军最初于 1096 年穿过莱茵兰时遭受屠杀，因为那些宗教狂热的瞬间往往都伴随着这种事件。

当时对犹太人的宽容是不完全的；精英阶层对他们的敌意也在不断增加。即便只是间发性的暴力事件，在 14 世纪同样呈现出持续上升的趋势。除了十字军运动外，在 1321 年的法兰西，1336—1338 年的莱茵兰，1348—1351 年的伊比利亚、法兰西和德意志（这种暴力事件在意大利一直都比较少），1391 年再度在伊比利亚，都发生了特别严重的宗教仇恨和大屠杀事件，而这些事件主要集中在城镇里。1321 年对犹太人（和麻风病人一起）在井里投毒的指控，以及特别是 1348—1351 年对犹太人再次进行的相同指控，成了对黑死病的解释和黑死病后之癔症的一部分；似乎源于 12 世纪英格兰的犹太人在礼仪中献祭基督教儿童的幻想，以及犹太人亵渎圣餐礼上所用面包的幻想，同样得到了传播。反犹骚乱很大程度上是由城镇领导者、市议会议员和其他类似身份的人指导的；只有 1391 年发生在伊比利亚的暴力行为（还有 15 世纪同时也针对王室和城镇政府中皈依犹太人的后续暴力行为）才主要是非精英团体政治不满的衍生产物。然而，不管怎么说，中世纪末期对宗教少数群体的敌意要比早先的时期更加根深蒂固。这是集体边界清晰化的特征之一，我们也可以通过其他方式发现这种集体边界的清晰化。1492 年，针对犹太人的暴力行为在欧洲最大的犹太共同体被驱逐出西班牙王国这一事件中达到了高潮，这次也是通过王室法令实现的，但不一样的是，它得到了更多民众的支持。[43]

　　我们在本章中看到了中世纪晚期文化模式中的一些明显趋势：在女性所能获得之机会方面总体上的自相矛盾，有关越来越多社会群体之文化预设和文化实践的可用材料持续增加（时常是通过一种富于想象力的叙事），社会阶层的凝聚性日益加强，共同体边界的可见度愈发明晰，对外来者的不安和潜在敌意不断提高。这些趋势由更为普遍的发展支撑：持续增长的经济复杂性使女性可以承担的主角地位既得到了扩展又遭受了挤压（幸运者和不幸者之间极大的社会流动性，本身就导致了对于社会边界更为严格的监控）；识字和写作实践的稳步扩展，既向我们揭示出了更大范围上的差异，又使这些差异能够被强调；还有就是中央和地方权力增长中的矛盾性和模糊性。当然，任何时期重要的社会和文化变化都不能被归结为单一原因，不过在我看来，这三个发展确实比其他任何因素都更能凸显中世纪晚期的特点，并且它们之间是相互影响的 。如同我们将在下一章所看到的，随着时间推移，统治者和精英拥有了加强地方控制所需的力量和资源；但与此同时，越来越复杂的地方社会和实践也摆脱了统治者和精英的控制。这就是我们在第六章和第八章中讨论过的细胞式地方权力结构在 11 世纪的进一步发展：如果更广泛的政治权力是建立在这种多样的基础之上的，那么这一情况的另一面实际上就是，想要从外部改变这些"细胞"自身的结构——领地、城镇共同体和村庄——是非常困难的。这些"细胞"不仅没有在中世纪晚期变得更加衰弱，而且恰恰相反；如同我们刚刚所看到的，它们被界定得更为清晰，现在不仅是地方权力结构，连社会阶层、阶级都有了更为清晰的界线。统治者有时候会做出非常糟糕的反应，试图以一种激烈或暴力的方式胁迫地方共同体。但这些共同体本身也完全有能力在认为事态正变得一发不可收拾时采取胁迫性的措施。在大多数社会中，被错误解读的社会经济变化——如同我们不久后将会看到的，在 1350 年后，这不仅包括黑死病的冲击，还包括普遍且严重的战争的附加影响——往往会引发一种恐慌，中世纪后期的一些恶行也是由此产生的。

但是，这并不意味着中世纪后期的恐慌和焦虑就特别明显；这种观点时常被提出，但在我看来几乎没有什么说服力。[44] 每一个时期人们都会有恐慌，但对于大多数人而言，无论生活变得更好还是更坏，他们都在继续。真正让中世纪后期同中世纪的前几个世纪区别开来的是向更广泛人群扩展的政治活动，无论这种扩展是积极还是消极意义上的。长期的经济繁荣，同时也是黑死病后欧洲经济持续发展的另一个结果就是社会变得更为多样化，那些在某种程度上将自己视为主角，并因此受到鼓舞而试图影响自己所处世界的人变得更多了。从最宽泛定义上来说的土地贵族（也就是说，包括那些乡绅还有整个欧洲范围内的类似阶层）在城堡主和骑士阶层的认可下，作为不同类型的贵族精英，已经于 11 世纪和 12 世纪开始变得更多了；每一个精英阶层都在地方和国家层面上发出了他们自己不同的声音。公元 1100 年之前几乎不存在于意大利、君士坦丁堡和伊斯兰伊比利亚之外的城市精英，到公元1400年时也在各地出现并崭露头角，而他们时常还很富有，同时少有特权的城镇群体也提出了自己的诉求；正如我们在本章开头所见，少数城镇女性也自发地成为主角。而且，农民的声音此时在许多地方也比以前更大了；不说别的，黑死病之后就出现了更多的农民起义。因此，这个细胞式的集体世界比过去有了更多的参与者。他们更难以被控制，并且需要不同形式的政治手段去应对，同时本身也产生了不同形式的公共领域。我们将在第十二章讨论这种政治环境是如何运作的。

# 第十一章

# 金钱、战争与死亡

## 1350—1500

1347—1352 年的黑死病（Black Death）标志了中世纪后期的开始。然而，事实上有三组事件贯穿了中世纪这 1000 年中的最后一个半世纪；其他两组事件分别是战争网络 —— 尤其是被历史学家称为百年战争（Hundred Years' War，理论上来说是 1337—1453 年）的英法之间的战争 —— 和天主教会大分裂（Great Schism of the papacy，1378—1417 年）。尽管所有这三组事件在历史书中都有着以大写字母开头的特点，但事实上它们没有一个拥有人们时常以为的那么大的影响；不过无论如何，这三组事件都是重要的起点。我将以这三组事件和由它们引起的问题为开端，然后转向：首先是对这一时期经济变化的概述，然后是对中世纪后期欧洲西部各个国家的政治发展 —— 尤其是在国家上层建筑建设的财政基础方面 —— 逐一进行简要的考察。这将为下一章讨论欧洲政治实践的特征变化提供框架。

黑死病最早被记录是在 1346—1347 年的克里米亚，并从这里传播到整个地中海沿岸地区（在埃及尤其严重），又在 1348—1349 年从意大利逐渐向北传播，于 1349—1350 年扩散至斯堪的纳维亚，并从那里再度折回俄罗斯。患者腺体肿大，出现黑色脓疱，高烧不退；通常很快就会死亡。黑死病的死亡率极高，死亡人口占欧洲总人口的三分之一到一半；而连续不断、规模稍逊的瘟疫浪潮直到 1400 年左右都一直定期出现，并且在之后的数个世纪里才逐渐减少，这导致欧洲在 14 世纪末的人口大约只有 1346 年时的一半。人口数量水平也在 15 世纪开始缓慢增长。虽然并非所有地区都在第一波瘟疫时遭受了打击，但是之后的几波瘟疫还是袭击了这些地区。人口聚集的城镇所受的打击尤为严重。尽管似乎只有一位欧洲君主，即卡斯蒂利亚的阿方索十一世（Alfonso XI）死于第一轮瘟疫，但即便是有权势者也会得这种病（这让编年史家格外恐惧）。而如果第一波瘟疫尚可以被当作独立发生的灾难，那么当第二波瘟疫（1361—1363 年，发生在许多地方）到来时，人们就意识到黑死病将会作为全新而致命的危险事物存在于此。[1]

　　黑死病影响了此后数个世纪中人们对于死亡的想象。但是——这是几个"但是"中的第一个——在第一波瘟疫的恐慌之后（如同我们已经看到的，这导致了反犹运动），黑死病并没有像人们有时说的那样，对当时人的信心和情绪状态产生毁灭性的影响。毕竟生命过于无常；在缺乏正确医学知识的情况下，造成早逝的原因有很多，而黑死病不过是又增加了一个原因罢了，这对 1350 年的这一代人来说已经是理所当然的了。我们同样有可能会觉得黑死病将使战争中断，因为这会使招募军队和征税都变得更加困难；但是事实并非如此，或者说它只是使战争中断了一小段时间（百年战争在 1355 年就重燃战火了）。另外，鉴于前几个世纪欧洲人口增长和复杂经济拓展之间的紧密联系，我们可能会认为公元 1350 年之后将出现经济危机 —— 事实上，历史学家长期以来都认为发生了经济危机这一点是不言自明的；可是近来对英格兰、低地国家和意大利的研究也对这一观点提出了令人信服的质疑。只有那些经济繁荣依赖于高人口密度的地区才遭受了系统性的打击，而这样的地区其实很少。尽管如此，黑死病确实也对经济产生了影响，我们将在下一节中看到它造成了什么样的影响。

百年战争开始的原因是 14 世纪 30 年代法兰西的腓力六世（Philippe Ⅵ，1328—1350 年在位）和英格兰的爱德华三世（1327—1377 年在位）间因波尔多周围英属加斯科涅地区自治权争议导致的关系恶化；而这场战争之所变得难以结束，则是因为爱德华认为自己由于母亲伊莎贝尔是腓力四世的最后两个直系后代之一，因而拥有对法兰西王位的合理继承权。1337 年后，争议升级成了时断时续的战争，其最为显著的标志就是大量英格兰骑兵在整个法兰西的骑行劫掠，他们有时还会与法军遭遇进行会战，而结果往往是法军告负。1356 年的普瓦捷战役就导致了法兰西国王约翰二世（Jean Ⅱ）被俘，而和平的结果就是给予了英格兰人在法兰西南部更大的一片加斯科涅地区。这些获得的领土随后为法兰西人实施的骑行劫掠所蚕食，到 14 世纪 70 年代时，英格兰人的所得几乎丧失殆尽。这场战争随着英格兰的亨利五世（Henry Ⅴ，1413—1422 年在位）在 1415 年发起的新一轮攻击而再度变得严肃起来，而这轮进攻最后以英格兰人在阿金库尔（Agincourt）的新胜利告终，并且这次攻击是一次对法兰西北部全面的征服战，到 1429 年时，它使半个法兰西都落入英格兰的霸权之下 —— 巴黎在 1420—1436 年处于英格兰人手中，而英格兰的未成年国王亨利六世（Henry Ⅵ）也于 1431 年在那里被加冕为法兰西国王。然而，一定程度上归功于贞德，法兰西的反击也从这时开始了；法兰西的查理七世（1422—1461 年在位）已经于 1429 年在兰斯这个正统的加冕地点加冕为国王。到 1450 年，英格兰人已经丢失了他们在 1415 年之后所征服的全部地区，在 1453 年还失去了波尔多。[2]

百年战争从此以英格兰作为欧洲帝国达到最大范围这样一个高光时刻的名义，同时也以法兰西（至少直到 1940 年以前）处于最危急时刻的名义为世人所铭记。这场战争和这一时代其他的冒险行为具有相似性，尤其是我们下面将要看到的法兰西和阿拉贡对意大利南部的征服；[3] 这些战争威胁到了拉丁欧洲的主要势力，并且有的时候大大削弱了这些势力的力量。无论如何，对于曾经在 1296—1314 年试图征服苏格兰但最终失败的英格兰来说，要击败和长期占领法兰西这样一个拥有三倍领土和人口的国家，自身的体量实在是太小了；英格兰的成功可能始于战斗，但是最首要的还是靠在一场断断续续的内战中寻求法兰西人盟友的支持来维持的，而当法兰西人之间达成和平时，英格兰人就处于一个非常脆弱的状态了。而且，在所谓的“百年”战争中，有很大一部分时间双方实际上是没有发生战斗的（战争时不时会因为条约和联姻而中断）；相反，法兰西人和英格兰人之间的战争早在 1294 年就开始了，并且直到 1558 年英格兰人失去了它们在法兰西大陆上最后的领地加来（Calais）后才真正结束。因此，百年战争的具体时段可以被轻易地解构。但即便如此，这场战争还是由于两个原因而非常重要。首先是因为这场半永久状态的战争成了欧洲西部许多政治体所围绕的轴心。作为英格兰人尝试征服苏格兰遗留问题的盎格鲁－苏格兰战争于整个 14 世纪都一直在持续进行，并通过法兰西－苏格兰同盟卷入到法兰西的战争之中；英格兰和法兰西在 14 世纪 60 年代与 70 年代参与的卡斯蒂利亚与葡萄牙之间的战争是百年战争的另一个分支产物；此外，一些神圣罗马帝国的诸侯也往往会加入战争之中，比如 1346 年死于对英作战的国王波希米亚的约翰（Johann von Böhmen）。[4] 其次，由于产生了这是一场旷日持久战争的认识，这两个国家的国家政策因此开始财政化，这一点是全新的。除了苏格兰、瑞士和立陶宛等少数几个地区之外，此时欧洲各地的战争几乎都是通过雇佣兵作战的，因此国家需要大量金钱以支持战争的继续。短期的战争可以被"兜售"给谨慎的纳税者以换取一次性支付的资金；但这种做法并不适用于百年战争。这场战争对英格兰和法兰西两国政治权力运作方式的影响都是巨大的，我将在后面再讨论这一点。

第三组关键事件就是天主教会大分裂。从 1303 年卜尼法斯八世受辱后直到 1378 年的教宗都"讲法语"，并且，他们自己的驻地也不再是罗马；他们从 1309 年开始驻于今天法国南部的阿维尼翁，相比于罗马，这是一座可以被更好控制的小城，而且在他们以阿维尼翁为驻地的世纪里，教宗所属行政体系的复杂程度和所拥有的财富都达到了顶峰，教宗对拉丁欧洲范围内教会职位任命的权力也一并处于顶峰。虽然法兰西国王并未实际统治阿维尼翁，但阿维尼翁的教廷仍然是一股非常法兰西化的势力；几乎一半的教廷经费都来自法兰西教会的什一税，而反过来，教宗也允许法兰西国王向教会的土地征税以维系和英格兰人的战争。但是，罗马才是教宗"理所当然"之驻地的观念从未消失，而到 14 世纪 70 年代时，这种观念已经变得十分强烈了；正如我们已经在前文看到的，格里高利十一世于 1377 年迁回了罗马。他在一年后去世，随后在一场紧张的教宗选举会议中，枢机团选出了一位意大利人大主教作为教宗，即乌尔班六世（Urban Ⅵ，1378—1389 年在位）。乌尔班六世很快就与枢机团反目，而枢机团也在四个月后重新聚集起来宣布他们是被胁迫才选举了乌尔班六世的，同时以一名法兰西的枢机主教取代了他成为教宗，即克莱门特七世（Clement Ⅶ，1378—1394 年在位）。由于克莱门特七世缺乏意大利中部地区的支持，他再度回到了阿维尼翁并在那里停驻了下来。这并非教廷的第一次分裂（1130 年时也有过类似的双方都有着同等合法性的情况），但是，欧洲的各强权发现，这次他们很难就谁是合法教宗这一问题达成一致：法兰西、苏格兰、卡斯蒂利亚、阿拉贡和（刚开始时的）那不勒斯支持克莱门特七世；而英格兰、德意志的大部分贵族、意大利中北部、波兰、匈牙利以及斯堪的纳维亚则支持乌尔班六世。其中很多国家的选择又一次是百年战争的结果；余下的则几乎全都是从其他方面出发的地缘政治考量。事实证明，即使在教宗去世的情况下，也不可能有任何一方做出让步；在之后接近四十年的时间里，又出现了一位阿维尼翁教宗和三位罗马教宗。混乱的状态还在发展，1409 年，来自阿维尼翁和罗马两方的枢机团在比萨进行会议，罢免了两位教宗并选举出了一名双方都能接受的候选人；但不幸的是，前面两位教宗都没有退位，所以现在有三位教宗存在了。神圣罗马帝国皇帝西吉斯蒙德（Sigismund，1410—1437 年）在德意志的康斯坦茨（Konstanz）主持召开的第二次会议（1414—1418 年），经过了更为仔细的筹划，随后三位教宗中，一位辞职，另一位被罢黜，第三位则失去了几乎全部的政治支持并被边缘化。最后，来自古老的罗马贵族家族的马丁五世（Martin V，1417—1431 年在位）成为自 1378 年以来首位被普遍承认的教宗，而这时已经没有多少人还能记得当年发生的事了。[5]

天主教会大分裂确实有滑稽的一面，但在当时却让人深感不安，尤其是在教会和大学内部，因为这一事件损害了此前还被视为理所当然的教阶制度的道德合法性和国际影响范围，特别是在即使是教会法专家们也实在无法做出判断哪个教宗才是合法教宗，并且很快就做出了自己不会做出判断的决定的情况下 —— 这些教会法专家的任务是让互相对立的教宗同意下台，以便选举进程可以重新开始，教宗们在原则上也都同意这样做，但在很长一段时间里，他们都没有付诸实践。尽管从长远来看，教廷的分裂给法兰西造成了不少麻烦，而法兰西也在竭尽全力去结束这一情况，不过各个世俗势力却并没有那么不安，他们能够相当不错地应对一个不稳定而又虚弱的教廷带来的问题。天主教会大分裂没有产生长期以来新教徒宏大叙事中所言的那种作为宗教改革起源一部分的对教宗权力深深的不安。但是，这一事件确实削弱了教宗在整个欧洲任命教会职位的能力，并且大大减少了他们的收入 —— 马丁五世的收入只有格里高利十一世的一半，虽然前者的收入后来又再度增加；[6] 而作为直接结果，此时此刻，各民族教会获得了自 12 世纪以来从未有过的自治地位。而被迫发展出来证明公会议有权罢免教宗的宗教理论，从这时起将会在更广泛的政治理论方面产生明显的影响，我们将在下一章讨论这一点。

这三个框架性事件足以严重到被视为给整个中世纪后期定下了一种充满危机感的基调。历史学家们确实经常这样做。但这其实是对这一时期的误解。约翰·沃茨（John Watts）等人，已经对之前的许多研究做出了令人信服的反驳——这不是一个政治势力发生系统性危机的时代。事实上确实远非前人所言的那样；这是一个政治体系稳步地在我们已经于第八章中看到的13世纪的进程整合基础上获得领土凝聚性和财政力量的时期。[7] 就像我们下面将要看到的，这个时期的经济状况也与这样一种图景相吻合。本章的后半部分和下一章将会进一步对政治展开分析；因为，如果我们想要理解欧洲在中世纪末期是如何运作的，那么欧洲的政治体建立起来的方式就是我们需要面对的最为核心的问题之一了。

即使失去一半的人口会不可避免地影响经济，欧洲的经济并未因黑死病陷入灾难。实际上，对于瘟疫的幸存者而言，黑死病还有一些潜在的积极影响，这单纯是因为，更少的人口意味着农民可以有更多的人均土地面积，而更少的劳动力会极大地提高受薪劳动者的议价能力，至少理论上是这样。并且宏观经济环境并没有遭受严重的破坏。我们于第七章中看到了，在公元1300年或1350年之前的几个世纪中，商业化水平是如何随着城镇与乡村间新型毛细血管式关系的产生而变得更高的，同时也看到了在那几个世纪中，农民是如何开始对城镇手工业产品产生需求的；这些情况都没有减少。城镇遭受了瘟疫的严重打击，但总的来说，在经过一段时间的冲击之后人口迁入再次开始了，并且在人口数量如今变得更少的情况下，平均城镇化率似乎大体上还是和之前保持了一致；实际上，从诸如约克、布鲁日、巴伦西亚、威尼斯、布拉格这种主要城市中最为惊人的中世纪世俗建筑大体上都建于1350年之后这一事实可以看出，城镇的富有程度非常明显。

1150—1300 年间欧洲经济展现出来的弹性此时确实更罕见了。虽然没有出现长期的经济萧条，但在经济复杂性方面也没有一直保持稳步增长，甚至短期出现的衰退——比如 15 世纪中期欧洲北部大多数地区的衰退——才更为常见。[8] 然而，与之相反的是，欧洲经济整合的趋势仍在继续。对作为 12 世纪和 13 世纪欧洲北部经济重要特征的佛兰德纺织城镇的高度聚焦减退了，这有利于更大范围内的北方城镇地区。且不说其他方面，得益于波兰平原地区以交易织物和盐为目的之粮食生产和出口的开放，波罗的海和德意志北部的汉萨城镇在 14 世纪和 15 世纪早期进入了巅峰时期。英格兰从出口羊毛转向生产和出口毛织物，一定程度上取代了佛兰德的生产者；在更小城镇组成之网络的支持下，德意志南部的大城镇，如乌尔姆（Ulm）、奥格斯堡、纽伦堡（Nürnberg）开始了织物与金属制品生产，后来逐渐还有银行业长达数个世纪的区域主导。汉萨同盟自身也转型成了一个支配像瑞典这种波罗的海弱国政治的城镇联盟，而汉萨同盟和南部城镇的力量也都对德意志的政治平衡产生了清晰可见的影响。[9]

佛兰德由于这种竞争毫无疑问面临着困难。但不管怎样，对于高档织物的持续需求加上复杂的当地需求结构，以及布鲁日作为港口所处的中心地位，使当地城市的繁荣持续到了中世纪末期，而那时低地国家的制造业经济中心已经向北移至安特卫普（作为贸易中心）和今天的荷兰（作为正在发展密集型农业和廉价织物的地区）了。[10] 新生产中心和新交换中心的兴起因此是对佛兰德的一种补充而非取代，而且佛兰德的商业活动也被牢牢地整合进了汉萨同盟。意大利的主要城镇就没有面临这样的威胁。这个时候的各个亚平宁半岛国家在关键经济活动方面给予了他们最大的，同时也是地区政治中心的城市，比如佛罗伦萨、威尼斯和米兰优待，并且政府的介入对例如米兰、费拉拉和那不勒斯主要的丝绸行业建立很重要；但再次标志了更广泛城乡交换趋势的小城镇和乡村手工业活动密度之增加抵消了这种优待。威尼斯和热那亚几乎和以前一样地继续完全控制着地中海的奢侈品贸易。[11] 尽管如此，在欧洲南部，生产中心也向外扩展至西西里、巴伦西亚和拉古萨（Ragusa，今天的杜布罗夫尼克），还有卡斯蒂利亚的大型转口港塞维利亚。[12]

如果商业化程度没有保持和过去同样大的规模，这种经济活动向外扩张的情况是不可能的。而这里正是受黑死病影响最大的地区。在村庄中，喘息的机会再度出现，农民们都拥有了更多可供支配的土地，并有潜在可能同地主交涉出更有利的条件。举例来说，正是在 1350 年后的时期，农奴制最终从欧洲西部消失了，并且一般而言，在西部各王国中，领主的表现不如农民。其中并非没有挣扎——正如我们在下一章将会看到的，这是一个有着一些著名乡村叛乱的时期——在欧洲的一些地方，尤其是易北河（Elbe）以东地区，领主取得了胜利，并使原先更为自由的农民们成为新的附庸：这种附庸化事实上帮助波兰发展成了主要的粮食生产出口地区。[13] 然而，西部地区则出现了农业专业化（乳畜业、市场园艺农业和啤酒花农业等），农民的饮食得到了改善（比如在英格兰和德意志，农民的饮食中就包含了更多肉类），并且重要的是，农民的手工业制品购买力也得到了提升。在更早的时期，农民的这种购买力并不会对经济复杂程度产生多大影响，因为经济复杂程度主要取决于领主而非农民的需求；不过，既然这种毛细血管式的地方贸易已经被建立起来，它就同样能够继续与农民市场保持联系，实际情况也确实如此。此外，低地国家、英格兰和意大利北部部分地区的农民家庭成员也越来越多地，至少是作为生计的一部分为他人工作以换取薪水，而这一事实本身就是以更高水平的商业化为先决条件的。在低地国家中的部分地区和英格兰东部的部分地区，下一个阶段就是农民精英和处于中间层的自耕农的崛起，他们积累的地产越来越多地由受薪劳动者耕作，导致基本的生产结构发生了重大变化。[14] 尽管大多数统治者在黑死病结束后尽可能快地制定了有关劳动的规章以压低薪资水平（而英格兰则在 1349 年时就已经这样做了），但各个地方的——尤其是在为钱工作再正常不过的城镇中的——受薪劳动者还是能够在此后的 150 年中利用瘟疫造成的劳力不足去交涉到更高的工资。[15] 在接下来的一个多世纪里，劳动者和雇主为此进行了激烈的斗争，而城市中的反抗甚至比乡村中更为普遍。但是，大部分人的购买力也在这一时期增加了，这为这一时期的商业化提供了动力。

　　这自然是一个非常粗略的概述，而它的意义绝不能被过分夸大。这个时期的社会流动性非常明显，新的乡村阶层出现，而农民家庭也在持续不断地进入城镇，他们中的少数人将会变得非常富有；而日益紧密的交易网络也非常明显。但是这种发展是相对的；比如，经济整合并没有得到那么长足的发展（当然，即使是在 21 世纪，这种发展也不是完全的），受薪劳动者在大多数地区都是少数群体（有时候是极少数群体），还有，即使是在这个时期，经济复杂性是否更依赖于农民（大众）的需求而非精英的需求依然很难说。整体上来说，人们可以从 15 世纪的经济中看到一个伴随着上下波动但高度平稳的体系，这个体系包含着农业和城市制造业强度增加的机会，也包含着新地区持续利用像德意志南部、英格兰东部和低地国家北部这种交易场所的机会；在百年战争之后，法兰西也更为融入这一体系。这改变了欧洲的地缘政治，有时甚至是很大幅度的改变。尽管那些把工业革命时刻放在眼中的历史学家每一次都试图在这一体系中寻找工业革命的早期迹象，但是在 1500 年甚至 1600 年时，这个体系也没有在任何地方出现由于体系自身经济结构发生巨变而产生的这种迹象。欧洲当然也发展了可以被利用在下一个完全外部的经济变化——即 15 世纪即将结束和刚进入 16 世纪时由葡萄牙通过暴力完成的印度洋之开辟，以及由西班牙通过暴力完成的大西洋与美洲之开辟——之中的社会基础。而那时，欧洲南部最为活跃的地区也表现得比地中海长久以来的经济"引擎"、（此时似乎）尚未像欧洲地区那样从黑死病影响下恢复过来的埃及要好。但是，直到我们讨论的这个时代结束时，欧洲都没有比重要的亚洲地区——印度西海岸、孟加拉、中国中东部——更具经济复杂性，不过也不会有人指望这一点。[16]

　　这是理解 1350 年后欧洲政治史的背景，我想在这里简要地按顺序进行叙述，以便读者对这个有着最完备文献记载之时代的欧洲获得各个方面的更充分的认识。我将从法兰西开始，然后按逆时针对不列颠、伊比利亚、意大利、德意志地区进行概述，之后再向东对匈牙利和波兰，向北对斯堪的纳维亚地区进行概述（更东方的地区见第九章）。这里包含了三个有趣的新成员，即瑞典、勃艮第和立陶宛——尽管其他几个国家也显示出了新形态。我想在这里呈现的不是对政治沉浮细节的描述，而是对一些基本政治结构的叙述，这首先就是统治者财富的变化。我主要的基本关注点实际上将会是每个政治体财政结构的本质，因为此时无论政府还是战争（尤其是战争）所需的开支都比之前（比如说 1200 年）高得多，而这导致了许多后果。国王和其他统治者是继续依赖他们从自己的土地［研究这一时期的历史学家通常称之为"领地"（domain）］上获得的财富，还是能发展出一种规模足以维持更为庞大或是更为常备的军队以及有着更为紧密的政府基本框架的税收体系，对政治体的比较史具有至关重要的意义。简单来说，此时还没有发展出强大财政体系的统治者，无论是在他们政治体的内外，都比发展出了这一体系的统治者所能做的更少，即使前者常常试图以同样的方式行事——因为即使是那些没有资源的人也会和有资源的人一样拥有相同的雄心。这一点并不总为历史学家所强调，但对我来说却很关键，所以我将在这里强调它。[17]

　　1300 年时法兰西是欧洲最强大的国家，而在 1500 年，它再度成为欧洲最强大的国家——至少是在西部地区（此时，他们的力量被东南欧的奥斯曼帝国超越了）；但法兰西也在 1300—1500 年之间经历了一段艰难时期。这主要是因为英格兰的入侵，但这并非全部原因。法兰西疯癫而长寿的国王查理六世（Charles VI，1380—1422 年在位）意味着在英格兰两次大入侵之间的这段时期，法兰西被两位分别拥有相当大领地权力基础，试图谋取摄政权的国王直系亲属间的小规模冲突，有时甚至是战争充斥。如同我们在前几章已经看到的，法兰西是建立在领地网络之上的，而其中一些领地也随着时间变得更大且更具凝聚性；在国王处于无法统治的时期，这种部分分权的结构就更为明显了，而 15 世纪早期的艰难时期无疑就是这样一段时期。当 1415 年亨利五世入侵法兰西时，主要的领主仍在互相作战，这为亨利五世在阿金库尔战役后的胜利做出了显著的贡献；因为新的勃艮第公爵暨佛兰德伯爵"好人"腓力（Philippe 'le Bon'，1419—1467 年在位）在他的父亲被法兰西内的敌人谋杀之后，于 1420—1435 年正式与英格兰结成同盟。结果，15 世纪 20 年代法兰西的国家凝聚性达到了低点。尽管如此，同样引人瞩目的是法兰西的恢复力。1360 年，当后来的查理五世（1364—1380 年在位）还在为他被囚禁的父亲约翰二世摄政时，他就轻而易举地让法兰西的三级会议同意征收一笔数额巨大的征收款作为他父亲的赎金，而这一征收款在 1363 年之后变成了一种常规税种；这既为法兰西人对英格兰人的第一次反击，又为法兰西在西班牙和南意大利的冒险活动，还为维持一个更为发达的官僚系统——重要的是，这一官僚系统成了贵族愈发积极的"雇佣者"，从而将贵族的利益同王权联系在了一起——提供了资金。从那时起，法兰西的财政体系就变得异常稳固。重要的是，尽管这个财政体系在查理六世的统治下和亨利五世的入侵中期遭受了巨大破坏，不过这一体系在 1421 年被未来的查理七世正式改进用以维持新的战争，并从 1435 年开始进一步规范化；到 1461 年查理七世去世时，税收以及由税收维持的常备军成了法兰西国王储备力量的一个常规组成部分，已经不再依赖三级会议的批准了。虽然 14 世纪 30 年代时，王室领地提供了腓力六世一半的收入，但是到 15 世纪后期，这一比例已经下降到了数额更为庞大的预算的 2%。路易十一世（Louis XI，1461—1483 年在位）在这个基础上有条不紊地发展，还击败了贵族们的抗税反叛；在 1477—1482 年夺取了勃艮第公国后，国王在自己王国中取得了支配地位。[18]

英格兰做得就没有法兰西那么好了。固然，同法兰西进行的战争最终失败了；但是，即使在战争进行期间，对法兰西领土的成功占领也没有导致英格兰的财政资源大幅增加，因为这些财政资源都被花费在战争上了。（然而，个别贵族在战争中发了财，这为继续战争提供了动力。）[19] 战争开始时，英格兰的税收制度就已经作为一项原则稳固地建立起来了，这在战争早期很有帮助——1339 年和 1415 年两次战争开始时征收的一次性税款提供了大量资金，这是欧洲其他政治体都无法做到的。但由议会批准资金的情况也是其他政治体无法比拟的，中世纪后期的英格兰国王从来没有成功设法，甚至仅仅是尝试在没有议会批准的情况下征收哪怕一小笔资金。正如我在第八章中论述的，英格兰的统治阶级已经习惯于将自己视为政府的共同参与者之一这样的身份了——不像除意大利城市国家之外的其他欧洲政治体中的情况，英格兰没有难以对付的自治领主，除非是在英格兰的爱尔兰殖民地——而这样的身份也越来越通过此时几乎是一年一次的议会会议来实现。上议院主导了议会政治，但代表了乡绅和城市精英的下议院在 14 世纪晚期也很有发言权。在国王弱势时，议会能够直接介入，攻击王室内廷成员的"腐败"问题，就像 1376 年、1388 年和 1449—1450 年发生的那样。即使英格兰的国家凝聚力在总体上有利于政府的力量，但长期以来，国王个人的力量都比较弱小。在 1370 年后，爱德华三世的高龄和他孙子理查二世（Richard Ⅱ，1377—1399 年在位）的年幼让英格兰也出现了和法兰西一样的情况，不受欢迎的王室亲属——最为显著的就是理查二世的叔叔，冈特的约翰（John of Gaunt）——掌握了国内的霸权。约翰之子兰开斯特的亨利（Henry of Lancaster）后来从已经成年并试图减少贵族对自己政府影响的理查手中夺取了王位，但作为一个篡位者，亨利四世（Henry Ⅳ，1399—1413 年在位）的处境艰难，威尔士在充满个人魅力的亲王欧文·格林杜尔（Owain Glyn Dŵr，约 1415 年去世）的领导下，脱离了亨利四世的控制长达十余年，而他本人的病情也越来越重：一个重臣委员会在他人生的最后几年里代替他进行统治。亨利五世是一个非常不同的人物，但他只统治了九年，而亨利六世（1422—1461 年在位）又还只是一个孩子，因此由王室亲属进行摄政的局面再度出现。成年后的亨利六世是英格兰中世纪历史上最无能的国王，而到 15 世纪 40 年代时，百年战争进行得非常糟糕；大贵族之间以及大贵族同议会的紧张对立最终导致了 1455 年后的公开内战，与亨利敌对的另一位爱德华三世的后裔，约克的理查（Richard of York）在 1460 年声索了王位。约克的理查之子，爱德华四世（Edward Ⅳ，1461—1483 年在位）赢得了战争，但他的弟弟理查三世（Richard Ⅲ）在 1485 年与几乎没有王室血统的盎格鲁-威尔士篡位者都铎的亨利七世（Henry Ⅶ Tudor）作战时被杀。亨利五世和爱德华四世两个人都不长命，但事实上却是 1370 年后英格兰在一个世纪里仅有的能够有效进行统治的国王。[20]

让英格兰在这一时期有效保持凝聚力并严密管理社群 —— 即便在 1455 年后经历了兰开斯特-约克战争（这在 19 世纪被称为"玫瑰战争"），这两点依然贯穿始终 —— 的是大贵族寡头对责任的承担，他们运作了御前会议并时常与议会进行互动。虽然大贵族寡头间存在内部斗争，其具体人物也会随之变化，但寡头始终存在。但与之相反的是，税收制度并没有维持住早前的水平。除 1339 年和 1415 年之外，在 1400 年前的所有时期中，英格兰国王可调配的资源通常都是法兰西的一半左右，但是在 15 世纪时，税收稳步下降，而到 15 世纪 80 年代，英格兰国王的收入低至了那些更大邻国的四分之一，且其中的三分之一都来自因内战期间没收土地而扩大的王室领地。英格兰的国际影响力也随之下降。当爱德华四世在 1475 年入侵法兰西时，路易十一世仅仅用爱德华四世急需的钱就可以让他放弃入侵，而英格兰的进攻性战争在此后一个世纪里就相对罕见了。[21]

苏格兰是一个政治体系简单得多的国家。苏格兰军队是没有军饷的，并且他们主要也是为了抵御英格兰的攻击还有进行边境劫掠而存在的。王室土地再加上诉讼费和关税收入几乎成了国王收入的全部，以英格兰为基准进行比较的话，这是非常少的（更不用说和法兰西比了）。15 世纪 20 年代和 70 年代，詹姆斯一世（James I）与詹姆斯三世（James III）试图使苏格兰议会同意定期征税，但并没有结果。实际上，相较于同时代大多数国家的政治体系，苏格兰的政治体系与中世纪早期的许多国家更为类似，与 12 世纪相比，苏格兰的地方管理结构长期以来都几乎没有什么变化。曾击败过英格兰人的罗伯特一世·布鲁斯（Robert I the Bruce，1306—1329 年在位），在那场胜利之后从自己的随从中中提拔了部分新的苏格兰贵族，而他的外孙，第一位斯图亚特家族（Stewart）的国王罗伯特二世（Robert II，1371—1390 年在位）也让许多家族成员加入了领主行列。但是，这并没有大幅提升国王的权力，因为我们永远无法想象一位只有如此有限的资源和政治体系基础的国王有可能直接控制在地方上发生的情况，甚至连他的郡法官（sheriff）也是世袭领主。始终存在着的英格兰的威胁（虽然在 15 世纪变得更弱了）使王国这一共同体得以在此存续，而这一般是通过国王和大贵族之间的合作与联姻——除了在偶尔出现的危机时刻：詹姆斯一世和詹姆斯三世二者就都死于暗杀，分别是在 1437 年和 1488 年。詹姆斯四世（James Ⅳ，1488—1513 年在位）通过围绕王国进行系统性的活动取得了更多成就，但这依然是以一种中世纪早期式的做法实现的。不管怎么说，苏格兰仍然是高度地方分权的。[22]

向南到伊比利亚半岛，苏格兰需要防御更强大邻国的情况同样也存在于葡萄牙这个在半岛三个主要王国中最弱小的角色身上。葡萄牙一直受到卡斯蒂利亚的持续威胁，尤其是在 14 世纪，而当葡萄牙于 1383—1385 年发生继承纠纷时，卡斯蒂利亚人也尝试了征服他们；但是，卡斯蒂利亚失败了（这一定程度上归功于英格兰军队），而阿维斯的若昂一世（João I de Avis，1385—1433 年在位）及其 15 世纪的继承者们统治着一个稳定的国家，其边界在 1297 年之后就没有发生过变化（除了一个村庄之外，一直到现在都没有变化）。通过利用对葡萄牙生存至关重要的政治聚合，国王们创建了统一的法律体系和常设的营业税；当 1411 年葡萄牙与卡斯蒂利亚最终达成和平后，葡萄牙还将目光投向了唯一可供他们进行冒险活动的地区，即非洲。征服摩洛哥的尝试总是以耗资巨大的失败告终，但西非海岸带来了更多的回报：在 1419—1421 年迅速成为极具价值的蔗糖产地的马德拉群岛（Madeira），以及从 15 世纪 20 年代开始的、在王子和港口城市资助下展开的航海过程中的、沿着非洲大陆向更南方的入侵。这种在经济和军事上向南方投入的稳步扩大，解释了为什么葡萄牙人最终在 15 世纪 90 年代入侵了印度洋，但直到那时候，他们的野心都还相当地小，他们从中获得的利益也是如此。虽然葡萄牙国王也收取赋税，但他们还是维持着一个繁荣的、主要以领地为基础的国家，不过即使如此，葡萄牙还是比苏格兰更强大，这多亏了他们广阔的土地。[23]

卡斯蒂利亚是一个更大也更为重要的角色。尽管在 14 世纪中期以后，尚存的面积很小的格拉纳达阿拉伯埃米尔国既不是威胁，也没有经常被威胁，但卡斯蒂利亚的国王还是作为对抗穆斯林的一线战士，在卡斯蒂利亚有着潜在的意识形态上的核心地位。14 世纪 60 年代的一场内战见证了佩德罗一世（Pedro I）在 1369 年被他的私生子哥哥，即特拉斯塔马拉（Trastámara）的恩里克二世（Enrique II）取代。内战往往会导致财政权被让渡给那些摇摆不定的贵族和城镇，但同时，又存在着为军队寻求赖以维持之资金的矛盾，在卡斯蒂利亚的情况也是如此；但不管怎么说，卡斯蒂利亚的国王和葡萄牙的一样，保持了对营业税的控制，卡斯蒂利亚议会也准备为恩里克和他的儿子胡安一世（Juan I，1379—1390 年在位）同阿拉贡与英格兰的战争征收直接税而进行投票。我们掌握到的 14 世纪晚期卡斯蒂利亚王室收入的数字非常可观，与英格兰的收入相当。这就为 1391 年的反犹骚乱提供了政治背景，当时新国王恩里克三世（Enrique III）尚未成年，而反犹骚乱则是暴力的民众此时对抗达到顶峰的王权所做出反应中的一部分。[24]

然而，这种王权在 15 世纪又再度衰落。当时卡斯蒂利亚出现了一系列虚弱的统治，并于 15 世纪 40 年代也爆发了类似于十年之后英格兰所发生的，处于统治地位的大贵族之间的内战。国王仍旧野心勃勃地寻求权力，但在 15 世纪中叶的数十年里，王室收入因财政权被让渡给贵族而持续下降，而到 15 世纪 70 年代时则只有英格兰王室收入 —— 如我们之前所见，英格兰的王室收入这时本身也更低了——的一半了。嫁给了阿拉贡王位继承人费尔南多二世（Fernando Ⅱ，1479—1516 年在位）的伊莎贝拉一世（1474—1504 年在位），在一个卡斯蒂利亚国家整体上相当低迷的时刻从她的侄女同时也是卡斯蒂利亚合法继承人的胡安娜（Juana de Castilla）手中夺取了权力。但重要的是，她成功地扭转了这种局面。她的王朝并不是第一个与阿拉贡联姻的，但她的王朝维持住了这段关系，并且从一开始就打算如此了；她和她的丈夫再次成功地获得了财政权，建立了更高程度的秩序，并且还在一定程度上重新获得了对议会、城镇甚至一些领地的直接控制，这是自 1400 年以来都前所未有的。由伊莎贝拉在卡斯蒂利亚建立的政治集体通过不那么吸引人的方式——包括征服格拉纳达（1487—1492 年）的决定，一年后对犹太人的驱逐，以及针对皈依基督教的前犹太教徒的行动——达到了很高的团结度。然而，一个事实是，常常在中世纪后期被欧洲人称为"共同利益"（public good）的认识并没有在最近几十年的动荡中消失，而在卡斯蒂利亚，就和在法兰西、英格兰一样，贵族们此时已经深深地参与到了自己可以从中获取经济好处的王室政府当中，这也可以被视为卡斯蒂利亚重获新生的王权之优势。[25]

　　阿拉贡有着与卡斯蒂利亚类似的政治结构，存在着批准征税的议会（cortes 或 corts；阿拉贡存在着数个议会，体现了王国更为分权的状态）；但是阿拉贡议会提供的钱比卡斯蒂利亚的要少，而且条件也更苛刻。尤其是阿拉贡的主要城镇更为强大，且难以轻易控制。作为阿拉贡威权核心的加泰罗尼亚议会和巴伦西亚议会，发展出了一种像弗兰塞斯克·埃克西梅尼斯（Francesc Eiximenis，约 1409 年去世）在有影响力的政治宗教小册子《基督徒第十二篇》(*The twelfth of the Christian*)中作为例子所述的那样基于许可方式限制国王政府的政治契约理论，他们就是利用这一点从国王手中获得特权的，而这在英格兰的政治实践中也有相似之处。但是阿拉贡同时也处于地中海沿岸，而巴塞罗那和巴伦西亚是主要的贸易中心，这意味着无论可用条件如何受限，王国确实还是有资源的。因此，阿拉贡也将目光投向了外部，而撒丁岛和西西里岛常常都在其统治范围之内——来自阿拉贡王室（往往是幼支）的国王在 1282 年后统治了西西里，在 1442 年后又加上了那不勒斯，而费尔南多二世在 1503 年又最终再次征服了这两个地方。以征服西西里这个富庶的岛屿为例，这些有效的殖民征服，意味着阿拉贡的力量超过了它的体量，非常类似英格兰有时的情况。[26]

如我们所见，那不勒斯（即意大利南部的大陆地区）和西西里到 1282 年为止都是一个王国，先是由诺曼人，之后则是由霍亨斯陶芬家族统治。作为教宗对抗腓特烈二世战争的衍生品，路易九世的弟弟安茹的查理在 1266 年征服了这一王国。但是 1282 年西西里发生了反叛，并选择了一位阿拉贡人国王取而代之。当查理一世稳固地控制了整个霍亨斯陶芬的王国时，他成了欧洲财政方面最为富裕的君主，拥有着强大的税收基础；他仅仅统治了那不勒斯的孙子罗贝托（Roberto，1309—1343 年在位）所拥有的资源依然能够达到和同时期英格兰一样的水平。[27] 但是，意大利南部的这两个王国在 14 世纪时将他们的大部分收入都用在了相互战斗上，而双方的大贵族都因此获得了更大的自治权。那不勒斯的查理三世（Charles III，1381—1386 年在位）在 1385 年没能制止这一点，而当时他还在入侵匈牙利，这是给他带来了一年时间又一个王位的冒险行动之一，但也导致了他被暗杀；尽管那不勒斯此时也同样又遭到了来自法兰西的冒险者攻击，但是对匈牙利王位的声索一直持续到了 1414 年。15 世纪的西西里在外来的阿拉贡人的统治下更为繁荣。而那不勒斯到同样被阿拉贡人征服之前都不怎么繁荣；阿拉贡的阿方索五世（Alfonso V，1416—1458 年在位，1442—1458 年统治那不勒斯）晚年就以那不勒斯为基地，而他和他的儿子费兰特（Ferrante，1494 年去世）利用一段更为和平的时期建立了具有凝聚力的政府，拥有不受议会控制的强大财政基础，而这个政府将在二十年后由阿拉贡的费尔南多二世重新夺回。显然，西西里和那不勒斯这两个王国一直以来都非常富裕，足以让外来者产生夺取它们的兴趣，但又足够弱小，难以抵御外来者的入侵，这是一个不幸的组合。[28]

众多意大利北部的城市国家呈现出了特殊的综合问题，但于这一时期至少在发展上有两个共同点，即脱离"共和"统治与逐渐成为更大的政治单元。13 世纪时一直长期保持活跃、以不断变化的方式平息派系冲突、迎合新社会阶层要求的公社政治体系，开始为长期统治的单一统治者让路，这些单一统治者往往会先在某一个派系中成为领袖掌握权力，之后再为他们自己及自己的继承人谋取永久性权力。英语中这些单一统治者时常被称为"专制者"（despots），而意大利人则用更中性的"领主"（signori）来称呼他们。他们也非常多样。米兰的维斯孔蒂家族（Visconti，1277—1447 年统治）和费拉拉的埃斯特家族（Este，早至 1240 年）都是在 11 世纪或更早之前就十分重要的古老贵族家族；维罗纳的德拉斯卡拉家族（Della Scala，即斯卡利杰尔家族，1263—1404 年统治）和佛罗伦萨的美第奇家族（Medici，1434 年起）则是商业精英出身，后者是当时最大的银行家；米兰的斯福尔扎家族（Sforza，1450—1500 年统治）最初是雇佣兵领袖。然而，在几乎所有的事例中，这些家族都是通过承诺会尊重和更好地捍卫共和体制而获得权力的，他们总体上也这样做了，不过顺便用自己的人填补了体制内的空岗，还排除了一些竞争对手，这些做法因佛罗伦萨的尼科洛·马基雅维利在 1513—1514 年所著的高度实用主义的《君主论》而闻名。只有威尼斯、热那亚、锡耶纳，以及经历了一段领主制政府时期后的卢卡坚决抵制这种趋势，它们大多是通过建立紧密和封闭的寡头制政府来实现的，而这一寡头制政府由占据了城市各机关部门职位的主要家族构成 —— 事实上，这种寡头体制时常还不如领主制政府统治下仍然比较任人唯贤的治理体系开放。

第二个新变化就是征服。虽然从 12 世纪开始，意大利城市之间就已经爆发了有组织的战争，但是在 14 世纪，更强大的城市开始兼并他们敌人的全部领土，这一点尤为突出。佛罗伦萨和米兰最先开始这样做，而威尼斯在 1404 年紧随其后；到 1454 年，当意大利各强权达成洛迪和约（Peace of Lodi）并建立一代人时间的相对稳定时，上述三者在很大程度上成了意大利北部的主导城市。值得补充的是，成为规模更大国家的倾向与领主制统治的趋势并无关联；在上述三个国家中，只有米兰在其征服时期拥有领主，而且它还有一种极为强烈的侵略扩张公社传统可供借鉴。相反，很重要的一点就是，要认识到那些被征服的城市 —— 比如佛罗伦萨人控制的比萨或威尼斯人控制的维罗纳 —— 都保持了他们之前的政治结构，只是从这时起要接受其他国家的统治；这与领主统治下政府更为广泛意义上的延续性具有相似之处。事实上，在大部分情况下，意大利城市的统治者都非常清楚地认识到并尊重了被统治者关切的点，而如果他们没有这样做的话，可能就会面临反叛：举例来说，米兰和佛罗伦萨在1447—1450年与1494—1512年都曾经各自短暂地重建过全面的共和，1494—1509年的比萨也是如此。尽管如此，意大利城市仍然治理得很严格，并且非常习惯于纳税；几乎可以肯定，意大利北部的城市——还包括这些城市周围的乡村地区——在中世纪晚期比拉丁欧洲的其他任何地方征税额都要高。实际上，税收评估到15世纪时比以往任何时候都更为精细，比如佛罗伦萨在1427—1430年就有对潜在纳税人持有的每一块土地都进行了评估的土地登记（catasto）。在佛罗伦萨，国家的公职人员（他们自己的收入就由这些税收维持）不得不直接与共和国里的每一户家庭打交道，其内容比三个世纪前居于评估工具前沿水平的英格兰《末日审判书》要更为详细。通过这种方式获得的资金长期以来被用于支付雇佣军的薪水——尽管雇佣军可能给小体量的政治体系带来风险；意大利地区的每个人都十分清楚，弗朗切斯科·斯福尔扎（Francesco Sforza）只不过是潜在的野心勃勃的战争领袖中的冰山一角。然而在洛迪和约之后，税款还在被继续征收，而意大利的财富——这些财富依然可以从几乎每个意大利城市都存在的造价高昂的15世纪建筑中看出——将会在1494年之后的数十年中，吸引来自法兰西和德意志的又一系列入侵。[29]

　　在考察了半个欧洲之后，我们有必要先做一个临时性总结。我们目前为止看到的所有这些在欧洲西部和南部的王国和城市国家，除了苏格兰，都有某种形式的系统性征税权。而在我们接下来将会考察的欧洲东部和北部的大多数地区则没有这种系统性征

税权 —— 主要的例外是位于法兰西边缘并共享了法兰西财政复杂性的勃艮第和欧洲东部独树一帜的国家匈牙利。因而我们可以从威尼斯向西北到安特卫普大致画出一条在中世纪晚期时标志了政治凝聚力和政治重要程度方面真正差异的线 —— 这同样也是一条区分政治影响力的线,因为拉丁欧洲东部和北部的政治体向法兰西这一欧洲西部和南部的主要强权(以及在更低程度上向意大利和英格兰)借鉴的远比法兰西人(或是意大利人还有英格兰人)向他们借鉴的多。我们在第五章中已经看到了 800 年时还清晰可见的欧洲南北分界线是如何从 1100 年开始大幅淡化的,但是即便是在中世纪后期,除了个别例外情况,这条分界线仍然反映了一种大致程度上的对立,尽管这时很大程度上已经不是文化,而是经济和由其引发的政治力量的对立。但不管怎么说,欧洲东部和北部的政治体与他们在西部和南部的邻居一样有趣,所以我们现在就转而对这些国家进行更仔细的观察,尽管这依然会很简短。

如果说对意大利进行一般化描述只是很难的话,那对这一时期的德意志来说就是不可能了。神圣罗马帝国仍在延续(从 1474 年起,它被称为"德意志民族的神圣罗马帝国"),但其直接权力已经消失了。事实上,大部分皇帝都有强大的地方基础,在他们之中,卢森堡家族(1346—1400 年、1410—1437 年任神圣罗马帝国皇帝)来自波希米亚王国,之后的哈布斯堡家族来自奥地利公国。之所以说他们有强大的地方基础是因为波希米亚是一个大且相对具有凝聚性的诸侯国,而奥地利虽然凝聚性不足,但至少面积大。但是他们在帝国的其他地区很大程度上只是象征性的存在。这不是一件小事，帝国理念的力量——包括将皇帝视为中立仲裁者这一点在实践上的认可——非但没有被削弱，反而得到了加强。但是查理四世（Karl Ⅳ，1346—1378 年在位）为了直接的政治需要，大量抵押了帝国领地和权利，而到 15 世纪中期，就几乎没有剩下任何帝国领土和权利了。引人瞩目的是，在 15 世纪末，尤其是在哈布斯堡家族活跃的皇帝马克西米利安一世（Maximilian Ⅰ）的统治下，他通过在帝国议会立法并于 1495—1499 年首次在帝国范围内征收一般税，尝试恢复皇帝的地位，但之后就连面积巨大的巴伐利亚公国的贵族都拒绝正式同意他的立法，因而这些立法再也没有被提起了。相反，帝国是数百个占据了或大或小领地的诸侯国和帝国城市的外壳。以纽伦堡、奥格斯堡、吕贝克（Lübeck）和科隆为首的帝国城市，是整个帝国南部与北部最为富裕和最具影响力的政治体；与之相对，在东部的勃兰登堡（Brandenburg）、萨克森、波希米亚、奥地利、巴伐利亚，还有在最西部的勃艮第公国——勃艮第公国的领地在 15 世纪时扩张到了法兰西地区之外——则是面积最大的诸侯国。帝国城市有着与意大利城市类似的十分复杂的财政和管理体系，不过更为简单。较大诸侯国的领主收入则主要依靠他们的领地，即使是在征税已经变得更为常见的 15 世纪也是如此。德意志地区巨大的差异与德意志人整体认同感的不断增长形成对立，导致了持续不断的讨论和对其他一些可能性的认识，这种讨论和认识比欧洲的许多地方都更为强烈。[30] 这种认识将会在马丁·路德于 1517 年在维滕贝格宣传他的《九十五条论纲》之后，以及许多德意志诸侯于公元 1500 年后的数十年里接受罗马法之后，进一步得到加强。但现在只要简单记住这点即可；作为替代，让我们看看三个非同寻常的地方案例，以便对帝国内政治行动的潜能有个认识：这三个例子分别是波希米亚、瑞士地区和勃艮第。

波希米亚是唯一成为神圣罗马帝国一部分的使用斯拉夫语的政治体，三面环绕的山林赋予了波希米亚异常稳固的领土完整性——即便波希米亚地区的边缘和城镇中有着大量德意志移民。波希米亚本土的普热米斯尔王朝（Přemyslids）终结于 1306 年，而到 1310 年时，统治当地的国王来自德意志西部的卢森堡家族。当时的查理四世不仅是皇帝，也是处于支配地位的诸侯。他使布拉格变成了一座真正的首都，有着新建立的大学，而这座城市至今仍保留着他的痕迹。查理四世在波希米亚很大程度上是依靠他的领地和从库特纳霍拉银矿获得的大量收入统治的；他还夺取了其他几个公国（至少是暂时的），但也为此花费了帝国抵押来的借款。查理的儿子文策斯劳斯四世 [Wenceslas IV，或称瓦茨拉夫四世（Václav IV），1378—1419 年在位 ] 就没有这么好的表现了；他也是帝国皇帝，但是在 1400 年被半数选帝侯剥夺了皇帝头衔，而在波希米亚，他也被迫于 1405 年将大部分权力让给了一个贵族集体。在他 1419 年去世时，波希米亚已经被卷入了胡斯战争，这是一场受扬·胡斯（Jan Hus）教义启发的宗教运动，胡斯本人在 1415 年康斯坦茨大公会议被以异端罪名处决。我们将在下一章讨论胡斯和他的继承者；此处与之相关的只是这场运动控制了波希米亚这片土地，击败了一系列天主教军队。1419—1436 年之间，波希米亚人甚至没有承认一位国王，而是由议会统治。议会由相互冲突的两派交替主导，一派是由小贵族、城镇居民和农民组成的激进派，另一派则是由贵族、大学教师组成的温和派；波希米亚的军队是由志愿兵组成的，而国家的财政资源也变得更为薄弱，即使是在温和派取胜后的 15 世纪 30 年代后期也是如此。下一位进行有效统治的君主是波杰布拉德的伊日（Jiří z Poděbrady，1458—1471 年在位），他是一位胡斯派贵族，因而也不得不抵抗由教宗发起的对他的进攻。他抵挡住了攻击，并尽其所能重建了国家共同体；他的力量也由于银矿收入的恢复而得到进一步支持，银矿收入此后在不于当地进行统治的雅盖隆（Jagiełłonian）国王和哈布斯堡国王时期也在持续加强他们的力量。[31]

　　瑞士邦联据称始于 1291 年位于卢塞恩湖（Lake Luzern）附近哈布斯堡西部领地上三个乡村共同体之间的和平协定。更具体地说，他们在 1351 年与附近的苏黎世城（Zürich）达成了共同防御条约，他们也和伯尔尼（Bern）、卢塞恩（Luzern）和其他中心城市达成了类似的条约。这些并不是德意志南部城市和小领地签订的、用以在分裂的帝国中形成某种程度的互相安全的唯一条约，但签署这些条约的大部分领地同时也是哈布斯堡家族的封臣，而他们不得不于 1386 年击退一支前来攻击自己以恢复奥地利统治的军队。哈布斯堡家族的公爵利奥波德三世（Leopold III）随后被击败并被杀的事实给予了瑞士邦联一定程度的信心，使邦联能大幅扩展其范围。哈布斯堡的权力再也没有重回瑞士，并于 1474 年正式放弃了对瑞士的权力。相反，邦联发展出了一支以农民为基础的熟练步兵武装，其成员被其他势力用作雇佣军，同时，邦联还建立了一个非常松散的自治政府，并在整个 15 世纪和 16 世纪早期缓慢地扩展到了越来越多的诸侯国和城市。需要强调的是，瑞士有一个邦联政府（现在也依然有），但并不是一个单一制国家。每一个邦联成员都有独立的自我认同和财政结构，而且事实上他们有时也会互相战斗。城镇、贵族和农民共同体的利益在结构上也存在冲突。但不同寻常的是（尤其不像波希米亚那样），大多数情况下失败的社会阶层都是乡村贵族；主要的冲突关系变成了城市和强大的农民共同体之间的冲突。也难怪"学习瑞士"在 16 世纪早期是一种带有革命意味的威胁了。[32]

勃艮第公爵是法兰西统治家族的一个幼支，其在 1384 年继承了极为富裕的佛兰德伯国，这也是法兰西王国的一部分。但是勃艮第公国和佛兰德伯国都位于王国的边境，并且和帝国的领土也有紧密的联系。勃艮第公爵在 1384 年获得了弗朗什-孔泰（Franche-Comté），在 1404—1430 年获得了布拉班特（Brabant），在 1428 年获得了埃诺（Hainaut）和荷兰（Holland）这些属于帝国的领土；到 15 世纪中期，他们已经向外扩张并几乎控制了全部低地国家，这也是低地地区第一次出现一个单一的区域强权——比利时和荷兰的民族国家历史都将其先祖追溯至勃艮第公国。如我们所见，在百年战争的第二个阶段，勃艮第公爵时常是英格兰的主要支持者，"好人"腓力开始以一种在领地上新成立了国家的角度思考问题，并有着非常野心勃勃的宫廷文化。公爵们无疑拥有足够的财富去做这件事；我们掌握的数字表明，勃艮第公爵的收入在他们扩张之后达到了英格兰的水平，而且主要依靠征税。然而，大部分收入来自低地国家，而这就需要处理与佛兰德和布拉班特城镇的关系，这一直让勃艮第公爵很苦恼。对勃艮第公爵来说，另一个关键问题是他们的土地并没有完全相连，被几个帝国内的势力切断，并且在财政上也从未统一。菲利普的儿子"莽撞的"查理（Charles 'le Téméraire'，又称"大胆的"查理，1467—1477 年在位）试图通过征服来解决这个问题，但这给他带来了来自德意志领土的强烈反对，而他也在 1476 年被瑞士击败，并在 1477 年的战斗中被杀。严格意义上的勃艮第公国至此就终结了，因为路易十一世不久后就收回了勃艮第地区本身。但是，勃艮第公爵至少统一了低地国家，而继续统治着这些地区的查理之女玛丽（Marie，1477—1482 年在位）嫁给了哈布斯堡的马克西米利安。马克西米利安在玛丽死后，经过 1482—1492 年对抗法兰西人和佛兰德城镇的战争，将这些地方作为一个整体接管了。[33] 因此，来自他们并不安稳的奥地利和帝国根基的哈布斯堡家族继承了勃艮第财富和权力的主要中心。而在机缘巧合之下，这片地区会继续作为更多财富和权力的基础存在。玛丽和马克西米利安之子腓力同卡斯蒂利亚和阿拉贡的女继承人胡安娜联姻；腓力英年早逝，而胡安娜则因精神错乱而被排除于统治之外；因此，在 1517—1519 年之间，腓力的儿子查理五世（Karl V）继承了皇帝的头衔、奥地利、整个低地国家、整个西班牙以及整个意大利南部地区，之后还会获得墨西哥和秘鲁。查理因而获得了勃艮第人和阿拉贡人所有军事冒险的成果，并且这次几乎无须经过战争，而欧洲历史也将因此在新世纪发生转变。

上述的三个例子表明，从帝国的土地上可以发展出多么不同的结果。帝国内的政治参与者可能在帝国外也十分活跃：卢森堡家族最后一任帝国皇帝，文策斯劳斯的兄弟西吉斯蒙德，事实上大部分时候的根基并不在其家族控制的波希米亚王国（这种状态一直持续到他在生命的最后几年与胡斯派达成条约时），而是在他从 1387 年起就开始统治、一直维持了 50 年的匈牙利。而且，尽管波希米亚可以不时成为强大的权力基地，但匈牙利是一个更强大的权力基地。匈牙利 13 世纪王权衰落的局面（见第八章）被来自新王朝的两位强有力的国王（他们的统治时间为 1309—1382

年）扭转 —— 这里成了安茹家族继承的又一个遗产 —— 查理-罗贝尔（Charles-Robert）和拉约什一世（Lajos Ⅰ）在银矿和之后开采的金矿（从 14 世纪 20 年代开始）收入，还有不久后征收的土地税的支持下，重新获得了王国中一半的城堡，并且在统治中也几乎没有受到旧贵族的阻碍。尤其是拉约什，他在境外作战，向南扩张，还在 1370 年继承了波兰的王位。他的女儿们分别继承了波兰和匈牙利，在一段以我们已经看到过的来自那不勒斯的入侵而闻名的混乱时期后，西吉斯蒙德以拉约什之女玛丽亚（Mária）丈夫的身份继承了匈牙利。但是反对德意志人 / 波希米亚人国王的贵族起义一直持续到了 1400 年后，而之后西吉斯蒙德在帝国中的行动也让他有一半的时间不在匈牙利。这一时期的王室财富减少、王国内部结构变弱也并不令人意外，其中一个原因是金矿本身以及从金矿中获得的收益此时已经没那么有利可图了。但是采矿和税收仍在继续，而王国拥有受薪官员的基础结构也足够稳固，可以应对西吉斯蒙德的缺席、南部边境抵御奥斯曼人的新需求，以及西吉斯蒙德死后出现的一连串短命统治者的情况。马提亚·科尔温〔Matthias Corvinus，即匈雅提·马加什（Hunyadi Mátyás）〕是贵族将领和摄政匈雅提·亚诺什（Hunyadi János）之子，于 1458 年被选为国王，并有效统治到 1490 年，他恢复了王权并征收了足以维持一支常备军和在他首都布达（Buda）的奢华宫廷的重税。在他之后出现的确实是更为弱小的国王和更具影响力的贵族，而匈牙利王国的大部分领土也在 1526 年莫哈奇（Mohács）战役奥斯曼人取得大胜后被他们征服。大体上是由于这个原因，匈牙利历史学家们对中世纪匈牙利的贵族权力持有非常负面的看法。但是，这里必须要强调的关键之处在于，一个强大和幸运的国王总是能扭转局面。查理-罗贝尔和马提亚都展现了这一点；西吉斯蒙德也在一定程度上做到了这点。大量的王室土地、征税的传统，以及王室主导的采矿业（这一点尤为重要），使国王们即使在弱小时也能有机会使用一定的资源，而强大时则能使用和英格兰与卡斯蒂利亚国王同水平的资源。无论是在王室财富还是在政治基础结构方面，匈牙利在整个中世纪晚期都是罗马城以北、法兰西以东最为强大的王国。[34]

匈牙利北方邻国波兰的情况正好相反。如我们在第五章中所见，1138 年为继承人所分裂的早期波兰王国，被"矮子"瓦迪斯瓦夫一世（Władisław I Łoketiek，1320—1333 年在位）有限且艰难地重新统一；之后，他和他的儿子卡齐米日三世（Kazimierz Ⅲ，1370 年去世）仍然不得不与一个有着半独立公爵、存在插入了遵守日耳曼法的自治城镇之法律体系，以及越来越强大的贵族共同体的非常分权的王国对抗。与波兰相邻的是立陶宛大公国，它是欧洲唯一一个没有基督教化的主要政治体；其在格迪米纳斯（Gediminas，1315—1342 年在位）的统治下稳定了强权地位并逐渐向东方扩张，绝大部分扩张的土地取自正在战争中的罗斯王公（见第九章）。波兰和立陶宛因同样对抗以波罗的海沿岸为基地、寻求征服波罗的海东部地区且在这一时期达到了自身实力巅峰的条顿骑士团建立的德意志十字军国家而在战术上联系在了一起。当卡齐米日去世，以及他的继承人匈牙利的拉约什于 1382 年去世后，在随之而来的权力角逐中，立陶宛的约盖拉（Jogaila Litwy，1377—1434 年）与拉约什的另一个女儿雅德维加（Jadwiga）结婚，并于 1386 年皈依了基督教，在一年后获得了波兰王位，是为瓦迪斯瓦夫二世·雅盖沃（Władisław Ⅱ Jagiełło）。他的堂弟维陶塔斯（Vytautas）在 1392 年的一场家族交易中获得了立陶宛，并且以大公身份统治到 1430 年，将立陶宛的霸权向东南方拓展至黑海，同时还于 1410 年在坦嫩贝格（Tannenberg）彻底击败了条顿骑士团。维陶塔斯的统治标志着立陶宛在罗斯土地上统治的巅峰，而立陶宛的东部边境也从此在面对莫斯科公国的统治者时开始慢慢收缩。尽管如此，联合的波兰-立陶宛——即便瓦迪斯瓦夫·雅盖沃的不同后裔有时会分别统治联合体的一部分，但联合体还是该地区的政治结构基础——从地理上看是 15 世纪整个欧洲最大的政治体。然而从任何意义上说，立陶宛都不是最强大的。尽管立陶宛军队是一支有效的攻击力量，但大公国中几乎没有任何政治基础结构，而且不得不承认，在曾经属于基辅罗斯的主要部分有着相当大程度的自治。而波兰，虽然更具凝聚性，但是在 15 世纪晚期卡齐米日四世（Kazimierz Ⅳ，1446—1492 年在位）和他的继承者统治之下，形成了一种贵族集体——他们联合于瑟姆议会（sejm）中——和国王拥有同等主导权的政治体制。只有像卡齐米日一样最为强势的国王才能与之抗衡。波兰缺乏一种结构性的财政体系（瑟姆议会经常拒绝国王的征税请求），而国王经常是几乎在完全基于自己领地的资源进行统治，除非是战争时期，那时候对税收的批准就会变得更为频繁。因此，国王和强大的地方领主间时常紧张的关系——在匈牙利，这些关系本身的处理常常有利于国王，有时在波希米亚也是如此——在波兰发展成了另一种情况，尤其是从 15 世纪 90 年代开始。最终确实让雅盖隆家族在 1490 年后统治了波兰、波希米亚和匈牙利三个王国的家族间复杂关系，也没能改变这种基础结构差异。[35]

同样的王朝游戏也出现在斯堪的纳维亚三个王国，即丹麦、挪威和瑞典中——一直以来，丹麦都是在三个王国中基础结构最为强大的，而瑞典则是最为薄弱的。我们在上一章中看到，丹麦的瓦尔德马尔四世（Valdermar Ⅳ）的女继承人（1375 年后），同时也是挪威的哈康六世（Håkon Ⅵ）遗孀（1380 年后）的玛格丽特一世（1412 年去世）于 1387—1389 年通过武力统一了这三个王国。她的侄子同时也是指定的继承人波美拉尼亚的埃里克（Erik af Pommern，1389—1439 年在位）于 1397 年在卡尔马（Kalmar）的联合集会中被加冕为全部三个国家的国王，这一行为远比雅盖隆家族事实上的统一要正式，而且在 1439—1440 年埃里克被罢黜后，这一联盟也幸存了下来。尽管如此，卡尔马联盟没能延续下去。丹麦和挪威到 1815 年为止都还是共主联盟，但瑞典对联盟就没什么热情了，1448 年，瑞典选出贵族卡尔·克努特松（Karl Knutsson）作为自己的国王。丹麦的克里斯蒂安一世（Christian I af Danmark，1448—1481 年在位）在 1457 年再度征服了瑞典，但瑞典的重新独立只是一个时间问题，而最终，瑞典的独立在 1523 年于新的瓦萨家族（Vasa）的统治下实现。在这三个斯堪的纳维亚王国中，有一种短暂的选举君主的趋势，并且每个王国中都各自有着一个由这一趋势产生的，有着贵族出任当地长官的，具有突出地位的贵族议会；在所有这些方面，三个王国都很类似于波兰，有着贵族主导的那种"立宪政治"，并且三个王国各自的政治结构也时常很薄弱。但是在斯堪的纳维亚地区，贵族阶层的霸权在地方上要小得多。在许多地区，农民阶层并没有被彻底摧毁或剥夺权利，并且他们在实践上时常主导着继承自中世纪早期的地方立法和政治集会（即 thingar，见第五章）。农民叛乱在瑞典和丹麦始于 1433—1434 年，在挪威则始于 1436 年，而这些起义尤其标志着瑞典开始走向独立。虽然斯堪的纳维亚地区的国王们确实征税，但往往都是小规模的，不足以建立一支独立于贵族，事实上还有农民政治领袖的军队——对此我们还必须加上主要城镇的自主政治输入，以及连接这些城镇的跨国的（但却是由德意志人主导的）汉萨同盟。当瑞典议会（riksdag）在16世纪正式建立时，事实上还有几乎在整个欧洲都是独一无二的、由农民组成的第四等级。在斯堪的纳维亚半岛（甚至某种程度上也包括丹麦），国王缺乏主导政治社会的能力，使这三个王国被排除出了波兰和苏格兰以外的其他国家之行列；同样让这三个王国被排除在外的还有尽管显示出十足的中世纪晚期特征——比如有法律特许状和政治自由（在瑞典是1319年而在丹麦是1360年）——但在基础结构上更接近中世纪早期政治集会的那种政治体系。[36]

对1350年后拉丁欧洲政治史的快速梳理向我们展现出了一些普遍存在的主题。第一个主题是王朝继承王位的博弈，一个王朝能够在同一时间宣称不止一个王国的王位：来自安茹的法国王室幼支统治了那不勒斯、匈牙利和波兰，卡斯蒂利亚国王统治了阿拉贡，阿拉贡国王统治了西西里和那不勒斯，来自德意志的，后来还有波兰的国王统治了波希米亚和匈牙利。出身奥地利的国王在中世纪末期及之后的时间里成了上述几乎所有地方的统治者；再加上偶尔会有德意志出身的国王统治斯堪的纳维亚各王国，还有英格兰国王也曾短暂统治过法兰西，更早以前还统治过苏格兰。除了东欧的部分地区，以这种方式联合起来并没有导致政治边界发生重大变化，对王国的内部政治结构而言也是如此，但王朝联盟的"构成板块"却常常在改变。第二个主题与第一个紧密相连，即某些野心勃勃的境外冒险活动（时常是在海外）的可能性；这种冒险活动本身经常是短暂的（即便如此，这也能造成巨大的损害，就像英格兰人在法兰西所做的那样），但有时候会导致更长久的控制，比如阿拉贡人在西西里的情况。事实上，将我们看到的几乎所有统治者联系在一起的就是他们对入侵活动的筹备，只要他们有足够的资金去组织一支军队就会开始入侵（有时甚至在还没准备好资金前入侵就开始了），而这些入侵不仅针对邻国，有时还包括一些距离相当遥远的国家，目的就是为了获取军事荣誉和自己所期盼的对这些领地的长期控制。历经艰辛得来的资源首先被都被用在了力量的展示上——即代表了1350年后这一时期特征的奢华的宫廷和雄伟壮丽的建筑上，但是一支军队才是所有力量展示手段中最重要也最花费高昂的，因而利用这支军队去进攻其他国家就顺理成章地成了下一步计划。作为早期近代政治和财政发展基础的军事机器就始于这个时期，并且清楚地表明13世纪的国家建设就是基于此系统地在拉丁欧洲的几乎每一个地方展开的。如同我们在本章开头所论述的，虽然许多国家都面临着不同类型的危机，但这并不是一个政治权力发生系统性危机的时代：如同我们现在可以从更多细节中看到的，这一点实际上恰恰相反。[37]

　　尽管如此，当我们讨论财政体系本身时，需要强调的是体系之间的差异。中世纪晚期欧洲政治体在财政上无论怎么说都不完全一样；他们有着不同的税种（直接税或间接税），不同的税收频度（一些税是每年且定期的，但是许多税只在战争期间征收），不同的税收比重，以及不同的领地收入和税收收入比。所有这些都意味着不同的王室税收形式对臣民有着不同类型的影响，而这一系列差异的对比至今尚未有人系统地研究过。但它们同样存在一种全局上的重要性。无论是何种形式的资源，只要统治者获得的越多，他们所能做的也就越多；统治者所拥有的这些资源水平对不同欧洲强权的内部基础结构和政治凝聚性有着直接影响。

到 15 世纪末期，欧洲最强大也最富裕，同时还有着最高效税收体系的国家无疑是建立在类似于承袭自拜占庭帝国和哈里发国财政模式基础上的奥斯曼帝国（见第九章）。在评估和征收税金的密度方面，除了最具效率的意大利城市国家之外，任何欧洲西部的政治体都无法与奥斯曼帝国相提并论 —— 这是因为如我们所见，罗马和伊斯兰的财政技术在西方已经失传，而欧洲西部国家在重建税收体系时，只创造出了一个效率更低的结构，并且没能从他们更先进的邻国那里借鉴什么。在西部，13 世纪晚期后的各个时期中，法兰西都明显是最富裕的国家 —— 除了在百年战争的劣势阶段；如刚才所说，法兰西的财政控制程度没有意大利城市那么高，但这些城市国家的体量远比法兰西要小，也因此更弱。第三梯队则是英格兰和卡斯蒂利亚，以及 15 世纪的勃艮第属低地国家 —— 虽然前两个国家的这方面在 14 世纪比 15 世纪末时表现得更成功。稍差一点的是匈牙利、那不勒斯 / 西西里和阿拉贡，以及一些德意志城市。再往下则是相差较多的波希米亚和葡萄牙。欧洲其他的政治体有着简单得多的政治结构，而它们的统治者 —— 统治着波兰 - 立陶宛还有余下的欧洲东部国家，苏格兰，斯堪的纳维亚还有德意志的大部分土地 —— 尽管有着和更富裕地区统治者一样的一系列施政风格和动机，但能付诸实践的却不多。

这些国家的战争更难长期持续，对于贵族的控制也更弱，司法功能也往往更加落后。在这方面，财政凝聚性和政治凝聚性有着非常紧密的联系。

必须要强调的是，这只是一个结构上的结论，而非一种价值判断。认为从自己臣民手中榨取了大量财富的富裕而又专制的国王在某种程度上比不得不面对强大贵族的国王"更好"（甚至更糟的说法是，更"现代"）的观点在任何情况下都不能被认为是合理的。但值得一提的是，政治凝聚性同样也可以源自组织良好的内部决策制定和立法结构。在这方面，英格兰还有意大利的城市国家就很突出。意大利的城市国家再度因为体量小而更容易做到这一点，但英格兰的内部组织则继续受益于一种寡头参与的政策制定和一种可以追溯至中世纪早期，从未被中断的基于集会的司法传统。这是这一时期较强大政治体中的唯一一个例子——因为其他维持着中世纪早期集会政治传统的王国都处于强大的反面，尤以斯堪的纳维亚的王国为典型。

这一非常粗略的政治-财政凝聚性与基本财富的排名表在大多数情况下也是军事成效排名表——不过也有一些例外，尤其是意大利众多富饶但却在军事实力上不能与之对应的政治体，以及立陶宛和瑞士这种军事能力远超其他方面的政治体。这就是这些排名统计留给我们的基本框架。在下一章继续探讨政治组织和主要政治人物时——不同类型议会的运作方式、问题解决的方式、政治决策制定的理智化还有异议者——我们必须牢牢记住这些。如同我们将要看到的，这也体现了共同的主题；但是，刚刚概述的差异意味着，这些主题在不同地方体现的时候仍然存在差异。

# 第十二章

# 重思政治

1350—1500

我们现在已经知道了欧洲各国家在中世纪晚期是如何进行组织和获取资源的；但这只是这个时期政治的一部分。同等重要的是人们——无论是精英还是非精英——认为他们的统治者应当如何运用自己所拥有的资源，以及从更宽泛的层面来说，政府应当如何运作。事实上，中世纪后期就是这样一个对这些问题有着大量辩论的时期。这标志着在政治方面公共领域的扩大，也是这一时期的突出特征；而本章的目的就是描述这一时期社会和政治环境的一些特征。

在亨利六世统治英格兰的苦涩岁月，尤其是在他成年后以国王名义进行统治（1437—1461 年）的数十年中，当国家逐渐迷失政治方向而在法兰西的战争又正处于败势时，英格兰社会的受教育阶层内——事实上有时也在这一阶层之外——出现了一系列引人瞩目的政治讨论。这种讨论也延续到了 15 世纪 60 年代和 70 年代，即亨利的取代者、约克王朝的爱德华四世统治时期。这些讨论的特点是对哪些政治行动才是可以采取的最好行动这一问题提出了一系列意见，而对这一问题本身的看法不仅时常是针锋相对的，而且在内容和侧重点上也有很大不同。《英格兰政策简论》(*Liber of English Policy*) 是一本写于 1436—1437 年左右的带韵小册子，其内容排外但却颇具卓识，提出了英格兰最好的外交政策是积极控制英吉利海峡的贸易路线，以此迫使恐惧中的佛兰德人和意大利人支持英格兰的政治利益。《警惕之梦》(*Dream of the Vigilant*) 是一本写于 1459 年的反约克王朝小册子，尖锐而有力地论证了以支持"共同利益"为目的对王国反叛是自我矛盾的，因为这意味着将一个人毫无道理地置于法律之上；约克王朝就像是口中一颗腐败的牙齿，不应被宽恕。1463 年左右，被囚禁的兰开斯特派官员乔治·阿什比 (George Ashby) 创作的一首时常被认为是陈词滥调的诗，《一个亲王应采取的积极政策》(*Active policy of a prince*)，谴责了亨利六世幕僚们的贪婪——这一点导致了他们对亨利六世的不忠（这本身并不是什么新的观点）——但也有一些相当具有针对性的建议：如果亨利六世之子爱德华成为国王，永远不要再信任他的廷臣；爱德华应当定期让自己出现在公众面前，但同样永远不能信任他们。这种干预在约翰·福蒂斯丘 (John Fortecue，约 1477 年去世) 那里得到了最充分的表达，他是 1442 年后的英格兰首席法官，同时也是兰开斯特王朝的又一位拥护者，并在 1471 年变节到约克王朝一方，于之后不久将自己修订的《英格兰的政制》(*The governance of England*) 呈献给爱德华四世：在书中，他向国王建议应当尽可能增加所持土地，将土地从近期的受益者手中夺回，只有这样才能超越他最富裕的封臣，否则他们就有可能因为比国王富裕而叛乱，就像最近时常发生的那样——同时还要保持穷人的富足，这也是为了避免冲突（因为英格兰的穷人不像法兰西的穷人那样懦弱，所以更可能进行叛乱）。[1]

我们无法证明其中任何一条建议曾被采纳；即使爱德华四世无疑尽其所能变得富裕了，但也很难说他是因为福蒂斯丘的意见才这样做的。不过所有这些一并向我们展现的是，这个时期的政治参与者，包括那些非贵族成员，都在思考政治上出现了什么问题，以及他们在试图寻找处理这些问题的最佳方式。这些文字层面的干涉——很显著的一点就是它们多以英文而非拉丁文写成——得到了更为广泛参与者无声的支持，1450 年在海上将萨福克公爵（Duke of Suffolk，自 1443 年起在王国中实际进行统治的人）草草斩首的水手就是以王国共同体的名义行此事的，他们认为国家共同体在国王之上。紧随这一事件而来的就是同年以肯特郡为中心的杰克·凯德（Jack Cade）农民起义，这次起义比发生于 1381 年的上一次起义（见下文）更为"忠诚"，仅仅是谋求一个比当时那几十年的政府更好的政府（"我们并不是谴责所有领主，也不是谴责所有与国王有关的人……我们只是谴责那些通过基于法律展开的公平与真实的调查可能被证实有罪的人"）。然而，无论这一时期实际施政的政治领袖多么蔑视大众，他们都不得不在这样一个对"什么构成了好政府以及要如何完善它"这种问题展开持续而又迫切讨论的环境下进行统治，而且他们还不能被认为过于公然地忽视了这种问题。[2]

这种辩论并不仅限于英格兰；而且远非如此。胡斯派的集体辩论就是一个例子。意大利北部则是另一个例子：在每个城市的议会中（包括那些在领主制政权统治下的城市国家），意大利人都在讨论如何才能最好地组织他们的政府，而其中的许多讨论都被保存了下来。在意大利，这些讨论与理论家的著作相互关联，比如罗马法律师萨索费拉托的巴尔托洛，他在自己有关（同时也是反对）暴君——即那些不公正的统治者——的独具慧眼的小册子中，讨论了一种需求，即，如果一个"公正的法官"认为有必要，城市有时就要驱逐某些"有权势、会引起是非又具有煽动性的"人。这种论调为后来尼科洛·马基雅维利《君主论》中关于如何有效实施统治的合理但又不那么反暴君的意见奠定了基础（比如说：当你不得不需要的时候可以杀人，"但最重要的是，切忌夺取他人的财产；因为人们忘记他们死去父亲的速度远比忘记他们失去的遗产要快"）；而这些意见，有时又不过是一千千米之外的福蒂斯丘写下之内容的更为明确版本。[3] 15 世纪时，对政治行动细节的分析和批判于整个欧洲范围内都在进行。这是一种新现象，至少从强度上来说是前所未有的。

　　弄清楚我在这里试图描述的这种新现象的性质是十分重要的。受过良好教育的那部分欧洲人从加洛林时期和更早之前开始就已经在讨论适当政治行动的道德与法律基础这无疑是事实。11 世纪后期，这种讨论因格里高利七世及其继承者们发起的关于教宗和皇帝之争的激烈论战而更加丰富；12 世纪时，讨论也因为新近阐释的教会法和罗马法而进一步发展；在 13 世纪，这时刚刚被翻译的亚里士多德著作也被加入讨论之中。相继有许多人，包括 12 世纪的索尔兹伯里的约翰（John of Salisbury），13 世纪的托马斯·阿奎那与罗马的吉尔斯（Egidio Romano），14 世纪的但丁·阿利吉耶里、帕多瓦的马西略（Marsilio da Padova）、萨索费拉托的巴尔托洛与约翰·威克利夫（John Wyclif），15 世纪的莱昂纳多·布鲁尼（Leonardo Bruni）、克里斯蒂娜·德·皮桑、库萨的尼各老（Nicholaus von Kues），都在讨论中提出了自己的观点，而这些观点中有很多其实都非常复杂（我们会回顾其中的一些）；中世纪政治思想因此是一个内容相当丰富的子领域。但是，在大多数情况下，这些杰出人物在提出政治实践意见时往往是相当不具体的。他们是在建立理论，而不是在将这些理论与日常政治实践紧密地联系起来。"君王镜鉴"（mirror of princes）这类为统治者所创作的建议手册也往往是相当泛用的德育小册子，这又是一种有着加洛林和拜占庭根源，但直到罗马的吉尔斯在1277—1280 年为未来的法兰西国王腓力四世写下《论君主政治》（*On the rule of princes*）才达到顶峰的文学类型。[4] 即使是在更为具体的情况下，这些作者也只倾向于通过抨击来支持或反对更泛泛的政治结构（比如说皇帝在意大利的权力，或者统治者和法律之间的关系），而这些政治结构时常是根据真实世界中不尽相同的原则被建立起来的。并且这种情况即使是在其中一些人——比如在1427—1444 年期间担任佛罗伦萨政府首脑（chancellor of Florence）的布鲁尼——自己行使政治权力时也同样如此。然而，我在本章开头提到的 15 世纪中期英格兰的政治干预是相当不同的。除了福蒂斯丘的作品之外，那些都不是知识分子们的作品（福蒂斯丘曾阅读过刚才提到的一些作者的作品，但其他人并不存在阅读过这些人作品的迹象）；同时那些作品关注的是政策的具体细节而远非抽象原则。如果我们回到 13 世纪甚至 12 世纪，我们确实能发现一些关于政策的讨论；我曾在第八章中对其中一些讨论进行过描述。但这种讨论在当时还比较少。到 14 世纪晚期时，一些情况发生了变化；公共政治讨论的过程已经变得更多、更便于记录也更具影响力了。

导致这一结果的一个基本原因自然就是在 1350 年之后变得

更具重要性的议会，这与对税收方面的需求增大和由此产生的国家行动方面的领域划分复杂程度加剧有关——这主要是在上一章末尾排名表里列出的那些更为强大的政治／财政体系中。但这并非全部原因；另一个原因是国际教会会议的显著活跃，尤其是在15世纪早期；我们还可以加上复杂的法律体系这一日渐重要的事物，当然，还有作为基础的世俗人士中识字率或者至少是与写作相关的活动的增加。让我们看看这些原因是如何相互关联的。

"议会"（parliament）这个词只在这一时期的英格兰和苏格兰才指"合议性团体"。［法兰西也有自己的议会（parlements），但它们相较其他功能而言，首先是法院。］在法兰西，这种集会被称为三级会议（états-généraux，同时也有着重要的省级会议），在西班牙称议会（cortes 或 corts），在波兰称瑟姆议会（sejm），在德意志地区和波希米亚称议会［dieta 或 diet，此为拉丁语；德语为国家议会（Landtag）或帝国议会（Reichstag）］，在斯堪的纳维亚称庭（thing，尽管之后参照德语的用法有了 riksdag 一词）。几乎每一个国家和地区的议会都划分了等级，有着彼此分开就座和商讨的大贵族，以及由小土地精英和城镇领袖组成的等级，在许多的国家和议会中也有单独的教士等级（尽管英格兰没有），还有非常少数的有农民等级（比如我们已经看到了的瑞典；同样的还有神圣罗马帝国中一些位于阿尔卑斯地区的领地）。这些议会的参与者时常是代议团——也就是说，这些人（men，他们都是男人）被选出是为了为其他不在场的人发声——除了贵族和教会领袖，这些人大多会亲自与会。[5] 这些议会也因此总是大量得到把它们视为现代代议制民主制起源的历史学家的关注。然而，这是无济于事的；这些议会的预设和代议制民主制是不同的，而且只有很少几个例子才显示出它们和现代民主制结构有一种谱系学上的联系（英格兰和斯堪的纳维亚的议会在这方面最明显）。在我看来，更有趣的事其实是判断它们在多大程度上是中世纪早期政治集会——如我们在较早的几章所见，它作为一种王国中自由民的集会，合法化了国王的统治——的继承者，而在我看来，只有斯堪的纳维亚能够完全符合这一点。而在英格兰这个再度成为唯一可能候选者的另一个国家，如我们所见，从盎格鲁-撒克逊时期集会保留下来的最明显继承者就是郡法庭和百户区法庭。而12世纪的国王集会，即使晚期的古英语文本中仍在使用1066年以前的术语指代它，但——鉴于贵族制度本身就是威廉一世在诺曼征服之后创建的——它主要也是由国王召集贵族顾问组成，并通过自身的权威使集会本身获得合法性，而非反过来；1230年后的英格兰议会衍生自国王集会，而非盎格鲁-撒克逊的先例。[6] 事实上，在斯堪的纳维亚之外的所有地方，议会（为了方便我会把所有这些名称不同的议会都称作"议会"）都是从御前会议发展而来的，也就是说，其成员是统治者从国王宫廷的成员中召集来为他提供建议而非赋予他统治合法性的。

但是，议会再度成了赋予合法性的机构，不过原因与中世纪早期的旧机构不同。如同我们已经看到的，议会之所以强大（当它们强大时）是因为国王财政需求的稳步发展，尤其是在那些最强大的国家里；在欧洲的大部分地区，只有议会才是拥有足够权威以批准大规模征税的集体机构。这常常也是为什么城镇代表会被加入议会之中的原因，阿拉贡在13世纪的第二个十年就已经有城市代表了，英格兰稳定地拥有城市代表则是在13世纪90年代：因为向城镇收税是有收益的，而城镇也是有着强大凝聚性、足以在自身不同意的情况下做出抵抗的主体。[7]然而一旦集体机构被认为是批准征税所不可或缺的,那这些机构会觉得它们需要讨论征税的目的也就不令人意外了;而这意味着,在大部分存在议会的环境下,关于国家政策的讨论能够(再度)出现。到 14 世纪末,欧洲大部分地区的立法也是由议会正式批准的,在某些地方甚至是由议会发起的。到这时,13 世纪的"王国共同体"(community of the realm)这一概念也已经作为"公共事务"(拉丁语 res public;法语 chose publique)或是"共同利益"(拉丁语 bonum commune;法语 bien commun)变得普遍化,成了对社会的广大部分都很重要的、基于王国集体利益的代表。而且,这一概念逐渐涵盖了那些以各种形式参与到政治行动中的人,有时也包括像斩首了萨福克公爵的水手们那样的非精英。[8]

关于这一问题,有两方面需要强调。一个方面就是很简单的政治讨论的范围,它正在成为公共领域的一个可识别部分。大众的反应开始以歌曲和谚语的形式表达;这些时常是具有颠覆性的,但并非一定是这样。我们可以从 14 世纪英格兰议会收到的请愿书看出,非精英阶层——尤其是城镇共同体中的,有时候也包括农民——既尊重议会的地位(尤其是在司法和立法方面),又认为他们能够影响议会。[9]政治宣传第一次开始变得可见:政治势力刻意传播的用于巩固支持度的作品,首先是出现在政治上活跃(和识字)的圈子里,但也是通过公开布告的形式。[10]当印刷品在中世纪的最后阶段变得更为普遍时,宣传行动当然也变得更为简单了,不过这种政治宣传其实在手抄本的世界中就已经存在了。

然而,另一个方面就是,这个世界是非常细碎化的。我们在这里讨论的并非涵盖整个王国的单一共同体:或者非要说的话,我们讨论的至少是一个属于真正的政治精英、王室官员，以及贵族或教士集体的世界。对于其他每一个人来说，最初与自己产生联系的世界都是当地共同体，即如我们所见的在 11 世纪的欧洲大部分地区获得了凝聚性并在中世纪晚期得到了更明确界定的、时常有着相当鲜明边界的社会群体：领主领地、城镇；或者更低一个层面的亲族、行会或宗教兄弟会、乡村。[11] 这些互有重叠的群体时常相互之间就会产生对立，而我们所掌握的大多数中世纪后期冲突的材料就是关于他们之间争议的。[12] 然而，这些群体此时往往更清楚地意识到自己在一个更大的政治结构与文化中所起到的更广泛作用——对于中世纪晚期的政治体来说，"国家"认同确实能够以有效方式进行讨论。而与之相应，15 世纪的王国统治者就和 13 世纪的一样（13 世纪的情况见第八章），自己并没有同时和王国内的所有人联系在一起（甚至可以说没有和每一个富裕的成年男性这样一个更具可能性的群体联系在一起），而是与这些细胞式的共同体网络联系着。在法兰西，由城镇和地方集会批准的税收甚至和三级会议批准的一样多，或者更多，而税收的具体征收有时也下放给了城镇和地方集会（各地的运作方式也时常不一样）；15 世纪的国王还把司法权下放给了成为各当地政治共同体焦点的地区议会 [13]。在 13 世纪晚期到 16 世纪早期的卡斯蒂利亚，被称为"兄弟会"的城镇联盟自发地建立了起来，以应对国王权力过强或缺位的情况，并且城镇联盟有时还在王国内拥有相当大的威权。[14] 威尼斯、米兰、佛罗伦萨，还有 15 世纪的勃艮第公爵扩张的领土，都建立了自治共同体网络——大部分是由在这些城市化了的地区的城镇组成，在低地国家内陆地区还有乡村的领主领地；统治着这些地方的城市或者公爵自然支配着它们并对它们征税，但在大部分时间里，这些城市和公爵都会任其自主发展。瑞士只不过是这种共同体的邦联；汉萨同盟也是如此。如同我所强调的，在形式上归功于"封建革命"后地方重建的细胞式政治结构的形式，仍然是中世纪后期政治生活基本模式的标志，无论"细胞"在这时被连接自己和王权以及王国层面关系的结构如何"击穿"。任何成功的统治者都不得不与这些构成其王国的不同类型的共同体进行交涉，他们也确实这样做了。

集体政治的重要性在 1431—1449 年的巴塞尔大公会议（Council of Basel）期间受到了短暂的刺激，这次大公会议从很多方面来说都提供了令人意想不到的方向，同时也是一场失败的会议，尽管如此它还是非常重要。1414—1418 年的康斯坦茨大公会议废黜了教宗（见第十一章），建立了教长会议决定西方教会命运的合法性，并且一直在寻求召开下一次会议。巴塞尔就是接下来一次有效运作的会议（在两次会议期间还有一次失败的会议），并且受到了不希望教宗权力重回 13 世纪和 14 世纪那种不受约束状态，以及把教会改革的希望寄托在会议决议上的欧洲世俗统治者非常强烈的支持；更准确地说，他们还认为，在面临这一时期最可怕的政治变化，即胡斯派夺取波希米亚这一情况时，一场大公会议可能比一个教宗去进行妥协更为有效。巴塞尔大公会议聚集了所有的主教和修道院长 —— 事实上比康斯坦茨大公会议还多 —— 并且，很重要的是，还有许多大学中的教师和低级教士也参加了会议。但是这场会议中却没有教宗，犹金四世（Eugenius Ⅳ，1431—1447 年在位）不仅从未参加过会议，而且还在会议的每个阶段都试图破坏它。事实上，在会议开始时，他就曾试图取消这次会议；但是与会者无视了他，同时立刻以一条教令作为回应，指出只有大公会议才能够结束自己。

由此，整个中世纪后期君主和共同体之间最具原则性的角力舞台已经搭建起来。巴塞尔会议暂停了犹金的教宗职务（他自己的大部分枢机主教都抛弃了他），并与胡斯派达成了属于会议自己的协议，还促成了法兰西与勃艮第之间的条约，实际上卓有成效。会议还讨论了当时人们眼中最严重的一些教会权力滥用问题，主要集中在教宗对教会任职者的选择上。但是，随着 15 世纪 30 年代的到来，犹金破坏会议的尝试变得更加得心应手，形势也由此变得更为紧张，最终会议在 1439 年罢免了教宗，同时十分怪异地选择了最近刚刚退位的萨伏伊公爵阿梅迪奥八世（Amedeo Ⅷ）成为教宗，称菲利克斯五世（Felix Ⅴ）。世俗势力维持着谨慎的中立，但这对许多人来说都过于激进了，因而支持又渐渐回到了犹金，还有他死后的继任者尼古拉五世（Nicholas Ⅴ）身边；1449 年，会议最终承认了失败并结束了自己。犹金和尼古拉不得不承认很多世俗势力凌驾于地区教会之上的事实以回报世俗统治者提供的支持，然而此时教宗做出的让步甚至比天主教会大分裂期间还要多。巴塞尔会议最重要的意义就在于它作为政治实践新思想之温床起到的作用。许多会议至上主义者确实相信，教会的最高权威应该属于一个妥善组织的公会议而非教宗，甚至也非主教。可能是这次公会议上最具创新性的思想家，库萨的尼各老（1464 年去世），在 1433 年撰写了《论天主教的和谐》（On Catholic concordance），书中强烈地主张共识和法律高于教宗和一般的教长。巴塞尔会议的失败并没有阻止那些在会议的讨论中训练了将近 20 年的人怀着这些理念前往欧洲各地；与 20 世纪 20 年代和 30 年代国际联盟这一有趣的失败类似，巴塞尔的会议孕育

了新一代集体管理原则和实践方面的跨国专家 —— 也孕育了强大
但又宣称自己拥护立宪制，实际上会在下一时期成为主导力量的
君主国。[15]

法律是另一个需要在此进行强调的元素，因为它渐渐变得更
为重要了。首先是理论方面。查士丁尼的罗马法汇编在 12 — 13
世纪时常被视为一种具有准宗教权威的文本，而其评注者则可能
是对理解当时的政治状况根本没有一点帮助的"贡献者"。这里
可以引用雅克·德·雷维尼（Jacques de Révigny，1296 年去世）
的话，他写下了"你可以在其中（查士丁尼法典）找到法兰西是
帝国臣属的说法。如果法兰西国王不承认这一点，我也不在意"：
这是一个很有吸引力的观点，但却故意忽略了实际的政治现实。
然而，在两代人之后，出现了一些非常成熟的罗马法思想家，特
别是前面已经提过的萨索费拉托的巴尔托洛，还有他的学生巴尔
多·德利·乌巴尔迪（Baldo degli Ubaldi，即乌巴尔迪斯的巴尔杜
斯，1400 年去世），两人在他们最有影响力的作品中，第一次呈
现了罗马时代的思想是如何与中世纪世界的现实而非理想中的样
子结合的。举个例子，他们以明显中立的措辞讨论了他们那个时
候主权分裂的性质，这无疑比德·雷维尼的话更有帮助。正如人
们会对这个时期的意大利人期待的那样，当这种巴尔托洛式的变
化与城市层面的领主统治和大众认可产生关联时，它的成效尤为
显著，不过他们对主权的论述也更进了一步；这两点在中世纪末
实际上还有之后的时期对伊比利亚、法兰西和德意志有着不断增
强的影响。[16]

然而，法律实践也在这一时期得到了特别的加强。更多的法
律被写了下来，还有更多的新法律被制定了出来；以及，最重要

的是，更多的人会前往公共法庭，还有远超此前数量的法庭判决被记录下来。人们也不只是发生冲突时才会去法庭；地方法庭时常也是信贷协议和其他协议达成的公共地点。正如我们所见，早期的法庭记录首先出现在意大利和英格兰，但在中世纪后期就存在于各处了，并且不仅仅是在王国和城市国家层面：到 15 世纪，从加泰罗尼亚到波兰，即使是乡村一级公共法庭的诉讼记录也得到了保存，而波兰乡村地区绝不是这种司法程序的先驱。[17] 也就是说，农民变得像城镇居民与精英一样，开始被纳入各个地方的成文法领域，这本身就使他们同我们一直在关注的政治网络联系了起来。即使这种参与并不总是自愿的，并且或多或少是在一种受人控制的情况下发生的，但此时，识字的世界正牵扯着每一个人：不是改变人们的思考模式（重复一遍，识字从未起到这种作用），而是让他们意识到了其他地方的规则。因此公共形式的法律程序几乎在每个地方的环境中都很普遍，而其规则尽管从不完美（也远非正义），却为越来越多的欧洲人所熟悉。受过训练的律师人数更多了（在欧洲南部，他们经常会阅读巴尔托洛的作品），同时，无论是通过训练还是基于实践产生的法律知识也都影响了更广阔的地区。我们在第八章和第十章中看到，平信徒的宗教活动的范围在 1200 年以及那之后变得更为广阔了，而这可能就会导致教会权威认为具有威胁性的（无论是否真的具有威胁性）创新性宗教解释产生。一个多世纪后世俗世界中的法律知识也是如此。中世纪后期公共领域中大部分的复杂性 —— 无论是精英层面还是地方层面的 —— 都来自法律实践以及因这些实践产生的论述。

　　基于本章和上一章的讨论，目前可以做出如下总结：中世纪晚期的政治开销比过去更为高昂，这主要是因为受薪军队此时在几乎所有地方都很普遍了（而在公元 1400 年左右，炮兵的出现只会进一步增加这种开支）；[18] 税收也因此在这时变得更为普遍，至少在这一时期最具凝聚性的政治体，包括法兰西、英格兰、勃艮第、伊比利亚和意大利诸国、匈牙利以及奥斯曼帝国中是这样。国家权力在这时已经被视为理所当然的了；其预设只在诸如苏格兰和瑞典这样的欧洲边缘地区才受到了抵制。几乎所有其余的地方的公共讨论都假定了这一预设；分歧集中在这一预设的方向和成本而非其合法性上。并且，多亏了议会和城市国家议会中政治讨论，以及城镇和乡村中法律讨论的存在，公共辩论的范围愈发深入地延伸至社会内仍然孤立的"细胞"之中，这些"细胞"开始越来越多地理解他们同"共同利益"以及"福祉"能够和应该被引导的方式之间关系的性质。有意识的政治问题解决此时也有了更好的记录，而且似乎比前几个世纪更为普遍。我们在讨论这一问题时一定不能以偏概全；1350—1500 年欧洲不同王国和政治体远非完全一致，尤其是在财政方面更为薄弱的北方和东方国家。在实践中，即使政治进程对农民造成了严重的冲击（比如所有的税收，当然还有任何战争），并且他们有时明显对这类进程应当如何管理有着自己的看法，他们中的绝大多数也还是被排除在了大部分政治进程的实际参与之外。但是，此时我们无法忽视公共领域。我想在这里从两个方向上展开讨论：一个是考察知识分子在这种环境下的作用，另一个是考察公共领域为人们提供的包括语言和实际行动两方面的异议空间。这是两种不同的趋势，但是正如我们将会看到的，它们在波希米亚知识分子扬·胡斯——他的异议改变了欧洲部分地区的政治——这一人物身上交汇在了一起。

欧洲的公共知识分子,即那些因自己个人的专业知识和权威,而非他们在政治或社会上的地位使自己观点被广泛听取的人,并不是从中世纪后期才开始出现的。12世纪初的彼得·阿伯拉尔和克莱尔沃的伯尔纳多都以不同且对立的方式成为范例,11世纪时君士坦丁堡的米海尔·普赛洛斯也是如此;人们已经想知道这些公共知识分子接下来会做什么和说什么了。但在1300年左右,公共知识分子就已经很多了,而且和以前相比,他们之中的更多人是平信徒了。当但丁在流放——因为在城市派系斗争中失败,1302年之后,他被从佛罗伦萨政府的职位上放逐了——的20年里写下他充满雄心的寓言诗《神曲》时,如我们所见,人们注意到了他;不过人们在他写下《论世界帝国》这本论述了皇帝的世俗统治比教宗在这方面更具有合法性,同时对意大利的自治城市国家而言也是一样的小册子时也注意到了他。《论世界帝国》对那些城市中在政治上最为活跃的人来说没有实际的作用,但由于这本书作者的权威性,仍旧受到了严肃的对待。[19] 半个世纪后,弗朗切斯科·彼得拉克(Francesco Petrarc,死于1374年)在14世纪40年代从阿维尼翁高级教士的受庇护者这一标准职业路径中脱离出来,通过成为著名的诗人(使用拉丁语和意大利语两种语言)、西塞罗式信件的写作者以及高度文学化小册子的作家,转向了轮流成为意大利各城市座上宾的这一(对他而言)更具吸引力的职业路径——他同时也是第一个宣称为了审美或精神愉悦而登山的已知人物〔他在1336年攀登了塞尚(Cézanne)画过的普罗旺斯的旺图山〕。作为一个演讲稿作者,彼得拉克对城市非常有价值,但他真正的价值在于他是一个建立在自己的广泛阅读和非凡的文学技巧基础之上的文化符号。[20]

随着意大利的城市精英开始重视类似的广泛阅读，尤其是古典文学的阅读，以及（最重要的是）优雅的古典风格修辞技巧和散文，这一类知识分子的行列在整个 14 世纪后期以及特别是 15 世纪变得越来越庞大。以"人文主义的"方式进行讨论和写作成了获得赞助和变得富裕的通行证。传统上，这一运动首先与佛罗伦萨有关联，但实际上几乎每一座意大利城市——还有从英格兰到波兰的整个欧洲北部的宫廷——都赶上了这个长达一个世纪之久的追求智力辩论与复杂拉丁语（后来也包括希腊语）的潮流——这一潮流扩展向了许多不同的方向，包括科学、文本考订和建筑。[21] 最后一个部分包括莱昂·巴蒂斯塔·阿尔伯蒂（Leon Battista Alberti，1472 年去世）的建筑学著作，阿尔伯蒂也是受几个城市宫廷庇护的知识分子，同时他还是意大利从里米尼（Rimini）到罗马的一些耗资最为高昂也最为人喜爱的新的古典风格建筑（我们现在称之为"文艺复兴式建筑"，但当时并不这么说）的设计者——此外，通过自己的门徒贝尔纳多·罗塞利诺（Bernardo Rossellino），阿尔伯蒂在堪称中世纪意大利之波特梅里恩（Portmeirion，一个位于英国的意大利风情旅游村）的托斯卡纳小山村皮恩扎（Pienza）为来自锡耶纳的教宗庇护二世（Pius Ⅱ，1458—1464 年在位）建造了引人注目的广场。[22]

与但丁和彼得拉克不同，阿尔贝蒂成了一名教士，而其他地方的公共知识分子也可能是一名教士，尤其是在欧洲北部。让·热尔松（Jean Gerson，1429 年去世）就是一个很好的例子：这是一个农民出身的小男孩通过教育升入精英阶层的罕见案例，他成了巴黎大学的校监，因此有一个受人尊敬的正式身份；但他以拉丁文和法文写成的小册子又一次涉及了人们所能想象到的所有主题——从僧侣的素食行为，到流行的"迷信"，再到遗精——这大大加强了他的存在感。他在康斯坦茨大公会议上开始崭露头角，因为他是那次会议的主要理论家之一；同时他直到生命的最后阶段都在写作小册子（他去世前刚写完的关于贞德美德的小册子就因主题脱颖而出——让它脱颖而出的还有其政治态度，因为当时巴黎还在英格兰人的控制之下，而其他巴黎的大学教师会成为对贞德进行审判的法官）。热尔松的小册子比除但丁外其他中世纪晚期知识分子的作品留存有数量更多的手抄本。他很好地展示了这时的大学教师是如何获得广泛受众的，不过他是靠从神学而非刚刚提到的古典文化中衍生出的对智力的利用实现的——事实上，这提醒了我们，神学仍然是这一时期知识生活中的主要伙伴。[23] 而这就把我们引向了最后两个需要在这里讨论的公共知识分子，因为他们拥有和热尔松一样的雄心壮志与公共层面上的成功，并且同样是以一种神学的模式实现的，不过又都是在非常不同且有着更多异见的方向上发展的：约翰·威克利夫（1346 年去世）和扬·胡斯（1415 年去世）。

在这两人中，威克利夫的神学背景更为复杂。他曾是牛津大学的教师，并于 14 世纪六七十年代出版了一系列相当精妙的哲学作品和神学作品（在哲学作品之后）；然而，到 14 世纪 70 年代中期，他的思想迅速演化到了对教宗的财富进行神学批判并且需要剥夺教会财产的方向上。他对耶稣在圣体圣事中临在方式也持批判态度。以他鲜明而尖锐的方式表达出来的这些观点足够让他在 1377 年遭到教宗谴责，并在 1382 年被逐出牛津大学。但很重要的一点是，威克利夫在很长一段时间里也有捍卫者；国王的儿子和当时的摄政冈特的约翰在 14 世纪 70 年代是他的庇护者，并且他在民众中也有着许多追随者。只是在 1381 年的据称是他通过布道煽动的农民起义之后——这一说法本身就表明了他被人们认为得到了多少支持——当权者才转而反对他。[24] 在此之后威克利夫也还是有追随者，即被教会统治集团视为异端的罗拉德派。一个著名的罗拉德派信徒，即约翰·奥尔德卡斯尔（John Oldcastle）爵士在 1414 年发起了一场并不坚决的叛乱，这导致了在英格兰罗拉德派被全面禁止，并且他们在这个世纪余下时间里也被不断边缘化。然而此时，威克利夫的观点已经远远走出了大学，也因此有时会被改变；罗拉德派时常是经过自我学习的布道者，这是一类像欧洲南部"清洁派"时期的"善人"那样的人。与早期的平信徒异端没有什么不同，他们认为圣经——此时他们已经有英译本圣经了——的权威高于教会的权威，拒绝教会的世俗权力（这是他们最为接近威克利夫思想的地方）并且其中大部分人拒绝接受圣餐变体论。[25] 但是，罗拉德派这一异端与之前大多数的异端不同，因为它有着高度复杂的神学根源；尽管威克利夫比大部分人的思想都要更激进，但他远没有在大学的日常讨论中表现出失态的地方。如果不是他也有着公共身份，他可能就逃过了教宗的敌视；毕竟教会大分裂已经开始了，而教宗们也都很忙。

胡斯是比威克利夫晚一代的波希米亚人，也曾读过威克利夫那已经传到布拉格的作品并深受其影响。胡斯曾是布拉格大学的教师，并从 1409 年起担任该校校长；同样重要又可能更为重要的是，他也是布拉格城中颇具影响力的伯利恒礼拜堂的主要布道者。胡斯不仅以此为基础沿着威克利夫的思想路线进行写作，还利用这一点以同样的思想路线进行布道，尤其是在教会的财产与世俗权力方面、地方语言圣经翻译方面（他将圣经中的大部分都翻译成了捷克语），以及教会权威方面：只有教宗和司铎个人是圣洁的情况下，他们才应该被追随。随着教会大分裂逐渐结束，不得不说人们对最后一个观点的争议比以前要小，而这与康斯坦茨和巴塞尔大公会议的原则直接相关（这和早前米兰的巴塔里亚运动也有相似之处，而且他们在当时并没有被视作异端）。因此，胡斯在还有由神圣罗马帝国皇帝给予安全通行许可保护的情况下于1414—1415年冒险前往康斯坦茨大公会议为自己的观点进行辩护可能也就不奇怪了。由于他全部的这些观点，胡斯还是被审判并以异端罪名烧死；他不愿宣誓放弃他对此时已经完全被认为是异端的威克利夫的追随，并且他还通过抵抗拒绝了大公会议的权威。然而，胡斯这一次获得的平信徒支持要远远大于威克利夫的：它一定程度上扩展到了国王文策斯劳斯四世，同时还有很大一部分贵族，也包括使用捷克语的教士、城镇居民和农民。涉及大部分波希米亚的居民并且在很大程度上代表着中世纪时代最具活力的"异端"的胡斯派起义，是胡斯死亡的直接结果。并非所有这场运动提出的原则都严格属于胡斯的观点；标志了后来胡斯派最明显区别的特征，即坚持拥有在圣餐礼中喝葡萄酒的权利，直到很晚的1414年才被胡斯本人接受，而且毫无疑问，胡斯将会反对他最激进追随者的行动，我们将在稍后提到这些最激进的追随者。但胡斯是一个言行确实影响到了欧洲大陆政治生活的中世纪时期公共知识分子——即使这只是因他殉道而被激发的。[26]

除了胡斯之外，这些知识分子没有一个通过自己对公共领域的发展产生重大的影响。从本质上来说，多数人的话语很少直接

23. 如梅利堡垒，伊斯坦布尔，1452 年

　　这座堡垒是默罕默德二世为围攻君士坦丁堡做准备时修建的，其目的是封锁自博斯普鲁斯海峡而下的威尼斯船只向君士坦丁堡提供的食物供给。

24. 涅尔利代祷教堂，弗拉基米尔，约 1160 年

　　这是一个关于罗斯统治者采纳和调整拜占庭建筑风格以产生完全属于他们自己风格的特别吸引人的例子。它是由安德烈·博戈柳布斯基大公（Andrey Bogolyubskiy，1157—1174 年在位）在弗拉基米尔城外建造的。

25. 圣亚纳教她的女儿圣母玛利亚阅读，法国手抄本，15世纪30年代

　　这是中世纪后期泥金装饰手抄本中非常常见的一个场景，并且它还标志着这一时期的一种普遍预设，即一些平信徒女性是能够识字的，而她们运用这种能力是在教自己的孩子阅读的时候。

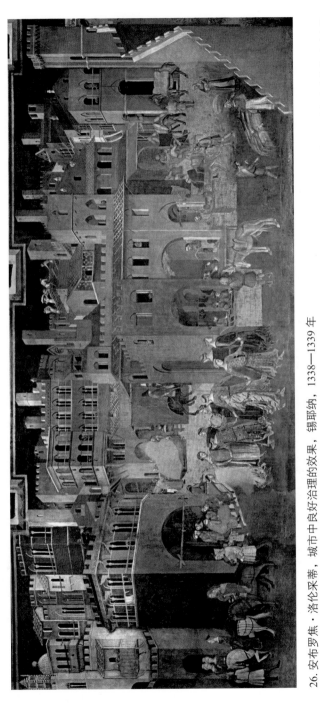

26. 安布罗焦·洛伦采蒂，城市中良好治理的效果，锡耶纳，1338—1339 年
这幅画当地位于锡耶纳市政厅的湿壁画，显示了一个治理良好的城镇应该具有的理想化场景：有鞋店、教学活动、大量流通的货物以及（貌似不大可能出现的）在街上跳舞的妇女。

27. 埃吉尔·斯卡拉格里姆松（Egil Skallagrimsson），冰岛手抄本，17 世纪

　　埃吉尔是 10 世纪后期冰岛的一位高水平诗人（我们有一些他写的诗），也是一个暴力而刻薄、有着巨大脑袋的麻烦制造者。这幅近代早期的图画展示了当时冰岛人眼中农民英雄应该有的样子。

28. 钟楼，布鲁日，1480 年

这座让民众自豪的阳具状钟楼，是布鲁日主集市广场处集市大厅的最高点，以木质材料始建于 13 世纪，顶部的八边形结构是 15 世纪末新增的。

29. 查理大桥，布拉格，14 世纪后期

这座位于分割了布拉格的伏尔塔瓦河（Vltava）上长久以来仅有的一座大桥，由雕塑家和建筑师彼得·帕尔莱日（Peter Parler）为查理四世皇帝大规模重建。图片中的老城桥塔也是他的杰作，并且是波希米亚世俗哥特式建筑的优秀例子。天鹅是最近才有的。

30. 少女庭院，王宫（Alcázar），塞维利亚，14 世纪 60 年代

　　在卡斯蒂利亚征服了安达卢斯的大部分地方后，许多伊比利亚伊斯兰艺术传统（在阿尔罕布拉宫最为显而易见）被带到了半岛的其他地方。塞维利亚的王宫就是特别好的一个例子，它非常广泛地使用了伊斯兰风格，将其与基督教风格融合到了一起。

31. 埃内亚·西尔维奥·皮科洛米尼（Enea Silvio Piccolomini）出发前往大公会议，
16 世纪

　　这是一张经典的"文艺复兴"海景画，也是后来成为教宗庇护二世的这位锡耶纳知
识分子生命中的一个场景。平图里基奥（Pinturicchio）创作的关于庇护二世生平的湿壁
画，是埃内亚·西尔维奥的侄子委托的，他的这个侄子后来在 1503 年也短暂地担任过
教宗，称庇护三世（Pius III）。埃内亚·西尔维奥在巴塞尔大公会议上令自己名声大作，
这也解释了画家为什么会选取这样一个场景——即便它会唤起人们对于充满挑衅性质的
无教宗大公会议的回忆。

**32. 皮恩扎主广场，托斯卡纳，1459—1462 年**

庇护二世生于科尔西尼亚诺（Corsignano），是托斯卡纳南部的一个小村庄。作为教宗，他使这里成为一座城市并以自己的名字重新将这里命名为皮恩扎，还大规模地以最先进的"文艺复兴"式建筑装饰这里，使之与大得多的城市相媲美——图中也能看到主教座堂后面开阔的乡村风光。

取决于少数人的著作，并且少有公共知识分子 —— 也就是说他们运作在官方权力结构之外 —— 能够真正产生影响。路德、马克思（但多数影响又一次是在其死后才产生的）和甘地之所以很突出恰恰是因为他们的稀缺性。尽管如此，这些中世纪作者展现出来的是当时公共话语的复杂性以及大众对作为公共话语一部分的复杂知识讨论的可接受度，即使是更为政策导向的公共知识分子言论 —— 对于国王征税权的讨论或是本章开头提到的对问题解决的讨论 —— 也与更加现实的关切有关。这是中世纪晚期的一种真正发展，而这多亏了使书面交流更容易被接受同时促进了复杂思想传播的交流便捷水平的稳步提高和平信徒文字利用可能性的提高。必须要强调的是，尽管宗教改革运动声称威克利夫和胡斯是他们的先驱，当代历史学家也往往持有这种观点，但这些公共知识分子的话语并不直接指向宗教改革。他们都没有往 16 世纪宗教改革理论家反对教士的神圣性或坚持彻底的预定论这种方向发展；相反，他们都是可以上溯到至少 11 世纪，在这一时期又加上了大学辩论背景这一新事物的拉丁复兴运动框架下的改革者。但中世纪后期的交流和基于文字的文化（由于 1450 年之后印刷技术的迅速传播，二者都很快得到了进一步发展）使知识分子和平信徒改变教会的下一连串行动，也就是路德和他同时代人的宗教改革运动变得更加迅速有效。

宗教异议只是中世纪晚期反对运动中的一种，而且不是最常见的。尽管我们也需要认识到，在更多具有世俗思想的异见运动中，胡斯派在他们的组织上相当独特，但胡斯运动是此类运动中唯一的大规模案例，所以我们将会从它开始说起，尽管要给波希米亚那成员范围上至最高级贵族（甚至还有主教）下至农民的各种胡斯派派别加上一个能够涵盖他们全体的社会身份是不可能的，但至少 1415 年胡斯的死立刻引起了整个波希米亚愤怒的爆发这一点是引人瞩目的，而这一运动在紧接着的几年里越来越多地融入了激进因素。在城镇和乡村的布道导致了宗教共同体自发的形成，他们随后选择了自己的教义路线。1419 年布拉格的一场暴动导致统治城市的几名官员被处以私刑；1419—1420 年，一群激进分子建立了新的市镇塔博尔（Tábor），并共同持有所有财产；1420 年 5 月，激进派和温和派都批准了《布拉格四条款》，这成了不同的胡斯派派别能够达成共识的口号：其中心思想是圣餐礼中可以饮用葡萄酒，布道自由，以及教会需要保持清贫。1420 年，由扬·杰士卡（Jan Žižka，1424 年去世）这位杰出将军率领的一支胡斯派农民军赢得了一系列抵抗教宗和匈牙利的西吉斯蒙德——此时他也是他的哥哥文策斯劳斯（瓦茨拉夫）在波希米亚的继承人——派来对付自己的十字军、取得史诗大捷般防御战胜利中的第一场战斗。这一系列胜利一直延续到 1434 年，而且，只要他们一取得胜利，胡斯派中的激进派就会占据主导地位；但即使经历了这些，有着类似核心信念的贵族一派观点还是在接下来将近两个世纪还多的时间里主导了这片地区。[27]

　　胡斯运动从来都不是一个真正将农民利益置于首位的运动。塔博尔的领导者无论在宗教上多么激进，都和过去的地方领主一样从自己领地上的农民那里征收地租，而激进派主导时期带来的唯一真正社会变化就是教会持有土地和总体财富的急剧减少（即使这是一个重要变化）。这一运动最为重要的特征——尤其是在

1415—1420 年这头几年时间里——比起别的，就是胡斯之死给越来越多社会阶层还有更为广大的、至少是使用捷克语的波希米亚城市与乡村区域带来激烈反应的速度。这个简单的事实表明，理念的传播在此时的欧洲可以达到多么快的速度以及大部分的农民此时又能够多么频繁地参加到一些相当深奥的神学问题讨论中，这也使波希米亚的农民暂时地参与到了国家政治之中。这符合欧洲其他地区大众参与政治讨论的趋势，即使在这个时期没有其他地方的人像波希米亚人那样以宗教为由做好了重新思考甚至延伸到了王权合法性这种政治问题的准备。

　　除了胡斯运动之外的反对派运动有着更为世俗的目标，首要的就是社会和政治改革。这种反对派运动比历史学家们通常认为的要更多。塞缪尔·科恩（Samuel Cohn）通过采用一种宽泛的定义，在最近界定了超过一千次的发生于 1200—1425 年之间意大利、法兰西以及低地国家城镇与乡村的大众运动和起义。其中近 60% 都发生在黑死病之后；也就是说，这些运动和起义在 14 世纪后半叶急剧增加了。[28] 它们也贯穿了整个 15 世纪，事实上还进入了 16 世纪，延续到了 1520—1521 年卡斯蒂利亚的城市公社成员起义，1525 年德意志南部的农民战争和 1549 年英格兰的诺福克起义。这之中最为成功的一次起义是中世纪最晚起义之一的 1462—1486 年间加泰罗尼亚农奴（Remences）反对象征着他们对领主臣服之领主税的起义。这个案例非常地不同寻常，因为这里的农民从 14 世纪 80 年代开始就得到了一连串有着自己理由想要削减贵族权利的阿拉贡国王的支持。但自那以后，农民需求的一致性得到了稳步的提升，最终导致了一场起义，并在 15 世纪 60 年代随着王位继承之争吞噬阿拉贡而演变为了全面的战争。部分由于农民武装在战争中支持过费尔南多二世的父亲，他在 1486 年正式地废除了农奴制。加泰罗尼亚农奴起义相当清晰地表明有关农民叛乱的一种普遍说法，即每一个反叛的农民都悲惨地倒在血泊之中并不总是对的。在科恩那时期更早的资料集合中，即使鲜有像加泰罗尼亚农奴起义一样成功的，但许多起义也都没有遭受惩罚；而在他的研究之外，德意志最北部迪特马申（Dithmarschen）的农民同样如此，他们在整个 15 世纪都抵挡住了当地领主和丹麦国王；同时期克罗地亚的岛屿上，在法律方面见多识广的农民也是一样，他们甚至能够亲自同威尼斯总督进行谈判，而瑞士山区共同体中的农民尤为突出，他们在 14 世纪末就已经明确地确立了自己的独立性。[29]

然而，加泰罗尼亚农奴起义有一个关键方面是不典型的：它的关注点聚焦于领主。大多数的起义并不是反对地主的（或者在城镇中，并不是反对雇主的）；他们并非要针对全部或部分的工作条件。将中世纪晚期大多数民众反抗运动联系起来的更多是他们对国家而非领主的征税和不公正之反抗，包括财政体系带来的新压迫。前面已经提到过的 1381 年英格兰东部大规模农民起义，就是由于当年与之前几年的人头税引发的，而当这些起义者进攻伦敦时，他们相当谨慎地选择了要攻击的王室官员目标，比如冈特的约翰（他们烧毁了约翰的宫殿）以及大法官萨德伯里（Sudbury）大主教（他们斩首了萨德伯里）。毫无疑问，他们确实寻求废除农奴制，同样还有降低地租，但他们的诉求却集中在税收、法律和建立良好政府方面，而他们提出的从农奴变为自由民的要求，也是一种对普遍的、基于共同体的政治自由的追求。[30] 1358 年巴黎周围农村发生的同样大规模的扎克雷起义

（Jacquerie，至少这场起义遭受了非常血腥的镇压）是反对贵族而非反对国家的抗税起义，但其主要背景依然是政治性的：在百年战争的混乱当中，农民的自救发展成了一种对没能成功保护农民的贵族阶层的攻击，因为贵族自己曾声称应该保护农民。15世纪时佛罗伦萨乡村反对城市的起义也是由于税收不仅很高而且还不公平引发的，因为农民们完全清楚佛罗伦萨领地上的某些地区税收要比其他地区高。这一点在遍布欧洲大陆的众多城镇 —— 在低地国家、法兰西、伊比利亚、意大利又或者是在德意志地区 —— 的起义中更为明显，这些起义都旨在降低税收，或者维护那些感觉自己被排挤的公民在当地的政治权利（虽然这些人时常并非最贫穷的城镇阶层），又或者仅仅是要让这种政治权利在重叠管辖 —— 这是城市最为标志性的特征 —— 的迷宫中真正付诸实践。在国家权力还相对较弱或较远的中世纪早期，这种起义还是非常罕见的。导致这种起义在13世纪50年代后开始更为普遍并在14世纪50年代后变得更为普遍，主要是由于国家（包括城市国家）比过去征税更重且统治更集中；也就是说，这种起义是对更具侵入性的国家权力的一种反应，而哪里的国家权力最强大，哪里发生的类似事件就越频繁。自由的清晰意象成了大量起义的标志性特征；同样也包括正义和真理，这又一次和1381年发生在英格兰的起义一样。就像第十章我们看到的，这些共同体宣告着他们自己的存在，不仅是排斥着外部人员，而且对统治者也是如此。[31]

而这就把这些反抗运动和起义带回了公共领域的舞台。我们已经看到，对政治方向的讨论此时已经扩展到了越来越广的社会阶层中。这种讨论可以转变为直接的暴力干涉，就像1450年英格兰的萨福克公爵之死和杰克·凯德起义都表明的那样；而15世纪的第二个十年波希米亚由活跃的宗教异议导致的直接行动的成功是同样过程的另一个事例。1381 年的运动也是如此，即使英格兰的起义者没有受到威克利夫的启发（这一点仍未被证实），他们也理解英格兰政治中发生的许多事情，而且能够对英格兰的领导者展开攻击——他们还非常清楚地认识到文字的真正力量，就像对伦敦公共法庭记录和英格兰东部大部分村庄中庄园记录的战略性焚烧所显示出的一样。因此，在黑死病之后的几代人里，欧洲大部分地区的政治讨论和政治领导者的身份不再只属于传统精英，而是变得更为普遍；相反，鉴于在大部分国家中，无论城镇还是乡村都没有非精英领导者的合法出路，这最终转向暴力也就不足为奇了。但是，虽然这种暴力的影响有时是如此深远，以至于人们可以将其视为一场真正的革命，但也很可能是可交易的，其目的在于有时可以实现的更直接的政治目标。因此，暴力同更为制度化但是同样活跃并具有主角地位（并且有时候本身也很暴力）的议会、法庭和政治小册子等公共舞台处于光谱的同一侧。当然，这些非精英直接行动的模式也有其社会经济背景。很可能是黑死病的冲击和瘟疫幸存者的日渐繁荣，让大多数没有政治权利的欧洲人中至少出现了一部分去更广泛地思考自己在世界上所处的地位；而财政压力最大的地区也时常是内部经济相对更复杂和社会流动性相对更高的地区，而这些都有助于新思想的发展。但还有一个情况是，交流的便利和识字率的扩大不仅使得政治讨论成为更可能的进程，而且让有组织的反抗也同样如此。从这方面来说，英格兰农民起义完全不是时常被描绘成的那种一次性而又基于幻想的失败，而是代表了整个中世纪晚期政治主要特征的典范。[32]

# 第十三章

# 结 论

在中世纪的 1000 年时间里，真正变化了的是什么呢？我在第一章的开头列举过我所认为的最重要的一个个变革时刻，而我们在这整本书中也一直关注着这些时刻。然而，现在我们需要稍退一步，通过进行一些更为广泛的概括，将欧洲作为一个整体来认识，最终以我们在最后三章中讨论过的中世纪后期世界作为结束。在整个中世纪时期保持不变的一个东西就是旧时罗马帝国边界的重要性。如我们所见，大多数 21 世纪欧洲国家政治地图的边界形状到 1500 年就已经非常粗略地确定了下来；这本身就很重要，并且是整个中世纪欧洲社会和政治变化的一个真正结果。但是如果我们看一下地图背后隐藏的 15 世纪时王国和政治体的基础结构的话，我们现在还是可以看到古老的莱茵河-多瑙河边界与它的相关性；如我们在第十一章所见，几乎所有强大的国家都位于这条边界线以南，而在它以北，政治的凝聚性则更为断续。确实，在这条边界线以南，一些地区在不同时期出现了政治的严重结构性断裂，经历了一段相对困难的历史 —— 比如说在巴尔干的大部分地区；而在这条边界线以北也一样，匈牙利和其他一些政治体获得了相当大的实力，这两种情况都是事实。但罗马世界的基础结构，尤其是道路和城市网络仍然很重要。在法兰西、伊比利亚、意大利，还有最重要的，在奥斯曼帝国（其领土除了 1500 年之后获得的伊拉克和匈牙利，几乎没有扩张到旧罗马帝国行省之外），与过去的延续性仍然存在。罗马的边境事实上从 18 世纪开始才最终失去影响力。

虽然这是整个中世纪农耕世界结构延续性的一个标志。但是，它同样也存在着许多结构性变化。如我们在第七章和第十一章所见，欧洲的人口经历了一些巨大的变化；在中世纪早期人口减少后，其数量又在公元 900 年左右时有所回升，并在公元 1300 年之前增长到了 3 倍之多，而黑死病之后人口又减少了一半。这对总的来说紧随着人口变化而发展的农业生产产生了影响，中世纪中期就是一个农业集约化和开荒土地的时期，而中世纪晚期则是一个农业专业化变得更为普遍的时代，因为这一时期对作为人类生存所不可或缺的基本品——谷物的需求不那么强烈了。长期的繁荣也导致一种商业上的复杂性出现，这主要集中在基础够好，足以从黑死病之中幸存下来的佛兰德和意大利北部，并且实际上在中世纪晚期具有这一特征的地域范围还扩大了。由此，中世纪末时经济活动就比中世纪刚开始时有着更广阔的基础，而且它甚至开始缩小欧洲南部和北部间长期以来的经济差异。

至于文化变化方面：如我在第五章所述，欧洲大部分地区的基督教化是一个主要的变化，尤其是在中世纪的第二个 250 年，基督教从过去的罗马行省向外传播到大陆的东部和北部时，即使它的影响在不同地区是非常不同的。这带来了和基督教化一起的教会结构，也意味着从 12 世纪开始，一种唯一的教阶制度覆盖了整个拉丁欧洲——尽管不包括更为分散化的东正教控制的东方。教会领袖试图利用这个结构在半个大陆上强加一致的信仰模式，或者至少是遵守同样的教规。他们失败了 —— 欧洲从未在文化上变得同质化，这一点我在后面还会讨论 —— 但至少很重要的一点是他们进行了尝试。然而，可能比这还重要的是缓慢增加的识字实践，这出现在欧洲越来越多的地方，从 13 世纪开始，也出现在更广泛的社会阶层中：从平信徒精英到城镇居民，甚至有时候还会扩展到广大农民中的一小部分人。我们已经在第四章、第八章、第十章和第十二章中讨论过识字能力的提高对人们行为方式的影响。这不仅意味着我们对更多的社会阶层有了更多了解，也意味着他们对自己有了更多了解；中世纪末时信息交换比中世纪初有着更为广泛的基础。但是，如果说教会结构倾向于尝试使宗教同质化并因此倾向于使文化也更为同质化，那么识字实践的增加则强化了文化的差异性；如果地方社会能够独立接触到有关如何处理与世界关系的文本，那么地方社会同样有可能在处理与世界关系这一问题上得到各不相同的结论，而有时也会让他们对自己的观点变得更加执拗。这是一个由于地方社会越来越倾向于被构建成具有边界的共同体 —— 它们有着独特的社会结构和身份认同 —— 而更值得注意的例子，也是长达千年的整个中世纪社会政治变化的一个关键元素。

　　事实上，如果我们聚焦于这些社会政治变化，我们可以看到中世纪千年中的前半部分和后半部分之间有一个格外明显的分界。我们在最后两章讨论黑死病后拉丁欧洲的政治发展时已经看到它们有着更早的根源，但这一根源无论如何也只能追溯到 11 世纪。11 世纪确实在几个关键方面比 5 世纪后的任何世纪都更明确地标志了中世纪欧洲西部历史的一种断裂。在 11 世纪之前，尽管后罗马世界戏剧性的地区化导致了大多数统治者和精英（除了在法兰克王国）财富与权力的丧失，但较大的中世纪早期王国——伊比利亚、法兰克和意大利——都从罗马帝国继承了一种后来又延续了数个世纪的政治实践和公共权力意识。在加洛林时期，当国王、平信徒贵族和教士比中世纪的其他任何时期都更为紧密地共同协作深化政治"改革"时，这一公共世界确实造就了一些非常具有雄心的政治体。政治参与者们那以王室为核心的公共领域中心地位，直接继承自过去的罗马帝国，并且为中世纪早期的一种更为广泛的观念——同样公开举行的政治集会是政治合法性的一个关键——所增强。即使这种中心地位随着通过税收获得的持续不断的富足而不再具有决定性，但仍然是至关重要的，因为地方层面的权力发展不足，并且很少被认为本身就具有合法性；尤其是如果贵族聚焦于地方权力，并且远离尚被认为是如此充满荣耀又回报丰厚的王室恩宠，那么他们往往会被视为失败者——这种看法并无失实之处。10 世纪标志了罗马世界的延续，尤其是在德意志和意大利，并且此时也包括英格兰，同时也开始向北方和东方拓展到了斯堪的纳维亚人和斯拉夫人的土地上；但在经历了一段漫长的 11 世纪之后，这种延续几乎在各地都绝迹了。这些西方的政治体被拜占庭帝国超越——7 世纪时拜占庭的东部行省陷于阿拉伯人之手并未导致其传统政治和财政结构崩溃；在更短的时期里——实质上就是 10 世纪——拜占庭这一典范也为安达卢斯出众而具有凝聚性的倭马亚哈里发国所比拟。直到 12 世纪后期的分离主义者叛乱和 1204 年君士坦丁堡落入十字军之手对帝国统一造成永久性破坏之前，拜占庭都在统治上保持着罗马的方式。事实上，12 世纪后期东方的断裂与 11 世纪时西方的断裂相当，甚至更为尖锐。

从 11 世纪开始，欧洲西部的政治实践就变得非常不同了。在这本书的后半部分中，我们已经看到了政治实践最初是如何取决于三个根本性变化的。第一个根本性变化是发生在950—约1100年里不同时刻的所谓"封建革命"中的加洛林政治结构于欧洲西部大部分地区的瓦解，这一结构分裂成了由伯爵领、领主领地、地方城市和乡村共同体组成的网络。第二个根本变化是12世纪和13世纪时政治权力的重建，然而从这时起，它是建立在由前述那些部分自治的共同体组成的细胞式网络之上的。第三个根本性变化是我们刚刚提到的10—13世纪的长期经济繁荣，这为欧洲留下了巨大的经济财富和灵活性，一直延续到中世纪晚期。上述的第二个和第三个根本性变化合在一起，使一些统治者发展出了更为复杂的税收形式，而这反过来又使受薪官员这一新阶层得以扩大，这些受薪官员往往在大学或其他学校接受过训练，而这些机构此时也因为更复杂经济能够维持它们运作而变得可能。虽然形式略有不同，但是大部分刚刚所说的这种发展也都可以很快在奥斯曼帝国中找到；不过在经历了1200—1400年东南欧权力分散这一时期之后，奥斯曼这种发展的进程反而更具有延续性，因为奥斯曼人从拜占庭继承了太多东西——当然，尽管如此，他们的宗教和政治语言还是发生了剧烈的变化。

而这就将我们带回了中世纪晚期。在1350年的欧洲西部，法律专业知识得到了足够广泛的传播，从而使成文法律在地方上变得更为多见，这是一个会将读写实践越来越多地扩展至欧洲不同共同体的进程。而1350年之后征税权力的稳步扩展本身就对欧洲大部分地区纳税人群体——无论是城市还是新出现的包含整个王国范围的集体机构，即议会——的发展做出了贡献。但是，对文字更多的接触以及对中央权力侵扰不断增长做出的反馈，都提高了地方共同体的凝聚性还有他们反抗外来者的能力 —— 无论这些外来者是对立的共同体、外来群体还是国家。统治者因此变得更为强大，但被统治的共同体也是如此。这种需要批准税收并且时常还有立法的环境，在 1350/1400 年之后创造出了一种比除加洛林时代政治集会的高潮时期外中世纪此前任何时候都更为强大的公共空间。我们在上一章中看到的社会所有阶层 —— 从贵族到农民 —— 的主角地位都来自于此。新出现的对政治问题解决的关注也是一样，这是公共领域发展的另一个产物 —— 同时也是始于 12 世纪、在之后进一步发展的对官僚阶层培训以及重视对官僚阶层问责的产物。由此衍生出了一种组织异议的新潜能，其迹象几乎遍布拉丁欧洲的每一个国家。这样一来，由英格兰农民起义、胡斯运动和中世纪后期公共空间构成的一个整体的世界，就都可以通过前述的多种路径追溯回由"封建革命"引起的社会和政治变化。从某种意义上来说，这一进程仅仅是标志了加洛林时期公共世界的重塑；但这一次公共世界被地方共同体政治活动大大加强了，就和由国王同意和召集的集会一样强有力。

　　然而，要重复的是：这种看似属于整个欧洲范围的政治活动并非同质化的。欧洲的文化在某些方面变得更为接近确实是事实，因为交流，实际上还有商贸，几乎将各处连接在了一起，至少是将几个相距甚远的地方连接起来了 —— 这又一次也包括了奥斯曼世界，甚至还包括莫斯科公国，从 15 世纪 70 年代开始，意大利建筑师就在莫斯科的克里姆林建造了若干教堂和世俗建筑。[1]斯堪的纳维亚国王有时在与议会打交道时看起来似乎是正在模仿远为富裕且强大的法兰西国王的事实，是一些实践确实涵盖了几乎整个欧洲的标志。也许只有位于欧洲一侧边缘的立陶宛和莫斯科公国，以及位于另一侧边缘的爱尔兰王公此时才有着对其他欧洲人而言真正不熟悉的政治行为预设。某种形式的议会政治几乎是普遍性的，至少在欧洲是这样，而知识分子也在各处游历，前往（同时也来自）包括波兰、瑞典和苏格兰这些地方。但是，这也同样远非一个已经完成的进程。重新引入了翻译问题的地方语言之发展积极地阻碍了这一进程；15 世纪以国家为中心的教会之复兴，以及奥斯曼与拉丁政治体之间日益增长的对立也同样阻碍了它。我们已经看到政治实践中的相似性掩盖了政治资源方面的巨大差异。而地方社会和文化其他方面的传播也不像政治模式的那样好。威尼斯大使关于自己所出使国家的坦率报告从 15 世纪末开始流传至今，他们对自己的一些所见进行了严厉的批判，包括：1492 年，巴黎人赞颂查理八世（Charles Ⅷ）国王幼稚行为的惊人倾向，还有 1497 年，英格兰人对外国人的极端敌视和妻子继承丈夫财产的奇怪习俗等。[2] 当然，对于欧洲北部的人来说，威尼斯的奇怪之处也一点不会少。

但是这些分歧并没有削弱本书后半部分的基本论点。即地方、"细胞"单元和政治体的力量，加上识字实践向广泛程度前所未有之社会群体的扩展，还有长期高度平稳的经济体系，以及通过税收、交流和识字（又一次是识字这一点）成为可能的新近出现的侵入性国家，有助于在整个欧洲建立一种政治体系，使几乎所有地方都可以"接入其中"。这一点而非许多教科书中提到的中世纪晚期特征——危机、焦虑、文艺复兴或是欧洲大陆正以某种方式等待着宗教改革与欧洲的全球征服这样一种感觉——标志着中世纪时代最后一个世纪的特点。而这种"接入"也是中世纪时期留给后世的主要元素之一。

# 注 释

## 第一章　观察中世纪的新视角

1. 在我看来，最好的教材（事实上它不仅仅是一本教材）是 B. Rosenwein,
   *A short history of the middle ages* (2009)。其他重要的解释性著作包括 G.
   Tabacco and G. G. Merlo, *Medioevo* (1981)；J. H. Arnold, *What is medieval
   history?* (2008)；以及两本超越一般水平的专题合集，*Storia medievale* (1998)
   和 C. Lansing and E. D. English, *A companion to the medieval world* (2009)。较
   短时期的研究中，中世纪早期的有 M. Innes, *Introduction to early medieval
   western Europe, 300–900* (2007) 和 J. M. H. Smith, *Europe after Rome* (2005)；
   中世纪中期的有 R. Bartlett, *The making of Europe* (1993) 和 M. Barber, *The
   two cities* (2004)；中世纪晚期的有 J. Watts, *The making of polities* (2009)。C.
   Wickham, *The inheritance of Rome* (2009) 也涵盖了中世纪的前半部分，比我
   在这里提供得更多。这与本书超过 60% 内容由中世纪后半组成的情况相配
   合；关于中世纪早期的更多内容，见 Wickham 的 *The inheritance* 一书。

   　　另注：我在本书中的宗旨是参考权威的研究，无论是以何种语言写成
   的；但是在我引用概述时，我将优先选取英文的研究。

2. 关于 "medieval" 一词的历史，参见 W. A. Green, 'Periodisation in European
   and world history' (1992)。

3. 对民族主义意象的批判，参见 P. J. Geary, *The myth of nations* (2002), 1–40；
   C. Wickham, 'The early middle ages and national identity' (2006)。回溯到中世
   纪早期漫长历史的严肃研究，参见 I. Wood, *The modern origins of the early
   middle ages* (2013)。

4. 参见如 C. Holmes and N. Standen, *The global middle ages* (2019)。

5.　参见 V. Lieberman, *Strange parallels* (2003–2009)，关于东南亚参见第一卷，比较研究参见第二卷。

6.　长时段的研究综述，参见 D. Abulafia, *The great sea* (2011)。

7.　K. J. Leyser, 'Concepts of Europe in the early and high middle ages' (1992). 关于更晚时期的研究，参见 D. Hay, *Europe: the emergence of an idea* (1968), 37–55, 73–95；以 及 K. Oschema, *Bilder von Europa im Mittelalter* (2013), 195–315, 429–450。

8.　K. Marx, *The eighteenth Brumaire of Louis Bonaparte* (1973), 146.

9.　I. S. Robinson, *Henry IV of Germany, 1056–1106* (1999), 73–74, 140–150. 这造成的一个结果就是，亨利和格里高利都不清楚对方真正的政治立场和价值体系，参见 H. Vollrath, 'Sutri 1046 – Canossa 1077 – Rome 1111' (2012), 147–149。

10.　J. E. Kanter, 'Peripatetic and sedentary kingship' (2011), 12–15.

11.　尤其参见有着一些不同解释的 J. Martindale, ' "An unfinished business" ' (2003)。William fitz Stephen, *Vita Sancti Thomae* (1877), c. 22，引自 Robert of Torigni, *Chronica* (1889), 203。需要注意到，雷蒙五世后来确实在 1173 年向亨利宣誓，并承认了亨利的领主地位，最终为英格兰国王挽回了声望，虽然这背后并没有多少政治承诺成分。

12.　S. Reynolds, Fiefs and vassals (1994),（对这一时期而言）尤其参见 266, 272–273。反对封建制度一词的研究，参见如 E. A. R. Brown, 'The tyranny of a construct' (1974)；D. Crouch, *The birth of nobility* (2005), 261–278。近期具有高水平且富有史学史意义的封建制度研究综述（尤其是在"采邑封臣制"的多样性方面）参见 S. Patzold, *Das Lehnswesen* (2012)；G. Albertoni, *Vassalli, feudi, feudalesimo* (2015)。关于其不同的核心含义，参见 C. Wickham, 'Le forme del feudalesimo' (2000)。

13.　J. France, *Western warfare in the age of the Crusades, 1000–1300* (1999), 59–62, 68–75.

14.　M. Bloch, *La société féodale* (1940), vol. 2, 249（此处引用自法文版，英文版《封建社会》446 页的翻译并不准确）。

15.　近期的主要研究包括 J. Freid, '*Gens* und *regnum*' (1994), 73–104 [ 也参见如 S. Airlie et al., *Staat im frühen Mittelalter* (2006) ]；R. Davies, 'The medieval state' (2003)[ 同时参见 S. Reynolds, 'There were states in medieval Europe' (2003) ]。

16.　J. A. Green, 'The last century of Danegeld' (1981).

17.　关于这种博弈，尤其参见 G. Althoff, *Spielregeln der Politik im Mittelalter*

(1997)。关于亨利自己宫廷的礼仪和博弈，W. Map, *De nugis curialium* (1983) 是当时经典的导读。

18. T. N. Bisson, *Tormented voices* (1998) 中清晰地描述了农民对这些勒索的看法，就如 12 世纪加泰罗尼亚地区针对领主的司法申诉所示，这里是领主在"强制性领主权"框架下向农民扩大征税范围的一个典型地区（见第六章）。关于地主阶级对农民的普遍蔑视，参见 P. Freedman, *Images of the medieval peasant* (1999)。

19. 关于中世纪早期，参见如 C. Wickham, *Framing the early middle ages* (2005), 259–265, 558–566；A. Rio, *Slavery after Rome, 500–1100* (2016)。关于公元 1000 年之后（这是一个非常粗略的分期），参见如 F. Panero, *Schiavi servi e villani nell'Italia medievale* (1999)；D. Barthélemy, *La mutation de l'an mil a-t-elle eu lieu?*(1997), 57–171；尤其参见 P. Freedman and M. Bourin, *Forms of servitude in northern and central Europe* (2005)。关于加泰罗尼亚，参见 P. Freedman, *The origins of peasant servitude in medieval Catalonia* (1991)。

20. 参见如 T. B. Lambert, 'Theft, homicide and crime in late Anglo-Saxon law' (2012)；T. Fenster and D. L. Smail, *Fama* (2003)。关于中世纪早期背景下的荣誉，参见 Smith, *Europe after Rome*, 100–114。

21. T. R. Gurr, 'Historical trends in violent crime' (1981). 关于法庭背景下的策略性暴力行为，参见 C. Wickham, *Courts and conflict in twelfth-century Tuscany* (1998), 85–88, 199–222。关于暴力的常态性，见针对 1300 年左右法兰西的个案研究 H. Skoda, *Medieval violence* (2013)。

22. 冰岛的情况参见 W. I. Miller, *Bloodtaking and peacemaking* (1990)；Gregory of Tours, *Decem libri historiarum* (1951), 9.19, cf. 7.47；关于布隆戴蒙特·迪·布隆戴蒙提的情况参见 C. Lansing, *The Florentine magnates* (1991), 166–168。关于"血亲复仇"一般定义中的模糊性，参见 G. Halsall, 'Violence and society in the early medieval west' (1998)；关于血亲复仇如何演变为私人战争，参见 H. Kaminsky, 'The noble feud in the middle ages' (2002) 中呈现的中世纪后期案例；然而有关于此的参考文献相当丰富。

23. K. W. Nicholls, *Gaelic and Gaelicized Ireland in the middle ages* (1993), 98–100.

24. Einhard, *Vita Karoli Magni* (1911), c.24；关于饮酒的义务，参见如流行于中世纪早期的威尔士诗歌 *Y Gododdin* 中的意象；关于在宴会上杀人的比喻，参见如 Gregory of Tours, *Decem libri historiarum*, 10.27, 其中提供了一段清晰的文字描述。

25. 关于意大利的情况，参见 P. Skinner, *Women in medieval Italian society,*

*500–1200* (2001), 35–47；F. Kelly, *A guide to early Irish law* (1998), 104–105。
关于中世纪早期的一般情况，参见 Smith, *Europe after Rome*, 115–147；L.
Brubaker and J. M. H. Smith, *Gender in the early medieval world* (2004)；L. M.
Bitel, *Women in early medieval Europe, 400–1000* (2002)。关于中世纪后半段
（但也对更早时期做出了重要贡献），当今基本的起点是 J. M. Bennett and
R. M. Karras, *The Oxford handbook of women and gender in medieval Europe*
(2013)。关于盎格鲁 – 撒克逊后期英格兰公共集会中的妇女，参见 A. J.
Robertson, *Anglo–Saxon charters* (1939), nn. 66, 78；J. Crick, *Charters of St
Albans* (2007), n.7。关于中国的这一老话题，参见 Li Bozhong, *Agricultural
development in Jiangnan, 1620–1850* (1998), 143。

26. 一般性内容，参见 C.A. Lees, *Medieval masculinities* (1994)；D.M. Hadley,
*Masculinity in medieval Europe* (1999)。关于中世纪早期战场格斗所需的身
体强度，参见 G. Halsall, *Warfare and society in the barbarian West, 450–900*
(2003), 177–214。

27. 关于当地人对基督教基本仪式和教义的一系列怀疑反应，参见第八章注释
55；但是这种怀疑并不等同于完全不相信这些仪式和教义，完全不相信的
情况似乎很少出现：参见 J. H. Arnold, *Belief and unbelief in medieval Europe*
(2005), 225–230。

28. 关于布道，参见第八章注释 50。

## 第二章　罗马及其在欧洲西部的后继者，500—750

1. A. Demandt, *Der Fall Roms* (2014) 在第 719 页及 638—639 页列举了 227 个
导致罗马"衰亡"的原因，比第一版中的 210 个原因还多。

2. 关于奴隶制，参见 K. Harper, *Slavery in the late Roman world, AD 275–425*
(2011)，尼撒的贵格利（Gregory of Nyssa，约 395 年去世）是唯一一个对奴
隶制度进行批判的主要宗教理论家，见上书第 345—346 页。对于罗马帝国
晚期的基础性研究而言，A. H. M. Jones, *The later Roman empire* (1964) 仍是
一本不可或缺之书；A. Cameron, *The Mediterranean world in late antiquity, AD
395–600* (1993) 是最好的短篇研究综述；A. Demandt, *Die Spätantike* (2014) 是
一本大型的综合性研究；P. Brown, *Through the eye of a needle* (2012) 是作者
对古代晚期基督教文化和社会做出卓越总结的毕生之作。

3. C. R. Whittaker, *Frontiers of the Roman empire* (1994).

4. 关于这一段和后续其他段落内容的研究综述，在众多书目中，可以参见 G. Halsall, *Barbarian migrations and the Roman west, 376–568* (2007); P. Heather, *The fall of the Roman empire* (2005)（其叙述强调的重点非常与众不同）; Wickham, *The inheritance* 中引用的全部其他参考文献。在《罗马帝国的遗产》(*The inheritance*) 一书中涵盖了整个中世纪早期阶段各个方面的论点是本章和之后三章的基础；这本书不会在本书中再被反复引用，但可以当作该书一直都在被征引。关于库尔，参见 R. Kaiser, *Churrätien im frühen Mittelalter* (1998)。

5. P. Heather, 'The Huns and the end of the Roman empire in western Europe' (1995), 27–28 为埃提乌斯进行了辩护，但在我看来他的辩护并不能完全令人信服。

6. P. MacGeorge, *Late Roman warlords* (2002), 167–268.

7. 关于这些争论的导读性书籍，参见下列这些有着彼此非常不同描述的书目：W. Goffart, *Barbarians and Romans, A. D. 418–584* (1980); Halsall, *Barbarian migrations*; P. J. Geary, 'Ethnic identity as a situational construct in the early middle ages' (1983); Reimitz, *History, Frankish identity and the framing of Western ethnicity, 550–850* (2015); W. Pohl and F. W. Heydemann, *Strategies of identification* (2013); H. Wolfram and W. Phol, *Typen der Ethnogenese* (1990); P. Heather, *The Goths* (1996)。T. F. X. Noble, *From Roman province to medieval kingdom* (2006) 再版了这场争论中出现的关键章节和文章。关于这场辩论中最不文明化路径的，参见 A. Gillett, *On barbarian identity* (2002)。

8. A. Demandt, 'The osmosis of late Roman and Germanic aristocracies' (1989), 75–86.

9. Sidonius Apollinaris, *Carmina* and *Epistolae*, (1936–1965), *Epistolae*, 1.2.

10. A. Merrills and R. Miles, *The Vandals* (2014), 177–203; J. Conant, *Staying Roman* (2012), 159–186; R. Whelan, *Being Christian in Vandal Africa* (2017); 这些书现在是研究汪达尔阿非利加的基本起点。

11. 参见 Heather, *The fall*, 415–425; 关于阿非利加，参见前注。

12. 如 *Anonymus Valesianus, pars posterior*, c. 60。关于东哥特，参见 J. Moorhead, *Theodoric in Italy* (1992); P. Heather, 'Theoderic, king of the Goths' (1995); 一个富有启发性的修正主义观点，参见 P. Amory, *People and identity in Ostrogothic Italy, 489–554* (1997)。关于 5 世纪时意大利在没有很多入侵的情况下发生了什么的比较分析，参见 P. Delogu and S. Gasparri, *Le transfornazioni del V secolo* (2010)。

13. 研究综述参见 J. Moorhead, *Justinian* (1994), 63–88, 101–109。

14. 详细的研究综述参见 H.-W. Goetz, *Regna and gentes* (2003)；关于法兰克，参见 Reimitz, *History, Frankish identity*；进一步研究参见 E. Buchberger, *Shifting ethnic identities in Spain and Gaul, 500–700* (2016)。

15. 一般可参见 G. Ripoll and J. M. Gurt, *Sedes regiae (ann. 400–800)* (2000)。

16. 研究综述，参见 Wickham, *Framing*, 62–124；聚焦于罗马税收和行政的重点研究，参见 Jones, *The Later Roman empire*, 450–469；C. Kelly, *Ruling the later Roman empire* (2004), 107–231。二者有着非常不同的观点；关于东哥特人，参见 S. Barnish, 'Taxation, land and barbarian settlement in the western empire' (1986)。

17. Wickham, *Framing*, 711–759, 805–814 等处；B. Ward-Perkins, *The fall of Rome and the end of civilization* (2005)；Halsall, *Barbarian migrations*, 320–370；A. S. Esmonde Cleary, *The Roman West, AD 200–500* (2013), 303–482。关于不列颠，参见 A. S. Esmonde Cleary, *The ending of Roman Britain* (1989)；R. Fleming, 'Recycling in Britain after the fall of Rome's metal economy' (2012)。

18. 关于所有这些的一般性研究综述，参见 *NCMH*, vol. 1；P. Sarris, *Empires of faith, 500–700* (1997)；Innes, *Introduction*, 214–313。

19. Wickham, *Framing*, 653–681.

20. Wickham, The inheritance, 170–177；从不同角度进行的研究另见 V. I. J. Flint, *The rise of magic in early medieval Europe* (1991)。关键性概述，参见 P. Brown, *The rise of western Christendom* (1997)。

21. 关于高卢，参见 R. Van Dam, *Leadership and community in late antique Gaul* (1985), 202–229；关于罗马后期的时代背景，P. Brown, *Power and persuasion in late antiquity* (1992)；C. Rapp, *Holy bishops in late antiquity* (2005)。关于圣髑，主要参见 P. Brown, *The cult of the saints* (1981)。欧洲西部的统治者后来也利用了对圣髑的控制，参见 J. M. H. Smith, 'Rulers and relics c. 750–950' (2010)。

22. Gregory of Tours, *Decem libri historiarum* (记录了 577 年的第五卷第十八章)；idem, *De virtutibus sancti Martini episcopi* (1885)。关于格里高利，参见 W. Goffart, *The narrators of barbarian history (A.D. 550–800)* (1980)；M. Heinzelmann, *Gregory of Tours* (2004)；I. Wood, *Gregory of Tours* (1994)；K. Mitchell and I. Wood, *The world of Gregory of Tours* (2002)；Reimitz, *History, Frankish identity*, 27–123。关于主教后来在战争中的角色，参见 F. Prinz, *Klerus und Krieg im früheren Mittelater* (1971)。

23. C. Wickham, 'Consensus and assemblies in the Romano-Germanic kingdoms'

(2016) 对这一点有更为详细的讨论。引言来自：Liutprand, prologue to law 1, in *Leges Langobardorum 643–866* (1962)。在非常罗马式的西哥特王国中，集会要更弱一些。

24. 墨洛温王朝的基础性参考文献，参见 I. Wood, *The Merovingian kingdoms, 450–751* (1994)。

25. J. L. Nelson, *Politics and ritual in early medieval Europe* (1986), 1–48；引言出自 Gregory of Tours, *Decem libri historiarum*, 6.5。

26. 关于格特鲁德，参见 *Vita sanctae Geretrudis* (1888)。关于一般贵族，参见 R. Le Jan, *Famille et pouvoir dans le monde franc (Vlle–Xe siècle)* (1995)，尤其是 387—401 页有关墨洛温时代的部分；P. Depreux, *Les sociétés occidentales du milieu du VIe à la fin du IXe siècle* (2002), 115–124, 131–141；F. Irsigler, *Untersuchungen zur Geschichte des frühfränkischen Adels* (1969)；H.-W. Goetz, ' "Nobilis" '；Wickham, *Framing*, 168–203；而关于整个中世纪早期贵族的情况，首要的就是 R. Le Jan 的 *Collection haut moyen âge* 系列中涉及 *Les élites* 的这几卷，它们都列在了本书参考文献中 *Collection haut moyen âge* 这一条的下面。关于贵族和对修道院的控制，一般参见 S. Wood, *The proprietary church in the medieval West* (2006)。

27. 关于 7 世纪，参见 Wood, *The Merovingian kingdoms*, 140–272；P. Fouracre, *Frankish history* (2013)；P. Fouracre, *The age of Charles Martel* (2000)。

28. I. Wood, 'Administration, law and culture in Merovingian Gaul' (1990), 63–81；P. S. Barnwell, *Kings, courtiers and imperium* (1997), 23–40；Wickham, *The inheritance*, 120–129.

29. 关于贵族，参见本章注释 26。关于法兰克贵族家族的个案研究，参见 A. Bergengruen, *Adel und Grundherrschaft im Merowingerreich* (1958), 65–80；J. Jarnut, *Agilolfingerstudien* (1986)；M. Werner, *Der Lütticher Raum in frühkarolingischer Zeit* (1980)，尤其是 216—227 页、341—475 页；P. J. Geary, *Aristocracy in Provence* (1985)。

30. Gregory of Tours, *Decem libri historiarum*, 8.9；*Passio prima Leudegarii* (1910), c. 5.

31. 一般性研究综述：D. Claude, *Adel, Kirche und Königtum im Westgotenreich* (1974)；R. Collins, *Visigothic Spain 409–711* (2004)。引用文献参见：*Leges Visigothorum*, 12.2 and 3（犹太法），9.1.21（埃吉卡）；关于第三次托莱多宗教会议，参见 *Concilios visigóticos*；关于赫尔维希，同上参见 413 页。

32. 关于考古材料，参见 S. Gelichi and R. Hodges, *New directions in early medieval*

*European archaeology* (2015) 中最新的研究综述和参考文献。

33. 参见如 S. Castellanos, 'The political nature of taxation in Visigothic Spain' (2003)。关于军队，参见 D. Pérez Sanchez, *El ejército en la sociedad visigoda* (1989)。

34. 一般性研究综述：C. Wickham, *Early medieval Italy* (1981); C. La Rocca, *Italy in the early middle ages* (2002); P. Delogu, 'Il regno longobardo' (1980); P. Cammarosano and S. Gasparri, *Langobardia* (1990); W. Pohl and P. Erhart, *Die Langobarden* (2005); G. Ausenda et al., *The Langobards before the Frankish conquest* (2009)。关于伦巴第人在其统治末期的情况，参见 S. Gasparri, *774* (2008)。关于意大利的罗马人控制地区，参见 T. S. Brown, *Gentlemen and officers* (1984); E. Zanini, *Le Italie bizantine* (1998)。

35. P. Cammarosano, *Nobili e re* (1998), 74–83; C. Wickham, 'Social structures in Lombard Italy' (2009); Liutprand, law 135, in *Leges Langobardorum*。关于地方社会的案例研究，参见 M. Costambeys, *Power and patronage in early medieval Italy* (2007); S. Gasparri and C. La Rocca, *Carte di famiglia* (2005)。关于考古和经济方面，最新材料参见 N. Christie, *From Constantine to Charlemagne* (2006); G. P. Brogiolo and A. Chavarría Arnau, *Aristocrazie e campagne nell'Occidente da Costantino a Carlo Magno* (2005)，这本书对西部地区进行了一般性研究综述，但格外关注意大利地区。

36. Ratchis, law 13, in *Leges Langobardorum*；关于背景，参见 W. Pohl, 'Frontiers in Lombard Italy' (2001)。

## 第三章 东方的危机与转型，500—850/1000

1. 关于叙利亚的教堂，参见 A. Naccache, *Le décor des églises des villages d'Antiochène du IVe au VIIe siècle* (1992); 关于灌溉和农业扩张概况，参见 M. Decker, *Tilling the hateful earth* (2009), 尤其是 174—203 页; 关于圣索菲亚大教堂，参见 R. J. Mainstone, *Hagia Sophia* (1988)。

2. 相关研究综述和参考文献，参见 C. Panella, 'Merci e scambi nel Mediterraneo in età tardoantica' (1993). Wickham, *Framing*, 713–720。

3. 一般性内容，参见 L. K. Little, *Plague and the end of antiquity* (2007); 关于鼠疫病原体，在众多书目中，可以参见 D. M. Wagner et al., 'Yersinia pestis and the plague of Justinian 541–543 AD: a genomic analysis' (2014); 关于鼠疫相对缺乏影响的论述，参见 J. Durliat, 'La peste du VIe siècle' (1989), 这篇文章承

受住了批评者的反对意见。

4. 一般性内容，参见 Moorhead, *Justinian*; M. Maas, *The Cambridge companion to the age of Justinian* (2005); P. Sarris, *Economy and society in the age of Justinian* (2006), 200–227; 关于吕底亚的约翰，参见 Kelly, *Ruling*, 11–104; 关于卡帕多西亚的约翰，参见 John Lydos, *On powers* (1983),2.21, 3.57–71。

5. 参见如 P. T. R. Gray, *The defence of Chalcedon* (1979)。

6. P. Brown, 'The rise and function of the holy man in late antiquity' (1971); 关于小西默盎和狄奥多尔，参见 M. Kaplan, *Les hommes et la terre à Byzance du VIe au XIe siècle* (1992), 199–202, 224–227; V. Déroche, 'La forme de l'informe' (2004); M. Dal Santo, *Debating the saints' cult in the age of Gregory the Great* (2012), 195–216; 关于魔鬼，*Vie de Théodore*, cc. 43, 114–118。

7. G. Greatrex and S. N. C. Lieu, *The Roman eastern frontier and the Persian wars, part II* (2002), W. E. Kaegi, *Heraclius* (2003), 以及 J. Howard-Johnston, *Witnesses to a world crisis* (2010), 提供了原始材料、相关叙述和参考文献。

8. 将这一时期作为一个整体进行的研究，参见 J. F. Haldon, *Byzantium in the seventh century* (1985); 关于伪梅笃丢斯及其接受情况，参见 J. T. Palmer, *The Apocalypse in the early middle ages* (2014), 107–129; 关于基督徒对伊斯兰教的看法，参见 R. Hoyland, *Seeing Islam as others saw it* (1997), 484–489, 535–544。关于帝国神学的一部重要导读是 G. Dagron, *Emperor and priest* (2003), 尤其是 158—191 页。

9. 关于土地和资源的数字，参见 M. F. Hendy, *Studies in the Byzantine monetary economy, c. 300–1450* (1985), 620。关于拜占庭依旧完全是罗马帝国，参见 A. Kaldellis, *The Byzantine republic* (2015)。

10. Haldon, *Byzantium in the seventh century*, 208–254.

11. W. Brandes, *Finanzverwaltung in Krisenzeiten* (2002), 116–238; 关于贵族，参见 F. Winckelmann, *Quellenstudien zur herrschenden Klasse von Byzanz im 8. und 9. Jahrhundert* (1987)。关于这一时期和之后时期，参见第九章注释 6。

12. F. Curta, *Southeastern Europe in the middle ages, 500–1250* (2006), 39–84. 有关城市的内容，参见如 L. Zavagno, *Cities in transition* (2009)。

13. 关于意大利的商业交换，参见 F. Ardizzone, 'Rapporti commerciali tra la Sicilia occidentale ed il Tirreno centro-meridionale alla luce del rinvenimento di alcuni contenitori di trasporto' (2000), A. Nef and V. Prigent, *La Sicile de Byzance à l'Islam* (2010), C. Negrelli, 'Towards a definition of early medieval pottery' (2012)。但是对这一问题而言仍然需要一个更为广泛的综合性研究。

14. R. A. Markus, *Gregory the Great and his world* (1997), 87–91, 104–105; A. J. Ekonomou, *Byzantine Rome*(2007), 199–243; J. M. Sansterre, *Les moines grecs*(1983), 3–127.

15. H. Ahrweiler, *Byzance et la mer* (1966), 17–92；关于路线，参见 M. McCormick, *Origins of the European economy* (2001), 502–508。

16. 关于《古兰经》的成书时间这一（至少在非穆斯林学者中）极具争议的问题可能会由于在伯明翰大学发现的一份非常早期的《古兰经》残章（MS Mingana 1572a）而变得更容易解决；有关这一新发现研究现状的详细研究综述，参见 'Birmingham Quran manuscript' 这一词条，地址是 https://en.wikipedia.org/wiki/Birmingham_Quran_manuscript，访问于 2015 年 10 月 25 日（这个网址很可能会改变）。在也门的萨那（Sana'a）发现的一份有着八十页纸、几乎肯定早于 660 年的重写本（palimpsest），相较标准版的《古兰经》而言也只显示出了微小的差别：B. Sadeghi and M. Goudarzi, 'Ṣan'ā' l and the origins of the Qur'ān'。更早的研究参见 F. Donner, *Narratives of Islamic origins* (1998), 35–63，这本书已经对《古兰经》写作于 650 年左右做出了论证，其内容令我信服。关于早期伊斯兰生活的多样性，参见如 T. Sizgorich, 'Narrative and community in Islamic late antiquity' (2004).。

17. H. Kennedy, *The armies of the caliphs* (2001), 2–7.

18. G.-R. Puin, *Der Dīwān von'Umar ibn al-Ḫaṭṭāb*(1970); Kennedy, *The armies of the caliphs*, 59–78.

19. 研究综述，参见如 M. J. L. Young et al., *Religion, learning and science in the 'Abbasid period* (1990); J. Ashtiany et al., *'Abbasid belles-lettres* (1990); P. Crone, *Medieval Islamic political thought* (2004); C. F. Robinson, *Islamic historiography* (2003)。

20. 参见如 A. Walmsley, *Early Islamic Syria* (2007)。

21. 关于这一漫长时期的研究综述有很多，但 H. Kennedy, *The prophet and the age of the caliphates* (2004) 以及 P. Crone, *Slaves on horses* (1980) 仍然是其中的杰出之作。关于阿里家族，参见 T. Bernheimer, *The 'Alids* (2014)。

22. Y. Lev, *State and society in Fatimid Egypt* (1991); P. Sanders, *Ritual, politics and the city in Fatimid Cairo* (1994)；关于大规模的犹太少数民族群体对法蒂玛世界的看法，参见 M. Rustow, *Heresy and the politics of community* (2008)。

23. E. Manzano Moreno, *Conquistadores, emires y califas* (2006), 34–195.

24. H. Pirenne, *Mohammed and Charlemagne* (1939); idem, *Histoire de Belgique*, vol. 1 (1929), 34–41, 177ff.

25. 参见 J. Goldberg, *Trade and institutions in the medieval Mediterranean* (2012)；关于西班牙贸易的终结，参见 O. R. Constable, *Trade and traders in Muslim Spain* (1994), 1–51。

26. 关于这一整个部分的情况，参见 L. Brubaker and J. Haldon, *Byzantium in the iconoclast era, c. 680–850* (2011)。

27. 关于狄奥斐卢斯，参见 J. Signes Codoñer, J., *The emperor Theophilos and the east, 829–842* (2014)。

28. 参见 Brubaker and Haldon, *Byzantium in the iconoclast era*, 9–68；同样由 L. Brubaker 做出的干练总结，见 *Inventing Byzantine iconoclasm* (2012)。关于大公会议的条令，参见 G. Nedungatt and M. Featherstone, *The Council in Trullo revisited* (1995)。

29. Brubaker and Haldon, *Byzantium in the iconoclast era*, 69–286；关于神学方面，也可参见 C. Barber, *Figure and likeness* (2002)。关于被复制下来用以抨击的《问询》的残存部分，参见 Nicéphore, *Discours contre les Iconoclastes* (1989)。

30. L. James, *Empresses and power in early Byzantium* (2001).

31. 关于基督教诸王国，参见 A. Isla Frez, *La alta edad media* (2002)；W. Davies, *Acts of giving* (2007)；S. Castellanos and I. Martín Viso, 'The local articulation of central power in the north of the Iberian peninsula (500–1000)' (2005)；R. Portass, 'All quiet on the western front?' (2013)；J. A. García de Cortázar, 'La formación de la sociedad feudal'。

32. 一般性内容，参见 Manzano, *Conquistadores*；H. Kennedy, *Muslim Spain and Portugal* (1996)。

33. Manzano, *Conquistadores*, 363–491；M. Acién Almansa, *Entre el feudalismo y el Islam* (1997)；idem, 'El final de los elementos feudales en al-Andalus' (1998)。关于阿尔扎哈拉城，参见 A. Vallejo Triano, *Madinat al-Zahra* (2004)。

34. A. T. Tibi, *The Tibyān*(1986)：关于阿方索的内容在 87—92 页；关于意见的在 111—112 页；关于阿卜杜拉的失败在 124—155 页；关于格拉纳达的在 152—153 页。关于泰法的一般性内容，参见 M. J. Viguera Molins, *Los reinos de Taifas* (1994)；D. Wasserstein, *The rise and fall of the party-kings* (1985)。

35. 最新的研究参见 P. Cressier et al., *Los Almohades* (2005)，这是一部大部头的专题合集。

## 第四章　加洛林实验，750—1000

1. 目前关于加洛林王朝最好的导读是 M. Costambeys et al., *The Carolingian world* (2011)。此前的经典之作是 R. McKitterick, *The Frankish kingdoms under the Carolingians, 751–987* (1983)，以及一系列收录于 *NCMH*, vol.2 中的文章。关于史学史方面的概述，参见 M. de Jong, 'The empire that was always decaying' (2015)；关于关键的研究方法，参见 S. Airlie, *Power and its problem in Carolingian Europe* (2012)。关于查理曼统治的一般性内容，参见 J. Story, *Charlemagne* (2005)。关于后面政治方面内容的概述，参见所有这些列出的书目。

2. 一般性内容，参见 M. Becher and J. Jarnut, *Der Dynastiewechsel von 751* (2004)。

3. 参见如 M. Costambeys et al., *The Carolingian world*, 160–170。

4. 关于军队，参见 F. L. Ganshof, *The Carolingians and the Frankish monarchy* (1971), 267。关于亚琛，参见 J. L. Nelson, 'Aachen as a place of power'(2001), and J. R. Davis, *Charlemagne's practice of empire* (2015), 322–335。相较于 R. McKitterick, *Charlemagne*(2008), 157–171 页中的怀疑，我更倾向于他们的观点。

5. 关于胖子查理，参见 S. MacLean, *Kingship and politics in the late ninth century* (2003)，这是一个非常有说服力的乐观解读。

6. 关于意大利，参见：G. Tabacco, *The struggle for power in medieval Italy* (1989)（这是一本关于意大利中世纪历史的基本综合性研究），109–136；G. Albertoni, *L'Italia carolingia* (1997)；F. Bougard, 'La cour et le gouvernement de Louis II (840–875)' (1998)。关于东法兰克，参见：E. J. Goldberg, *Struggle for empire* (2006)。关于"秃头"查理，参见：J. L. Nelson, *Charles the Bald* (1992)。

7. 该信见 *MGH, Epistolae*, vol. 7 (1928), 386–394，这一内容在 388—389 页。

8. 关于帝国扩张后的问题，参见 T. Reuter, *Medieval polities and modern mentalities* (2006), 251–267；关于 8 世纪八九十年代的叛乱，参见 R.McKitterick, *Perceptions of the past in the early middle ages* (2008), 63–89 和 Davis, *Charlemagne's practice of empire*, 135–157。

9. 关于维多家族，参见：Le Jan, Famille et pouvoir, 95–96, 250–251。关于加洛林贵族的一般性内容，参见 G. Tellenbach, *Königtum und Stamme in der Werdezeit des Deutschen Reiches* (1939), 42–55；K. F. Werner, 'Important noble families in the kingdom of Charlemagne' (1975)；Goetz, '"Nobilis"'；Le Jan,

*Famille et pouvoir*, 401–413；S. Airlie, 'The aristocracy' (1995)；Costambeys et al., *The Carolingian world,* 271–323。更多有关贵族 / 精英的参考文献，参见第二章的注释 26。

10. 主要参见 J.-P. Devroey, *Puissants et misérables* (2006)；idem, *Économie rurale et société dans l'Europe franque (VIe–IXe siècles)* (2003)（关于贵族财富的问题在 267—296 页）；P. Toubert, *L'Europe dans sa première croissance* (2004), 27–115, 145–217；O. Bruand, *Voyageurs et marchandises aux temps carolingiens* (2002)；McCormick, *Origins*, 639–669；A. Verhulst, *The Carolingian economy* (2002)。G. Duby, *The early growth of the European economy* (1974), 这部经典之作中的观点过于悲观了。

11. 关于美因茨，参见：E. Wamers, *Die frühmittelalterlichen Lesefunde aus der Löhrstrasse (Baustelle Hilton II) in Mainz* (1994)；M. Innes, *State and society in the early middle ages* (2000), 96–99，聚焦于莱茵兰地区。关于港口，参见：H. Clarke and B. Ambrosiani, *Towns in the Viking age* (1995) 提供了一个研究综述；更为广阔的大环境，现在主要参见 C. Loveluck, *Northwest Europe in the early middle ages, c. AD 600–1150* (2013)；经典研究参见 R. Hodges, *Dark age economics* (2012) 和 R. Hodges and D. Whitehouse, *Mohammed, Charlemagne and the origins of Europe* (1983)。

12. 一般性内容，参见 G. Tellenbach, 'Die geistigen und politischen Grundlagen der karolingischen Thronfolge' (1979), 尤其是 249—253 页；J. L. Nelson, 'How the Carolingians created consensus' (2009)；P. Depreux, 'Lieux de rencontre, temps de négotiation' (1998), 213–231；T. Reuter, 'Assembly politics in western Europe from the eighth century to the twelfth' (2001)；S. Airlie, 'Talking heads' (2003), 29–46；R. Le Jan, 'Les céremonies carolingiennes' (2015)。关于马匹，参见 J. L. Nelson, 'The settings of the gift in the reign of Charlemagne' (2010), 143；关于阿蒂尼集会和公开忏悔，参见 M. de Jong, 'What was *public* about public penance?' (1997), 尤其是 887—893 页。

13. 关于"公开"，参见如 H.-W. Goetz, 'Die Wahrnehmung von "Staat" und "Herrschaft" im frühen Mittelalter' (2006)；Y. Sassier, 'L'utilisation d'un concept romain aux temps caroligiens' (1998), 讨论了中世纪早期对"公共事务"一词的运用。关于阿戈巴德，参见 M. de Jong, *The penitential state* (2009), 142–143。

14. B. Schneidmüller, *Die Welfen* (2000), 58–72.

15. 关于拉昂的安克马尔，参见 C. West, 'Lordship in ninth-century Francia'

(2015)；更为一般性的详细描述参见 idem, *Reframing the feudal revolution* (2013), 19–105。关于 802 年［*MGH, Capitularia* (1883–1897), n. 33, cc. 2–9］和宣誓的一般内容，参见 M. Becher, *Eid und Herrschaft* (1993)。

16. Einhard, *Epistolae*, n. 42，收录于 *MGH, Epistolae*, vol. 5 (1889), 131；参见 Innes, *State and society*, 129–130, 146–147。关于意大利中部当地中等规模家族的最好描述是 L. Feller et al., *La fortune de Karol* (2005)。

17. 关于罕见的农民胜诉，参见 C. Wickham, 'Space and society' (2003), 560 以及（关于国王介入的）*MGH, Formulae* (1886), 293, 324–325；关于恩主介入的，参见 Costambeys et al., *The Carolingian world*, 267。关于在布列塔尼地区边缘的加洛林世界中以农民为基础的社会和法律体系的重要描述，参见 W. Davies, *Small worlds* (1988)。

18. 除注释 11、15、16、17 中引用的著作外，还可参见如 P. Bonnassie, *La Catalogne du milieu du Xe à la fin du XIe siècle* (1975–1976)；J. Jarrett, *Rulers and ruled in frontier Catalonia, 880–1010* (2010)；T. Kohl, *Lokale Gesellschaften* (2010)；Costambeys, *Power and patronage*；P. Toubert, *Les structures du Latium médiéval* (1973)；L. Feller, *Les Abruzzes médiévales* (1998)；Gasparri and La Rocca, *Carte di famiglia*。

19. Wickham, *Framing*, 573–588；E. Müller-Mertens, *Karl der Grosse, Ludwig der Fromme, und die Freien* (1963), 97–111。Costambeys et al., *The Carolingian world*, 263–268 的观点在我看来太乐观了。

20. E. J. Goldberg, 'Popular revolt, dynastic politics and aristocratic factionalism in the early middle ages' (1995).

21. *MGH, Poetae*, vol. 2 (1884), 120–124；参见 W. Brown, *Unjust Seizure* (2001), 1–5, 206–209（我使用了他的翻译）。

22. K. F. Werner, 'Missus-marchio-comes' (1980)；Davis, *Charlemagne's practice of empire*，尤其是 47—127 页和 293—299 页；P. Fouracre, 'Carolingian justice' (1995), 为司法权滥用提供了一种务实的观察方式；Bullough, ' "Baiuli" in the Carolingian "regnum Langobardorum" and the career of Abbot Waldo (+813)' (1962), 630–631, 探讨了王室巡察使的前身；A. Krah, *Absetzungsverfahren als Spieglbild von Königsmacht* (1987), 7–88, 提供了到 840 年之前少数几个伯爵被罢免的案例（其中有几乎一半是在 9 世纪 30 年代的危机时期被罢免的）。关于查理曼的答复，见 *MGH, Capitularia*, n. 58；关于相互勾结的描述，参见 Paschasius Radbert, *Epitaphium Arsenii* (1900), 1.26；关于"虔诚者"路易时期的一次性工作，参见 *MGH, Epistolae*, vol. 5, 277–278 和同一书中 120—

121 页的 Einhard, *Epistolae*, nn. 20–21。

23. R. McKitterick, *The Carolingians and the written word* (1989); eadem, *Charlemagne*, 214–291; Davis, *Charlemagne's practice of empire*, 311–322; J. L. Nelson, 'Literacy in Carolingian government' (1990); 关于许多法典和法令汇编的特殊性质，参见 C. Pössel, 'Authors and recipients of Carolingian capitularies, 779–829' (2006)。关于个人手中的合集，参见 McKitterick, *The Carolingians and the written word*, 46–60; eadem, *Charlemagne*, 263–266; P. Wormald, *The making of English law* (1999), 53–70。关于巴黎集会：*MGH, Capitularia*, n. 39。

24. *MGH, Capitularia*, n. 22; McKitterick, *Charlemagne*, 237–245, 306–320.

25. 关于帕斯加尔，参见 C. Goodson, *The Rome of Pope Paschal I* (2010)，尤其是 257—273 页；关于到 825 年之前的教宗，参见 T. F. X. Noble, *The Republic of St. Peter* (1984)，尤其是 277—324 页。关于并没有很多整体分析的作为整体的 9 世纪教宗，其研究综述参见 S. Scholz, *Politik – Selbstverständnis – Selbstdarstellung* (2000), 147–245。

26. 关于教育的一般性内容：J. J. Contreni, 'The Carolingian renaissance' (1995); P. Riché, *Écoles et enseignement dans le haut moyen âge* (1989)。关于 784 年的情况，参见 *MGH, Capitularia*, n. 29。关于劝谕，参见如 de Jong, *The penitential state*, 112–141; R. Stone, *Morality and masculinity in the Carolingian empire* (2011), e.g. 42–46, 116–158。关于预定论，参见 D. Ganz, 'The debate on predestination' (1990); M. B. Gillis, 'Heresy in the flesh'(2015)。关于安克马尔的多方面活动，现在可参见 R. Stone and C. West, *Hincmar of Rheims* (2015)。

27. Dhuoda, *Liber manualis* (1975). 一般性内容，参见 P. Wormald, *Lay intellectuals in the Carolingian world* (2007)。关于艾因哈德，参见 S. Patzold, *Ich und Karl der Grosse* (2013); J. M. H. Smith, 'Einhard: the sinner and the saints' (2003)。关于埃沙尔，参见 McKitterick, *The Caroligians and the written word*, 248–250。关于平信徒对文档的使用（不只是在加洛林时期的），参见 W. Brown et al., *Documentary culture and the laity in the early middle ages* (2013)。

28. De Jong, *The penitential state*, 148–184; 关于艾因哈德，也参见 P. E. Dutton, *The Politics of dreaming in the Carolingian empire* (1994), 92–101。关于狩猎的意象，参见 E. J. Goldberg, 'Louis the Pious and the hunt' (2013)。关于《圣经》文本的重要性，参见 M. de Jong, 'Carolingian political discourse' (2015)，其中总结了她近期的工作。

29. De Jong, *The penitential state*, 188–205; 关于朱迪丝，参见 eadem, 'Bride

shows revisited' (2004)。一般性内容参见 G. Bührer-Thierry, 'La reine adultère' (1992); S. Airlie, 'Private bodies and the body politic' (1998)。

30. De Jong, *The penitential state*, 214–262, 271–279.

31. Notker, *Gesta Karoli magni imperatoris* (1959), 1.30, 关 于 "最 为 警 觉 的" (vigilantissimus) 说法在 1.10, 2.12; 参见 S. Airlie, 'The palace of memory' (2000), 5; 关于诺特克政治大背景的一般性内容,参见 MacLean, *Kingship and politics*, 199–229。

32. 关于各王国的历史,参见 *NCMH*, vol. 3 中的研究综述。一个案例研究是 B. Rosenwein, 'The family politics of Berengar I, king of Italy (888–924)' (1996)。关于小王,参见 *Annales Fuldenses* (1891), s.a. 888。

33. K. F. Werner, *Les origines avant l'an mil* (1984), 487–561; J. Dunbabin, *France in the making, 843–1180* (2000), 17–123; G. Koziol, *The politics of memory and identity in Carolingian royal diplomas* (2012), 本书提供了一个重要的反思,尤其是关于 "单纯者" 查理(在 459—533 页)。

34. 参见 T. Reuter, *Germany in the early middle ages* (1991); G. Althoff and H. Keller, *Heinrich I. und Otto der Grosse* (1994); J. Fried, *Die Ursprünge Deutschlands* (1984)。关于太后,参见: P. Stafford, *Queens, concubines and dowagers* (1983), 149–152 等处; Le Jan, *Famille et pouvoir*, 372–379。

35. Reuter, 'Assembly politics'; K. Leyser, *Rule and conflict in early medieval society* (1979); idem, 'Ottonian government' (1982); 关于国王的活动,参见 C. R. Brühl, *Fodrum, gistum servitium regis* (1968), 116–128, 还有 S. MacLean, 'Palaces, itineraries and political order in the post Carolingian kingdoms' (2014), 291–320 中非常重要的情景化分析。

36. P. Riché, *Gerbert d'Aurillac* (1987); P. Dronke, *Women writers of the middle ages* (1984), 55–83.

37. H. Fichtenau, *Living in the tenth century* (1991), 3–77; Althoff, *Spielregeln*, 尤其是 21—56 页、157—184 页、229—257 页; G. Althoff, *Family, friends and followers* (2004), 136–159; 关于方法上的警示,参见 P. Buc, *The dangers of ritual* (2001)。如阿尔特霍夫所强调的,此类编排也会被同样正式化的抨击活动颠覆。

38. P. J. Geary, *Phantoms of remembrance* (1994), 尤其是 23—29 页、115—157 页。关于公元 1000 年这一时间点的争论,参见第六章注释 10。

39. West, *Reframing the feudal revolution*, 尤其是 72—77 页、98—105 页、259—263。

## 第五章　基督教欧洲的扩张，500—1100

1. 关于其范畴，参见 L. Abramas, 'Germanic Christianities' (2008)；关于传教士的自我意象，参见 I. Wood, *The missionary life* (2001)。当人们最终皈依时究竟发生了什么永远也无法说清；每一个皈依者都有一个看见真理之光的故事，而这实际上只是事后建构起来的［参见 K. F. Morrison, *Understanding conversion* (1992), xii, 23，其内容聚焦于中世纪基督教内部向更为严格信仰的皈依，但有着更广泛的应用］。

2. 关于历史写作的一本优秀导读是 S. Foot and C. F. Robinson, *The Oxford history of historical writing* (2012)。

3. 一个优秀的标准叙述，参见 R. Fletcher, *The conversion of Europe* (1997)；关于欧洲北部和东部的情况，参见 N. Berend, *Christianization and the rise of Christian monarchy* (2007)。

4. 关于欧洲北部异教的叙述并不充足，但还是有一些优秀的特例，参见 J.-H. Clay, *In the shadow of death* (2010), 132–137, 279–331；S. Semple, 'Sacred spaces and places in pre-Christian and conversion period Anglo-Saxon England' (2011)；Jón Hnefill Aðalsteinsson, *Under the cloak* (1999), 37–43, 109–123；还有更具一般性的 R. Bartlett, 'From paganism to Christianity' (2007), 47–72。J. Palmer, 'Defining paganism in the Carolingian world' (2007)，给出了相当合理的提醒。

5. Rimbert, *Vita Anskarii* (1884) cc. 26–27（瑞典）；Snorri Sturluson, *Heimskringla* (1941–1951), *Hákona saga goða*, cc. 15–19（挪威）；J. Byock, *Viking age Iceland* (2001)，尤其是 170—184 页；Thietmar of Merseburg, *Chronicon* (1935), 6.24–25（卢蒂奇）。

6. 一般性研究，参见 Wickham, *Framing*, 303–379, 519–588。关于 16 世纪斯堪的纳维亚地区大量存在的自有土地农民，参见 J. R. Myking and C. Porskrog Rasmussen, 'Scandinavia, 1000–1750' (2010), 290–291；关于如何用这些数字反推出中世纪时代的思路，参见 S. Bagge, *From Viking stronghold to Christian kingdom* (2010), 111–121。

7. Kelly, *A guide to early Irish law*, 29–33；R. Faith, *The English peasantry and the growth of lordship* (1997), 1–14 等处。

8. 关于各种规模小但逐渐累积的精英阶层的收益，参见 Byock, *Viking age Iceland*, 121–122, 252–262, 326–329；N. Berend et al., *Central Europe in the high middle ages* (2013), 282–283；J. Martin, *Medieval Russia, 980–1584* (2007),

13–19, 64–68, 139 等。

9. 关于皈依，参见 C. Stancliffe, 'Religion and society in Ireland' (2005)。关于威尔士，参见 W. Davies, *Wales in the early middle ages* (1982) 和 T. M. Charles-Edwards, *Wales and the Britons, 350–1064* (2013)；关于 5 世纪不列颠的崩溃，参见第二章注释 17。

10. 一般性内容，参见 F. J. Byrne, *Irish kings and high-kings* (1973)；T. M. Charles-Edwards, *Early Christian Ireland* (2000)；D. Ó Corráin, *Ireland before the Normans* (1972)；M. Herbert, *Iona, Kells and Derry* (1998)。

11. 关于马尔·舍赫尼尔和布莱恩，参见 Byrne, *Irish kings and high-kings*, 256–266；M. Ní Mhaonaigh, *Brian Boru* (2007)。

12. 一般性内容，参见 A. Cosgrove, *A new history of Ireland*, vol.2 (2008)；K. Simms, *From kings to warlords* (1987)。

13. 关于诸王国的规模，参见 S. Bassett, *The origins of Anglo-Saxon kingdoms* (1989)；B. Yorke, *The conversion of Britain, 600–800* (2006)。关于后皈依世界的复杂性，参见 J. Blair, *The Church in Anglo-Saxon society* (2005)。

14. J. Campbell, *The Anglo-Saxons* (1982), 53–68；关于集会，参见 A. Pantos, '*In medle oððe an þinge*' (2004)；关于港口，参见 C. Scull, 'Urban centres in pre-Viking England?' (1997) 以及 R. Fleming, *Britain after Rome* (2010), 183–212——这一整本书是从物质文化角度认识不列颠历史的重要起点。

15. 一般性内容，参见 N. Brooks, *Communities and warfare, 700–1400* (2000)；D. Hill and M. Worthington, *Æthelbald and Offa* (2005)；J. Story, *Carolingian connections* (2003), 167–211；关于城镇，参见 S. Bassett, 'Divide and rule?' (2007)；关于土堤，参见 P. Squatriti, 'Digging ditches in early medieval Europe' (2002)；关于国王的资源和硬币，参见 R. Naismith, *Money and power in Anglo-Saxon England* (2012), 尤其是 23—46 页、96—106 页；关于教会会议，参见 C. Cubitt, *Anglo-Saxon church councils, c. 650–c. 850* (1995)。

16. Faith, *The English peasantry*, 56–125, 153–177; Wickham, *Framing*, 347–351.

17. 关于盎格鲁-撒克逊王国后期的一般性内容，参见 P. Stafford, *Unification and conquest* (1989)。

18. A. Williams, *Kingship and government in pre-conquest England, c. 500–1066* (1999), 73–122；R. Fleming, *Kings and lords in conquest England* (1991), 21–52；J. Campbell, 'The late Anglo-Saxon state: a maximum view' (1994)；关于对加洛林王朝的学习借鉴，参见 Wormald, *The making of English law*, 277–285, 306, 311, 344–345, 417–426, 444–465；L. Roach, *Kingship and consent in Anglo-*

*Saxon England, 871–978* (2013)；P.Stafford, *Queen Emma and Queen Edith* (1997), 199–206；G. Molyneaux, *The formation of the English kingdom in the tenth century* (2015)；关于"虔诚者"路易和修道院改革，参见 R. Deshman, *The benedictional of Æthelwold* (1995), 209–214。

19. 关于古默以及早期政治的聚合，参见：P. Mortensen and B. Rasmussen, *Fra stam til stat i Danmark* (1988–1991)；P. O. Nielsen et al., *The archaeology of Gudme and Lundeborg* (1994)。关于古德弗雷德的王国，参见：P. Sawyer, 'Kings and royal power' (1991)；K. Randsborg, *The Viking age in Denmark* (1980)；M. Axboe, 'Danish kings and dendrochronology' (1995)。

20. 关于维京人的一个优秀概述是 P. Sawyer, *The Oxford illustrated history of the Vikings* (1997)；关于流散聚居地，参见 L. Abrams, 'Diaspora and identity in the Vikings age' (2012)。

21. 一般性内容，参见 I. Skovgaard-Petersen, 'The making of the Danish kingdom' (1978)；关于军营，参见 E. Roesdahl, *The Vikings* (1987), 136–141。

22. 关于地产如何运作及其与农民所持土地的关系，参见 N. Hybel and B. Poulsen, *Danish resources c. 1000–1550* (2007), 165–195, 385–390；细节研究可见于 B. Poulsen and S. M. Sindbaek, *Settlement and lordship in Viking and early medieval Scandinavia* (2011)。

23. 关于考古学材料，参见如 B. Myhre, 'Chieftains' graves and chiefdom territories in south Norway and in the migration period' (1987)。关于公元 900 年后的情况，参见 C. Krag', 'The early unification of Norway' (2003)；Bagge, *From Vikings stronghold*, 25–37；A. Winroth, *The conversion of Scandinavia* (2012), 115–144；S. Bagge and S. W. Nordeide, 'The kingdom of Norway' (2007)。关于早期记述中诗歌需要谨慎注意的地方，参见 S. Ghosh, *King's sagas and Norwegian history* (2011)。关于两位奥拉夫和庭以及斯蒂克莱斯塔战役，参见 Snorri Sturluson, *Heimskringla, Óláf saga Tryggvasonar*, cc. 55–58, 65–69；*Óláf saga ins Helga*, cc. 40, 181, 205, 215–235。

24. H. J. Orning, *Unpredictability and presence* (2008), 125–153, 257–310；K. Helle, 'The Norwegian kingdom' (2003)；Bagge, From Viking stronghold, 38–63, 229–232, 292–294；S. Bagge, 'Borgerkrig og statsutvikling i Norge i middelalderen' (1986). 关于军队，参见 *Sverris saga* (2007), cc. 8, 11 等。

25. 与此相似的论点，参见 S. Bagge, 'The Europeanization of Europe' (2012)。

26. P. M. Barford, *The early Slavs* (2001), 47–88, 113–123, 131–133；关于奴隶，参见 McCormick, *Origins*, 733–777；关于 10 世纪的奴隶贸易，参见 M.

Jankowiak, 'Two systems of trade in the western Slavic lands in the 10th century' (2013)，这是一个马雷克·扬科维亚克（Marek Jankowiak）曾与我愉快讨论过的重大研究项目的第一份出版成果。

27. Barford, *The early Slavs*, 251–267；A. Buko, 'Unknown revolution' (2005)；P. Urbańczyk and S. Rosik, 'Poland' (2007)；Berend et al., *Central Europe*, 97–102, 118–124, 144–147, 282–283，后面这本书是当今（2016 年时）英语学界最新的综合性调研。

28. Berend et al., *Central Europe*, 161–163, 330–332.

29. Berend et al., *Central Europe*, 172–176, 198–201, 267–273, 282–286, 374–380；关于这些庄园如何运作，尤其是在 13 世纪早期，参见 P. Górecki, *Economy, society, and lordship in medieval Poland, 1100–1250* (1992)，尤其是 67—192 页。

30. 关于中世纪中期的苏格兰，主要参见 A. Taylor, *The shape of the state in medieval Scotland* (2016)；关于更之后的发展，参见第十一章。

31. M. Bogucki, 'On Wulfstan's right hand' (2013) 是近来对公元 1000 年左右以前波兰港口的优秀研究综述。关于英格兰和欧洲大陆，参见 Loveluck, *Northwest Europe*，尤其是 302—360 页。

32. Bartlett, *The making of Europe*，尤其是 269—291 页。

## 第六章 重塑欧洲西部，1000—1150

1. 该文本的最新校订版是 G. Beech et al., *Le conventum (vers 1030)* (1995)；此前带有优秀注解的版本见于 J. Martindale, *Status, authority and regional power* (1997), studies Ⅶa, Ⅶb, Ⅷ。关于这一文本有很多最近的分析，参见如 S. D. White, *Re-thinking kinship and feudalism in early medieval Europe* (2005), studies Ⅶ, Ⅷ, Ⅹ, ⅩⅢ；D. Barthélemy, *L'an mil et la paix de Dieu* (1999), 339–354。

2. S. Kay, *Raoul de Cambrai* (1992), lines 1284–1352, 1459–1549.

3. R. E. Barton, *Lordship in the county of Maine, c. 890–1160* (2004)，该书对领主权的延续性进行了很好的讨论。关于对这一点的辩论，参见下文注释 10、11。

4. "法兰西"（France）就是法语中的"法兰克"（Francia）；而对德意志来说，直到 11 世纪后期条顿王国［*regnum Teutonic(or)um*］这一术语才开始出现，而且还是断断续续使用的：关于这一叫法的术语学研究，参见 E. Müller-Mertens, *Regnum Teutonicum* (1970), 87–144, 328ff。关于本章及第八章所涉时期社会变化复杂性的近期杰出合集性导读［该书以"长十二世纪"（long twelfth century）为焦点］，参见 T. F. X. Noble and J. Van Engen, *European transformations* (2012)。

5.  关于这一内容和后续内容的一般性研究综述，参见 Reuter, *Germany* 以及 H. Keller, *Zwischen regionaler Begrenzung und universalem Horizont* (1986)。

6.  关于 11 世纪后期的情况，参见 Robinson, *Henry IV*。关于家臣，参见 B. Arnold, *German knighthood, 1050–1300* (1985), 23–75；T. Zotz, 'Die Formierung der Ministerialität' (1992)。

7.  Dunbabin, *France in the making* 是一个优秀的研究综述。D. Barthélemy, *Nouvelle histoire des Capetians* (2012) 则令人备受启发。

8.  关于一般性研究综述，参见 Stafford, *Unification and conquest*, 69–100；关于贵族阶层，参见 A. Williams, *The world before Domesday* (2008)。

9.  在众多研究综述中，可参见 M. Chibnall, *Anglo-Norman England, 1066–1166* (1986)；M. T. Clanchy, *England and its rulers, 1066–1307* (2006), 23–137；R. Bartlett, *England under the Norman and Angevin kings, 1075–1225* (2000)；J. A. Green, *The government of England under Henry I* (1986)。关于末日审判书，S. Harvey, *Domesday* (2014) 是如今的基本起点。

10.  关于这场辩论的主要参与者，参见 J.-P. Poly and É. Bournazel, *The feudal transformation, 900–1200* (1991)；Barthélemy, *La mutation de l'an mil*，尤其是 15—28 页；T. N. Bisson, 'The "Feudal revolution"' (1994)，随之而来的辩论也在《过去与现在》（*Past and Present*）上刊出；Barton, *Lordship*；T. N. Bisson, *The crisis of the twelfth century* (2009)；West, *Reframing the feudal revolution*。R. I. Moore, *The first European revolution, c. 970–1215* (2000) 是一个使人受到启发的对 11—12 世纪的概述，它确实非常广泛地一般化了"革命"模式。

11.  G. Duby, *La société aux XIe et XIIe siècles dans la région mâconnaise* (1971), 173–190, 245–262，第一个阐释了强制性领主权的模式；R. Fossier, *Enfance de l'Europe, Xe–XIIe siècles* (1982), 288–601，把正式化的领主权下放的过程称为是一个"细胞化"（encellulement，意即个人化）的过程，当我在本书中探讨"细胞式"结构时，就采用了这一意象。关于不同形式领主权的一个最新的、具有国际性质的研究综述，参见 M. Bourin and P. Martínez Sopena, *Pour une anthropologie du prélèvement seigneurial dans les campagnes*

*médiévales (XIe–XIVe siècles)* (2004–2007)。关于"没有国家"的世界中生活的运作方式，参见如 P. J. Geary, *Living with the dead in the middle ages* (1994), 95–160，还有 S. D. White, *Feuding and peace-making in eleventh-century France* (2005)，尽管后者不会认同前者的这种描述。关于早期农民低调的反抗，参见 B. Gowers, '996 and all that'(2013)。

12. 关于布洛赫，参见第一章注释 14。从这一时期开始，人们可能会把英格兰也算进征税的国家之列，然而其土地税并非国王资源的主要构成部分（1130 年时仅占总量的 10%），并且在 12 世纪 30 年后，土地税可能也不是每年都征收的；最后一次征收土地税的时间是亨利二世统治时的 1162 年——参见 Green, 'The last century of Danegeld'。

13. Loveluck, *Northwest Europe*, 215–248；G. Fournier, *Le château dans la France médiévale* (1978), 35–79, 100–114；G. P. Fehring, *The archaeology of medieval Germany* (1991), 98–135；R. Francovich and M. Ginatempo, *Castelli* (2000), 以及其过去的历史，参见 M. Valenti, *L'insediamento altomedievale nelle campagne toscane* (2004)；P. Grimm, *Tilleda* (1968–1990)。

14. J. Hudson, *The Oxford history of the laws of England: 876–1216* (2012), 273–284, 537–562, 751–768；关于自由民和非自由民的区分界限，参见第七章注释 14，而关于卡斯蒂利亚自由民和非自由民的区分界限，参见第八章注释 35。

15. B. Arnold, *Princes and territories in medieval Germany* (1991)，尤其是 61—76, 196—201 页。

16. T. Meyer, 'The state of the dukes of Zähringen' (1938); Keller, *Zwischen regionaler Begrenzung*, 347–349.

17. West, *Reframing the feudal revolution*，尤其是 232—254 页。德意志和意大利之间的相似性也如是，尽管这方面的比较研究更不常见；但可参见 J. Eldevik, *Episcopal power and ecclesiastical reform in the German empire* (2012)。

18. Tabacco, *The struggle for power*, 191–208；H. Keller, *Signori e vassalli* (1995), 尤其是 118—136 页；F. Menant, *Campagnes lombardes au moyen âge* (1993), 359–477, 728–735, 757–765；L. Provero, *L'Italia dei poteri locali* (1998)；A. Fiore, "From the diploma to the pact"（截止至 2016 年尚未出版）；Wickham, 'The "feudal revolution"'。关于案例研究，参见 S. Collavini, '*Honorabilis domus et spetiosissimus comitatus*' (1998)；M. E. Cortese, *Signori, castelli, città* (2007)。

19. 参见 C. Wickham, *Sleepwalking into a new world* (2015)；G. Milani, *I comuni italiani, secoli XII–XIV* (2005)；J.-C. Maire Vigueur and E. Faini, *Il sistema*

*politico dei comuni italiani (secoli XII–XIV)* (2010)。

20. D. Bates, *Normandy before 1066* (1982), 162–182.

21. 参见 C. Leyser, 'The memory of Gregory the Great and the making of Latin Europe, 600–1000' (2016), 197–201。

22. 参见 C. Cubitt, 'The tenth-century Benedictine reform in England' (1997) 中的综合性研究。关于英格兰和"虔诚者"路易，主要参见第五章注释 18。

23. 在众多书目中，可参见 B. Rosenwein, *Rhinoceros bound* (1982); G. Constable, 'Cluny in the monastic world of the tenth century' (1991); D. Iogna-Prat et al., *Cluny* (2013) 是一部收录了广泛文章的合集。

24. 参见 *Die Touler Vita Leos IX* (2007), 1.1, 3, 8–14；一个简短的传记，参见 M. Parisse, 'Leone IX, papa, santo' (2005)。

25. 一般性内容，参见 T. Head and R. Landes, *The Peace of God* (1992); Barthélemy, *L'an mil*；在 K. G. Cushing, *Reform and the papacy in the eleventh century* (2005), 39–54 中有优秀的批判性评注。

26. C. Violante, 'I laici nel movimento patarino' (1968); R. I. Moore, 'Family, community and cult on the eve of the Gregorian reform' (1980), 65–69. 在此我要感谢詹姆斯·诺里（James Norrie）正在完成的牛津大学博士论文中的见解（*Urban Change and Radical Religion: Medieval Milan, c.990–1140*，该论文已于 2017 年完成，正由牛津大学出版社出版中）。平信徒的道德恐慌不仅存在于意大利；1124 年，在丹麦的罗斯基勒（Roskilde）也同样发生了一场针对教士婚姻的反叛，参见 F. Pedersen, 'A good and sincere man…even though he looked like a Slav' (2010), 152–153。

27. 最新的研究，参见 R. I. Moore, *The war on heresy* (2012), 63–83。

28. R. W. Southern, *The making of the middle ages* (1953), 125–127 最好地讲述了这个故事。在我看来，在有关这一整个时期的大量导论中，最好的是 G. Tellenbach, *The church in western Europe from the tenth to the early twelfth century* (1993) 以及 Cushing, *Refrom and the papacy*；另见 S. C. Hamilton, *Church and people in the medieval west, 900–1200* (2013)，还有在 M. C. Miller, 'The crisis in the Investiture Crisis narrative' (2009) 中尖锐而全面的批判。

29. 关于彼得·达米安，参见 D. Elliott, *Fallen bodies* (1999), 95–106；Cushing, *Reform and the papacy*, 120–124。关于作为一种道德恐慌的圣职买卖，参见 T. Reuter, 'Gifts and simony' (2000)。关于宏伯特，参见 C. West, 'Competing for the Holy Spirit' (2015)。

30. 我在此处采纳了 R. Schieffer, *Die Entstehung des päpstlichen Investiturverbots*

*für den deutschen König* (1981) 的观点。

31. C. Wickham, *Medieval Rome* (2015), 423–425.

32. 关于乌尔班二世的一般内容，参见 A. Becker, *Papst Urban II. (1088–1099)* (1964–2012)。关于克莱蒙会议，参见 ibid, vol.1, 220–225, vol.2, 374–413；*Le concile de Clermont* (1997), 1–140。

33. J. Barrow, *The clergy in the medieval world* (2015), 135–147.

34. 关于维罗纳，参见 M. C. Miller, *The formation of a medieval church* (1993)，尤其是 50—60 页、71—80 页；关于贯穿整个时期的延续性，参见 Hamilton, *Church and people*, 60–118。

35. L. Melve, *Inventing the public sphere* (2007)，尤其是 45—119 页，如今已经成为基本文本，但是作者认为 11 世纪时论战的受众是"公共领域"；我觉得 11 世纪的论战比他说的程度更为有限，并且，特别是除了个别意大利城市外，它比加洛林时期或者 1350 年左右以后的时期都更为有限。

36. 关于研究伯尔纳多卓有成效的路径，参见 A. Bredero, *Bernard of Clairvaux* (1996)；关于熙笃会这一自治的国际性修会，参见 E. Jamroziak, *The Cistercian order in medieval Europe, 1090–1500* (2013)。

37. G. Loud, *The age of Robert Guiscard* (2000) 是一个对早前文献进行了很好研究综述的优秀政治分析。关于领主制，其基础研究是 S. Carocci, *Signorie di Mezzogiorno* (2014)。关于普利亚这个位于意大利这只"靴子""鞋跟"处的地方，参见 J.-M. Martin, *La Pouille du VIe au XIIe siècle* (1993)。关于西西里，参见 J. Johns, *Arabic administration in Norman Sicily* (2002)。

38. Bartlett, *The making of Europe*, 85–90.

39. C. Tyerman, *God's war* (2006)，是一个非胜利主义的分析，能够很好地支持其他所有更为狂热作者的观点。关于征召工作，参见 M. Bull, *Knightly piety and the lay response to the First Crusade* (1993)。

40. 一个例子是 S. Runciman, *A history of the Crusades* (1951–1954), vol. 3, 469–480。关于中立的观点，最近的优秀例子参见 C. Hillenbrand, *The Crusades: Islamic perspectives* (1999)；C. Kostick, *The social structure of the First Crusade* (2008)，尤其是 287—300 页。

41. 最近的叙述性描写，参见 M. Barber, *The Crusader states* (2012)。

42. 关于这一方面的论证，参见 Bisson, The crisis, 573–582，这几页总结了他的书后半部分的内容。

# 第七章　长期经济繁荣，950—1300

1. 一些基础的研究综述，参见: *The Cambridge economic history of Europe* (1963–87), vols. 1 and 2; G. Duby, *Rural economy and country life in the medieval west* (1968)（这是最为周全的一个）; Fossier, *Enfance*; 还有教材 P. Contamine, *L'économie médiévale* (1993)。所有这些都显示出它们成书时间的"厚重"。

2. 如同 J. Masschaele, 'Economic takeoff and the rise of markets' (2009) 所言（然而，他确实也提出了观点: 他更倾向于认为人口增长是商业化的结果而非原因）。

3. P. Grillo, *Milano in età comunale (1183–1276)* (2001), 209–234.

4. 在这里列名字就过于冒犯了; 但有必要指出的是不列颠的经济史是一个例外。关于最近的研究综述，参见 C. Dyer, *Standards of living in the later middle ages* (1989); idem, *Making a living in the middle ages* (2002); R. Britnell, *The commercialisation of English society, 1100–1500* (1996); idem, *Britain and Ireland, 1050–1530: Economy and society* (2004); J. Masschaele, *Peasants, merchants, and markets* (1997); J. Langdon and J. Masschaele, 'Commercial activity and population growth in medieval England '(2006)。

5. 这里面的例外就是 W. Kula, *An economic theory of the feudal system* (1976) 和 G. Bois, *The crisis of feudalism* (1984)，这两部作品都并未经验式地聚焦公元 1350 年之前的时期。

6. 关于直到 1223 年的巴黎城，A. Lombard-Jourdan, *Paris: genèse de la 'ville'* (1976), 35–154, 尽管并不完整，但却是最为全面的分析。也参见 J. W. Baldwin, *The government of Philip Augustus* (1986), 342–351。关于约翰的资源和腓力二世的资源，最近的研究是 N. Barratt, 'The revenues of John and Philip Augustus revisited' (1999)。这一问题在 13 世纪时变得更容易了，因为巴黎的档案记录大幅增加，而城市规模也同样急剧扩大: 当地的居民数量从 1200 年的 5 万人增加到了 1328 年的超过 20 万人，这使巴黎成为可以和米兰相提并论（甚至超越米兰）的欧洲最大城市，参见 É. Carpentier and M. Le Mené, *La France du XIe au XVe siècle* (1996), 296–306; R. Cazelles, *Nouvelle histoire de Paris de la fin du règne de Philippe Auguste à la mort de Charles V (1223–1380)* (1972), 131–149。

7. 即使是英格兰的人口也有多种统计方式（我的数字是做出了一定折中之后的，并且这仅仅是为了提供一个关于增长率的大致概念），参见 J. Hatcher,

*Plague, population and the English economy, 1348–1530* (1977), 68–71；Langdon and Masschaele, 'Commercial activity and population growth', 54–68，以及 S. Broadberry et al., *British economic growth, 1270–1870* (2015), 10–13；关于 9 世纪的法兰克，参见 Devroey, *Économie rurale*, 65–75。

8. 关于灌溉技术，参见 T. F. Glick, *From Muslim fortress to Christian castle* (1995), 64–91；Menant, *Campagnes lombardes*, 182–203。

9. 关于各类垦荒的研究综述，参见 Fossier, *Enfance*, 126–247。

10. 对这一问题最为令人信服的导读，参见 Bartlett, *The making of Europe*, 111–116。

11. 参见如 M. Montanari, *L'alimentazione contadina nell'alto medioevo* (1979)，尤其是 211—218 页、469—476 页。

12. J. Chapelot and R. Fossier, *The village and house in the middle ages* (1985), 251–282; Dyer, *Standards*, 160–166; A. Molinari, 'Mondi rurali d'Italia' (2010).

13. Verhulst, *The Carolingian economy*; Devroey, *Puissants et misérables*.

14. 一般性内容，参见 Duby, *Rural economy*, 186–278；关于 1180 年左右以后英格兰非自由民的增长，参见 R. H. Hilton, 'Freedom and villeinage in England' (1965)；同时参见第一章注释 19。

15. Duby, *Rural economy*, 186–193, 224–231, 239–252；在 Freedman and Bourin, *Forms of servitude* 中可以看到当前对区域的综合性研究。

16. B. M. S. Campbell, 'The agrarian problem in the early fourteenth century' (2005).

17. 引用部分参见 O. Redon, 'Seigneurs et communautés rurales dans le contado de Sienne au XIIIe siècle' (1979), 158；关于作为一个整体的特许权，研究综述参见 C. Wickham, *Community and clientele in twelfth-century Tuscany* (2003), 192–219; Bourin and Martínez Sopena, *Pour une anthropologie*, vol. 2, 115–267。

18. S. Reynolds, *Kingdoms and communities in western Europe, 900–1300* (1984), 122–154.

19. 一般性内容，参见 M. Bourin and R. Durand, *Vivre au village au moyen âge* (1984)；关于英格兰的习惯，参见 J. Birrell, 'Manorial custumals reconsidered' (2014)。

20. P. Spufford, *Money and its use in medieval Europe* (1988), 74–131, 339–362.

21. 关于英格兰的情况，参见 C. Briggs, *Credit and village society in fourteenth-century England* (2009)。关于羊的价格，参见 D. L. Farmer, 'Prices and wages' (1988), 754。

22. 有关城镇的基础导读：D. M. Palliser, *The Cambridge urban history of Britain*

(2008); C. Dyer, 'How urbanized was medieval England?' (1995); R. H. Hilton, *English and French towns in feudal society* (1995); F. Menant, *L'Italia des communes (1100–1350)* (2005); D. Nicholas, *The growth of the medieval city* (1997); D. Keene, 'Towns and the growth of trade' (2004)。关于君士坦丁堡，参见第九章注释 1。意大利城市的规模：M. Ginatempo and L. Sandri, *L'Italia delle città* (1990)；我的数据就是根据他们的进行推断的。

23. M. Postan, *The medieval economy and society* (1972), 212.

24. 一般性的内容，参见 Wickham, *Sleepwalking*, 67–117；关于考古学材料，参见 F. Cantini, 'Ritmi e forme della grande espansione economica dei secoli *XI*–XIII nei contesti ceramici della Toscana settentrionale' (2010)；关于条约，参见 G. Müller, *Documenti sulle relazioni delle città toscane coll'Oriente cristiano e coi Turchi* (1879), 40–58；M. Amari, *I diplomi arabi del R. Archivio fiorentino* (1863), nn. 2–6。D. Abulafia, *The Two Italies* (1977)，讨论了 12 世纪时热那亚和比萨的贸易。

25. 关于城墙和房屋：G. Garzella, *Pisa com'era* (1990)。关于 1228 年的情况：E. Salvatori, *La popolazione pisana nel Duecento* (1994)。关于公元 1200 年之后的比萨，参见 A. Poloni, *Trasformazioni della società e mutamenti delle forme politiche in un Comune italiano* (2004)。

26. 关于到 1200 年前的根特，参见 A. Verhulst, *The rise of cities in north-west Europe* (1999), 12–13, 38–39, 54–56, 61–65, 75–79, 123–140；M. C. Laleman and P. Raveschot, 'Maisons patriciennes médiévales à Gand (Gent), Belgique' (1994)。关于 1200 年后的情况，D. Nicholas, *Medieval Flanders* (1992), 110–123, 130–138, 164–179, 217–230，总结了他自己和别人的研究成果，十分便利。

27. W. H. TeBrake, *A plague of insurrection* (1993); J. Dumolyn and J. Haemers, 'Patterns of urban rebellion in medieval Flanders' (2005)；一般性内容，参见 S. K. Cohn, *Lust for liberty* (2006), 32–33, 54–57，以及本文第十二章。

28. Britnell, *Britain and Ireland*，第 140 页和 153 页；J. Blair, 'Small towns 600–1270' (2008), 258–270。

29. 下面有关斯特拉特福的内容，参见 E. M. Carus-Wilson, 'The first half-century of the borough of Stratford-upon-Avon' (1965) 和 C. Dyer, 'Medieval Stratford' (1997)。

30. Dyer, *Making a living*, 163–174; Britnell, *The commercialisatio*. 关于兄弟会，G. Rosser, *The art of solidarity in the middle ages* (2015), 80–81, 114–115, 204–

205。

31. B. M. S. Campbell et al., *A medieval capital and its grain supply* (1993)，尤其是第 61 页的地图；关于西西里，参见 S. R. Epstein, *An island for itself* (1992), 163ff., 270ff.，其中进行了批判性分析。

32. Wickham, *Framing*, 712–718, 794–819.

33. P. Spufford, *Power and profit* (2002)，是最近优秀的研究综述。关于意大利，参见 P. J. Jones, *The Italian city-state* (1997), 152–332。

34. E. B. Fryde and M. M. Fryde, 'Public credit, with special reference to north–western Europe' (1963), 455–461；然而，巴尔迪家族和佩鲁齐家族也因为佛罗伦萨的内部困难而衰落：A. Sapori, *La crisi delle Compagnie mercantili dei Bardi e dei Peruzzi* (1926), 50–86, 140–182, 204–206，以及 E. S. Hunt, 'A new look at the dealings of the Bardi and Peruzzi with Edward III' (1990) 中批判性的评述。

35. J. L. Abu Lughod, *Before European hegemony* (1989)，是一部有关 1250—1350 年这一时期全球经济很好的一般性导读；其中 212—247 页是有关埃及的部分。

36. 关于犹太人档案和经济史，参见 S. D. Goitein, *A Mediterranean society (1967–1993)*，尤其是第一卷；Goldberg, *Trade*。关于欧洲的犹太人，参见第十章。

37. L. A. Kotel'nikova, *Mondo contadino e città dal XI al XIV secolo* (1975), 26–141.

38. Duby, *Rural economy*, 126–152，仍然是一部优秀的一般性导读；这一系列发展有很多最近都没有被研究过。关于鱼干，参见：B. Sawyer and P. Sawyer, *Medieval Scandinavia* (1993), 157–159。

39. W. C. Jordan, *The great famine* (1996).

40. B. M. S. Campbell, *Before the Black Death* (1991)（其中提供了一幅有关英格兰细致入微的图景）；S. R. Epstein, *Freedom and growth* (2000), 38–55；M. Bourin et al., 'Les campagnes européennes avant la peste' (2014)。

41. 关于石工在欧洲的流动，参见 P. du Colombier, *Les chantiers des cathédrales* (1973), 47–48；R. Recht, *Les batisseurs des cathédrales gothiques* (1989), 113–177，这两部作品提供了关于主教座堂建筑的一些优秀案例研究。关于社会流动性，参见 S. Carocci, *La mobilità sociale nel medioevo* (2010) 中的多区域研究。

## 第八章　政治重建的多重意涵，1150—1300

1. R. W. Southern, *Saint Anselm* (1990), 191, 232ff., 274–304.

2. 关于教令，参见 N. P. Tanner, *Decrees of the ecumenical councils* (1990), vol.1, 230–271。关于大环境，参见如：C. Morris, *The papal monarchy* (1989)，尤其是 417—438 页。关于缺乏成效，参见如：P. B. Pixton, *The German episcopacy and the implementation of the decrees of the Fourth Lateran Council, 1216–1245* (1995)，尤其是 437—459 页。关于影响：R. Bartlett, *Trial by fire and water* (1986), 98–102, 127–135，其中涉及了在大公会议谴责神命裁判数十年后，各国相继禁止神命裁判的相对速度。

3. 在众多书目中，可参见 Baldwin, *The government of Philip Augustus*，尤其是 152—175 页、220—258 页；W. C. Jordan, *Louis IX and the challenge of the Crusade* (1979), 45–64, 159–171; cf. J. Le Goff, *Saint Louis* (2009), 45–64, 159–171，这是一本独特的书（同时是一本对在此处提出的这些观点不那么感兴趣的一本书），但也是一本不能被排除在外的书。关于腓力四世，J. R. Strayer, *The reign of Philip the fair* (1980)，尤其是 36—99 页。

4. 参见如 Clanchy, *England and its rulers*, 181–283; Bartlett, *England*; M. Prestwich, *Plantagenet England 1225–1360* (2005), 81–187; J. R. Maddicott, *The origins of the English parliament, 924–1327* (2010), 157–331; D. A. Carpenter, *The reign of Henry III* (1996), 75–106, 183–197, 381–408；关于这些过程和贵族阶层结构之间的关系，参见 P. Coss, *The origins of the English gentry* (2003)。

5. S. Barton, 'Spain in the eleventh century' (2004) and P. Linehan, 'Spain in the twelfth century' (2004)，提供了一个简明的政治大纲；S. Barton, *The aristocracy in twelfth-century León and Castile* (1997), 104–147，以及 I. Álvarez Borge, *La plena edad media* (2003), 247–283，提供了更完备的社会政治研究综述。A. J. Kosto, 'Reconquest, Renaissance and the histories of Iberia, ca. 1000–1200' (2012)，是一个有效驳斥了再征服运动束缚的论断。关于十字军活动的意象，参见 W. J. Purkis, *Crusading spirituality in the Holy Land and Iberia, c.1095–c.1187* (2008), 120–178。关于早期的全权法官，参见 I. Álvarez Borge, *Clientelismo regio y acción política* (2014); C. Jular, *Los adelantados y merinos mayores de León* (siglos XIII–XV) (1990), 56–159; cf. eadem, 'The king's face on the territory' (2004)。

6. 关于费尔南多三世，参见 A. Rodríguez López, *La consolidación territorial de la monarquía feudal castellana* (1994); M. González Jiménez, *Alfonso X el*

*Sabio* (2004)，其观点非常乐观；关于 13 世纪 70 年代反叛的复杂性，参见 I. Alfonso, 'Desheredamiento y desafuero, o la pretendida justificación de una revuelta nobiliaria' (2002)。关于财政结构，主要参见 M. A. Ladero Quesada, *Fiscalidad y poder real en Castilla (1252–1369)* (1993)；E. S. Prater, *Curia and Cortes in León and Castille* (1980), 186–202；关于税收的开始，参见 I. Álvarez, 'Soldadas, situados y fisco regio en el reinado de Alfonso Ⅷ de Castilla (1158–1214)' (2015)。

7. P. Engel, *The realm of St Stephen* (2001), 37–107；Berend et al., *Central Europe*, 147–160, 176–181, 189–194, 208–211, 226–236, 244–249, 286–288, 425–432；关于税收，W. M. Ormrod and J. Barta, 'The feudal structure and the beginnings of state finance' (1995), 76–79, 以及 G. Barta and J. Barta, 'Royal finance in medieval Hungary' (1999)。

8. 优秀的导论，参见 H. Takayama, *The administration of the Norman kingdom of Sicily* (1993)；D. Abulafia, *Frederick Ⅱ* (1988), 尤其是 321—339 页；J. Dunbabin, *Charles I of Anjou* (1998), 尤其是 55—76 页；Carocci, *Signorie di Mezzogiorno*。

9. 关键的导论是 D. Waley and T. Dean, *The Italian city-republics* (2010)；Menant, *L'Italie des communes*；Milani, *I comuni italiani*；Jones, *The Italian city-state*；还有 J. C. Maire Vigueur, *Cavaliers et citoyens* (2003) 这部重要的研究专著。关于对抗 "巴巴罗萨" 的战争，参见 G. Raccagni, *The Lombard league, 1167–1225* (2010)；P. Grillo, *Legnano 1176* (2010)。对意大利南部城市进行的比较，参见 P. Oldfield, *City and community in Norman Italy* (2009)；P. Skinner, *Medieval Amalfi and its diaspora, 800–1250* (2013)。

10. R. W. Southern, *Western society and the church in the middle ages* (1970), 105–121, 184–185, 是一个出众的导论；关于英诺森三世之前教廷司法的发展，参见如 I. S. Robinson, *The papacy 1073–1198* (1990), 179–208。关于教宗对婚姻法控制的政治运用，参见 D. L. d'Avray, *Papacy, monarchy and marriage, 860–1600* (2015)。

11. 关于 13 世纪，参见 Southern, *Western society*, 122–133, 188–213；R. Brentano, *Two churches* (1968)；A. Paravicini Bagliani, *Il trono di Pietro* (1996)；J. Sayers, *Innocent Ⅲ* (1994)。

12. 关于这些发展的一个合理概述是 Keller, *Zwischen regionaler Begrenzung*, 375–500。

13. 对这一段落而言的重要导读是 Arnold, *Princes and territories*, and L. Scales,

*The shaping of German identity* (2012)。

14. P. Moraw, *Von offener Verfassung zu gestalteter Verdichtung* (1985), 175. 关于各城市，参见 T. Scott, *The city-state in Europe, 1000–1600* (2012), 56–63, 129–164。

15. 关于迈森，参见 H. Helbig, *Der wettinische Ständestaat* (1995), 1–53；O. Brunner, *Land and lordship* (1992)，尤其是 36—94 页、139—199 页、296—324 页。

16. 研究综述参见 C. Wickham, 'Lineages of western European taxation, 1000–1200' (1997)。

17. France, *Western warfare*, 70–75, 131–134；关于各国国王相对财富的数字，参见 J. Pryor, 'Foreign policy and economic policy' (1980), 45–46。一般性内容，参见 M. Ginatempo, 'Esisteva una fiscalità a finanziamento delle guerre del primo "200?" ' (2001)，作者在其中提出要警惕"在 1250 年左右以前，税收所支撑的战争开支不仅是一小部分"这样一种假设的存在。

18. Jordan, *Louis IX*, 78–104; Strayer, *The reign*, 250–260.

19. G. H. Martin, 'Merton, Walter of (c, 1205–1277)' (2004).

20. L. Thomas, 'La vie privée de Guillaume de Nogaret' (1904)；Strayer, *The reign*, 尤其是 52—62 页。

21. M. T. Clanchy, *From memory to written record* (2013), 61–64，更一般性的内容，见该书 46—82 页。

22. *Libri dell'entrata e dell'uscita della republica di Siena* (1904ff.)，收集了锡耶纳早期财政大臣的档案记录册；关于博洛尼亚、佩鲁贾以及他们的后继者，参见 A. Zorzi, 'Giustizia criminale e criminalità nell'Italia del tardo medioevo' (1989), 942–945。关于意大利城市中对文字书写使用的最近研究成果，参见 H. Keller, 'Die italienische Kommune als Laboratorium administrativen Schriftgebrauchs' (2014)。

23. 参见第四章注释 23。

24. Lupus of Ferrières, *Epistolae* (1925), nn. 121, 124 (nn. 118, 123 的翻译)；关于亨利一世，参见 Map, *De nugis curialium*, 470–472。关于政治的口头交流，参见 M. Billoré and M. Soria, *La rumeur au moyen âge* (2011)。

25. J. Sabapathy, *Officers and accountability in medieval England 1170–1300* (2014), 47–52, 86–91, 113–120，是当前了解英格兰情况的最佳起点；关于法兰西的情况，参见 Jordan, *Louis IX*, 51–64, 236–245；M. Dejoux, 'Mener une enquête générale, pratiques et méthodes' (2010)。一般性内容，参见 C. Gauvard, *L'enquête au moyen âge* (2005)；T. Pécout, *Quand gouverner c'est enquêter* (2010)。关于

加洛林时代的审问，参见 Davis, *Charlemagne's practice of empire*, 260–278。

26. *Dialogus de Scaccario* (2007), 1.1, 5（引用的内容在第 10 页）; Jean sire de Joinville, *Histoire de Saint Louis* (1868), c. 140; V. Crescenzi, 'Il sindacato degli ufficiali nei comuni medievali italiani' (1981), 406–451。此处的基础性内容是 Sabapathy, *Officers and accountability* 中的各处（91—110 页是关于理查德·菲茨尼尔的内容）; idem, 'Accountable *rectores* in comparative perspective' (2012); 更一般性的内容，参见 Bisson, *The crisis*, 316–349，作者在其中展示了 12 世纪晚期的整个欧洲西部，账目核对是如何先行产生并成为问责制度的前提条件的。

27. C. E. Bosworth, 'Muṣādara' (2002).

28. 令人惊讶的是，目前还没有出现比较像样的对中世纪中期欧洲法典进行的比较分析。A. Padoa-Schioppa, *Il diritto nella storia d'Europa* (1995) 比大多数的分析要强；关于斯堪的纳维亚，可以在 R. M. Karras, S*lavery and society in medieval Scandinavia* (1998), 167–178 中看到优秀而简练的导论。

29. 关于奥贝托，参见 M. G. di Renzo Villata, 'La formazione dei «*Libri Feudorum*»' (2000); Reynolds, *Fiefs and vassals*, 215–230。一般性内容，参见 A. Watson, *The evolution of law* (1985), 66–97。关于罗马法和实践中的法律程序，一个有关意大利北部地区情况的杰出研究是 M. Vallerani, *Medieval public justice* (2012)。

30. 一般性内容，参见 Wickham, *Sleepwalking*。

31. 关于伊尔切斯特的理查德（Richard of Ilchester）以及 12 世纪 60 年代的传唤卷宗，参见 Clanchy, *From memory*, 65 和 *Dialogus de Scaccario*, 2.2 (p. 112); 关于沃尔特·斯特普尔顿（Walter Stapledon）14 世纪 20 年代的行政改革，参见 T. F. Tout, *Chapters in the administrative history of mediaeval England* (1920), vol.2, 258–267。这里可以补充的是，《国库对话录》是以问答形式写成的英格兰政府运作的解释；仅仅是需要对政府运作进程给出解释，就已经是在思考如何更好地完善它们的道路上前进一半了。不过还可参见 U. Kypta, *Die Autonomie der Routine* (2014)，尤其是 208—222 页、245—250 页，能读到这一文献多亏了约翰·萨巴帕斯（John Sabapathy），其中主要讨论了英格兰政府文员的惯习如何有利于意料之外的创新；这仍然是所有更有意而为之变化的背景。

32. *Annali genovesi di Caffaro e de' suoi continuatori*, vol.2 (1901), 36; Wickham, *Medieval Rome*, 442–445; P. Vignoli, *I costituti della legge e dell'uso di Pisa (sec. XII)* (2003).

33. 主要参见 Bisson, *The crisis*。本段和下一段内容都要感谢 Bisson, *The crisis*,
Reynolds, *Kingdoms and communities*, Watts, *The making of polities* 的洞见——
尽管，他们之间肯定有不同意见。

34. Freedman, *The origins of peasant servitude*, 89–118; Bisson, *The crisis*, 508–512.
关于阿拉贡更为一般性的基础内容，参见 T. N. Bisson, *The medieval crown of
Aragon* (1991)。

35. 关于领主领地的问题，主要参见 C. Estepa Díez, *Las behetrías castellanas*
(2003)，尤其是第一卷的第 39—87 页、181—229 页。

36. 关于王国的共同体，参见 Reynolds, *Kingdoms and communities*, 268–287。

37. 关于国王的愤怒，参见 J. E. A. Jolliffe, *Angevin kingship* (1955), 96–109 和 G.
Althoff, 'Ira regis' (1998); Map, *De nugis curialium*, 2–24, 498–512；关于奥托
王朝和之后时期的政治编排，参见 Althoff, *Spielregeln*。

38. G. Klaniczay, *Holy rulers and blessed princesses* (2002), 96–99, 123–155, 158–
161, 171–173, 296–298. 丹麦的克努特三世（Knud Ⅲ）、瑞典的埃里克九世
（Erik Ⅸ）和挪威的奥拉夫·哈拉尔松都是类似的圣徒国王。

39. C. Valente, 'The deposition and abdication of Edward Ⅱ' (1998)，引用内容在第
880 页。

40. 关于早期学校演变为大学，参见 C. S. Jaeger, *The envy of angels* (1994)；关于
贫穷的学者，很难不引用 H. Waddell, *The wandering scholars* (1932)，尤其是
156—158 页，因为她的作品中包含着令人回味的意象。关于当时希腊的类
似情况，参见第九章注释 21。

41. 一般性内容，参见 S. C. Ferruolo, *The origins of the university* (1985)，尤其
是 11—66 页; R. W. Southern, *Scholastic humanism and the making of Europe*
(1995–2001)。关于博洛尼亚，参见 E. Cortese, *Il diritto nella storia medievale*
(1995), vol.2, 57–214 和 R. G. Witt, *The two Latin cultures and the foundation of
Renaissance humanism in medieval Italy* (2012), 235–259——这本书现在是研
究意大利北部 900—1250 年知识分子文化的基本起点。关于阿伯拉尔，在
众多研究中，可参见 M. T. Clanchy, *Abelard* (1997) 和 D. Luscombe, *The letter
collection of Peter Abelard and Heloise* (2013); cf. M. Colish, *Peter Lombard*
(1994)，尤其是 96—131 页、254—263 页。

42. 关于此处和后面的内容，参见 Ferruolo, *The origins*, 279–315; I. P. Wei,
*Intellectual culture in medieval Paris* (2012)，尤其是 87—124 页。[要注意的是，
博洛尼亚的同业行会（universitates）不是教师的行会，而是学生的行会。]

43. B. Stock, *The implications of literacy* (1983), 90–92.

44. M. Rubellin, *Eglise et société chrétienne d'Agobard à Valdès* (2003), 455–500; 关于更晚的时期，参见 P. Biller, 'Goodbye to Waldensianism?' (2006)，该文章为这一教派的相对一致性进行了辩护。意大利北部的平信徒布道团体，谦卑者派（Humiliati），发生的情况也大抵相同，但他们中的大部分在 1199—1201 年以准修士的身份回到了教会中：F. Andrews, *The early Humiliati* (1999), 38–98。关于一场新修道运动的案例研究，参见 K. Sykes, *Inventing Sempringham* (2011)。

45. 主要参见 W. Simons, *Cities of ladies* (2001) 还有 D. Elliott, *Proving woman* (2004), 47–84。

46. 最近的研究，参见 A. Vauchez, *Francis of Assisi* (2012)。关于方济各会和其他修会持续不断的阈限阶段（liminality），参见 G. Geltner, *The making of medieval antifraternalism* (2012)。

47. 关于这一问题的学术争论非常多。在最近的著作中，虽然它们的观点不尽相同，但都很有文本意识，这些著作是 M. Zerner, *Inventer l'hérésie?* (1998); C. Bruschi and P. Biller, *Texts and the repression of heresy* (2003); J. H. Arnold, *Inquisition and power* (2001); C. Bruschi, *The wandering heretics of Languedoc* (2009); L. Sackville, *Heresy and heretics in the thirteenth century* (2011); C. Taylor, *Heresy, crusade and inquisition in medieval Quercy* (2011); G. Zanella, *Hereticalia* (1995)，尤其是 127—143 页；C. Lansing, *Power and purity* (1998); M. G. Pegg, *The corruption of angels* (2001); Moore, *The war on heresy*［同时也参见 Biller 的综述和 Moore 的回应，这两篇都在 *Reviews in history* (2014) 上］。J. H. Arnold, 'The Cathar milddle ages as an historiographical problem' (2016) 巧妙地总结了这场学术争论。这些作品一并成为后续段落的基础。

48. Lansing, *Power and purity*, 92–96; J. L. Peterson, 'Holy heretics in later medieval Italy' (2009).

49. 最近的，也是令人愤怒的一个有关十字军的描述，参见 M. G. Pegg, *A most holy war* (2008)。

50. 参见 D. L. d'Avray, *The preaching of the friars* (1985)，尤其是 15–28; A. Vauchez, 'The Church and the laity' (1999), 183–194；关于此前几个世纪的情况，参见 Hamilton, *Church and people*, 10–15, 172–177。

51. 关于 1233 年，参见 A. Thompson, *Revival preachers and politics in thirteenth-century Italy* (1992)。

52. 参见 Rosser, *The art of solidarity*。

53. R. I. Moore, *The formation of a persecuting society* (2007)，是一部经典之作，

尽管 C. Rawcliffe, *Leprosy in medieval England* (2006)，呈现了在整个中世纪时代对麻风病人的态度有多么复杂，而这种隔离只是相对的。关于这个时期的同性恋者（我用了现代的术语，虽然实际上那个时候有关性取向特征的表述相当不同），参见 J. Boswell, *Christianity, social tolerance and homosexuality* (1981), 269–302（这本书是一部有着仔细的文本分析和过度假设的奇怪混合体）。

54. 各事例参见 C. Bruschi, 'Familia inquisitionis' (2013)。

55. 一般性内容，参见 Arnold, *Belief and unbelief*；关于从 1240—1330 年这一时期异端审判官的记录中所见之复杂微观文化信仰的优秀案例，参见 Pegg, *The corruption of angels*；E. Le Roy Ladurie, *Montaillou* (1978)。此外，对于更晚的时期，参见 J. Edwards, 'Religious faith and doubt in late medieval Spain' (1988)；C. Ginzburg, *The night battles* (1983)。

## 第九章 1204 年：另一种可能的失败

1. P. Magdalino, *Constantinople médiévale* (1996), 55–57 倾向于接受维尔阿杜安的若弗鲁瓦（Geoffroy de Villehardouin）做出的君士坦丁堡在 1204 年时大约有 40 万居民的估计；但即使不认可这一估计，君士坦丁堡也无疑超越了其主要的竞争者——13 世纪的巴黎和米兰已经可以确定的居民大约为 20 万人（参见第七章）。

2. 关于加洛林王朝，参见 C. Wickham, 'Ninth-century Byzantium through western eyes' (1998)；关于奥托王朝，参见 A. von Euw and P. Schreiner, *Kaiserin Theophanu* (1991) 和 A. Davids, *The empress Theophano* (1995)。能对本章所讨论时期产生一个感性认识的初步导读是 J. Shepard, *The Cambridge history of the Byzantine empire, c. 500–1492* (2008)。

3. M. Whittow, *The making of Orthodox Byzantium, 600–1025* (1996), 310–391; C. Holmes, *Basil II and the governance of empire (976–1025)* (2005), 448–543.

4. J. Haldon, *Warfare, state and society in the Byzantine world, 565–1204* (1999), 112–120, 217–225; A. Dain, 'Les stratégistes byzantins' (1967); J. Haldon, *A critical commentary on the Taktika of Leo VI* (2014), 3–87.

5. M. Psellos, *Chronographia*, trans. Sewter (1966), 45–46. 关于这一时期的财政体系，依然可参见 F. Dölger, *Beiträge zur Geschichte der byzantinischen Finanzverwaltung, besonders des 10. und 11. Jahrhunderts* (1927), 9–112; Hendy,

*Studies*, 157–242（涵盖的不止这一时期）；V. Prigent, 'The mobilisation of fiscal resources in the Byzantine empire (eighth to eleventh centuries)' (2014)。

6. M. Angold, *The Byzantine aristocracy, IX to XII centuries* (1984); Kaplan, *Les hommes et la terre*, 331–373; J.-C. Cheynet, *Pouvoir et contestations à Byzance (963–1210)* (1996), 207–248; J.-C. Cheynet, 'Les Phocas' (1986). 关于行省内的世界，参见 L. Neville, *Authority in Byzantine provincial society, 950–1100* (2004)。

7. *To eparchikon biblion* (1970).

8. Liutprand of Cremona, *Opera* (1998), *Antapodosis*, 6.10 (trans. Squatriti, 200–202); Constantin VII Porphyrogénète, *Le livre des cérémonies* (1935–1939); A. Cameron, 'The construction of court ritual' (1987), 106–136; M. McCormick, *Eternal victory* (2001), 144; Dagron, *Emperor and priest*, 84–124, 204–219.

9. 关于尼基弗鲁斯，参见 *Le traité sur la guérilla*；Kekaumenos, *Consilia et narrationes* (2013)；关于博伊拉斯，参见 P. Lemerle, *Cinq études sur le XIe siècle byzantin* (1997), 15–63（关于各书的文本材料，参见第 24—25 页），vol. 1, 2。

10. Constantin VII Porphyrogénète, *Le livre des cérémonies*, vol. 1, 2；关于君士坦丁七世可能确实写了的部分，参见 I. Ševčenko, 'Re-reading Constantine Porphyrogenitus' (1992)。

11. 参见如 P. Lemerle, *Byzantine humanism* (1986)；H. Maguire, *Byzantine court culture from 829 to 1204* (1997)；M. T. Fögen, 'Reanimation of Roman law in the ninth century' (1998)。

12. A. Kaldellis, *The argument of Psello's Chronographia* (1999); S. Papaioannou, *Michael Psellos* (2013).

13. 一般性内容，参见 Curta, *Southeastern Europe*, 119–124, 147–179, 213–247；J. Shepard, 'Bulgaria' (1999)；P. Stephenson, *Byzantium's Balkan frontier* (2000), 18–23。

14. 关于本段和后面两段，主要参见 J. Shepard and S. Franklin, *The emergence of Rus, 750–1200* (1996) 和 Martin, *Medieval Russia*。

15. S. Franklin, *Writing, society and culture in early Rus, c.950–1300* (2002).

16. J. Haldon, 'Approaches to an alternative military history of the period ca. 1025–1071' (2003)；一般性内容，参见 M. Angold, *The Byzantine empire, 1025–1204* (1984), 12–91，但是最近没有对这一时期的整体分析。

17. P. Frankopan, *The First Crusade: the call from the east* (2011), 57–172; P.

Magdalino, *The empire of Manuel I Komnenos, 1143–1180* (1993), 95–98, 123–132.

18. *Digenis Akritis* (1998)（我们所有实际存在的文本都是中世纪晚期的）。

19. Magdalino, *The empire of Manuel I*, 180–266；关于普洛尼亚制度，参见 M. C. Bartusis, *Land and privilege in Byzantium* (2012), 64–111, 165–170; Niketas Choniates, *Historia*，翻译在 H. J. Magoulias, *O city of Byzantium* (1984), 118–119 (cc. 208–209)。

20. A. Harvey, *Economic expansion in the Byzantine empire, 900–1200* (1989)；Magdalino, *The empire of Manuel I*, 140–171；A. E. Laiou and C. Morrisson, *The Byzantine economy* (2007), 90–165［其中综合了不朽的名篇 A. E. Laiou, *The economic history of Byzantium from the seventh through the fifteenth century* (2002) 中的内容］；M. Whittow, 'The Byzantine economy(600–1204)' (2008)，需要谨慎阅读；G. D. R. Sanders, 'Corinth' (2002); *To eparchikon biblion*。

21. R. Beaton, 'The rhetoric of poverty' (1987)；关于尼基弗鲁斯，参见 L. Neville, *Heroes and Romans in twelfth-century Byzantium* (2012)；关于安娜·科穆宁娜这个比她丈夫更为显赫的人物，参见 T. Gouma–Peterson, *Anna Komnene and her times* (2000)。

22. Magdalino, *The empire of Manuel I*, 56–108.

23. T. M. Kolbaba, *The Byzantine lists* (2000), 35ff.

24. Liutprand of Cremona, *Antapodosis*, bk. 6; *Relatio* 中的各处 (trans. Squatriti, 195–202, 238–282)。关于奇观之城，参见 I. Seidel, *Byzanz im Spiegel der literarischen Entwicklung Frankreichs im 12. Jahrhundert* (1977), 49–54, 95–99; B. Ebels-Hoving, *Byzantium in westerse ogen, 1096–1204* (1971), 119–123, 170–181, 253–254, 263–269; M. Angold, *The fourth crusade* (2003), 58–74。

25. C. M. Brand, *Byzantium confronts the West* (1968); Angold, *The fourth crusade*; J. Phillips, *The Fourth Crusade and the sack of Constantinople* (2005).

26. 关于政治史，依然可参见 D. M. Nicol, *The last centuries of Byzantium, 1261–1453* (1993)；关于科拉修道院，R. Ousterhout, *The art of the Kariye Camii* (2002) 总结了目前为止对其的认知。关于塞尔维亚人和保加利亚人的叙述性描述，参见 J. V. A. Fine, *The late medieval Balkans* (1987)。

27. 一个研究综述，参见 C. Imber, *The Ottoman empire, 1300–1650* (2002), 7–37。

28. Bartusis, *Land and Privilege*, 579–596 的论述非常合理。关于奥斯曼军队，参见 Gy. Káldy-Nagy, 'The first centuries of the Ottoman military organization' (1997)。C. Kafadar, *Between two worlds* (1995)，尤其是 118—150 页和 H. W.

Lowry, *The nature of the early Ottoman state* (2006) 提供了一个重要的框架。

29. H. İnalcik, 'The policy of Mehmed II towards the Greek population of Istanbul and the Byzantine buildings of the city' (1969–1970)；关于穆罕默德二世承认的限度和拜占庭人的反应，参见 K. Moustakas, 'Byzantine "visions" of the Ottoman empire' (2011)。关于 1402 年后的分裂，参见 D. J. Kastritsis, *The sons of Beyazid* (2007)。

30. Johns, *Arabic administration*，尤其是 38 页。

31. R. O. Crummey, *The formation of Muscovy, 1304–1613* (1987), 29–93; Martin, *Medieval Russia*, 174–254.

32. D. Ostrowski, *Muscovy and the Mongols* (1998), 36–63, 177–180, 219–243.

33. Choniates, *Historia*, trans. Magoulias, 167 (c. 301).

## 第十章　界定社会：欧洲中世纪晚期的性别与共同体

1. E. Dupré Theseider, 'Caterina da Siena, santa' (1979); C. W. Bynum, *Holy feast and holy fast* (1987), 165–180, 204–207；以及非常有价值的 F. T. Luongo, *The saintly politics of Catherine of Siena* (2006)——关于酒桶的比喻，参见其 97、109 页（他还指出了加大利纳在描述打开酒桶时援引的性意象，此处由锥子形成了交叉的十字架）。关于嫁接的树的比喻，参见 *Epistolario di Santa Catarina da Siena* (1940), n.41。

2. *The Book of Margery Kempe* (2004)（关于莱斯特在第 48 章，关于并非布道在第 52 章）；我发现了两本书特别有用的书，即 J. H. Arnold and K. J. Lewis, *A companion to the book of Margery Kempe* (2004) 和 A. Goodman, *Margery Kempe and her world* (2002)。

3. 研究综述，参见 R. N. Swanson, *Religion and devotion in Europe, c. 1215–c. 1515* (1995)。

4. 尤其参见 J. H. Van Engen, *Sisters and brothers of the common life* (2008)。

5. 关于英格兰，参见 P. J. P. Goldberg, *Women, work and life cycle in a medieval economy* (1992)，尤其是 324—361 页；与之相对，参见 J. M. Bennett, *History matters* (2006), 82–107; eadem, *Ale, beer, and brewsters in England* (1996), 如 37—43 页、58—59 页；她更为悲观的观点并未影响到整体观点。关于欧洲范围的研究综述，参见 K. Reyerson, 'Urban economies' (2013), 295–310。

6. N. Caciola, *Discerning spirits* (2003), 87–98.

7. 关于女性神圣性的模式和问题，参见 C. W. Bynum, 'Women's stories, women's symbols' (1992); Caciola, *Discerning spirits*，第 309—319 页和其他各处；Elliott, *Proving women*；A. Vauchez, *The laity in the middle ages* (1993), 171–264。关于对恶魔和性（尤其是女性的）的忧虑，参见 Elliott, *Fallen bodies*，尤其是 35—60 页。关于贞德，H. Castor, *Joan of Arc* (2014) 总结了大量的参考文献（可能有些出人意料的是，其中很大一部分都是英文的）；Cr. Taylor, *Joan of Arc: La Pucelle* (2006) 不仅仅是一本优秀的原始文本合集。关于女巫，参见下文注释 42。

8. Dante, *Monarchia* (1995), 1.5.5; *Le ménagier de Paris* (1846). 关于中世纪的社会性别和女性史有许多导读，但是 Bennett and Karras, *The Oxford handbook of women and gender* 是迄今为止这整个领域最好的导论合集并且引用了先前的成果。关于女性声誉的脆弱性，参见如对中世纪后期英格兰普遍责骂罪（scolding accusations）指控进行的案例研究 S. Bardsley, *Venomous tongues* (2006)。关于家庭语境下的父权制关系，参见 R. E. Moss, *Fatherhood and its representations in Middle English texts* (2013)。

9. Andreas aulae regiae capellanus, *De amore* (2006), 1.11.3；一般性内容，参见 K. Gravdal, *Ravishing maidens* (1991) 第 104—121 页和其他各处；关于格里塞尔达，参见 G. Boccaccio, *Decamerone* (1993), 10.10。

10. D. Herlihy, *Opera muliebria* (1990), 75–102. Bennett, *Ale, beer, and brewsters*, 51–76，表明在中世纪后期，男性也接管了大规模酿造行业。D. Cardon, *La draperie au moyen âge* (1999)，表明中世纪后期在欧洲大陆的大规模纺织业中男女比例相当均衡。关于富格尔家族，参见 M. Häberlein, *The Fuggers of Augsburg* (2012), 12–20（她们并非这方面的特例，参见 E. Ennen, *The medieval women* (1989), 165–184, 201, 209–210）；反而是在 16 世纪，女性被排除在了富格尔贸易公司的领导层之外：Häberlein, *The Fuggers*, 34–35, 204。

11. 关于医学，参见如 M. H. Green, 'Women's medical practice and health care in medieval Europe' (1989); H. Skoda, 'La Vierge et la vieille' (2012)。关于宗教改革，参见 L. Roper, *The holy household* (1989)（其强调了这种监管也影响了丈夫）; eadem, *Oedipus and the Devil* (1994), 37–52。

12. 关于玛格丽特，一个简要的研究综述参见 J. E. Olesen, 'Inter-Scandinavian relations' (2003), 720–729；关于王后的一般性内容，参见 T. Earenfight, *Queenship in medieval Europe* (2013); A. Rodríguez, *La estirpe de Leonor de Aquitania* (2014)。

13. E. Cavell, 'Intelligence and intrigue in the March of Wales' (2015); J. C. Parsons, 'Isabella (1295–1358)', *Oxford dictionary of national biography* (2004)。（伊莎贝尔与莫蒂默公开的私通是非常不寻常的；然而，在他们刚开始这种关系时，两个人都流亡在法兰西——如果伊莎贝尔在她丈夫的宫廷中是不可能逃过一劫的。）

14. R. Gilchrist, *Gender and material culture* (1994).

15. Ennen, *The medieval woman*, 170, 180–187, 230.

16. 参见如 J. A. McNamara and S. Wemple, 'The power of women through the family in medieval Europe: 500–1100' (1973); G. Duby, 'Women and power' (1995)。我更倾向 J. Bennett, *Medieval women in modern perspective* (2000) 的那种更具延续性的解读。

17. 关于嫁妆和婚前协议的一般性概述，参见 S. M. Stuard, 'Brideprice, dowry, and other marital assigns' (2012) 和 M. C. Howell, *The marriage exchange* (1998), 196–228；豪厄尔（Howell）关于杜埃（Douai）的案例研究，表明女性对于财产的控制可能比以前许多研究假定的更为复杂，而且在某些方面延续得更久。

18. M. T. Clanchy, 'Did mothers teach their children to read?' (2011), 139–153.

19. Christine de Pizan, *Le livre de la cité des dames* (1997)，尤其是第一部分第 11、27 章，第二部分第 50 章，第三部分第 9 章；在众多评注中，可参见 R. Brown-Grant, *Christine de Pizan and the moral defence of women* (2000), 128–174。

20. 关于《伪蒂尔潘编年史》在法兰西的复杂意义（尤其是后来在翻译回法语的过程中），主要参见 G. M. Spiegel, *Romancing the past* (1993), 69–98。

21. 关于德意志，参见如 M. H. Jones and R. Wisbey, *Chrétien de Troyes and the German middle ages* (1993)；关于英格兰，参见 W. R. J. Barron, *The Arthur of the English* (2001)；关于威尔士，参见 R. Bromwich et al., *The Arthur of the Welsh* (1991)。

22. 关于早期的引用，参见 G. Petrocchi, 'Biografia' (1978), 45–49；关于但丁在国外的影响，参见 M. Caesar, *Dante: the critical heritage* (1989), 15–18。

23. 关于宫廷及其社交模仿行为，参见 M. Vale, *The princely court* (2001)，尤其是 179–246；S. Gunn and A. Janse, *The court as a stage* (2006)。关于拜占庭的传奇文学，参见 E. Jeffreys, *Four Byzantine novels* (2012)。

24. 关于整个中世纪法兰西文学的简要导读，参见 F. Lestringant and M. Zink, *Histoire de la France littéraire*, vol. 1 (2006)；关于三等级，参见 G. Duby,

*The three orders* (1980), 271–353。关于骑士身份，参见 J. Flori, *L'essor de la chevalerie* (1986)，以 及 D. Barthélemy, *The serf, the knight and the historian* (2009), 137–153 中对该书的一些修正。关于骑士精神在实践中的复杂性，参见 M. Keen, *Chivalry* (1984)。关于贵族的宗教道德（以及他们持续封圣的捷径），参见 A. Murray, *Reason and society in the middle ages* (1978), 331–382。

25. 一般性内容，参见 Coss, *The origins*；Crouch, *The birth of nobility*；K. B. McFarlane, *The nobility of later medieval England* (1973)；J. Morsel, *L'aristocratie médiévale* (2004)，提供了对整个欧洲的分析。关于 "Nobilis" 于整个欧洲在中世纪早期的运用，参见 Goetz, ' "Nobilis" '。关于爱丽丝·乔叟，参见 R. E. Archer, 'Chaucer, Alice, duchess of Suffolk (c. 1404–1475)' (2004)。

26. R. C. Trexler, *Public life in Renaissance Florence* (1980), 218–223, 450–452; J.-C. Maire Vigueur, *L'autre Rome* (2010), 178–184; M. Rubin, *Corpus Christi* (1991), 164–184, 271–287。关于入城典礼，参见 A. Brown and G. Small, *Court and civic society in the Burgundian Low Countries c. 1420–1530* (2007)，第 23—28 页、第 165—209 页中的文本；P. Arnade, *Realms of ritual* (1996)，尤其是 127—158 页；E. Lecuppre-Desjardin, *La ville des cérémonies* (2004)，尤其是 103—197 页、259—302 页。

27. J. Catto, 'Andrew Horn' (1981), 387–391; cf. Q. Skinner, *The foundations of modern political thought* (1978), vol. 1, 27–48 以 及 B. Latini, *Li livres dou tresor* (2003)（关于伊比利亚在 xxxii）；关于葬礼游行上无节制的悲伤，参见 C. Lansing, *Passion and order* (2008)；关于制蜡，参见如 *Statuta sive leges municipales Arelatis* (1846), 221, c.93，是阿尔勒的情况。

28. Jones, *The Italian city-state*, 440–476 提供了优秀的研究综述。

29. Boccaccio, *Decamerone*；关于乔叟，参见如 P. Strohm, *Social Chaucer* (1989), 84–91；关于伦敦的缺失，参见 D. Wallace, *Chaucerian polity* (1997), 156–181。

30. *Diario bolognese di Gaspare Nadi* (1886)；关于回忆录传统，参见如 P. J. Jones, 'Florentine families and Florentine diaries in the fourteenth century' (1956)。Boccaccio, *Decamerone*, 5.8, 9, 10.1，将半吊子的骑士文学价值观联系到了城市精英身上，但也只是半吊子的程度；同样需要一提的是 15 世纪佛罗伦萨商人和外交官乔瓦尼·弗雷斯科巴尔迪（Giovanni Frescobaldi）关于一场足球赛的准史诗，见 L. Avellini, 'Artigianato in versi del secondo Quattrocento fiorentino' (1980), 178–181, 213–229。

31. 参见 N. E. Dubin, *The fabliaux* (2013)，这是最近有着将近一半语料的类似文

本，虽然作者让译文同法语韵文格式对应的决定创造出了天马行空的而非字面的翻译；其中 872—885 页为 *La damoisele qui n'oït parler de fotre qui n'aüst mal au cuer*。我主要从 P. Ménard, *Les fabliaux* (1983)（65—72 页关于食物）；C. Muscatine, *The Old French fabilaux* (1986)（73—83 页关于食物）和 N. J. Lacy, *Reading fabilaux* (1993) 中获得了对故事诗社会语境的认识。

32. 关于玛格丽涉及进食的属灵语境，参见 M. Raine, '"Fals flesch"' (2005)。关于农民对好食物的态度，参见如 J. Birrell, 'Peasants eating and drinking' (2015)。

33. *Le vilain asnier* (in Dubin, *The fabliaux*, 176–180)；一般性内容，主要参见 Freedman, *Images of the medieval peasant*, 133–156。关于 1381 年的农民叛乱，参见 S. Justice, *Writing and rebellion* (1994), 102–139, 181–190；以及后文第十二章。

34. D. Balestracci, *La zappa e la retorica* (1984).

35. 关于农民的证言，参见 Wickham, *Courts and conflict* 和 G. Brucker, *Giovanni and Lusanna* (1986), 21–25。关于 1500 年之后不久出现的经典案例，虽然有评注者的进一步解读，参见 N. Z. Davis, *The return of Martin Guerre* (1983)。

36. Le Roy Ladurie, *Montaillou*；关键性的批评，参见 L. E. Boyle, 'Montaillou revisited' (1981) 和 N. Z. Davis, 'Les conteurs de Montaillou' (1979)。关于更晚的案例，参见第八章注释 55。

37. Birrell, 'Manorial custumals'；G. Algazi, 'Lords ask, peasants answer' (1997)；S. Teuscher, *Lord's rights and peasant stories* (2012)；G. Brunel and O. Guillotjeannin, 'Les préambules des chartes de franchises' (2007) 提供了一个带有参考书目的比较性研究综述。关于中世纪村庄章程的列举，参见 A. Rizzi, *Statuta de ludo* (2012), 29–76；少数对它们的分析研究之一是 P. Toubert, 'Les statuts communaux et l'histoire des campagnes lombardes au *XIV*e siècle' (1960)。

38. 参见 A. Walsham, *The Reformation of the landscape* (2011)；B. Kümin, *The shaping of a community* (1996)；A. Torre, *Il consumo di devozioni* (1995)；关于专注于 1500 年以后时期的重要案例研究，参见 W. A. Christian Jr., *Local religion in sixteenth-century Spain* (1981)。

39. J. Whittle, *The development of agrarian capitalism* (2000)；G. Cherubini and R. Francovich, 'Forme e vicende degli insediamenti nella campagna toscana dei secoli XⅢ–XV' (1973).

40. 关于冰岛，主要参见 Miller, *Bloodtaking and peacemaking*；Byock, *Viking age Iceland*；Jón Viðar Sigurðsson, *Chieftains and power in the Icelandic*

*commonwealth* (1999)；关于家族萨迦的历史真实性，一个参考是 C. Callow, 'Reconstructing the past in medieval Iceland' (2006)。经典文本是 *Brennu-Njáls saga* (1954)，可见于 W. I. Miller, '*Why is your axe bloody?*' (2014)，此外还有 *Laxæla saga* (1934)（征引自 c.78）。

41. 关于伦敦，主要参见 F. Rexroth, *Deviance and power in late medieval London* (2007), 27–187；关于妓女的一般性内容，参见 R. M. Karras, *Common women* (1996)。也另见 B. Geremek, *The margins of society in late medieval Paris* (1987), 199–215；关于巴黎（对乞丐而非妓女的压迫）以及欧洲范围的引用，参见 T. Dean, *Crime in medieval Europe* (2001), 47–72。

42. 关于 15 世纪巫术热潮的起点，参见 L. Stokes, *Demons of urban reform* (2011)。

43. 关于教宗政策的矛盾，参见 R. Rist, *Popes and Jews, 1095–1291* (2016)。关于 14 世纪的情况，参见 D. Nirenberg, *Communities of violence* (1996)（关于复活节周稳定出现的暴力在 200—230 页）；S. K. Cohn, 'The Black Death and the burning of Jews' (2007)；P. Wolff, 'The 1391 pogrom in Spain' (1971)；A. MacKay, 'Popular movements and pogroms in fifteenth-century Castile' (1972)。关于亵渎圣餐礼面包的传说，参见 M. Rubin, *Gentile tales* (1999)。一个总体的观点，参见 R. Chazan, *The Jews of medieval western Christendom, 1000–1500* (2006)。J. M. Elukin, *Living together, living apart* (2007) 强调了犹太人和基督徒关系的相对和平，超出了我预想。

44. 在 S. K. Cohn, *The Black Death transformed* (2002), 223–246 中有一些明智的评论。

# 第十一章　金钱、战争与死亡，1350—1500

1. Cohen, *The Black Death transformed* 是近来最好的研究综述。他不认为瘟疫是腺鼠疫（由鼠疫杆菌引起），但是更新的生物考古学成果为这场瘟疫应当是腺鼠疫提供了坚实的理由。[ M. H. Green, *Pandemic disease in the medieval world* (2014)，其中包含了最近的参考书目 ]；尽管如此，黑死病的过程和传播同现代腺鼠疫的传播并不十分相似。关于城镇奥维多（Orvieto）范例般的研究，见 É. Carpentier, *Une ville devant la peste* (1962)。同时也参见 D. C. Mengel, 'A plague on Bohemia?' (2011) 中的批判性观点。

2. 关于最近的研究综述，参见 C. Allmand, *The Hundred Years War* (2001)；J. Sumption, *The Hundred Years War* (1990–2015)，其中有着非常细节的描述，

这套书目前已经写到了 1422 年的历史。关于英格兰军队的内部结构（以及规模惊人之小），参见 A. R. Bell et al., *The soldier in later medieval England* (2013)。

3. 一般性内容，参见 D. Abulafia, *The western Mediterranean kingdoms, 1200–1500* (1997)。

4. 关于从欧洲维度讨论这场战争，参见 L. J. A. Villalon and D. J. Kagay, *The Hundred Years War: a wider focus* (2005)。

5. 基本在理的描述，参见 H. Kaminsky, 'The Great Schism' (2000)；关于大学的反应，参见 R. N. Swanson, *Universities, academics and the Great Schism* (1989)；关于一些新的动向，参见 J. Rollo-Koster and T. M. Izbicki, *A companion to the great western schism (1378–1417)* (2009)。

6. P. Partner, 'The "budget" of the Roman church in the Renaissance period' (1960).

7. Watts, *The making of polities*，其中有着以往的参考书目。

8. 关于英格兰，Britnell, *The commercialisation*, 155–203; idem, *Britain and Ireland*, 320–506; Dyer, *Making a living*, 265–362; idem, *An age of transition?* (2005); idem, 'England's economy in the fifteenth century' (2014)。假定了经济萧条模型的经典研究综述是 *The Cambridge economic history*, vol. 2; Contamine, *L'économie médiévale*, 329–405。

9. 关于汉萨同盟，参见 P. Dollinger, *The German Hansa* (1964)，这仍然是至关重要的参考。在 E. Isenmann, *Die deutsche Stadt im Spätmittelalter, 1250–1500* (1988), 341–402 中有更新了的内容，也涵盖了德意志南部。关于英格兰纺织最近的研究，参见如 Britnell, *Britain and Ireland*, 326–331, 351–354。

10. 一般性内容，参见 B. van Bavel, *Manors and markets* (2010), 242–371；关于佛兰德，参见 Nicholas, *Medieval Flanders*, 273–285, 378–391。

11. 使用了意大利材料的两部重要研究专著是 R. A. Goldthwaite, *The economy of Renaissance Florence* (2009) 和 Epstein, *Freedom and growth*；关于近来将意大利作为一个整体进行研究卓有成效的简短综合性研究，参见 F. Franceschi and L. Molà, 'L'economia del Rinascimento' (2006); idem, 'Regional states and economic development' (2012), 444–466; T. Scott, 'The economic policies of the regional city-states of Renaissance Italy' (2014)。

12. 关于巴伦西亚，参见如 A. Furió, *Història del país valencià* (1995), 204–210；关于西西里，参见 Epstein, *An island for itself*, 162–313；关于拉古萨，参见 S. M. Stuard, *A state of deference* (1992), 171–202。

13. R. Brenner, 'Agrarian class structure and economic development in pre-industrial

Europe' (1976).

14. 各种不同的案例，参见 Dyer, *An age of transition?* 194–229（作者强调英格兰的受薪劳动要比这更古老）；Whittle, *The development*；Brenner, 'Agrarian class structure', 61–75；van Bavel, *Manors and markets*, 242–246；Bois, *The crisis of feudalism*, 300–368。

15. 关于将英格兰作为这一发展的案例研究，参见如 Dyer, *Standards*, 211–233。

16. 关于埃及，最近的研究参见 S. J. Borsch, *The Black Death in Egypt and England* (2005), 23–54；先前的研究，参见 M. W. Dols, *The Black Death in the Middle East* (1977), 255–280。关于印度和中国，参见 P. Parthasarathi, *Why Europe grew rich and Asia did not* (2011)；K. Pomeranz, *The great divergence* (2000)（本书在这一方面承受住了许多批判）——两本书都聚焦于更晚的世纪，但都有着也符合 1500 年之前时期的观察。

17. 关于所有中世纪后期政治体的一般性导读，参见 *NCMH*, vol. 6–7，这是相当传统的政治研究综述，并且往往质量上好。Watts, *The making of polities* 提供了一个新鲜而明确的比较路径。关于财政结构，R. Bonney, *Economic systems and state finance* (1995) 和 idem, *The rise of the fiscal state in Europe, c. 1200–1815* (1999)，是关键的起点，此外还有 S. Carocci and S. M. Collavini, 'Il costo degli stati' (2011), 20–48 中的批判性分析。相比之下，我后面引用的一些有关税收的地方性参考文献要差得多。

18. 关于将中世纪后期时代作为一个整体，参见 M.-T. Caron, *Noblesse et pouvoir royal en France, XIIIe–XVIe siècle* (1994)；一个开拓性的社会政治研究，参见 P. S. Lewis, *Later medieval France* (1968)；G. Small, *Late medieval France* (2009)；关于税收，J. B. Henneman, 'France in the middle ages' (1999)；W. M. Ormrod, 'The west European monarchies in the later middle ages' (1995)，尤其是 136—155 页。C. Fletcher et al., *Government and political life in England and France, c.1300–c.1500* (2015)，是关于法兰西和英格兰的重要比较研究。

19. McFarlane, *The nobility*, 19–40，是一个简洁的分析。

20. （在众多作品中）一般性内容，参见 G. Harriss, *Shaping the nation* (2005)；J. Watts, *Henry VI and the politics of kingship* (1996)；C. Carpenter, *The Wars of the Roses* (1997)；R. Davies, *The revolt of Owain Glyn Dŵr* (1995)。

21. 关于税收，参见 Ormrod, 'England in the middle ages' (1999)；Ormrod, 'The west European monarchies'，尤其是 136—155 页。

22. A. Grant, *Independence and nationhood* (1984)；J. Wormald, 'Scotland: 1406–1513' (1998)；K. Stevenson, *Power and propaganda* (2014)；在它们背后支撑

其描述的是 R. Nicholson, *Scotland: the later middle ages* (1974)。关于税收的政治，参见 R. Tanner, *The late medieval Scottish parliament* (2001), 7–30, 51–54, 197–222。关于同英格兰的比较，参见 M. Brown, *Disunited kingdoms* (2013)。

23. 主要参见 A. H. de Oliveira Marques, *Portugal na crise dos séculos XIV e XV* (1987)，尤其是 81—86 页（关于土地）、298—316 页（关于司法和税收）。

24. 一般性内容，仍可参见 A. MacKay, *Spain in the middle ages* (1977), 133–159（关于 1400 年之后的时期也参见本书）；更为具体的内容，参见 Ladero, *Fiscalidad*, 331–344；idem, 'Castile in the middle ages' (1999); Ormrod, 'The west European monarchies'，尤其是 144—155 页；关于此前的时期，另见 J. F. O'Callaghan, *The cortes of Castile-León, 1188–1350* (1989), 130–151，此外还有 Wolff, 'The 1391 pogrom in Spain'。

25. 参见如 J. Edwards, *The Spain of the Catholic monarchs, 1474–1520* (2000)，尤其是 38—141 页。关于税收，参见 M. A. Ladero Quesada, *El siglo XV en Castilla* (1982), 58–113；关于"长 15 世纪"，集中研究在 D. Menjot and M. Sánchez Martínez, *Fiscalidad de estado y fiscalidad municipal en los reinos hispánicos medievales* (2006) 之中，其中也涵盖阿拉贡。

26. 一般性内容，参见 Bisson, *The medieval crown of Aragon*；关于埃克西梅尼斯，参见 Ll. Brines i Garcia, *La filosofia social i política de Francesc Eiximenis* (2004)，尤其是 130—135 页、143—158 页。

27. Pryor, 'Foreign policy and economic policy'，尤其是 45—46 页。

28. Abulafia, *The western Mediterranean kingdoms* 提供了一个政治上的描述；最近引用了意大利参考文献的便于利用的结构性研究综述是 F. Titone, 'The kingdom of Sicily' (2012) 和 F. Senatore, 'The kingdom of Naples' (2012)。关于税收，参见 S. Morelli, 'Note sulla fiscalità diretta e indiretta nel regno angioino' (2011)。

29. 参见 A. Gamberini and I. Lazzarini, *The Italian Renaissance state* (2012) 中当下出色的论文合集，其中引用了所有早先的材料；更早的参见 F. Salvestrini, *L'Italia alla fine del medioevo*, vol.1 (2006) 中的比较性文章，以及 J. M. Najemy, *Italy in the age of the Renaissance: 1300–1550* (2004) 中依然杰出的更短的研究综述。关于专题性描述，参见 I. Lazzarini, *L'Italia degli stati territoriali, secoli XIII–XV* (2003)。关于税收，参见 P. Mainoni, *Politiche finanziarie e fiscali nell'Italia settentrionale (secoli XIII–XV)* (2001); M. Ginatempo, 'Finanze e fiscalità' (2006)。关于佛罗伦萨的土地登记，参见 D. Herlihy and C. Klapisch-

Zuber, *Tuscans and their families* (1985)，尤其是 10—27 页。

30. 一般性内容，参见 Scales, *The shaping of German identity*；Moraw, *Von offener Verfassung*，尤其是 183—194 页；关于税收，参见 Isenmann, *Die deutsche Stadt im Spätmittelalter*；idem, 'The Holy Roman Empire in the middle ages' (1999)。我从邓肯·哈迪（Duncan Hardy）未出版的作品中了解到了许多东西。关于 1474 年帝国的名称，参见 J. Whaley, *Germany and the Holy Roman Empire*, vol. 1 (2012), 17。

31. 关于波希米亚历史的一般性导读，参见年代久远的 F. Seibt, 'Die Zeit der Luxemburger und der hussitischen Revolution' (1967)。关于到 1436 年前的胡斯派，参见第十二章注释 27。

32. R. Sablonier, 'The Swiss confederation' (1998)；Scott, *The city-state*, 164–192；G. P. Marchal, *Sempach 1386* (1986)（一个对卢塞恩的地方研究）；idem, 'Die Antwort der Bauern' (1987)；关于瑞士对其他地区的影响，参见 T. A. Brady, *Turning Swiss* (1985)。

33. 参见非常有能力的一般性综合研究，即 W. Blockmans and W. Prevenier, *The promised lands* (1999)；关于财政，参见 M. Mollat, 'Recherches sur les finances des ducs valois de Bourgogne' (1958) 和 W. Blockmans, 'The Low Countries in the middle ages' (1999)。

34. Engel, *The realm of St Stephen* 最近提供了一个非常实用的叙述性描述。关于税收，参见 Ormrod and Barta, 'The feudal structure,' 76–79；Barta and Barta, 'Royal finance'。

35. 关于到 1345 年前的立陶宛，参见 S. C. Rowell, *Lithuania ascending* (1994)；关于立陶宛在 15 世纪的迅速皈依，参见 D. Baronas and S. C. Rowell, *The conversion of Lithuania* (2015)。关于波兰，参见 N. Nowakowska, *Church, state and dynasty in Renaissance Poland* (2007), 11–36, 65–67，其中讨论了卡齐米日四世；一个叙述，参见 R. Frost, *The making of the Polish-Lithuanian union, 1385–1569* (2015), 267–276, 286–290, 354–373。这本书现在也是 15 世纪立陶宛政治的起步指南。关于税收，参见 J. Bardach, 'La formation des Assemblées polonaises au XVe siècle et la taxation' (1977)。

36. 参见 Helle, *Cambridge history of Scandinavia*, vol.1, 581–770 中的一篇文章，该文章是近期这一方面的优秀导读；关于农民起义，参见 K. Katajala, 'Against tithes and taxes, for king and province' (2004), 39–49。

37. 这又是建立在 Watts, *The making of polities* 基础之上的，这一章的很多认识都得益于这本书。

# 第十二章　重思政治，1350—1500

1. 分别参见：T. Wright, *Political poems and songs relating to English history, composed during the period from the accession of EDW. III to that of RIC. III* (1861), vol.2, 157–205（这一合集包含了许多相似的对具体事件进行回应或对具体政治变革进行争论的地方语言文本）；J. P. Gilson, 'A defence of the proscription of the Yorkists in 1459'(1911); M. Bateson, *George Ashby's poems* (1899), 12–41（在第19、24—26、33、40页）；Sir John Fortescue, *On the laws and governance of England* (1997), 92–93, 100–114。另见：关于第一个作品，参见 G. A. Holmes, 'The "libel of English policy" ' (1961)；关于第二个作品，参见 M. Kekewich, 'The attainder of the Yorkists in 1459' (1982)。一般性问题，参见 Watts, *Henry VI*，尤其是39—51页，idem, 'The pressure of the public on later medieval politics' (2004), and idem, 'Ideas, principles and politics' (1995)；A. Pollard, 'The people, politics and the constitution in the fifteenth century' (2013)。

2. Watts, 'Ideas, principles', 110（关于萨福克公爵之死，参见92—93页）；关于凯德，参见 I. M. W. Harvey, *Jack Cade's rebellion of 1450* (1991)（引文出自190页）。萨福克公爵的死在一首讽刺尖锐的地方语言诗中得到了盛赞：Wright, *Political poems*, vol. 2, 232–234。关于民众的告示张贴，参见 W. Scase, ' "Strange and wonderful bills" ' (1998)。

3. F. Šmahel, *Die hussitische Revolution* (2002), e.g. 1735–1781；Bartolo, *Tractatus de tyranno*, 在 D. Quaglioni, *Politica e diritto nel Trecento Italiano* (1983), 175–213 中，引文出自第199页；N. Machiavelli, *De principatibus* (1994), c. 17。

4. 关于吉尔斯，参见 M. S. Kempshall, *The common good in late medieval political thought* (1999), 130–155。关于其他人，参见 J. H. Burns, *The Cambridge history of medieval political thought, c. 350–c. 1450* (1988) 和 A. Black, *Political thought in Europe, 1250–1450* (1992)，其中提供了介绍。J. Dunbabin, 'Government' , in Burns, op. cit., 477–519，最接近文中的论点。

5. 关于议会在结构差异上的研究综述，参见 W. P. Blockmans, 'A typology of representative institutions in late medieval Europe' (1978)；同时参见 'Representation (since the thirteenth century)' (1998)；关于法兰西和英格兰，参见 C. Fletcher, 'Political representation' (2015), 217–239。关于欧洲西部各议会惯习的比较分析，参见 M. Hébert, *Parlementer* (2014)。

6. 参见 Bartlett, *England*, 143–159。更多的细节，参见 Maddicott, *The origins*,

这本书是对王国层面集会最好的导读，虽然比起此处的论点，作者保持着更具延续性的观点。关于郡与百户区，参见 F. Pollock and F. W. Maitland, *The history of English law before the time of Edward I* (1898), vol. 1, 532–560。

7. Bisson, *The medieval crown of Aragon*, 76–81；关于英格兰，参见 Maddicott, *The origins*, 204–205, 299–300, 316–320；关于更为一般性的内容，参见 Hébert, *Parlementer*, 175–184。

8. 一般性内容，参见如 H. R. Oliva Herrer et al., *La comunidad medieval como esfera pública* (2014)；A. Gamberini et al., *The languages of political society* (2011)。关于勃艮第的土地，参见 J. Dumolyn, 'Justice, equity and the common good' (2006)。还需一提的是，至少于君士坦丁堡，"人民的集体权力在 res publica 或者 politeia 中"这一意象已经是 11 世纪（和更早的）拜占庭帝国的一个特征：Kaldellis, *The Byzantine republic*，尤其是 89—164 页。

9. G. Dodd, *Justice and grace* (2007), 207–211（关于农民），266–278（关于城镇）。然而，大多数这样的请愿都是由相对富裕的人提出的。

10. Cr. Taylor, 'War, propaganda and diplomacy in medieval France and England' (2000)（关于文本的传播是有限的）；J. A. Doig, 'Political propaganda and royal proclamations in late medieval England' (1998)；关于意大利（此处的起点已经是 13 世纪了），参见 P. Cammarosano, *Le forme della propaganda politica nel Due e nel Trecento* (1994)，虽然并非所有此处被研究的案例都真的面向更广泛的任何类型的公众。

11. 关于至少到公元 1300 年前它们之间的内部关系，参见 Reynolds, *Kingdoms and communities*。

12. 案例参见 P. Lantschner, *The logic of political conflict in medieval cities* (2015)。

13. 传统的内容，参见 F. Lot and R. Fawtier, *Histoire des institutions françaises au moyen âge* (1958), vol.2, 201–285, 472–508；关于城镇和集会，进一步参见 Lewis, *Later medieval France*, 245–264, 328–374 和 idem, 'The failure of the French medieval estates' (1962)。

14. J. Valdeón Baruque, *Los conflictos sociales en el reino de Castilla en los siglos XIV y XV* (1975), 65–81, 192–200；E. Fuentes Ganzo, 'Pactismo, cortes y hermandades en Léon y Castilla' (2008)：其高点是 14 世纪早期，但是兄弟会的理念从那之后开始就激发并组织了农民和城镇的起义［关于 15 世纪的加利西亚，参见 C. Barros, *Mentalidad justiciera de los irmandiños, siglo XV* (1990)］。

15. 关于巴塞尔大公会议，参见 A. Black, *Council and commune* (1979)；关于库

萨的尼各老，参见 M. Watanabe, *The political ideas o Nicholas of Cusa* (1963)。关于下一个时期更强大的君主国，参见 Watts, *The making pf politics*, 339–419。

16. M. Ryan, 'Bartolus of Sassoferrato and free cities' (2000); J. Canning, *The political thought of Baldus de Ubaldis* (1987). 关于引文，参见 Jacques de Révigny, *Lectura in digestum vetus in proemio*，引自 E. M. Meijers, *Études d'histoire du droit* (1959), vol.3, 9（另见 59—80 页关于作者作品的一般性内容）。

17. 关于加泰罗尼亚和波兰，参见 Ll. Sales i Favà, 'Suing in a local jurisdictional court in late medieval Catalonia' (2014) 以及 P. Guzowski, 'Village court records and peasant credit in fifteenth- and sixteenth-century Poland' (2014)。其他主要研究包括 C. Gauvard, 'De grace especial' (1991)；Vallerani, *Medieval public justice*。关于信贷，参见 Briggs, *Credit*。

18. P. Contamine, *War in the middle ages* (1984), 137–172。

19. Dante, *Monarchia*. 案例参见 J. Canning, *Ideas of power in the late middle ages, 1296–1417* (2011), 60–80。

20. 一个简短但内容密集的描述，参见 N. Mann, *Petrarch* (1984)。V. Kirkham, 'Petrarch the courtier' (2009) 对彼得拉克的政治角色进行了很好的讨论，在这本书中对他的涉猎范围提供了同样好的研究综述。

21. 在大量的参考文献中，我认为特别有帮助的包括 L. Martines, *The social world of the Florentine humanists, 1390–1460* (1963)；J. Hankins, *Renaissance civic humanism* (2000)；G. Ruggiero, *The Renaissance in Italy* (2015)；N. S. Baker and B. J. Maxson, *After civic humanism* (2015)；O. Margolis, *The politics of culture in Quattrocento Europe* (2016)。一个对时常更为封闭的英美史学界的导读是 M. Jurdjevic, 'Hedgehogs and foxes' (2007)。

22. 一个仍然有帮助的基础性描述，参见 J. Gadol, *Leon Battista Alberti* (1969)；关于皮恩扎，参见 C. R. Mack, *Pienza* (1987)。

23. D. Hobbins, *Authorship and publicity before print* (2009); idem, 'The schoolman as public intellectual' (2003).

24. S. E. Lahey, *John Wyclif* (2009); A. Hudson and A. Kenny, 'Wyclif, John (d. 1384)' (2004).

25. 关于罗拉德派，一般性内容参见 A. Hudson, *The premature Reformation* (1980)。J. P. Hornbeck, *What is a Lollard?* (2010)，清晰地展示了罗拉德派观点的范畴；关于更晚的罗拉德派，参见 S. McSheffrey, 'Heresy, orthodoxy and English vernacular religion, 1480–1525' (2005) 很重要。关于对他们的反应，

参见 I. Forrest, *The detection of heresy in late medieval England* (2005)。

26. 关于近期用英语写成的传记，参见 T. A. Fudge, *Jan Hus* (2010)。

27. H. Kaminsky, *A history of the Hussite revolution* (1967), T. A. Fudege, *The magnificent ride* (1998), J. Klassen, 'Hus, the Hussites and Bohemia' (1998) 以及最重要的大部头 Šmahel, *Die hussitische Revolution*，总结了支撑本段和下一段内容的捷克史学界成果。

28. Cohn, *Lust for liberty*（数字在第 228 页）。

29. Freedman, *The origins of peasant servitude*, 179–202，涉及了加泰罗尼亚农奴；idem, *Images of the medieval peasant*, 190–203，涉及了迪特马申和瑞士（以及前述的加泰罗尼亚农奴，在第十一章）；O. J. Schmitt, 'Les hommes et le pouvoir' (2011)，涉及了克罗地亚的科尔丘拉（Korčula）。

30. 在这方面也有大量的参考文献。其中一些经典之作是 R. H. Hilton, *Bond men made free* (1973)；R. H. Hilton and T. H. Aston, *The English rising of 1381* (1984)；Justice, *Writing and rebellion*；关于农民组织，参见 N. P. Brooks, 'The Organization and achievements of the peasants of Kent and Essex in 1381' (1985)。

31. 一般性内容，参见 Cohn, *Lust for liberty*，辅以他关于 1400 年左右佛罗伦萨起义的 *Creating the Florentine state* (1999)，以及他的主题合集 *Popular protest in late medieval Europe* (2004)。关于扎克雷起义，参见 J. Firnhaber - Baker, 'The eponymous Jacquerie' (2016)。关于佛兰德，参见 Dumolyn and Haemers, 'Patterns of urban rebellion'；iidem, ' "A bad chicken was brooding" ' (2012)。关于法兰西和英格兰，参见 V. Challet and I. Forrest, 'The masses'(2015)。关于发生在佛兰德和意大利作为城镇政治中交易元素的起义，参见 Lantschner, *The logic of political conflict*。关于中世纪早期的起义，参见 Wickham, 'Space and society'。一个新的起点是 J. Firnhaber–Baker, *The Routledge history handbook of medieval revolt* (2016)。

32. 正如上个注释中所引用的近期作品中所强调的，同时参见 Pollard, 'The people'。

# 第十三章　结　论

1. 参见如 C. Anderson, *Renaissance architecture* (2013), 106–108；E. Karpova Fasce, 'Gli architetti italiani a Mosca nei secoli XIV–XV' (2004)。

2. E. Albèri, *Le relazioni degli ambasciatori veneti al senato* (1839), 3–26, at 16；

C. V. Malfatti, *Two Italian accounts of Tudor England* (1953), 36, 40 [马尔法蒂（Malfatti）并不知道作者安德烈亚·德·弗兰切斯基（Andrea de' Franceschi）是一个标准的威尼斯大使]。非常感谢伊莎贝拉·拉扎里尼（Isabella Lazzarini）提供的这些参考文献。

# 参考文献

## 缩　写

*EME*　　 *Early medieval Europe*

*MGH*　　 *Monumenta Germaniae historica* (*MGH* 的所有系列都可以在 www.dmgh. de 上面找到)

*NCMH*　 *The new Cambridge medieval history*, 7 vols (Cambridge, 1995–2005)

Abrams, L., 'Diaspora and identity in the Viking age', *EME*, 20 (2012), 17–38

—— 'Germanic Christianities', in T.F.X. Noble and J.M.H. Smith (eds), *The Cambridge history of Christianity*, vol. 3 (Cambridge, 2008), 107–29

Abu Lughod, J.L., *Before European hegemony* (Oxford, 1989)

Abulafia, D., *Frederick II* (London, 1988)

—— *The great sea* (London, 2011)

—— *The two Italies* (Cambridge, 1977)

—— *The western Mediterranean kingdoms, 1200–1500* (Harlow, 1997)

Acién Almansa, M., 'El final de los elementos feudales en al-Andalus', in M. Barceló and P. Toubert (eds), *L'incastellamento* (Rome, 1998), 291–305

—— *Entre el feudalismo y el Islam*, 2nd edn (Jaén, 1997)

Ahrweiler, H., *Byzance et la mer* (Paris, 1966)

Airlie, S., *Power and its problems in Carolingian Europe* (Farnham, 2012)

—— 'Private bodies and the body politic in the divorce case of Lothar II', *Past and present*, 161 (1998), 3–38

—— 'Talking heads', in P.S. Barnwell and M. Mostert (eds), *Political assemblies in the earlier middle ages* (Turnhout, 2003), 29–46

—— 'The aristocracy', *NCMH*, vol. 2 (1995), 431–50

—— 'The palace of memory', in S. Rees Jones et al. (eds), *Courts and regions in medieval Europe* (York, 2000), 1–19

Airlie, S. et al. (eds), *Staat im frühen Mittelalter* (Vienna, 2006)

Albèri, E., *Le relazioni degli ambasciatori veneti al senato* (Florence, 1839)

Albertoni, G., *L'Italia carolingia* (Rome, 1997)

—— *Vassalli, feudi, feudalesimo* (Rome, 2015)

Alfonso, I., 'Desheredamiento y desafuero, o la pretendida justificación de una revuelta nobiliaria', *Cahiers de linguistique et de civilisation hispaniques médiévales*, 25 (2002), 99–129

Algazi, G., 'Lords ask, peasants answer', in G. Sider and G. Smith (eds), *Between history and histories* (Toronto, 1997), 199–229

Allmand, C., *The Hundred Years War*, revised edn (Cambridge, 2001)

Althoff, G., *Family, friends and followers* (Cambridge, 2004)

Althoff, G., 'Ira regis', in B.H. Rosenwein (ed.), *Anger's past* (Ithaca, NY, 1998), 59–74

—— *Spielregeln der Politik im Mittelalter* (Darmstadt, 1997)

Althoff, G. and H. Keller, *Heinrich I. und Otto der Grosse*, 2 vols (Göttingen, 1994)

Álvarez Borge, I., *Clientelismo regio y acción política* (Murcia, 2014)

—— *La plena edad media: siglos XII–XIII* (Madrid, 2003)

—— 'Soldadas, situados y fisco regio en el reinado de Alfonso VIII de Castilla (1158–1214)', *Journal of Medieval Iberian Studies*, 7 (2015), 57–86

Amari, M. (ed.), *I diplomi arabi del R. Archivio fiorentino* (Florence, 1863)

Amory, P., *People and identity in Ostrogothic Italy, 489–554* (Cambridge, 1997)

Anderson, C., *Renaissance architecture* (Oxford, 2013)

Andreas aulae regiae capellanus, *De amore*, ed. E. Trojel (Berlin, 2006); trans. J.J. Parry, *The art of courtly love by Andreas Capellanus* (New York, 1941)

Andrews, F., 'Living like the laity?', *Transactions of the Royal Historical Society*, 6 ser. 20 (2010), 27–55

—— *The early Humiliati* (Cambridge, 1999)

Angold, M., *The Byzantine empire, 1025–1204* (London, 1984)

—— *The Fourth Crusade* (Harlow, 2003)

—— (ed.), *The Byzantine aristocracy, IX to XIII centuries* (Oxford, 1984)

*Annales Fuldenses*, ed. F. Kurze, *MGH, Scriptores rerum Germanicarum*, vol. 7 (Hannover, 1891), trans. T. Reuter, *The Annals of Fulda* (Manchester, 1992)

*Annali genovesi di Caffaro e de' suoi continuatori*, vol. 2, ed. L.T. Belgrano and C. Imperiale di Sant'Angelo (Rome, 1901)

*Anonymus Valesianus, pars posterior*, ed. and trans. in J.C. Rolfe, *Ammianus Marcellinus*, vol. 3 (Cambridge, MA, 1964), 530–69

Archer, R.E., 'Chaucer, Alice, duchess of Suffolk (*c.*1404–1475)', *Oxford dictionary of national biography* (Oxford, 2004)

Ardizzone, F., 'Rapporti commerciali tra la Sicilia occidentale ed il Tirreno centro-meridionale alla luce del rinvenimento di alcuni contenitori di trasporto', in G.P. Brogiolo (ed.), *II Congresso nazionale di archeologia medievale* (Florence, 2000), 402–7

Arnade, P., *Realms of ritual* (Ithaca, NY, 1996)

Arnold, B., *German knighthood, 1050–1300* (Oxford, 1985)

—— *Princes and territories in medieval Germany* (Cambridge, 1991)

Arnold, J.H., *Belief and unbelief in medieval Europe* (London, 2005)

—— *Inquisition and power* (Philadelphia, 2001)

—— 'The Cathar middle ages as a methodological and historiographical problem', in A. Sennis (eds), *Cathars in Question* (Rochester/Woodbridge, 2016)

—— *What is medieval history?* (Cambridge, 2008)

Arnold, J.H. and K.J. Lewis, *A companion to the book of Margery Kempe* (Cambridge, 2004)

Ashtiany, J. et al. (eds), *'Abbasid belles-lettres* (Cambridge, 1990)

Ausenda, G. et al. (eds), *The Langobards before the Frankish conquest* (Woodbridge, 2009)

Avellini, L., 'Artigianato in versi del secondo Quattrocento fiorentino', in G.-M. Anselmi et al., *La 'memoria' dei mercatores* (Bologna, 1980), 153–229

Axboe, M., 'Danish kings and dendrochronology', in G. Ausenda (ed.), *After empire* (Woodbridge, 1995), 217–51

Bagge, S., 'Borgerkrig og statsutvikling i Norge i middelalderen', *Historisk Tidsskrift* (Oslo), 2 (1986), 145–97

—— *From Viking stronghold to Christian kingdom* (Copenhagen, 2010)

—— 'The Europeanization of Europe', in Noble and Van Engen, *European transformations*, 171–93

Bagge, S. and S.W. Nordeide, 'The kingdom of Norway', in Berend, *Christianization*, 121–66

Baker, N.S. and B.J. Maxson (eds), *After civic humanism* (Toronto, 2015)

Baldwin, J.W., *The government of Philip Augustus* (Berkeley, 1986)

Balestracci. D., *La zappa e la retorica* (Florence, 1984)

Barber, C., *Figure and likeness* (Princeton, 2002)

Barber, M., *The Crusader states* (New Haven, 2012)

—— *The two cities*, 2nd edn (London, 2004)

Bardach, J., 'La formation des Assemblées polonaises au XVe siècle et la taxation', *Anciens pays et assemblées d'états: Standen en landen*, 70 (1977), 251–96

Bardsley, S., *Venomous tongues* (Philadelphia, 2006)

Barford, P.M., *The early Slavs* (London, 2001)

Barnish, S., 'Taxation, land and barbarian settlement in the western empire', *Papers of the British School at Rome*, 54 (1986), 170–95

Barnwell, P.S., *Kings, courtiers and imperium* (London, 1997)

Baronas, D. and S.C. Rowell, *The conversion of Lithuania* (Vilnius, 2015)

Barratt, N., 'The revenues of John and Philip Augustus revisited', in S.D. Church (ed.), *King John: new interpretations* (Woodbridge, 1999), 75–99

Barron, W.R.J. (ed.), *The Arthur of the English* (Cardiff, 2001)

Barros, C., *Mentalidad justiciera de los irmandiños, siglo XV* (Madrid, 1990)

Barrow, J., *The clergy in the medieval world* (Cambridge, 2015)

Barta, G. and J. Barta, 'Royal finance in medieval Hungary', in W.M. Ormrod et al. (eds), *Crises, revolutions and self-sustained growth* (Stamford, 1999), 22–37

Barthélemy, D., *La mutation de l'an mil a-t-elle eu lieu?* (Paris, 1997)

—— *L'an mil et la paix de Dieu* (Paris, 1999)

—— *Nouvelle histoire des Capétiens, 987–1214* (Paris, 2012)

—— *The serf, the knight, and the historian* (Ithaca, NY, 2009)

Bartlett, R., *England under the Norman and Angevin kings, 1075–1225* (Oxford, 2000)

—— 'From paganism to Christianity', in Berend, *Christianization*, 47–72

—— *The making of Europe* (London, 1993)

—— *Trial by fire and water* (Oxford, 1986)

Barton, R.E., *Lordship in the county of Maine, c.890–1160* (Woodbridge, 2004)

Barton, S., 'Spain in the eleventh century', *NCMH*, vol. 4.2 (2004), 154–90

—— *The aristocracy in twelfth-century León and Castile* (Cambridge, 1997)

Bartoš, F.M., *The Hussite revolution, 1424–1437* (Boulder, CO, 1986)

Bartusis, M.C., *Land and privilege in Byzantium* (Cambridge, 2012)

Bassett, S., 'Divide and rule?', *EME*, 15 (2007), 53–85

—— (ed.), *The origins of Anglo-Saxon kingdoms* (Leicester, 1989)

Bates, D., *Normandy before 1066* (London, 1982)

Bateson, M., *George Ashby's poems* (London, 1899)

Beaton, R., 'The rhetoric of poverty', *Byzantine and Modern Greek studies*, 11 (1987), 1–28

Becher, M., *Eid und Herrschaft* (Sigmaringen, 1993)

Becher, M. and Jarnut, J. (eds), *Der Dynastiewechsel von 751* (Münster, 2004)

Becker, A., *Papst Urban II. (1088–1099)*, 3 vols (Stuttgart-Hannover, 1964–2012)

Beech, G. et al. (eds), *Le Conventum (vers 1030)* (Geneva, 1995)

Bell, A.R. et al., *The soldier in later medieval England* (Oxford, 2013)

Bennett, J M., *Ale, beer, and brewsters in England* (Oxford, 1996)

—— *History matters* (Manchester, 2006)

Bennett, J., *Medieval women in modern perspective* (Washington, DC, 2000)

Bennett, J.M. and R.M. Karras (eds), *The Oxford handbook of women and gender in medieval Europe* (Oxford, 2013)

Berend, N. (ed.), *Christianization and the rise of Christian monarchy* (Cambridge, 2007)

Berend, N., P. Urbańczyk and P. Wiszewski, *Central Europe in the high middle ages* (Cambridge, 2013)

Bergengruen, A., *Adel und Grundherrschaft im Merowingerreich* (Wiesbaden, 1958)

Bernheimer, T., *The 'Alids* (Edinburgh, 2014)

Biller, P., 'Goodbye to Waldensianism?', *Past and present*, 192 (2006), 3–33

—— review of R.I. Moore, *The war on heresy: faith and power in medieval Europe*, with Moore's reply, *Reviews in history*, review no. 1546 (2014), http://www.history.ac.uk/reviews/review/1546, accessed 4 January 2015

Billoré, M. and M. Soria (eds), *La rumeur au moyen âge* (Rennes, 2011)

'Birmingham Quran manuscript', https://en.wikipedia.org/wiki/Birmingham_Quran_manuscript, accessed 25 October 2015

Birrell, J., 'Manorial custumals reconsidered', *Past and present*, 224 (2014), 3–37

—— 'Peasants eating and drinking', *The agricultural history review*, 63 (2015), 1–18

Bisson, T.N., *The crisis of the twelfth century* (Princeton, 2009)

—— 'The "feudal revolution"', *Past and present*, 142 (1994), 6–42; with the debate which followed it in *Past and present*, 152 (1996), 196–223; 155 (1997), 177–225

—— *The medieval crown of Aragon* (Oxford, 1991)

—— *Tormented voices* (Cambridge, MA, 1998)

Bitel, L.M., *Women in early medieval Europe, 400–1000* (Cambridge, 2002)

Black, A., *Council and commune* (London, 1979)

—— *Political thought in Europe, 1250–1450* (Cambridge, 1992)

Blair, J., 'Small towns 600–1270', in Palliser, *The Cambridge urban history*, 245–70

—— *The Church in Anglo-Saxon society* (Oxford, 2005)

Bloch, M., *La société féodale*, 2 vols (Paris, 1940), trans. L.A. Manyon, *Feudal society* (London, 1961)

Blockmans, W. P., 'A typology of representative institutions in late medieval Europe', *Journal of medieval history*, 4 (1978), 189–215

—— 'Representation (since the thirteenth century)', *NCMH*, vol. 7 (1998), 29–64

—— 'The Low Countries in the middle ages', in Bonney, *The rise of the fiscal state*, 281–308

Blockmans, W. and W. Prevenier, *The promised lands* (Philadelphia, 1999)

Boccaccio, G., *Decamerone*, ed. V. Branca, *Tutte le opere di Giovanni Boccaccio*, vol. 4 (Milan, 1976), trans. G. Waldman, *The Decameron* (Oxford, 1993)

Bogucki, M., 'On Wulfstan's right hand', in S. Gelichi and R. Hodges (eds), *From one sea to another* (Turnhout, 2013), 81–110

Bois, G., *The crisis of feudalism* (Cambridge, 1984)

Bonnassie, P., *La Catalogne du milieu du $X^e$ à la fin du $XI^e$ siècle* (Toulouse, 1975–76)

Bonney, R. (ed.), *Economic systems and state finance* (Oxford, 1995)

—— (ed.), *The rise of the fiscal state in Europe, c.1200–1815* (Oxford, 1999)

Borsch, S.J., *The Black Death in Egypt and England* (Austin, TX, 2005)

Boswell, J., *Christianity, social tolerance and homosexuality* (Chicago, 1981)

Bosworth, C.E., 'Muṣādara', in P.J. Bearman et al. (eds), *Encyclopedia of Islam*, 2nd electronic edn (Leiden, 2002–), http://referenceworks.brillonline.com/entries/ encyclopaedia-of-islam-2/mus-a-dara-COM_0804?s.num=0&s.f.s2_parent=s. f.book.encyclopaedia-of-islam-2&s.q—usadara, accessed 2 January 2015

Bouchard, C.B., *'Those of my blood': constructing noble families in medieval Francia* (Philadelphia, 2001)

Bougard, F., 'La cour et le gouvernement de Louis II (840–875)', in R. Le Jan (ed.), *Le royauté et les élites dans l'Europe carolingienne* (Lille, 1998), 249–67

Bourin, M. and R. Durand, *Vivre au village au moyen âge* (Paris, 1984)

Bourin, M. and P. Martínez Sopena (eds), *Pour une anthropologie du prélèvement seigneurial dans les campagnes médiévales (XIe–XIVe siècles)*, 2 vols (Paris, 2004–07)

Bourin, M., F. Menant and L. To Figueras, 'Les campagnes européennes avant la peste', in iidem (eds), *Dynamiques du monde rural dans la conjoncture de 1300* (Rome, 2014), 9–101

Boyle, L.E., 'Montaillou revisited', in J.A. Raftis (ed.), *Pathways to medieval peasants* (Toronto, 1981), 119–40

Brady, T.A., *Turning Swiss* (Cambridge, 1985)

Brand, C.M., *Byzantium confronts the west, 1180–1204* (Cambridge, MA, 1968)

Brandes, W., *Finanzverwaltung in Krisenzeiten* (Frankfurt, 2002)

Bredero, A., *Bernard of Clairvaux* (Edinburgh, 1996)

Brenner, R., 'Agrarian class structure and economic development in pre-industrial Europe', *Past and present*, 70 (1976), 30–75

*Brennu-Njáls saga*, ed. Einar Ó. Sveinsson, *Íslenzk Fornrit*, vol. 12 (Reykjavík, 1954), trans. Magnús Magnússon and Hermann Pálsson, *Njal's saga* (London, 1960)

Brentano, R., *Two churches* (Berkeley, 1968)

Briggs, C., *Credit and village society in fourteenth-century England* (Oxford, 2009)

Brines i Garcia, Ll., *La filosofia social i política de Francesc Eiximenis* (Seville, 2004)

Britnell, R., *Britain and Ireland, 1050–1530: economy and society* (Oxford, 2004)

—— *The commercialisation of English society, 1100–1500*, 2nd edn (Manchester, 1996)

Broadberry, S. et al., *British economic growth, 1270–1870* (Cambridge, 2015)

Brogiolo, G.P. and A. Chavarría Arnau, *Aristocrazie e campagne nell'Occidente da Costantino a Carlo Magno* (Florence, 2005)

Bromwich, R. et al. (eds), *The Arthur of the Welsh* (Cardiff, 1991)

Brooks, N., *Communities and warfare, 700–1400* (London, 2000)

—— 'The organization and achievements of the peasants of Kent and Essex in 1381', in R.I. Moore and H. Mayr-Harting (eds), *Studies in medieval history presented to R.H.C. Davis* (London, 1985), 247–70

Brown, A. and G. Small, *Court and civic society in the Burgundian Low Countries c. 1420–1530* (Manchester, 2007)

Brown, E.A.R., 'The tyranny of a construct', *american historical review*, 79 (1974), 1063–88

Brown, M., *Disunited kingdoms* (Harlow, 2013)

Brown, P., *Power and persuasion in late antiquity* (Madison, WI, 1992)

—— *The cult of the saints* (Chicago, 1981)

—— 'The rise and function of the holy man in late antiquity', *Journal of Roman studies*, 61 (1971), 80–101

—— *The rise of western Christendom* (2nd edn, Oxford, 1997)

—— *Through the eye of a needle* (Princeton, 2012)

Brown, T.S., *Gentlemen and officers* (Rome, 1984)

Brown, W., *Unjust seizure* (Ithaca, NY, 2001)

Brown, W. et al. (eds), *Documentary culture and the laity in the early middle ages* (Cambridge, 2013)

Brown-Grant, R., *Christine de Pizan and the moral defence of women* (Cambridge, 2000)

Bruand, O., *Voyageurs et marchandises aux temps carolingiens* (Brussels, 2002)

Brubaker, L., *Inventing Byzantine iconoclasm* (London, 2012)

Brubaker, L. and J. Haldon, *Byzantium in the iconoclast era, c. 680–850* (Cambridge, 2011)

Brubaker, L. and J.M.H. Smith (eds), *Gender in the early medieval world* (Cambridge, 2004)

Brucker, G., *Giovanni and Lusanna* (London, 1986)

Brühl, C.R., *Fodrum, gistum, servitium regis* (Cologne, 1968)

Brunel, G. and O. Guillotjeannin (eds), 'Les préambules des chartes de franchises', in Bourin and Martínez Sopena, *Pour une anthropologie*, vol. 2, 161–309

Brunner, O., *Land and lordship* (Philadelphia, 1992)

Bruschi, C., '*Familia inquisitionis*', *Mélanges de l'École française de Rome. Moyen âge*, 125 (2013), https://mefrm.revues.org/1519, accessed 15 November 2015

—— *The wandering heretics of Languedoc* (Cambridge, 2009)

Bruschi, C. and P. Biller (eds), *Texts and the repression of heresy* (Woodbridge, 2003)

Buc, P., *The dangers of ritual* (Princeton, 2001)

Buchberger, E., *Shifting ethnic identities in Spain and Gaul, 500–700* (Amsterdam, 2016)

Bührer-Thierry, G., 'La reine adultère', *Cahiers de civilisation médiévale*, 35 (1992), 299–312

Buko, A., 'Unknown revolution', in F. Curta (ed.), *East central and eastern Europe in the early middle ages* (Ann Arbor, MI, 2005), 162–78

Bull, M., *Knightly piety and the lay response to the First Crusade* (Oxford, 1993)

Bullough, D.A., ' "Baiuli" in the Carolingian "regnum Langobardorum" and the career of Abbot Waldo (+813)', *English Historical Review*, 77 (1962), 625–37

Burns, J.H. (ed.), *The Cambridge history of medieval political thought, c. 350–c. 1450* (Cambridge, 1988)

Bynum, C.W., *Holy feast and holy fast* (Berkeley, 1987)

—— 'Women's stories, women's symbols', in eadem, *Fragmentation and redemption* (New York, 1992), 27–51

Byock, J., *Viking age Iceland* (London, 2001)

Byrne, F.J., *Irish kings and high-kings* (London, 1973)

Caciola, N., *Discerning spirits* (Ithaca, NY, 2003)

Caesar, M., *Dante: the critical heritage* (London, 1989)

Callow, C., 'Reconstructing the past in medieval Iceland', *EME*, 14 (2006), 297–324

Cameron, A., 'The construction of court ritual', in D. Cannadine and S. Price (eds), *Rituals of royalty* (Cambridge, 1987), 106–36

—— *The Mediterranean world in late antiquity, AD 395–600* (London, 1993)

Cammarosano, P., *Nobili e re* (Bari, 1998)

—— (ed.), *Le forme della propaganda politica nel Due e nel Trecento* (Rome, 1994)

Cammarosano, P. and S. Gasparri (eds), *Langobardia* (Udine, 1990)

Campbell, B.M.S., 'The agrarian problem in the early fourteenth century', *Past and present*, 188 (2005), 3–70

—— (ed.), *Before the Black Death* (Manchester, 1991)

Campbell, B.M.S. et al., *A medieval capital and its grain supply* (n. p., 1993)

Campbell, J., 'The late Anglo-Saxon state: a maximum view', *Proceedings of the British Academy*, 87 (1994), 39–65

—— (ed.), *The Anglo-Saxons* (Oxford, 1982)

Canning, J., *Ideas of power in the late middle ages, 1296–1417* (Cambridge, 2011)

—— *The political thought of Baldus de Ubaldis* (Cambridge, 1987)

Cantini, F., 'Ritmi e forme della grande espansione economica dei secoli *XI– XIII* nei contesti ceramici della Toscana settentrionale', *Archeologia medievale*, 37 (2010), 113–27

Cardon, D., *La draperie au moyen âge* (Paris, 1999)

Carocci, S., *Signorie di Mezzogiorno* (Rome, 2014)

—— (ed.), *La mobilità sociale nel medioevo* (Rome, 2010)

Carocci, S. and S.M. Collavini, 'Il costo degli stati', *Storica*, 52 (2011), 7–48; in English as 'The cost of states', in J. Hudson and A. Rodríguez (eds), *Diverging paths* (Leiden, 2014), 125–58

Caron, M.-T., *Noblesse et pouvoir royal en France, XIIIe–XVIe siècle* (Paris, 1994)

Carpenter, C., *The Wars of the Roses* (Cambridge, 1997)

Carpenter, D.A., *The reign of Henry III* (London, 1996)

Carpentier, É., *Une ville devant la peste* (Paris, 1962)

Carpentier, É. and M. Le Mené, *La France du XIe au XVe siècle* (Paris, 1996)

Carruthers, M., *The book of memory* (Cambridge, 1990)

Carus-Wilson, E.M., 'The first half-century of the borough of Stratford-upon-Avon', *Economic history review*, 18 (1965), 46–63

Castellanos, S., 'The political nature of taxation in Visigothic Spain', *EME*, 12 (2003), 201–28

Castellanos, S. and I. Martín Viso, 'The local articulation of central power in the north of the Iberian peninsula (500–1000)', *EME*, 13 (2005), 1–42

Castor, H., *Joan of Arc* (London, 2014)

Catto, J., 'Andrew Horn', in R.H.C. Davis and J.M. Wallace-Hadrill (eds), *The writing of history in the middle ages* (Oxford, 1981), 367–91

Cavell, E., 'Intelligence and intrigue in the March of Wales', *Historical research*, 88 (2015), 1–19

Cazelles, R., *Nouvelle histoire de Paris de la fin du règne de Philippe Auguste à la mort de Charles V (1223–1380)* (Paris, 1972)

Challet, V. and I. Forrest, 'The masses', in Fletcher et al. (eds), *Government*, 279–316

Chapelot, J. and R. Fossier, *The village and house in the middle ages,* trans. H. Cleere (Berkeley, 1985)

Charles-Edwards, T.M., *Early Christian Ireland* (Cambridge, 2000)

—— *Wales and the Britons, 350–1064* (Oxford, 2013)

Chazan, R., *The Jews of medieval western Christendom, 1000–1500* (Cambridge, 2006)

Cherubini, G. and R. Francovich, 'Forme e vicende degli insediamenti nella campagna toscana dei secoli XIII–XV', *Quaderni storici*, 24 (1973), 877–904

Cheynet, J.-C., 'Les Phocas', in *Le traité sur la guérilla*, 289–315

—— *Pouvoir et contestations à Byzance (963–1210)* (Paris, 1996)

Chibnall, M., *Anglo-Norman England, 1066–1166* (Oxford, 1986)

Chittolini, G. (ed.), *La crisi degli ordinamenti comunali e le origini dello stato del Rinascimento* (Bologna, 1979)

Choniates, N., *Historia*, trans. in H.J. Magoulias, *O city of Byzantium: annals of Niketas Choniates* (Detroit, 1984)

Christian, W.A., Jr., *Local religion in sixteenth-century Spain* (Princeton, 1981)

Christie, N., *From Constantine to Charlemagne* (Aldershot, 2006)

Christine de Pizan, *Le livre de la cité des dames*, ed. E.J. Richards, *La città delle dame*

(Milan, 1997), trans. R. Brown-Grant, *The book of the city of ladies* (London, 1999)

Clanchy, M.T., *Abelard* (Oxford, 1997)

—— 'Did mothers teach their children to read?', in C. Leyser and L. Smith (eds), *Motherhood, religion and society in medieval Europe, 400–1400* (Farnham, 2011), 129–53

—— *England and its rulers, 1066–1307*, 3rd edn (Oxford, 2006)

—— *From memory to written record*, 3rd edn (Chichester, 2013)

Clarke, H., and B. Ambrosiani, *Towns in the Viking age*, 2nd edn (Leicester, 1995)

Claude, D., *Adel, Kirche und Königtum im Westgotenreich* (Sigmaringen, 1971)

Clay, J.-H., *In the shadow of death* (Turnhout, 2010),

Cohn, S.K., *Creating the Florentine state* (Cambridge, 1999)

—— *Lust for liberty* (Cambridge, MA, 2006)

—— *Popular protest in late medieval Europe* (Manchester, 2004)

—— 'The Black Death and the burning of Jews', *Past and present*, 196 (2007), 3–36

—— *The Black Death transformed* (London, 2002)

Colish, M., *Peter Lombard* (Leiden, 1994)

Collavini, S., '*Honorabilis domus et spetiosissimus comitatus*' (Pisa, 1998)

*Collection haut moyen âge*, directed by R. Le Jan (Turnhout, 2006–11): vol. 1, F. Bougard et al. (eds), *Les élites au haut moyen âge*; vol. 5, P. Depreux et al. (eds), *Les élites et leurs espaces*; vol. 6, F. Bougard et al. (eds), *Hiérarchie et stratification sociale dans l'Occident médiéval (400–1100)*; vol. 7, F. Bougard et al. (eds), *La culture au haut moyen âge*; vol. 10, J.-P. Devroey et al. (eds), *Les élites et la richesse au haut moyen âge*; vol. 13, F. Bougard et al. (eds), *Théories et pratiques des élites au haut moyen âge*

Collins, R., *Visigothic Spain 409–711* (Oxford, 2004)

Conant, J., *Staying Roman* (Cambridge, 2012)

*Concilios visigóticos e hispano-romanos*, ed. J. Vives (Barcelona, 1963)

Constable, G., 'Cluny in the monastic world of the tenth century', *Settimane di studio*, 38 (1991), 391–448

Constable, O.R., *Trade and traders in Muslim Spain* (Cambridge, 1994)

Constantin VII Porphyrogénète, *Le livre des cérémonies*, ed. and trans. A. Vogt (Paris, 1935–39)

Contamine, P., *War in the middle ages* (Oxford, 1984)

—— (ed.), *L'économie médiévale* (Paris, 1993)

Contreni, J.J., 'The Carolingian renaissance', *NCMH*, vol. 2 (1995), 709–57

Cortese, E., *Il diritto nella storia medievale*, 2 vols (Rome, 1995)

Cortese, M.E., *Signori, castelli, città* (Florence, 2007)

Cosgrove, A. (ed.), *A new history of Ireland*, vol. 2 (Oxford, 2008)

Coss, P., *The origins of the English gentry* (Cambridge, 2003)

Costambeys, M., *Power and patronage in early medieval Italy* (Cambridge, 2007)

Costambeys, M., M. Innes and S. MacLean, *The Carolingian world* (Cambridge, 2011)

Crescenzi, V., 'Il sindacato degli ufficiali nei comuni medievali italiani', in A. Giuliani and N. Picardi (eds), *L'educazione giuridica*, vol. 4.1 (Perugia, 1981), 383–529

Cressier, P. et al. (eds), *Los Almohades: problemas y perspectivas* (Madrid, 2005)

Crick, J. (ed.), *Charters of St Albans*, Anglo-Saxon charters, vol. 12 (Oxford. 2007)

Crone, P., *Medieval Islamic political thought* (Edinburgh, 2004)

—— *Slaves on horses* (Cambridge, 1980)

Crouch, D., *The birth of nobility* (London, 2005)

Crummey, R.O., *The formation of Muscovy, 1304–1613* (Harlow, 1987)

Cubitt, C., *Anglo-Saxon church councils, c.650–c.850* (Leicester, 1995)

—— 'The tenth-century Benedictine reform in England', *EME*, 6 (1997), 77–94

Curta, F., *Southeastern Europe in the middle ages, 500–1250* (Cambridge, 2006)

Cushing, K.G., *Reform and the papacy in the eleventh century* (Manchester, 2005)

d'Avray, D.L., *Papacy, monarchy and marriage, 860–1600* (Cambridge, 2015)

—— *The preaching of the friars* (Oxford, 1985)

Dagron, G., *Emperor and priest* (Cambridge, 2003)

Dain, A., 'Les stratégistes byzantins', *Travaux et mémoires*, 2 (1967), 317–92

Dal Santo, M., *Debating the saints' cult in the age of Gregory the Great* (Oxford, 2012)

Dante, *Monarchia*, ed. and trans. P. Shaw (Cambridge, 1995)

Davids, A. (ed.), *The empress Theophano* (Cambridge, 1995)

Davies, R., 'The medieval state', *Journal of historical sociology*, 16 (2003), 280–300

—— *The revolt of Owain Glyn Dŵr* (Oxford, 1995)

Davies, W., *Acts of giving* (Oxford, 2007)

—— *Small worlds* (London, 1988)

—— *Wales in the early middle ages* (Leicester, 1982)

Davis, J.R., *Charlemagne's practice of empire* (Cambridge, 2015)

Davis, N.Z., 'Les conteurs de Montaillou', *Annales ESC*, 34 (1979), 61–73

—— *The return of Martin Guerre* (Cambridge, MA, 1983)

de Jong, M., 'Bride shows revisited', in Brubaker and Smith, *Gender*, 257–77

—— 'Carolingian political discourse and the biblical past', in C. Gantner et al. (eds), *The resources of the past in early medieval Europe* (Cambridge, 2015), 87–102

—— 'The empire that was always decaying', *Medieval worlds*, 2015, no. 2, 6–25

—— *The penitential state* (Cambridge, 2009)

—— 'What was *public* about public penance?', *Settimane di studio*, 45 (1997), 863–904

de Oliveira Marques, A.H., *Portugal na crise dos séculos XIV e XV* (Lisbon, 1987)

Dean, T., *Crime in medieval Europe* (Harlow, 2001)

Decker, M., *Tilling the hateful earth* (Oxford, 2009)

Dejoux, M., 'Mener une enquête générale, pratiques et méthodes', in Pécout, *Quand gouverner c'est enquêter*, 133–55

Delogu, P., 'Il regno longobardo', in G. Galasso (ed.), *Storia d'Italia*, vol. 1 (Turin, 1980), 3–216

Delogu, P. and Gasparri, S. (eds), *Le trasformazioni del V secolo* (Turnhout, 2010)

Demandt, A., *Der Fall Roms*, 2nd edn (Munich, 2014)

—— *Die Spätantike* (Munich, 1989)

—— 'The osmosis of late Roman and Germanic aristocracies', in E.K. Chrysos and A. Schwarcz (eds), *Das Reich und die Barbaren* (Vienna, 1989), 75–86

Depreux, P., *Les sociétés occidentales du milieu du VI<sup>e</sup> à la fin du IX<sup>e</sup> siècle* (Rennes, 2002)

—— 'Lieux de rencontre, temps de négotiation', in R. Le Jan (ed.), *La royauté et les élites dans l'Europe carolingienne (début IXe siècle aux environs de 920)* (Lille 1998), 213–31

Déroche, V., 'La forme de l'informe', in P. Odorico and P. Agapitos (eds), *Les vies des saints à Byzance* (Paris, 2004), 367–85

Deshman, R., *The benedictional of Æthelwold* (Princeton, 1995)

Devroey, J.-P., *Économie rurale et société dans l'Europe franque (VIe–IXe siècles)* (Paris, 2003)

—— *Puissants et misérables* (Brussels, 2006)

Dhuoda, *Liber manualis*, ed. P. Riché, *Dhuoda: Manuel pour mon fils* (Paris, 1975), trans. C. Neel, *Handbook for William* (Lincoln, NE, 1999)

di Renzo Villata, M.G., 'La formazione dei «*Libri Feudorum*»', *Settimane di studio*, 47 (2000), 651–721

*Dialogus de Scaccario*, ed. and trans. E. Amt, *Constitutio domus regis*, ed. and trans.

S.D. Church (Oxford, 2007)

*Diario bolognese di Gaspare Nadi*, ed. C. Ricci and A. Bacchi della Lega (Bologna, 1886)

*Die Touler Vita Leos IX.*, ed. H.-G. Krause, *MGH, Scriptores rerum Germanicarum*, vol. 70 (Hannover, 2007), trans. I.S. Robinson, *The papal reform of the eleventh century* (Manchester, 2004), 97–157

*Digenis Akritis*, ed. and trans. E. Jeffreys (Cambridge, 1998)

Dodd, G., *Justice and grace* (Oxford, 2007)

Doig, J.A., 'Political propaganda and royal proclamations in late medieval England', *Historical research*, 71 (1998), 253–80.

Dölger, F., *Beiträge zur Geschichte der byzantinischen Finanzverwaltung, besonders des 10. und 11. Jahrhunderts* (Leipzig, 1927)

Dollinger, P., *The German Hansa* (London, 1964)

Dols, M.W., *The Black Death in the Middle East* (Princeton, 1977)

Donner, F., *Narratives of Islamic origins* (Princeton, 1998)

Dora Spadaro, M., *Raccomandazioni e consigli di un galantuomo* (Alessandria, 1998)

Dronke, P., *Women writers of the middle ages* (Cambridge, 1984)

du Colombier, P., *Les chantiers des cathédrales*, 2nd edn (Paris, 1973)

Dubin, N.E., *The fabliaux* (New York, 2013)

Duby, G., *La société aux XIe et XIIe siècles dans la région mâconnaise*, 2nd edn (Paris, 1971)

—— *Rural economy and country life in the medieval west* (Columbia, SC, 1968)

—— *The chivalrous society* (London, 1977)

—— *The early growth of the European economy* (London, 1974)

—— *The three orders* (Chicago, 1980)

—— 'Women and power', in T.N. Bisson (ed.), *Cultures of power* (Philadelphia, 1995), 68–85

Dumolyn, J., 'Justice, equity and the common good', in D'A.J.D. Boulton and J.R. Feenstra (eds), *The ideology of Burgundy* (Leiden, 2006), 1–20

Dumolyn, J. and J. Haemers, ' "A bad chicken was brooding" ', *Past and present*, 214 (2012), 45–86

—— 'Patterns of urban rebellion in medieval Flanders', *Journal of medieval history*, 31 (2005), 369–93

Dunbabin, J., *Charles I of Anjou* (Harlow, 1998)

—— *France in the making, 843–1180*, 2nd edn (Oxford, 2000)

Dupré Theseider, E., 'Caterina da Siena, santa', in *Dizionario biografico degli Italiani*, vol. 22 (Rome, 1979), 361–79

Durliat, J., 'La peste du VIᵉ siècle', in *Hommes et richesses dans l'empire byzantin*, vol. 1 (Paris, 1989), 107–19

Dutton, P.E., *The politics of dreaming in the Carolingian empire* (Lincoln, NE, 1994)

Dyer, C., *An age of transition?* (Oxford, 2005)

—— 'England's economy in the fifteenth century', *The fifteenth century*, 13 (2014), 201–25

—— 'How urbanized was medieval England?', in J.-M. Duvosquel and E. Thoen (eds), *Peasants and townsmen in medieval Europe* (Ghent, 1995), 169–83

—— *Making a living in the middle ages* (London, 2002)

—— 'Medieval Stratford', in R. Bearman (ed.), *The history of an English borough* (Stratford, 1997), 43–61, 181–5

—— *Standards of living in the later middle ages* (Cambridge, 1989)

Earenfight, T., *Queenship in medieval Europe* (Basingstoke, 2013)

Ebels-Hoving, B., *Byzantium in westerse ogen, 1096–1204* (Assen, 1971)

Edwards, J., 'Religious faith and doubt in late medieval Spain', *Past and present*, 120 (1988), 3–25

—— *The Spain of the Catholic monarchs, 1474–1520* (Oxford, 2000)

Einhard, *Vita Karoli Magni*, ed. G. Waitz, *MGH, Scriptores rerum Germanicarum*, vol. 25 (Hannover, 1911), trans. P.E. Duttom, *Charlemagne's courtier* (Peterborough, ON, 1998), 15–39

Ekonomou, A.J., *Byzantine Rome and the Greek popes* (Lanham, MD, 2007)

Eldevik, J., *Episcopal power and ecclesiastical reform in the German empire* (Cambridge, 2012)

Elliott, D., *Fallen bodies* (Philadelphia, 1999)

—— *Proving woman* (Princeton, 2004)

Elukin, J.M., *Living together, living apart* (Princeton, 2007)

Engel, P., *The realm of St Stephen* (London, 2001)

Ennen, E., *The medieval woman* (Oxford, 1989)

*Epistolario di Santa Catarina da Siena*, ed. E. Dupré Theseider, vol. 1 (Rome, 1940), trans. S. Noffke, *The letters of St. Catherine of Siena*, vol. 1 (Binghampton, NY, 1988)

Epstein, S.R., *An island for itself* (Cambridge, 1992)

—— *Freedom and growth* (London, 2000)

Esmonde Cleary, A.S., *The ending of Roman Britain* (London, 1989)

—— *The Roman west, AD 200–500* (Cambridge, 2013)

Estepa Díez, C., *Las behetrías castellanas*, 2 vols (Valladolid, 2003)

Faith, R., *The English peasantry and the growth of lordship* (Leicester, 1997)

Farmer, D.L., 'Prices and wages', in *The agrarian history of England and Wales*, vol. 2, ed. H.E. Hallam (Cambridge, 1988), 715–817

Fehring, G.P., *The archaeology of medieval Germany* (London, 1991)

Feller, L., *Les Abruzzes médiévales* (Rome, 1998)

—— *Paysans et seigneurs au Moyen Âge, VIIIᵉ–XVᵉ siècles* (Paris, 2007)

Feller, L. et al., *La fortune de Karol* (Rome, 2005)

Fenster, T. and D.L. Smail (eds), *Fama* (Ithaca, NY, 2003)

Ferruolo, S.C., *The origins of the university* (Stanford, 1985)

Fichtenau, H., *Living in the tenth century* (Chicago, 1991)

Fine, J.V.A., *The late medieval Balkans* (Ann Arbor, MI, 1987)

Fiore, A., 'From the diploma to the pact' (in press)

Firnhaber-Baker, J., 'The eponymous Jacquerie', in eadem, *The Routledge history handbook of medieval revolt*

—— (ed.), *The Routledge history handbook of medieval revolt* (London, 2016)

Fleckenstein, J., 'Über die Herkunft der Welfen und ihre Anfänge in Süddeutschland', in G. Tellenbach (ed.), *Studien und Vorarbeiten zur Geschichte des grossfränkischen und frühdeutschen Adels* (Freiburg, 1957), 71–136

Fleming, R., *Britain after Rome* (London, 2010)

—— *Kings and lords in conquest England* (Cambridge, 1991)

—— 'Recycling in Britain after the fall of Rome's metal economy', *Past and present*, 217 (2012), 3–45

Fletcher, C., 'Political representation', in idem et al., *Government*, 217–39

Fletcher, C. et al. (eds), *Government and political life in England and France, c.1300–c.1500* (Cambridge, 2015)

Fletcher, R., *The conversion of Europe* (London, 1997)

Flint, V.I.J., *The rise of magic in early medieval Europe* (Oxford, 1991)

Flori, J., *L'essor de la chevalerie, XIe–XIIe siècles* (Geneva, 1986)

Fögen, M.T., 'Reanimation of Roman law in the ninth century', in L. Brubaker (ed.), *Ninth-century Byzantium: dead or alive?* (Aldershot, 1998), 11–22

Foot, S. and C.F. Robinson (eds), *The Oxford history of historical writing*, vol. 2 (Oxford, 2012)

Forrest, I., *The detection of heresy in late medieval England* (Oxford, 2005)

Fortescue, Sir John, *On the laws and governance of England*, ed. S. Lockwood (Cambridge, 1997)

Fossier, R., *Enfance de l'Europe, Xe–XIIe siècles* (Paris, 1982)

Fouracre, P., 'Carolingian justice', *Settimane di studio*, 42 (1995), 771–803

—— *Frankish history* (Farnham, 2013)

—— 'Space, culture and kingdoms in early medieval Europe', in P. Linehan and J.L. Nelson (eds), *The medieval world* (London, 2001), 366–80

—— *The age of Charles Martel* (London, 2000)

Fournier, G., *Le château dans la France médiévale* (Paris, 1978)

France, J., *Western warfare in the age of the Crusades, 1000–1300* (Ithaca, NY, 1999)

Franceschi, F. and L. Molà, 'L'economia del Rinascimento', in M. Fantoni (ed.), *Il Rinascimento italiano e l'Europa*, vol. 1 (Treviso-Vicenza, 2006), 185–200

—— 'Regional states and economic development', in Gamberini and Lazzarini, *The Italian Renaissance state*, 444–66

Francovich, R. and M. Ginatempo (eds), *Castelli*, vol. 1 (Florence, 2000)

Franklin, S., *Writing, society and culture in early Rus, c.950–1300* (Cambridge, 2002)

Franklin, S. and J. Shepherd, *The emergence of Rus, 750–1200* (London, 1996)

Frankopan, P., *The First Crusade: the call from the east* (London, 2011)

Freedman, P., *Images of the medieval peasant* (Stanford, 1999)

—— *The origins of peasant servitude in medieval Catalonia* (Cambridge, 1991)

Freedman, P. and M. Bourin (eds), *Forms of servitude in northern and central Europe* (Turnhout, 2005)

Fried, J., *Die Ursprünge Deutschlands bis 1024* (Berlin, 1994)

—— '*Gens* und *regnum*', in J. Miethke and K. Schreiner (eds), *Sozialer Wandel im Mittelalter* (Sigmaringen, 1994), 73–104

Frost, R., *The making of the Polish-Lithuanian union, 1385–1569* (Oxford, 2015)

Fryde, E.B. and M.M. Fryde, 'Public credit, with special reference to north-western Europe', *The Cambridge economic history*, vol. 3, 430–553

Fudge, T.A., *Jan Hus* (London, 2010)

—— *The magnificent ride* (Aldershot, 1998)

Fuentes Ganzo, E., 'Pactismo, cortes y hermandades en Léon y Castilla: siglos XIII–XV', in F. Foronda and A.I. Carrasco Manchado (eds), *El contrato político en la Corona de Castilla* (Madrid, 2008), 415–52

Furió, A., *Història del país valencià* (Valencia, 1995)

Gadol, J., *Leon Battista Alberti* (Chicago, 1969)

Gamberini, A. and I. Lazzarini, *The Italian Renaissance state* (Cambridge, 2012)

Gamberini, A. et al. (eds), *The languages of political society* (Rome, 2011)

Ganshof, F.L., *The Carolingians and the Frankish monarchy* (London, 1971)

Ganz, D., 'The debate on predestination', in M.T. Gibson and J.L. Nelson, *Charles the Bald*, 2nd edn (Aldershot, 1990), 283–302

—— 'Theology and the organisation of thought', *NCMH*, vol. 2 (1995), 758–85

García de Cortázar, J.A., 'La formación de la sociedad feudal en el cuadrante noroccidental de la Península Ibérica en los siglos Ⅷ a ⅩⅢ', *Initium*, Ⅳ (1999), 57–121

Garzella, G., *Pisa com'era* (Naples, 1990)

Gasparri, S. (ed.), *774* (Turnhout, 2008)

Gasparri, S. and C. La Rocca (eds), *Carte di famiglia* (Rome, 2005)

Gauvard, C., *'De grace especial': crime, état et société en France à la fin du Moyen Âge* (Paris, 1991)

—— (ed.), *L'Enquête au moyen âge* (Rome, 2009)

Geary, P.J., *Aristocracy in Provence* (Stuttgart, 1985)

—— 'Ethnic identity as a situational construct in the early middle ages', *Mitteilungen des anthropologischen Gesellschaft in Wien*, 113 (1983), 15–26

—— *Living with the dead in the middle ages* (Ithaca, NY, 1994)

—— *Phantoms of remembrance* (Princeton, 1994)

—— *The myth of nations* (Princeton, 2002)

Gelichi, S. and R. Hodges (eds), *New directions in early medieval European archaeology* (Turnhout, 2015)

Geltner, G., *The making of medieval antifraternalism* (Oxford, 2012)

Geremek, B., *The margins of society in late medieval Paris* (Cambridge, 1987)

Ghosh, S., *Kings' sagas and Norwegian history* (Leiden, 2011)

Gilchrist, R., *Gender and material culture* (London, 1994)

Gillett, A. (ed.), *On barbarian identity* (Turnhout, 2002)

Gillis, M.B., 'Heresy in the flesh', in Stone and West, *Hincmar of Rheims*, 247–67

Gilson, J.P., 'A defence of the proscription of the Yorkists in 1459', *English historical review*, 26 (1911), 512–25

Ginatempo, M., 'Esisteva una fiscalità a finanziamento delle guerre del primo "200?" ', in *ⅩⅩⅩⅧ semana de estudios medievales* (Pamplona, 2011), 279–342

—— 'Finanze e fiscalità', in Salvestrini, *L'Italia*, vol. 1, 241–94

Ginatempo, M. and L. Sandri, *L'Italia delle città* (Florence, 1990)

Ginzburg, C., *The night battles* (London, 1983)

Glick, T.F., *From Muslim fortress to Christian castle* (Manchester, 1995)

Goetz, H.-W., 'Die Wahrnehmung von "Staat" und "Herrschaft" im frühen Mittelalter', in S. Airlie et al. (eds), *Staat im frühen Mittelalter* (Vienna, 2006), 39–58

—— ' "Nobilis" : der Adel im Selbstverständnis der Karolingerzeit', *Vierteljahrschrift für Sozial- und Wirtschaftsgeschichte*, 60 (1983), 153–91

Goetz, H.-W. et al. (eds), *Regna and gentes* (Leiden, 2003)

Goffart, W., *Barbarians and Romans, A.D. 418–584* (Princeton, 1980)

—— *The narrators of barbarian history (A.D. 550–800)* (Princeton, 1988)

Goitein, S.D., *A Mediterranean society* (Berkeley, 1967–93)

Goldberg, E.J., 'Louis the Pious and the hunt', *Speculum*, 88 (2013), 613–43

—— 'Popular revolt, dynastic politics and aristocratic factionalism in the early middle ages', *Speculum*, 70 (1995), 467–501

—— *Struggle for empire* (Cambridge, 2006)

Goldberg, J., *Trade and institutions in the medieval Mediterranean* (Cambridge, 2012)

Goldberg, P.J.P., *Women, work and life cycle in a medieval economy* (Oxford, 1992)

Goldthwaite, R.A., *The economy of Renaissance Florence* (Baltimore, 2009)

Göller, K.H., *König Arthur in der englischen Literatur des späten Mittelalters* (Göttingen, 1963)

Gonnet, G., 'Le cheminement des vaudois vers le schisme et l'hérésie (1174–1218)', *Cahiers de civilisation médiévale*, 19 (1976), 309–45

González Jiménez, M., *Alfonso X el Sabio* (Barcelona, 2004)

Goodman, A., *Margery Kempe and her world* (Harlow, 2002)

Goodson, C., *The Rome of Pope Paschal I* (Cambridge, 2010)

Górecki, P., *Economy, society, and lordship in medieval Poland, 1100–1250* (New York, 1992)

Gouma-Peterson, T. (ed.), *Anna Komnene and her times* (New York, 2000)

Gowers, B., '996 and all that', *EME*, 21 (2013), 71–98

Grant, A., *Independence and nationhood* (Edinburgh, 1984)

Gravdal, K., *Ravishing maidens* (Philadelphia, 1991)

Gray, P.T.R., *The defence of Chalcedon* (Leiden, 1979)

Greatrex, G. and S.N.C. Lieu, *The Roman eastern frontier and the Persian wars, part II* (London, 2002)

Green, J.A., *The government of England under Henry I* (Cambridge, 1986)

—— 'The last century of Danegeld', *English historical review*, 96 (1981), 241–58

Green, M.H., 'Women's medical practice and health care in medieval Europe', *Signs*, 14 (1989), 434–73

—— (ed.), *Pandemic disease in the medieval world*, 1 (2014), http://scholarworks. wmich.edu/medieval_globe/1/, accessed 7 April 2015

Green, W.A., 'Periodisation in European and world history', *Journal of world history*, 3 (1992), 13–53

Gregory of Tours, *Decem libri historiarum*, ed. B. Krusch and W. Levison, *MGH*, *Scriptores rerum Merovingicarum*, vol.1.1, 2nd edn (Hannover, 1951), trans. L. Thorpe, *The history of the Franks* (Harmondsworth, 1974)

—— *De virtutibus sancti Martini episcopi*, ed. B. Krusch, *MGH, Scriptores rerum Merovingicarum*, vol. 1.2 (Hannover, 1885), 584–661, trans. R. Van Dam, *Saints and their miracles in late antique Gaul* (Princeton, 1993), 200–303

Grillo, P., *Legnano 1176* (Bari, 2010)

—— *Milano in età comunale (1183–1276)* (Spoleto, 2001)

Grimm, P., *Tilleda*, 2 vols (Berlin, 1968–90)

Gunn, S. and A. Janse (eds), *The court as a stage* (Woodbridge, 2006)

Gurr, T.R., 'Historical trends in violent crime', *Crime and justice*, 3 (1981), 295–353

Guzowski, P., 'Village court records and peasant credit in fifteenth- and sixteenth-century Poland', *Continuity and change* 29 (2014), 115–42

Häberlein, M., *The Fuggers of Augsburg* (Charlottesville, VA, 2012)

Hadley, D.M. (ed.), *Masculinity in medieval Europe* (London, 1999)

Haldon, J., *A critical commentary on the Taktika of Leo VI* (Washington, DC, 2014)

—— 'Approaches to an alternative military history of the period ca. 1025–1071', in *Ē autokratoria se krisē* (Athens, 2003), 45–74

—— *Byzantium in the seventh century*, 2nd edn (Cambridge, 1997)

—— *Warfare, state and society in the Byzantine world, 565–1204* (London, 1999)

Halsall, G., *Barbarian migrations and the Roman west, 376–568* (Cambridge, 2007)

—— *Settlement and social organisation* (Cambridge, 1995)

—— 'Violence and society in the early medieval west', in idem (ed.), *Violence and society in the early medieval west* (Woodbridge, 1998), 1–45

—— *Warfare and society in the barbarian west, 450–900* (London, 2003)

Hamilton, S., *Church and people in the medieval west, 900–1200* (Harlow, 2013)

Hankins, J. (ed.), *Renaissance civic humanism* (Cambridge, 2000)

Harper, K., *Slavery in the late Roman world, AD 275–425* (Cambridge, 2011)

Harriss, G., *Shaping the nation: England, 1360–1461* (Oxford, 2005)

Harvey, A., *Economic expansion in the Byzantine empire, 900–1200* (Cambridge, 1989)

Harvey, I.M.W., *Jack Cade's rebellion of 1450* (Oxford, 1991)

Harvey, S., *Domesday* (Oxford, 2014)

Hatcher, J., *Plague, population and the English economy, 1348–1530* (London, 1977)

Hay, D., *Europe: The emergence of an idea*, 2nd edn (Edinburgh, 1968)

Head, T. and R. Landes, (eds), *The peace of God* (Ithaca, NY, 1992)

Heather, P., *The fall of the Roman empire* (London, 2005)

—— *The Goths* (Oxford, 1996)

—— 'The Huns and the end of the Roman empire in western Europe', *English historical review*, 110 (1995), 4–41

—— 'Theoderic, king of the Goths', *EME*, 4 (1995), 145–73

Hébert, M., *Parlementer: assemblées représentatives et échanges politiques en Europe occidentale à la fin du moyen âge* (Paris, 2014)

Heinzelmann, M., *Gregory of Tours* (Cambridge, 2001)

Helbig, H., *Der wettinische Ständestaat* (Münster, 1955)

Helle, K. (ed.), *The Cambridge history of Scandinavia*, vol. 1 (Cambridge, 2003)

—— 'The Norwegian kingdom', in idem (ed.), *The Cambridge history of Scandinavia*, vol. 1, 369–91

Hendy, M.F., *Studies in the Byzantine monetary economy, c.300–1450* (Cambridge, 1985)

Henneman, J.B., 'France in the middle ages', in Bonney, *The rise of the fiscal state*, 101–22

Herbert, M., *Iona, Kells and Derry* (Oxford, 1988)

Herlihy, D., *Opera muliebria* (New York, 1990)

Herlihy, D., and C. Klapisch-Zuber, *Tuscans and their families* (New Haven, 1985)

Hill, D. and M. Worthington (eds), *Æthelbald and Offa*, British archaeological reports, B383 (Oxford, 2005)

Hillenbrand, C., *The Crusades: Islamic perspectives* (Edinburgh, 1999)

Hilton, R.H., *English and French towns in feudal society* (Cambridge, 1995)

—— 'Freedom and villeinage in England', *Past and present*, 31 (1965), 3–19

—— *Bond men made free* (London, 1973)

Hilton, R.H. and T.H. Aston (eds), *The English rising of 1381* (Cambridge, 1984)

Hobbins, D., *Authorship and publicity before print* (Philadelphia, 2009)

—— 'The schoolman as public intellectual', *American historical review*, 108 (2003), 1308–35

Hodges, R., *Dark age economics*, 2nd edn (London, 2012)

Hodges, R. and D. Whitehouse, *Mohammed, Charlemagne and the origins of Europe* (London, 1983)

Holmes, C., *Basil II and the governance of empire (976–1025)* (Oxford, 2005)

Holmes, C. and N. Standen (eds) *The global middle ages* (Oxford, 2018)

Holmes, G.A., 'The "libel of English policy"', *English historical review*, 76 (1961), 193–216

Hornbeck, J.P., *What is a Lollard?* (Oxford, 2010)

Howard-Johnston, J., *Witnesses to a world crisis* (Oxford, 2010)

Howell, M.C., *The marriage exchange* (Chicago, 1998)

—— 'Women, the family economy, and the structures of market production in cities of northern Europe during the late middle ages', in B.A. Hanawalt (ed.), *Women and work in preindustrial Europe* (Bloomington, IN, 1986), 198–222

Hoyland, R., *Seeing Islam as others saw it* (Princeton, 1997)

Hudson, A., *The premature Reformation* (Oxford, 1988)

Hudson, A. and A. Kenny, 'Wyclif, John (*d.* 1384)', *Oxford dictionary of national biography* (Oxford, 2004)

Hudson, J., *The Oxford history of the laws of England: 871–1216* (Oxford, 2012)

Hunt, E.S., 'A new look at the dealings of the Bardi and Peruzzi with Edward III', *The journal of economic history*, 50 (1990), 149–62

Hyams, P.R., *King, lords and peasants* (Oxford, 1980)

Hybel, N. and B. Poulsen, *Danish resources c. 1000–1550* (Leiden, 2007)

Imber, C., *The Ottoman empire, 1300–1650* (Basingstoke, 2002)

İnalcık, H., 'The policy of Mehmed II towards the Greek population of Istanbul and the Byzantine buildings of the city', *Dumbarton Oaks papers*, 23/4 (1969–70), 229–49

Innes, M., *Introduction to early medieval western Europe, 300–900* (London, 2007)

—— *State and society in the early middle ages* (Cambridge, 2000)

Iogna-Prat, D. et al. (eds), *Cluny* (Rennes, 2013)

Irsigler, F., *Untersuchungen zur Geschichte des frühfränkischen Adels* (Bonn, 1969)

Isenmann, E., *Die deutsche Stadt im Spätmittelalter 1250–1500* (Stuttgart, 1988)

—— 'The Holy Roman Empire in the middle ages', in Bonney, *The rise of the fiscal state*, 243–80

Isla Frez, A., *La alta edad media* (Madrid, 2002)

Jaeger, C.S., *The envy of angels* (Philadelphia, 1994)

James, L., *Empresses and power in early Byzantium* (Leicester, 2001)

Jamroziak, E., *The Cistercian order in medieval Europe, 1090–1500* (Abingdon, 2013)

Jankowiak, M., 'Two systems of trade in the western Slavic lands in the 10th century', in M. Bogucki and M. Rębkowski (eds), *Economies, monetisation and society in the West Slavic lands, 800–1200 AD* (Szczecin, 2013), 137–48

Jarnut, J., *Agilolfingerstudien* (Stuttgart, 1986)

Jarrett, J., *Rulers and ruled in frontier Catalonia, 880–1010* (Woodbridge, 2010)

Jeffreys, E., *Four Byzantine novels* (Liverpool, 2012)

John Lydos, *On powers*, ed. and trans. A.C. Bandy, *Ioannes Lydus, On powers or The magistracies of the Roman state* (Philadelphia, 1983)

Johns, J., *Arabic administration in Norman Sicily* (Cambridge, 2002)

Joinville, Jean sire de, *Histoire de Saint Louis*, ed. N. de Wailly (Paris, 1868), trans. M.R.B. Shaw, *Joinville and Villehardouin* (London, 1963)

Jolliffe, J.E.A., *Angevin kingship* (London, 1955)

Jón Hnefill Aðalsteinsson, *Under the cloak* (Reykjavík, 1999)

Jón Viðar Sigurðsson, *Chieftains and power in the Icelandic commonwealth* (Odense, 1999)

Jones, A.H.M., *The later Roman empire, 284–602* (Oxford, 1964)

Jones, M.H. and R. Wisbey (eds), *Chrétien de Troyes and the German middle ages* (Woodbridge, 1993)

Jones, P.J., 'Florentine families and Florentine diaries in the fourteenth century', *Papers of the British School at Rome*, 24 (1956), 183–205

—— *The Italian city-state* (Oxford, 1997)

Jordan, W.C., *Louis IX and the challenge of the Crusade* (Princeton, 1979)

—— *The great famine* (Princeton, 1996)

Jular, C., *Los adelantados y merinos mayores de León (siglos XIII–XV)* (León, 1990)

—— 'The king's face on the territory', in I. Alfonso et al. (eds), *Building legitimacy* (Leiden, 2004), 107–37

Jurdjevic, M., 'Hedgehogs and foxes', *Past and present*, 195 (2007), 241–68

Justice, S., *Writing and rebellion* (Berkeley, 1994)

Kaegi, W.E., *Heraclius* (Cambridge, 2003)

Kafadar, C., *Between two worlds* (Berkeley, 1995)

Kaiser, R., *Churrätien im frühen Mittelalter* (Basel, 1998)

Kaldellis, A., *The argument of Psellos' Chronographia* (Leiden, 1999)

—— *The Byzantine republic* (Cambridge, MA, 2015)

Káldy-Nagy, Gy., 'The first centuries of the Ottoman military organization', *Acta Orientalia Academiae Scientiarum Hungaricae*, 31 (1977), 147–83

Kaminsky, H., *A history of the Hussite revolution* (Berkeley, 1967)

—— 'The great schism', *NCMH*, vol. 6 (2000), 674–96

—— 'The noble feud in the middle ages', *Past and present*, 177 (2002), 55–83

Kanter, J.E., 'Peripatetic and sedentary kingship', in J. Burton et al. (eds), *Thirteenth-century England, XIII* (Woodbridge, 2011), 11–26

Kaplan, M., *Les hommes et la terre à Byzance du VIe au XIe siècle* (Paris, 1992)

Karpova Fasce, E., 'Gli architetti italiani a Mosca nei secoli XIV–XV', *Quaderni di scienza della conservazione*, 4 (2004), 157–81

Karras, R.M., *Common women* (New York, 1996)

—— *Slavery and society in medieval Scandinavia* (New Haven, 1988)

Kastritsis, D.J., *The sons of Beyazid* (Leiden, 2007)

Katajala, K., 'Against tithes and taxes, for king and province', in idem (ed.), *Northern revolts* (Helsinki, 2004), 32–52

Kay, S., *Raoul de Cambrai* (Oxford, 1992)

Keen, M., *Chivalry* (New Haven, 1984)

Keene, D., 'Towns and the growth of trade', *NCMH*, vol. 4.1 (2004), 47–85

Kekaumenos, *Consilia et narrationes*, ed. and trans. C. Roueché (2013), online at www.ancientwisdoms.ac.uk/library/kekaumenos-consilia-et-narrationes/, accessed 21 November 2015

Kekewich, M., 'The attainder of the Yorkists in 1459', *Historical research*, 55 (1982), 25–34

Keller, H., 'Die italienische Kommune als Laboratorium administrativen Schriftgebrauchs', in S. Lepsius et al. (eds), *Recht – Geschichte – Geschichtsschreibung* (Berlin, 2014), 67–82

—— *Signori e vassalli nell'Italia delle città (secoli IX–XII)* (Turin, 1995)

—— *Zwischen regionaler Begrenzung und universalem Horizont* (Berlin, 1986)

Kelly, C., *Ruling the later Roman empire* (Cambridge, MA, 2004)

Kelly, F., *A guide to early Irish law* (Dublin, 1988)

Kempshall, M.S., *The common good in late medieval political thought* (Oxford, 1999)

Kennedy, H., *Muslim Spain and Portugal* (London, 1996)

—— *The armies of the caliphs* (London, 2001)

——— *The prophet and the age of the caliphates*, 2nd edn (Harlow, 2004)

Kirkham, V., 'Petrarch the courtier', in eadem and A. Maggi (eds), *Petrarch* (Chicago, 2009), 141–50

Klaniczay, G., *Holy rulers and blessed princesses* (Cambridge, 2002)

Klassen, J., 'Hus, the Hussites and Bohemia', *NCMH*, vol. 7 (1998), 367–91

Kohl, T., *Lokale Gesellschaften* (Ostfildern, 2010)

Kolbaba, T.M., *The Byzantine lists* (Urbana, 2000)

Kostick, C., *The social structure of the First Crusade* (Leiden, 2008)

Kosto, A.J., 'Reconquest, Renaissance and the histories of Iberia, ca. 1000–1200', in Noble and Van Engen, *European transformations*, 93–116

Kotel'nikova, L.A., *Mondo contadino e città dal XI al XIV secolo* (Bologna, 1975)

Koziol, G., *The politics of memory and identity in Carolingian royal diplomas* (Turnhout, 2012)

Krag, C., 'The early unification of Norway', in K. Helle (ed.), *The Cambridge history of Scandinavia*, vol. 1 (Cambridge, 2003), 184–201

Krah, A., *Absetzungsverfahren als Spiegelbild von Königsmacht* (Aalen, 1987)

Kula, W., *An economic theory of the feudal system* (London, 1976)

Kümin, B., *The shaping of a community* (Aldershot, 1996)

Kypta, U., *Die Autonomie der Routine* (Göttingen, 2014)

La Rocca, C. (ed.), *Italy in the early middle ages* (Oxford, 2002)

Lacy, N.J., *Reading fabliaux* (New York, 1993)

Ladero Quesada, M.A., 'Castile in the middle ages', in Bonney, *The rise of the fiscal state*, 177–99

——— *El siglo XV en Castilla* (Barcelona, 1982)

——— *Fiscalidad y poder real en Castilla (1252–1369)* (Madrid, 1993)

Lahey, S.E., *John Wyclif* (Oxford, 2009)

Laiou, A.E. (ed.), *The economic history of Byzantium from the seventh through the fifteenth century* (Washington, DC, 2002)

Laiou, A.E. and C. Morrisson, *The Byzantine economy* (Cambridge, 2007)

Laleman. M.C. and P. Raveschot, 'Maisons patriciennes médiévales à Gand (Gent), Belgique', in P. Demolon et al. (eds), *Archéologie des villes dans le Nord-Ouest de l'Europe (VIIe–XIIIe siècle)* (Douai, 1994), 201–5

Lambert, T.B., 'Theft, homicide and crime in late Anglo-Saxon law', *Past and present*, 214 (2012), 3–43

Langdon, J. and J. Masschaele, 'Commercial activity and population growth in medieval England', *Past and present*, 190 (2006), 35–82

Lansing, C., *Passion and order* (Ithaca, NY, 2008)

—— *Power and purity* (New York, 1998)

—— *The Florentine magnates* (Princeton, 1991)

Lansing, C. and E.D. English, *A companion to the medieval world* (Oxford, 2009)

Lantschner, P., *The logic of political conflict in medieval cities* (Oxford, 2015)

Latini, B., *Li livres dou tresor*, ed. S. Baldwin and P. Barrette (Tempe, AZ, 2003)

*Laxdæla saga*, ed. Einar Ó. Sveinsson, *Íslenzk fornrit*, vol. 5 (Reykjavík, 1934), trans.
　Magnús Magnússon and Hermann Pálsson, *Laxdæla saga* (London, 1969)

Lazzarini, I., *L'Italia degli stati territoriali, secoli XIII–XV* (Rome, 2003)

*Le concile de Clermont de 1095 et l'appel à la Croisade* (Rome, 1997)

Le Goff, J., *Saint Louis* (New York, 2009)

Le Jan, R., *Famille et pouvoir dans le monde franc (VIIe–Xe siècle)* (Paris, 1995)

—— *La société du haut moyen âge* (Paris, 2003)

—— 'Les cérémonies carolingiennes', *Settimane di studio*, 52 (2015), 167–96

*Le ménagier de Paris*, ed. J. Pichon (Paris, 1846); trans. G.L. Greco and C.M. Rose,
　*The good wife's guide* (Ithaca, NY, 2009)

Le Roy Ladurie, E., *Montaillou* (London, 1978)

*Le traité sur la guérilla de l'empereur Nicéphore Phocas (963–969)*, ed. and trans. G.
　Dagron and H. Mihaˇescu (Paris, 1986)

Lecuppre-Desjardin, E., *La ville des cérémonies* (Turnhout, 2004)

Lees, C.A. (ed.), *Medieval masculinities* (Minneapolis, 1994)

*Leges Langobardorum, 643–866*, ed. F. Beyerle, 2nd edn (Witzenhausen, 1962), trans.
　up to 755 in K.F. Drew, *The Lombard laws* (Philadelphia, 1973)

*Leges Visigothorum*, ed. K. Zeumer, *MGH, Leges*, vol. 1 (Hannover, 1902)

Lemerle, P., *Byzantine humanism* (Canberra, 1986)

—— *Cinq études sur le XIe siècle byzantin* (Paris, 1977)

Lestringant, F. and M. Zink (eds), *Histoire de la France littéraire*, vol. 1 (Paris, 2006)

Lev, Y., *State and society in Fatimid Egypt* (Leiden, 1991)

Lewis, P.S., *Later medieval France* (London, 1968)

—— 'The failure of the French medieval estates', *Past and present*, 23 (1962), 3–24

Leyser, C., 'The memory of Gregory the Great and the making of Latin Europe,
　600–1000', in K. Cooper and C. Leyser (eds), *Making early medieval societies*
　(Cambridge, 2016), 181–201

Leyser, K., 'Concepts of Europe in the early and high middle ages', *Past and present*,

137 (1992), 25–47

—— 'Ottonian government', in idem, *Medieval Germany and its neighbours 900–1250* (London, 1982), pp. 69–101

—— *Rule and conflict in an early medieval society* (London, 1979)

Li Bozhong, *Agricultural development in Jiangnan, 1620–1850* (Basingstoke, 1998)

*Libri dell'entrata e dell'uscita della repubblica di Siena, detti del camarlingo e dei quattro provveditori della Biccherna*, vol. 1 (Siena, 1903) and following

Lieberman, V., *Strange parallels*, 2 vols (Cambridge, 2003–09)

Linehan, P., 'Spain in the twelfth century', *NCMH*, vol. 4.2 (2004), 475–509

Little, L.K. (ed.), *Plague and the end of antiquity* (Cambridge, 2007)

Liutprand of Cremona, *Liudprandi Cremonensis opera*, ed. P. Chiesa (Turnhout, 1998), trans. P. Squatriti, *The complete works of Liudprand of Cremona* (Washington, 2007)

Lombard-Jourdan, A., *Paris: genèse de la 'ville'* (Paris, 1976)

Lot, F. and R. Fawtier, *Histoire des institutions françaises au moyen âge*, vol. 2 (Paris, 1958)

Loud, G., *The age of Robert Guiscard* (Harlow, 2000)

Loveluck, C., *Northwest Europe in the early middle ages, c. AD 600–1150* (Cambridge, 2013)

Lowry, H.W., *The nature of the early Ottoman state* (Albany, NY, 2003)

Lukowski, J. and H. Zawadski, *A concise history of Poland*, 2nd edn (Cambridge, 2006)

Luongo, F.T., *The saintly politics of Catherine of Siena* (Ithaca, NY, 2006)

Lupus of Ferrières, *Epistolae*, ed. E. Dümmler, *MGH, Epistolae*, vol. 6 (Berlin, 1925), 1–126, trans. G.W. Regenos, *The letters of Lupus of Ferrières* (The Hague, 1966)

Luscombe, D. (ed.), *The letter collection of Peter Abelard and Heloise* (Oxford, 2013)

Maas, M. (ed.), *The Cambridge companion to the age of Justinian* (Cambridge, 2005)

MacGeorge, P., *Late Roman warlords* (Oxford, 2002)

Machiavelli, N., *De principatibus*, ed. G. Inglese (Rome, 1994); trans. P. Bondanella, *The prince* (Oxford, 2005)

Mack, C.R., *Pienza* (Ithaca, NY, 1987)

MacKay, A., 'Popular movements and pogroms in fifteenth-century Castile', *Past and present*, 55 (1972), 33–67

—— *Spain in the middle ages* (London, 1977)

MacLean, S., *Kingship and politics in the late ninth century* (Cambridge, 2003)

—— 'Palaces, itineraries and political order in the post-Carolingian kingdoms', in J. Hudson and A. Rodríguez (eds), *Diverging paths* (Leiden, 2014), 291–320

Maddicott, J.R., *The origins of the English parliament, 924–1327* (Oxford, 2010)

Magdalino, P., *Constantinople médiévale* (Paris, 1996)

—— *The empire of Manuel I Komnenos, 1143–1180* (Cambridge 1993)

—— 'The medieval empire (780–1204)', in C.A. Mango (ed.), *The Oxford history of Byzantium* (Oxford, 2002), 169–208

Maguire, H. (ed.), *Byzantine court culture from 829 to 1204* (Washington, 1997)

Mainoni, P. (ed.), *Politiche finanziarie e fiscali nell'Italia settentrionale (secoli XIII–XV)* (Milan, 2001)

Mainstone, R.J., *Hagia Sophia* (New York, 1988)

Maire Vigueur, J.-C., *Cavaliers et citoyens* (Paris, 2003)

—— *L'autre Rome* (Paris, 2010)

Maire Vigueur, J.-C. and E. Faini, *Il sistema politico dei comuni italiani (secoli XII–XIV)* (Milan, 2010)

Malfatti, C.V. (ed.), *Two Italian accounts of Tudor England* (Barcelona, 1953)

Mann, N., *Petrarch* (Oxford, 1984)

Manzano Moreno, E., *Conquistadores, emires y califas* (Barcelona, 2006)

Map, W., *De nugis curialium*, ed. and trans. M.R. James, 2nd edn (Oxford, 1983)

Marchal, G.P., 'Die Antwort der Bauern', *Vorträge und Forschungen*, 31 (1987), 757–90

—— *Sempach 1386* (Basel, 1986)

Markus, R.A., *Gregory the Great and his world* (Cambridge, 1997)

Margolis, O., *The politics of culture in Quattrocento Europe* (Oxford, 2016)

Martin, G.H., 'Merton, Walter of (c.1205–1277)', *Oxford dictionary of national biography* (Oxford, 2004)

Martin, J., *Medieval Russia, 980–1584*, 2nd edn (Cambridge, 2007)

Martin, J.-M., *La Pouille du VIe au XIIe siècle* (Rome, 1993)

Martindale, J., ' "An unfinished business" ', *Anglo-Norman studies*, 23 (2000), 115–54

—— *Status, authority and regional power* (Aldershot, 1997)

Martines, L. *The social world of the Florentine humanists, 1390–1460* (London, 1963)

Marx, K., *The eighteenth Brumaire of Louis Bonaparte*, trans. D. Fernbach, *Surveys from exile* (London, 1973), 143–249

Masschaele, J., 'Economic takeoff and the rise of markets', in C. Lansing and E.D.

English (eds), *A companion to the medieval world* (Oxford, 2009), 89–110

—— *Peasants, merchants, and markets* (New York, 1997)

McCormick, M., *Eternal victory* (Cambridge, 1986)

—— *Origins of the European economy* (Cambridge, 2001)

McDonnell, E.W., *The beguines and beghards in medieval culture* (New York, 1954)

McFarlane, K.B., *The nobility of later medieval England* (Oxford, 1973)

McKitterick, R., *Charlemagne* (Cambridge, 2008)

—— *Perceptions of the past in the early middle ages* (Notre Dame, IN, 2006)

—— *The Carolingians and the written word* (Cambridge, 1989)

—— *The Frankish kingdoms under the Carolingians, 751–987* (Harlow, 1983)

McNamara, J.A. and S. Wemple, 'The power of women through the family in medieval Europe: 500–1100', *Feminist studies*, 3/4 (1973), 126–41

McSheffrey, S., 'Heresy, orthodoxy and English vernacular religion, 1480–1525', *Past and present*, 186 (2005), 47–80

Meijers, E.M., *Études d'histoire du droit*, vol. 3 (Leiden, 1959)

Melve, L., *Inventing the public sphere* (Leiden, 2007)

Menant, F., *Campagnes lombardes au moyen âge* (Rome, 1993)

—— *L'Italie des communes (1100–1350)* (Paris, 2005)

Ménard, P., *Les fabliaux* (Paris, 1983)

Mengel, D.C., 'A plague on Bohemia?', *Past and present*, 200 (2011), 3–34

Menjot, D. and M. Sánchez Martínez (eds), *Fiscalidad de estado y fiscalidad municipal en los reinos hispánicos medievales* (Madrid, 2006)

Merrills, A. and R. Miles, *The Vandals* (Oxford, 2014)

Meyer, T., 'The state of the dukes of Zähringen', in G. Barraclough (ed. and trans.), *Medieval Germany, 911–1250*, vol. 2 (Oxford, 1938), 175–202

*MGH, Capitularia regum Francorum*, ed. A. Boretius and V. Krause, 2 vols (Hannover, 1883–97)

*MGH, Epistolae*, vol. 5, ed. K. Hampe et al. (Berlin, 1899)

*MGH, Epistolae*, vol. 7, ed. E. Caspar et al. (Berlin, 1928)

*MGH, Formulae Merowingici et Karolini aevi*, ed. K. Zeumer (Hannover, 1886)

*MGH, Poetae Latini aevi Carolini*, vol. 2, ed. E. Dümmler (Berlin, 1884)

Milani, G., *I comuni italiani, secoli XII–XIV* (Bari, 2005)

Miller, M.C., 'The crisis in the Investiture Crisis narrative', *History compass*, 7/6 (2009), 1570–80

—— *The formation of a medieval church* (Ithaca, NY, 1993)

Miller, W.I., *Bloodtaking and peacemaking* (Chicago, 1990)

—— *'Why is your axe bloody?'* (Oxford, 2014)

Mitchell K. and I. Wood (eds), *The world of Gregory of Tours* (Leiden, 2002)

Molinari, A. (ed.), 'Mondi rurali d'Italia', *Archeologia medievale*, 37 (2010), 11–281

Mollat, M., 'Recherches sur les finances des ducs valois de Bourgogne', *Revue historique*, 219 (1958), 285–321

Molyneaux, G., *The formation of the English kingdom in the tenth century* (Oxford, 2015)

Montanari, M., *L'alimentazione contadina nell'alto medioevo* (Naples, 1979)

Moore, R.I., 'Family, community and cult on the eve of the Gregorian reform', *Transactions of the Royal Historical Society*, 5th ser., 30 (1980), 49–69

—— *The first European revolution, c. 970–1215* (Oxford, 2000)

—— *The formation of a persecuting society*, 2nd edn (Oxford, 2007)

—— *The war on heresy* (London, 2012)

Moorhead, J., *Justinian* (London, 1994)

—— *Theoderic in Italy* (Oxford, 1992)

Moraw, P., *Von offener Verfassung zu gestalteter Verdichtung* (Berlin, 1985)

Morelli, S., 'Note sulla fiscalità diretta e indiretta nel Regno angioino', in C. Massaro and L. Petracca (eds), *Territorio, cultura e poteri nel Medioevo e oltre*, vol. 1 (Galatina, 2011), 389–413

Morris, C., *The papal monarchy* (Oxford, 1989)

Morrison, K.F., *Understanding conversion* (Charlottesville, VA, 1992)

Morsel, J., *L'aristocratie médiévale* (Paris, 2004)

Mortensen, P., and B. Rasmussen (eds), *Fra stamme til stat i Danmark*, 2 vols (Højbjerg, 1988–91)

Moss, R.E., *Fatherhood and its representations in Middle English texts* (Woodbridge, 2013)

Moustakas, K., 'Byzantine "visions" of the Ottoman empire', in A. Lymberopoulou (ed.), *Images of the Byzantine world* (Farnham, 2011), 215–29

Müller, G. (ed.), *Documenti sulle relazioni delle città toscane coll'Oriente cristiano e coi Turchi* (Florence, 1879)

Müller-Mertens, E., *Karl der Grosse, Ludwig der Fromme, und die Freien* (Berlin, 1963)

—— *Regnum Teutonicum* (Berlin-Vienna, 1970)

Murray, A., *Reason and society in the middle ages* (Oxford, 1978)

Muscatine, C., *The Old French fabliaux* (New Haven, 1986)

Myhre, B., 'Chieftains' graves and chiefdom territories in south Norway in the migration period', *Studien zur Sachsenforschung*, 6 (1987), 169–87

Myking, J.R. and C. Porskrog Rasmussen, 'Scandinavia, 1000–1750', in B. van Bavel and R. Hoyle (eds), *Social Relations: Property and Power* (Turnhout, 2010)

Naccache, A., *Le décor des églises des villages d'Antiochène du IV^e au VII^e siècle* (Paris, 1992)

Naismith, R., *Money and power in Anglo-Saxon England* (Cambridge, 2012)

Najemy, J.M. (ed.), *Italy in the age of the Renaissance: 1300–1550* (Oxford, 2004)

Nedungatt, G., and M. Featherstone (eds), *The Council in Trullo revisited* (Rome, 1995)

Nef, A. and V. Prigent (eds), *La Sicile de Byzance à l'Islam* (Paris, 2010)

Negrelli, C., 'Towards a definition of early medieval pottery', in S. Gelichi and R. Hodges (eds), *From one sea to another* (Turnhout, 2012), 393–416

Nelson, J.L., 'Aachen as a place of power', in M. de Jong et al. (eds), *Topographies of power in the early middle ages* (Leiden, 2001), 217–41

—— *Charles the Bald* (London, 1992)

—— 'How the Carolingians created consensus', in. W. Fałkowski and Y. Sassier (eds), *Le monde carolingien* (Turnhout, 2009), 67–81

—— 'Literacy in Carolingian government', in R. McKitterick (ed.), *The uses of literacy in early medieval Europe* (Cambridge, 1990), 258–96

—— *Politics and ritual in early medieval Europe* (London, 1986)

—— 'The settings of the gift in the reign of Charlemagne', in W. Davies and P. Fouracre (eds), *The languages of gift in the early middle ages* (Cambridge, 2010), 116–48

Neville, L., *Authority in Byzantine provincial society, 950–1100* (Cambridge, 2004)

—— *Heroes and Romans in twelfth-century Byzantium* (Cambridge, 2012)

Ní Mhaonaigh, M., *Brian Boru* (Stroud, 2007)

Nicéphore, *Discours contre les Iconoclastes*, trans. M.-J. Mondzain-Baudinet (Paris, 1989)

Nicholas, D., *Medieval Flanders* (Harlow, 1992)

—— *The growth of the medieval city* (Abingdon, 1997)

Nicholls, K.W., *Gaelic and Gaelicized Ireland in the middle ages*, 2nd edn (Dublin, 2003)

Nicholson, R., *Scotland: the later middle ages* (Edinburgh, 1974)

Nicol, D.M., *The last centuries of Byzantium, 1261–1453*, 2nd edn (Cambridge, 1993)

Nielsen, P.O. et al. (eds), *The archaeology of Gudme and Lundeborg* (Copenhagen, 1994)

Nirenberg, D., *Communities of violence* (Princeton, 1996)

Noble, T.F.X., *The Republic of St. Peter* (Philadelphia, 1984)

—— (ed.), *From Roman province to medieval kingdoms* (London, 2006)

Noble, T.F.X. and J. Van Engen (eds), *European transformations* (Notre Dame, IN, 2012)

Notker, *Gesta Karoli magni imperatoris*, ed. H.F. Häfele, *MGH, Scriptores rerum Germanicarum*, N. S., vol. 12 (Berlin, 1959)

Nowakowska, N., *Church, state and dynasty in Renaissance Poland* (Aldershot, 2007)

Ó Corráin, D., *Ireland before the Normans* (Dublin, 1972)

O'Callaghan, J.F., *The cortes of Castile-León, 1188–1350* (Philadelphia, 1989)

Oldfield, P., *City and community in Norman Italy* (Cambridge, 2009)

Olesen, J.E., 'Inter-Scandinavian relations', in K. Helle (ed.), *The Cambridge history of Scandinavia*, vol. 1 (Cambridge, 2003), 710–70

Oliva Herrer, H.R. et al. (eds), *La comunidad medieval como esfera pública* (Seville, 2014)

Ormrod, W.M., 'England in the middle ages', in Bonney, *The rise of the fiscal state*, 19–52

—— 'The west European monarchies in the later middle ages', in Bonney, *Economic systems*, 123–60

Ormrod, W.M. and J. Barta, 'The feudal structure and the beginnings of state finance', in Bonney, *Economic systems*, 53–79

Orning, H.J., *Unpredictability and presence* (Leiden, 2008)

Oschema, K., *Bilder von Europa im Mittelalter* (Ostfildern, 2013)

Ostrowski, D., *Muscovy and the Mongols* (Cambridge, 1998)

Ousterhout, R., *The art of the Kariye Camii* (London, 2002)

Padoa-Schioppa, A., *Il diritto nella storia d'Europa*, vol. 1 (Padua, 1995)

Palliser, D.M. (ed.), *The Cambridge urban history of Britain*, vol. 1 (Cambridge, 2008)

Palmer, J.T., 'Defining paganism in the Carolingian world', *EME*, 15 (2007), 402–25

—— *The Apocalypse in the early middle ages* (Cambridge, 2014)

Panella, C., 'Merci e scambi nel Mediterraneo in età tardoantica', in A. Carandini et al. (eds), *Storia di Roma*, vol. 3.2 (Turin, 1993), 613–97

Panero, F., *Schiavi servi e villani nell'Italia medievale* (Turin, 1999)

Pantos, A., '*In medle oððe an þinge*', in eadem and S. Semple (eds), *Assembly places and practices in medieval Europe* (Dublin, 2004), 180–201

Papaioannou, S., *Michael Psellos: rhetoric and authorship in Byzantium* (Cambridge, 2013)

Paravicini Bagliani, A., *Il trono di Pietro* (Rome, 1996)

Parisse, M., 'Leone IX, papa, santo', in *Dizionario biografico degli Italiani*, vol. 64 (Rome, 2005), 507–13

Parsons, J.C., 'Isabella (1295–1358)', *Oxford dictionary of national biography* (Oxford, 2004)

Parthasarathi, P., *Why Europe grew rich and Asia did not* (Cambridge, 2011)

Partner, P., 'The "budget" of the Roman church in the Renaissance period', in E.F. Jacob (ed.), *Italian Renaissance studies* (London, 1960), 256–78

Paschasius Radbert, *Epitaphium Arsenii*, ed. E. Dümmler, *Philosophische und historische Abhandlungen der königlichen Akademie der Wissenschaften zu Berlin*, 2 (1900), 1–98, trans. A. Cabaniss, *Charlemagne's cousins* (Syracuse, NY, 1967)

*Passio prima Leudegarii episcopi Augustodunensis*, ed. B. Krusch, *MGH, Scriptores rerum Merovingicarum*, vol. 5 (Hannover, 1910), 282–322, trans. P. Fouracre and R.A. Gerberding, *Late Merovingian France* (Manchester, 1996), 193–253

Pastor, R., *Resistencias y luchas campesinas en la época de crecimiento y consolidación de la formación feudal* (Madrid, 1980)

Patzold, S., *Das Lehnswesen* (Munich, 2012)

Patzold, S., *Ich und Karl der Grosse* (Stuttgart, 2013)

Pécout, T. (ed.), *Quand gouverner c'est enquêter* (Paris, 2010)

Pedersen, F., 'A good and sincere man even ... though he looked like a Slav', *Mediaeval Scandinavia*, 20 (2010), 141–62

Pegg, M.G., *A most holy war* (Oxford, 2008)

—— *The corruption of angels* (Princeton, 2001)

Pérez Sanchez, D., *El ejército en la sociedad visigoda* (Salamanca, 1989)

Peterson, J.L., 'Holy heretics in later medieval Italy', *Past and present*, 204 (2009), 3–31

Petrocchi, G., 'Biografia', *Enciclopedia dantesca: appendice* (Rome, 1978), 3–53

Phillips, J., *The Fourth Crusade and the sack of Constantinople* (London, 2005)

Pirenne, H., *Histoire de Belgique*, vol. 1, 5th edn (Brussels, 1929)

—— *Mohammed and Charlemagne* (London, 1939)

Pixton, P.B., *The German episcopacy and the implementation of the decrees of the Fourth Lateran Council, 1216–1245* (Leiden, 1995)

Pohl, W., 'Frontiers in Lombard Italy', in idem et al. (eds), *The transformation of frontiers* (Leiden, 2001), 117–41

Pohl, W. and P. Erhart (eds), *Die Langobarden* (Vienna, 2005)

Pohl, W. and G. Heydemann (eds), *Strategies of identification* (Turnhout, 2013)

Pollard, A., 'The people, politics and the constitution in the fifteenth century', in R.W. Kaeuper (ed.), *Law, governance and justice* (Leiden, 2013), 311–28

Pollock, F. and F.W. Maitland, *The history of English law before the time of Edward I*, 2 vols (Cambridge, 1898)

Poloni, A., *Trasformazioni della società e mutamenti delle forme politiche in un Comune italiano* (Pisa, 2004)

Poly, J.-P. and É. Bournazel, *The feudal transformation, 900–1200* (New York, 1991)

Pomeranz, K., *The great divergence* (Princeton, 2000)

Portass, R., 'All quiet on the western front?', *EME*, 21 (2013), 283–306

Pössel, C., 'Authors and recipients of Carolingian capitularies, 779–829', in R. Corradini et al. (eds), *Texts and identities in the early middle ages* (Vienna, 2006), 253–74

Postan, M., *The medieval economy and society* (London, 1972)

Poulsen, B. and S.M. Sindbaek (eds), *Settlement and lordship in Viking and early medieval Scandinavia* (Turnhout, 2011)

Prater, E.S., *Curia and cortes in León and Castile* (Cambridge, 1980)

Prestwich, M., *Plantagenet England 1225–1360* (Oxford, 2005)

Prigent, V., 'The mobilisation of fiscal resources in the Byzantine empire (eighth to eleventh centuries)', in J. Hudson and A. Rodríguez (eds), *Diverging paths* (Leiden, 2014), 182–229

Prinz, F., *Klerus und Krieg im früheren Mittelalter* (Stuttgart, 1971)

Provero, L., *L'Italia dei poteri locali* (Rome, 1998)

Pryor, J., 'Foreign policy and economic policy', in L.O. Frappell (ed.), *Principalities, powers and estates* (Adelaide, 1980), 43–55

Psellos, M., *Chronographia*, trans. E.R.A. Sewter, *Fourteen Byzantine rulers* (London, 1966)

Puin, G.-R., *Der Dīwān von 'Umar ibn al-Ḫaṭṭāb* (Bonn, 1970)

Purkis, W.J., *Crusading spirituality in the Holy Land and Iberia, c.1095–c.1187* (Woodbridge, 2008)

Quaglioni, D., *Politica e diritto nel Trecento italiano* (Florence, 1983)

Raccagni, G., *The Lombard league, 1167–1225* (Oxford, 2010)

Raine, M., ' "Fals flesch" ', *New Medieval Literatures*, 7 (2005), 101–26

Randsborg, K., *The Viking age in Denmark* (London, 1980)

Rapp, C., *Holy bishops in late antiquity* (Berkeley, 2005)

Rawcliffe, C., *Leprosy in medieval England* (Woodbridge, 2006)

Recht, R. (ed.), *Les batisseurs des cathédrales gothiques* (Strasbourg, 1989)

Redon, O., 'Seigneurs et communautés rurales dans le contado de Sienne au XIIIe siècle', *Mélanges de l'École française de Rome: moyen âge*, 91 (1979), 149–96, 619–57

Reimitz, H., *History, Frankish identity and the framing of Western ethnicity, 550–850* (Cambridge, 2015)

Reuter, T., 'Assembly politics in western Europe from the eighth century to the twelfth', in P. Linehan and J.L. Nelson (eds), *The medieval world* (London, 2001), 432–50

—— *Germany in the early middle ages, c. 800–1056* (London, 1991)

—— 'Gifts and simony', in E. Cohen and M. de Jong (eds), *Medieval transformations* (Leiden, 2000), 157–68

—— *Medieval polities and modern mentalities*, ed. J.L. Nelson (Cambridge, 2006)

Rexroth, F., *Deviance and power in late medieval London* (Cambridge, 2007)

Reyerson, K., 'Urban economies', in Bennett and Karras, *The Oxford handbook of women and gender*, 295–310

Reynolds, S., *Fiefs and vassals* (Oxford, 1994)

—— *Kingdoms and communities in western Europe, 900–1300* (Oxford, 1984)

—— 'There were states in medieval Europe', *Journal of historical sociology*, 16 (2003), 550–5

Riché, P., *Écoles et enseignement dans le haut moyen âge* (Paris, 1989)

—— *Gerbert d'Aurillac* (Paris, 1987)

Rimbert, *Vita Anskarii*, ed. G. Waitz, *MGH, Scriptores rerum Germanicarum*, vol. 55 (Hannover 1884)

Rio, A., *Slavery after Rome, 500–1100* (Oxford, 2016)

Ripoll, G. and J.M. Gurt (eds), *Sedes regiae (ann. 400–800)* (Barcelona, 2000)

Rist, R., *Popes and Jews, 1095–1291* (Oxford, 2016)

Rizzi, A., (ed.), *Statuta de ludo* (Rome, 2012)

Roach, L., *Kingship and consent in Anglo-Saxon England, 871–978* (Cambridge,

2013)

Robert of Torigni, *Chronica*, ed. R. Howlett, *Chronicles of the reigns of Stephen, Henry II and Richard I*, vol. 4 (London, 1889)

Robertson, A.J. (ed.), *Anglo-Saxon charters* (Cambridge 1939)

Robinson, C.F., *Islamic historiography* (Cambridge, 2003)

Robinson, I.S., *Henry IV of Germany, 1056–1106* (Cambridge, 1999)

—— *The papacy 1073–1198* (Cambridge, 1990)

Rodríguez, López, A., *La consolidación territorial de la monarquía feudal castellana* (Madrid, 1994)

—— *La estirpe de Leonor de Aquitania* (Barcelona, 2014)

Roesdahl, E., *The Vikings* (London, 1987)

Rollo-Koster, J. and T.M. Izbicki (eds), *A companion to the great western schism (1378–1417)* (Leiden, 2009)

Roper, L., *Oedipus and the Devil* (London, 1994)

—— *The holy household* (Oxford, 1989)

Rosenwein, B., *A short history of the middle ages*, 3rd edn (Toronto, 2009)

—— *Rhinoceros bound* (Philadelphia, 1982)

—— 'The family politics of Berengar I, king of Italy (888–924)', *Speculum*, 71 (1996), 247–89

Rosser, G., *The art of solidarity in the middle ages* (Oxford, 2015)

Rowell, S.C., *Lithuania ascending* (Cambridge, 1994)

Rubellin, M., *Église et société chrétienne d'Agobard à Valdès* (Lyon, 2003)

Rubin, M., *Corpus Christi* (Cambridge, 1991)

—— *Gentile tales* (Philadelphia, 1999)

—— *The hollow crown* (London, 2005)

Rubin, M. and W. Simons (eds), *The Cambridge history of Christianity*, vol. 4 (Cambridge, 2009)

Ruggiero, G., *The Renaissance in Italy* (Cambridge, 2015)

Runciman, S., *A history of the Crusades*, 3 vols (Cambridge, 1951–54)

Rustow, M., *Heresy and the politics of community* (Ithaca, NY, 2008)

Ryan, M., 'Bartolus of Sassoferrato and free cities', *Transactions of the Royal Historical Society*, 6 ser., 10 (2000), 65–89

Sabapathy, J., 'Accountable *rectores* in comparative perspective', in A. Bérenger and F. Lachaud (eds), *Hiérarchie des pouvoirs, délégation de pouvoir et responsabilité des administrateurs dans l'antiquité et au moyen âge* (Metz, 2012), 201–30

Sabapathy, J., *Officers and accountability in medieval England 1170–1300* (Oxford, 2014)

Sablonier, R., 'The Swiss confederation', *NCMH*, vol. 7 (1998), 645–70

Sackville, L., *Heresy and heretics in the thirteenth century* (York, 2011)

Sadeghi, B. and M. Goudarzi, 'Ṣan'ā' 1 and the origins of the Qur'ān', *Der Islam*, 87 (2012), 1–129

Sales i Favà, Ll., 'Suing in a local jurisdictional court in late medieval Catalonia', *Continuity and change*, 29 (2014), 49–81

Salvatori, E., *La popolazione pisana nel Duecento* (Pisa, 1994)

Salvestrini, F., (ed.), *L'Italia alla fine del medioevo*, vol. 1 (Florence, 2006)

Sanders, G.D.R., 'Corinth', in Laiou, *The economic history*, vol. 2, 647–54

Sanders, P., *Ritual, politics and the city in Fatimid Cairo* (Albany, NY, 1994)

Sansterre, J.-M., *Les moines grecs et orientaux à Rome aux époques byzantine et carolingienne* (Brussels, 1983)

Sapori, A., *La crisi delle compagnie mercantili dei Bardi e dei Peruzzi* (Florence, 1926)

Sarris, P., *Economy and society in the age of Justinian* (Cambridge, 2006)

—— *Empires of faith, 500–700* (Oxford, 2011)

Sassier, Y., 'L'utilisation d'un concept romain aux temps carolingiens', *Médiévales*, 15 (1988), 17–29

Sawyer, B. and P. Sawyer, *Medieval Scandinavia* (Minneapolis, 1993)

Sawyer, P., 'Kings and royal power', in Mortensen and Rasmussen, *Fra stamme til stat*, vol. 2, 282–8

—— (ed.), *The Oxford illustrated history of the Vikings* (Oxford, 1997)

Sayers, J., *Innocent III* (London, 1994)

Scales, L., *The shaping of German identity* (Cambridge, 2012)

Scase, W., ' "Strange and wonderful bills" ', in R. Copeland et al. (eds), *New medieval literatures*, vol. 2 (Oxford, 1998), 225–47

Schieffer, R., *Die Entstehung des päpstlichen Investiturverbots für den deutschen König* (Stuttgart, 1981)

Schmitt, O.J., 'Les hommes et le pouvoir', in idem, *Korčula sous la domination de Venise au XVe siècle: pouvoir, économie et vie quotidienne dans une île dalmate au moyen âge tardif* (Paris, Collège de France, 2011), online edn at http://books. openedition.org/cdf/1511, accessed 12 July 2015

Schneidmüller, B., *Die Welfen* (Stuttgart, 2000)

Scholz, S., *Politik – Selbstverständnis – Selbstdarstellung* (Stuttgart, 2006)

Scott, T., *The city-state in Europe, 1000–1600* (Oxford, 2012)

—— 'The economic policies of the regional city-states of Renaissance Italy', *Quaderni storici*, 49 (2014), 219–63

Scull, C., 'Urban centres in pre-Viking England?', in J. Hines (ed.), *The Anglo-Saxons from the migration period to the eighth century* (Woodbridge, 1997), 269–310

Seibt, F., 'Die Zeit der Luxemburger und der hussitischen Revolution', in K. Bosl (ed.), *Handbuch der Geschichte der böhmischen Länder*, vol. 1 (Stuttgart, 1967), 351–568

Seidel, I., *Byzanz im Spiegel der literarischen Entwicklung Frankreichs im 12. Jahrhundert* (Frankfurt, 1977)

Semple, S., 'Sacred spaces and places in pre-Christian and conversion period Anglo-Saxon England', in H. Hamerow et al. (eds), *The Oxford handbook of Anglo-Saxon archaeology* (Oxford, 2011), 742–63

Senatore, F., 'The kingdom of Naples', in Gamberini and Lazzarini, *The Italian Renaissance state*, 30–49

Ševčenko, I., 'Re-reading Constantine Porphyrogenitus', in J. Shepard and S. Franklin (eds), *Byzantine diplomacy* (Aldershot, 1992), 167–95

Shepard, J., 'Bulgaria', *NCMH*, vol. 3 (1999), 567–85

—— (ed.), *The Cambridge history of the Byzantine empire, c. 500–1492* (Cambridge, 2008)

Shepard, J. and S. Franklin, *The emergence of Rus, 750–1200* (London, 1996)

Sidonius Apollinaris, *Carmina* and *Epistolae*, ed. and trans. W.B. Anderson, *Poems and letters*, 2 vols (Cambridge, MA, 1936–65)

Signes Codoñer, J., *The emperor Theophilos and the east, 829–842* (Farnham, 2014)

Simms, K., *From kings to warlords* (Woodbridge, 1987)

Simons, W., *Cities of ladies* (Philadelphia, 2001)

Sizgorich, T., 'Narrative and community in Islamic late antiquity', *Past and present*, 185 (2004), 9–42

Skinner, P., *Medieval Amalfi and its diaspora, 800–1250* (Oxford, 2013)

—— *Women in medieval Italian society, 500–1200* (Harlow, 2001)

Skinner, Q., *The foundations of modern political thought*, vol. 1 (Cambridge, 1978)

Skoda, H., *Medieval violence* (Oxford, 2013)

—— 'La Vierge et la vieille', in T. Kouamé (ed.), *Experts et expertise au Moyen Âge* (Paris, 2012), 299–311

Skovgaard-Petersen, I., 'The making of the Danish kingdom', in K. Helle (ed.), *The Cambridge history of Scandinavia*, vol. 1 (Cambridge, 2003), 163–83

Šmahel, F., *Die hussitische Revolution*, 3 vols (Hannover, 2002)

Small, G., *Late medieval France* (Basingstoke, 2009)

Smith, J.M.H., 'Einhard: the sinner and the saints', *Transactions of the Royal Historical Society*, 13 (2003), 55–77

—— *Europe after Rome* (Oxford, 2005)

—— 'Rulers and relics *c.* 750–950', *Past and present*, supplement 5 (2010), 73–96

Snorri Sturluson, *Heimskringla*, ed. Bjarni Aðalbjarnarson, 3 vols, *Íslenzk fornrit*, vols 26–28 (Reykjavík, 1941–51): *Hákona saga góða* (vol. 1, 150–97), *Óláfs saga Tryggvasonar* (vol. 1, 225–372), *Óláfs saga ins Helga* (vol. 2); trans. L.M. Hollander (Austin, TX, 1964)

Southern, R.W., *Saint Anselm* (Cambridge, 1990)

—— *Scholastic humanism and the making of Europe*, 2 vols (Oxford, 1995–2001)

—— *The making of the middle ages* (London, 1953)

—— *Western society and the church in the middle ages* (London, 1970)

Spiegel, G.M., *Romancing the past* (Berkeley, 1993)

Spufford, P., *Money and its use in medieval Europe* (Cambridge, 1988)

—— *Power and profit* (New York, 2002)

Squatriti, P., 'Digging ditches in early medieval Europe', *Past and present*, 176 (2002), 11–65

Stafford, P., *Queen Emma and Queen Edith* (Oxford, 1997)

—— *Queens, concubines and dowagers* (London, 1983)

—— *Unification and conquest* (London, 1989)

Stancliffe, C., 'Religion and society in Ireland', *NCMH*, vol. 1 (2005), 397–425

*Statuta sive leges municipales Arelatis*, ed. C. Giroud, *Essai sur l'histoire du droit français au Moyen Âge*, vol. 2 (Paris, 1846), 185–245

Stephenson, P., *Byzantium's Balkan frontier* (Cambridge, 2000)

Stevenson, K., *Power and propaganda* (Edinburgh, 2014)

Stock, B., *The implications of literacy* (Princeton, 1983)

Stokes, L., *Demons of urban reform* (Basingstoke, 2011)

Stone, R., *Morality and masculinity in the Carolingian empire* (Cambridge, 2011)

Stone, R. and C. West (eds), *Hincmar of Rheims* (Manchester, 2015)

*Storia medievale* (Rome, 1998)

Story, J., *Carolingian connections* (Aldershot, 2003)

—— (ed.), *Charlemagne* (Manchester, 2005)

Strayer, J.R., *The reign of Philip the Fair* (Princeton, 1980)

Strohm, P., *Social Chaucer* (Cambridge, MA, 1989)

Stuard, S.M., *A state of deference* (Philadephia, 1992)

—— 'Brideprice, dowry, and other marital assigns', in Bennett and Karras, *The Oxford handbook of women and gender*, 148–62

Sumption, J., *The Hundred Years War*, 4 vols (London, 1990–2015)

*Sverris saga*, ed. Thorleifur Hauksson, *Íslenzk fornrit*, vol. 30 (Reykjavík, 2007)

Swanson, R.N., *Religion and devotion in Europe, c.1215–c.1515* (Cambridge, 1995)

—— *Universities, academics and the Great Schism* (Cambridge, 1979)

Sykes, K., *Inventing Sempringham* (Berlin, 2011)

Tabacco, G., *The struggle for power in medieval Italy* (Cambridge, 1989)

Tabacco, G., and G.G. Merlo, *Medioevo* (Bologna, 1981)

Takayama, H., *The administration of the Norman kingdom of Sicily* (Leiden, 1993)

Tanner, N.P. (ed.), *Decrees of the ecumenical councils*, vol. 1 (London, 1990)

Tanner, R., *The late medieval Scottish parliament* (East Linton, 2001)

Taylor, A., *The shape of the state in medieval Scotland* (Oxford, 2016)

Taylor, Cl., *Heresy, crusade and inquisition in medieval Quercy* (Woodbridge, 2011)

Taylor, Cr., *Joan of Arc: la Pucelle* (Manchester, 2006)

—— 'War, propaganda and diplomacy in fifteenth-century France and England', in C. Allmand (ed.), *War, government and power in late medieval France* (Liverpool, 2000), 70–91

TeBrake, W.H., *A plague of insurrection* (Philadelphia, 1993)

Tellenbach, G., 'Die geistigen und politischen Grundlagen der karolingischen Thronfolge', *Frühmittelalteriche Studien*, 13 (1979), 184–302

—— *Königtum und Stamme in der Werdezeit des Deutschen Reiches* (Weimar, 1939)

—— *The church in western Europe from the tenth to the early twelfth century* (Cambridge, 1993)

Teuscher, S., *Lords' rights and peasant stories* (Philadelphia, 2012)

*The Book of Margery Kempe*, ed. B. Windeatt (Cambridge, 2004); trans. A. Bale (Oxford, 2015)

*The Cambridge economic history of Europe*, vols 1, 2 (2nd edn) and 3, ed. M.M. Postan et al. (Cambridge, 1963–87)

*The new Cambridge medieval history*, 7 vols (Cambridge, 1995–2005) [*NCMH*]

Thietmar of Merseburg, *Chronicon*, ed. R. Holtzmann, *MGH, Scriptores rerum*

*Germanicarum*, N. S., vol. 9 (Berlin, 1935), trans. D.A. Warner, *Ottonian Germany* (Manchester, 2001)

Thomas, L., 'La vie privée de Guillaume de Nogaret', *Annales du Midi*, 16 (1904), 161–207

Thompson, A., *Francis of Assisi* (Ithaca, NY, 2012)

—— *Revival preachers and politics in thirteenth-century Italy* (Oxford, 1992)

Tibi, A.T., *The Tibyān: memoirs of 'Abd Allāh b. Buluggīn, last Zīrid amīr of Granada* (Leiden, 1986)

Titone, F., 'The kingdom of Sicily', in Gamberini and Lazzarini, *The Italian Renaissance state*, 9–29

*To eparchikon biblion, the Book of the Eparch, le livre du préfet* (London, 1970)

Torre, A., *Il consumo di devozioni* (Venice, 1995)

Toubert, P., 'Les statuts communaux et l'histoire des campagnes lombardes au *XIV*e siècle', *Mélanges d'archéologie et d'histoire*, 72 (1960), 397–508

—— *Les structures du Latium médiéval* (Rome, 1973)

—— *L'Europe dans sa première croissance* (Paris, 2004)

Tout, T.F., *Chapters in the administrative history of mediaeval England*, vol. 2 (Manchester, 1920)

Trexler, R.C., *Public life in Renaissance Florence* (New York, 1980)

Tyerman, C., *God's war* (London, 2006)

Urba ń czyk, P. and S. Rosik, 'Poland', in Berend, *Christianization*, 263–318

Valdeón Baruque, J., *Los conflictos sociales en el reino de Castilla en los siglos XIV y XV* (Madrid, 1975)

Vale, M., *The princely court* (Oxford, 2001)

Valente, C., 'The deposition and abdication of Edward II', *English historical review*, 113 (1998), 852–81

Valenti, M., *L'insediamento altomedievale nelle campagne toscane* (Florence, 2004)

Vallejo Triano, A., *Madinat al-Zahra* (Seville, 2004)

Vallerani, M., *Medieval public justice* (Washington, DC, 2012)

van Bavel, B., *Manors and markets* (Oxford, 2010)

Van Dam, R., *Leadership and community in late antique Gaul* (Berkeley, 1985)

Van Engen, J.H., *Sisters and brothers of the common life* (Philadelphia, 2008)

Vauchez, A., *Francis of Assisi* (New Haven, 2012)

—— 'The Church and the laity', *NCMH*, vol. 5 (1999), 182–203

—— *The laity in the middle ages* (Notre Dame, IN, 1993)

Verhulst, A., *The Carolingian economy* (Cambridge, 2002)

—— *The rise of cities in north-west Europe* (Cambridge, 1999)

*Vie de Théodore de Sykéôn*, ed. A.-J. Festugière, 2 vols (Brussels, 1970)

Vignoli, P. (ed.), *I costituti della legge e dell'uso di Pisa (sec. XII)* (Rome, 2003)

Viguera Molins, M.J. (ed.), *Los reinos de Taifas: Al-Andalus en el siglo XI* (Madrid, 1994)

Villalon, L.J.A. and D.J. Kagay (eds), *The Hundred Years War: a wider focus* (Leiden, 2005)

Violante, C., 'I laici nel movimento patarino' in *I laici nella «societas cristiana» dei secoli XI e XII* (Milan, 1968), 587–687

*Vita sanctae Geretrudis*, ed. B. Krusch, *MGH, Scriptores rerum Merovingicarum*, vol. 2 (Hannover, 1888), 447–74, trans. P. Fouracre and R.A. Gerberding, *Late Merovingian France* (Manchester, 1996), 301–26

Vollrath, H., 'Sutri 1046 – Canossa 1077 – Rome 1111', in Noble and Van Engen, *European transformations*, 132–70

von Euw, A. and P. Schreiner (eds), *Kaiserin Theophanu* (Cologne, 1991)

Waddell, H., *The wandering scholars of the middle ages* (London, 1932)

Wagner, D.M. et al., '*Yersinia pestis* and the plague of Justinian 541–543 AD: a genomic analysis', *The Lancet infectious diseases*, 14.4 (2014), 319–26

Waley, D. and T. Dean, *The Italian city-republics*, 4th edn (Harlow, 2010)

Wallace, D., *Chaucerian polity* (Stanford, 1997)

Walmsley, A., *Early Islamic Syria* (London, 2007)

Walsham, A., *The Reformation of the landscape* (Oxford, 2011)

Wamers, E., *Die frühmittelalterlichen Lesefunde aus der Löhrstrasse (Baustelle Hilton II) in Mainz* (Mainz, 1994)

Ward-Perkins, B., *The fall of Rome and the end of civilization* (Oxford, 2005)

Wasserstein, D., *The rise and fall of the party-kings* (Princeton, 1985)

Watanabe, M., *The political ideas of Nicholas of Cusa* (Geneva, 1963)

Watson, A., *The evolution of law* (Oxford, 1985)

Watts, J., *Henry VI and the politics of kingship* (Cambridge, 1996)

—— 'Ideas, principles and politics', in A.J. Pollard (ed.), *The Wars of the Roses* (Basingstoke, 1995), 110–33, 234–7

—— *The making of polities* (Cambridge, 2009)

—— 'The pressure of the public on later medieval politics', in L. Clark and C. Carpenter (eds), *Political culture in late medieval Britain* (Woodbridge, 2004),

159–80

Wemple, S. and J.A. McNamara, 'The power of women through the family in medieval Europe, 500–1100', *Feminist studies*, 1 (1973), 126–41

Wei, I. P., *Intellectual culture in medieval Paris* (Cambridge, 2012)

Werner, K.F., 'Important noble families in the kingdom of Charlemagne', in T. Reuter (ed.), *The medieval nobility* (Amsterdam, 1975), 137–202

—— *Les origines avant l'an Mil* (Paris, 1984)

—— 'Missus-marchio-comes', in W. Paravicini and K.F. Werner (eds), *Histoire comparée de l'administration (IVe–XVIIIe siècles)* (Munich, 1980), 191–239

Werner, M., *Der Lütticher Raum in frühkarolingischer Zeit* (Göttingen, 1980)

West, C., 'Competing for the Holy Spirit', in P. Depreux et al. (eds), *Compétition et sacré au haut moyen âge* (Turnhout, 2015), 347–60

—— 'Lordship in ninth-century Francia', *Past and present*, 226 (2015), 3–40

—— *Reframing the feudal revolution* (Cambridge, 2013)

Whaley, J., *Germany and the Holy Roman Empire*, vol. 1 (Oxford, 2012)

Whelan, R., *Being Christian in Vandal Africa* (California, 2017)

White, S.D., *Feuding and peace-making in eleventh-century France* (Aldershot, 2005)

—— *Re-thinking kinship and feudalism in early medieval Europe* (Aldershot, 2005)

Whittaker, C.R., *Frontiers of the Roman empire* (Baltimore, 1994)

Whittle, J., *The development of agrarian capitalism* (Oxford, 2000)

Whittow, M., 'The Byzantine economy (600–1204)', in Shepard, *The Cambridge history of the Byzantine empire*, 465–92

—— *The making of Orthodox Byzantium, 600–1025* (Basingstoke, 1996)

Wickham, C., *Community and clientele in twelfth-century Tuscany* (Oxford, 1998)

—— 'Consensus and assemblies in the Romano-Germanic kingdoms', *Vorträge und Forschungen*, 82 (Oxford, 2017)

—— *Courts and conflict in twelfth-century Tuscany* (Oxford, 2003)

—— *Early medieval Italy* (London, 1981)

—— *Framing the early middle ages* (Oxford, 2005)

—— 'Le forme del feudalesimo', *Settimane di studio*, 47 (2000), 15–51

—— 'Lineages of western European taxation, 1000–1200', in M. Sánchez and A. Furió (eds), *Actes, Col.loqui Corona, municipis i fiscalitat a la baixa Edat Mitjana* (Lleida, 1997), 25–42

—— *Medieval Rome* (Oxford, 2015)

—— 'Ninth-century Byzantium through western eyes', in L. Brubaker (ed.), *Ninth-*

*century Byzantium: dead or alive?* (Aldershot, 1998), 245–56

—— *Sleepwalking into a new world* (Princeton, 2015)

—— 'Social structures in Lombard Italy', in Ausenda et al., *The Langobards*, 118–48

—— 'Space and society in early medieval peasant conflicts', *Settimane di studio*, 50 (2003), 551–87

—— 'The early middle ages and national identity', in N. Fryde et al. (eds), *Die Deutung der mittelalterlichen Gesellschaft in der Moderne* (Göttingen, 2006), 107–22

—— 'The "feudal revolution" and the origins of Italian city communes', *Transactions of the Royal Historical Society*, 6th ser., 24 (2014), 29–55

—— *The inheritance of Rome* (London, 2009)

William fitz Stephen, *Vita Sancti Thomae*, ed. J. C. Robertson, *Materials for the history of Thomas Becket*, vol. 3 (London, 1877), 1–154

Williams, A., *Kingship and government in pre-conquest England, c.500–1066* (Basingstoke, 1999)

—— *The world before Domesday* (London, 2008)

Winkelmann, F., *Quellenstudien zur herrschenden Klasse von Byzanz im 8. und 9. Jahrhundert* (Berlin, 1987)

Winroth, A., *The conversion of Scandinavia* (New Haven, 2012)

Witt, R.G., *The two Latin cultures and the foundation of Renaissance humanism in medieval Italy* (Cambridge, 2012)

Wolff, P., 'The 1391 pogrom in Spain', *Past and present*, 50 (1971), 4–18

Wolfram, H., and W. Pohl (eds), *Typen der Ethnogenese*, 2 vols (Vienna, 1990)

Wood, I., 'Administration, law and culture in Merovingian Gaul', in R. McKitterick (ed.), *The uses of literacy in early medieval Europe* (Cambridge, 1990), 63–81

—— *Gregory of Tours* (Oxford, 1994)

—— *The Merovingian kingdoms, 450–751* (Harlow, 1994)

—— *The missionary life* (Harlow, 2001)

—— *The modern origins of the early middle ages* (Oxford, 2013)

Wood, S., *The proprietary church in the medieval west* (Oxford, 2006)

Wormald, J., 'Scotland: 1406–1513', *NCMH*, vol. 7 (1998), 513–41

Wormald, P., *The making of English law*, vol. 1 (Oxford, 1999)

—— (ed.), *Lay intellectuals in the Carolingian world* (Cambridge, 2007)

Wright, T. (ed.), *Political poems and songs relating to English history, composed during the period from the accession of EDW. Ⅲ to that of RIC. Ⅲ*, vol. 2 (London,

1861)

*Y Gododdin*, in I. Williams (ed.), *Canu Aneirin* (Cardiff, 1938), trans. K. Jackson, *The Gododdin* (Edinburgh, 1969)

Yorke, B., *The conversion of Britain, 600–800* (Harlow, 2006)

Young, M.J.L. et al. (eds), *Religion, learning and science in the 'Abbasid period* (Cambridge, 1990)

Zanella, G., *Hereticalia* (Spoleto, 1995)

Zanini, E., *Le Italie bizantine* (Bari, 1998)

Zavagno, L., *Cities in transition* (Oxford, 2009)

Zerner, M. (ed.), *Inventer l'hérésie?* (Nice, 1998)

Zorzi, A., 'Giustizia criminale e criminalità nell'Italia del tardo medioevo', *Società e storia*, 46 (1989), 923–65

Zotz, T., 'Die Formierung der Ministerialität', in S. Weinfurter (ed.), *Die Salier und das Reich*, vol. 3 (Sigmaringen, 1992), 3–50

# 出版后记

　　“中世纪欧洲”是一个看似有些遥远的主题。大多数读者一般鲜有机会接触到它，通常对于这段历史最共识性的了解，就来自学生时代的课本了。然而，就如本书作者所言，这段历史有太多可写的了，以英文原书250页的篇幅去描绘这1000年的历史尚且是件难事，更不用说仅凭寥寥几页课本了。

　　在这种情况下，这样一本以最前沿的视角、材料和最少的篇幅，描绘整个欧洲地域范围内中世纪史的方方面面，既不抛弃对整体的分析，也不放弃对细节的把握的书，就十分难能可贵了。

　　本书的另一个重要价值，也许在于它能帮助到对这段历史感兴趣的读者。书中贴心地为这部分读者指明了尚未有人深入研究的方向，参考文献也能引导读者更好地进入这些领域。在阅读正文之余，还请不要错过如此有价值的内容。

　　由于编者的水平有限，本书难免会有所疏漏，还望读者不吝赐教。

服务热线：133-6631-2326　188-1142-1266

读者信箱：reader@hinabook.com

后浪出版公司

2021 年 12 月